지구의 철학

저자 이진경

지식공동체 수유너머 파랑 연구원, 서울과학기술대학교 인문사회교양학부 교수. 『철학과 굴뚝청소부』를 시작으로, 자본주의와 근대성에 대한 이중의 혁명을 꿈꾸며 쓴 책들이 『맑스주의와 근대성』, 『근대적 시·공간의 탄생』, 『수학의 몽상』, 『철학의 모험』, 『근대적 주거공간의 탄생』, 『필로시네마, 혹은 탈주의 철학에 대한 10편의 영화』 등이다. 사회주의 붕괴 이후 새로운 혁명의 꿈속에서 니체, 마르크스, 푸코, 들뢰즈·가타리 등과 함께 사유하며 『노마디즘』, 『자본을 넘어선 자본』, 『미-래의 맑스주의』, 『외부, 사유의 정치학』, 『역사의 공간』, 『우리는 왜 끊임없이 곁눈질을 하는가』, 『사랑할 만한 삶이란 어떤 삶인가』 등을 썼다. 『코뮨주의』, 『불온한 것들의 존재론』, 『삶을 위한 철학수업』, 『파격의 고전』 등을 쓰면서 지금 여기에서의 삶을 바닥없는 심연 속으로 끌고 들어가고 있다.

저자 최유미

KAIST 화학과에서 이론물리화학 박사학위를 하고, IT회사에서 소프트웨어 개발 작업에 참여했다. 지금은 지식공동체 수유너머 파랑에서 철학과 과학학, 페미니즘을 공부하고 강의한다. 지은 책으로는 『해러웨이, 공-산의 사유』, 『감응의 유물론과 예술』(공저)이 있으며 해러웨이의 『트러블과 함께하기』, 『종과 종이 만날 때』를 우리말로 옮겼다.

THE PHILOSOPHY OF THE EARTH

ANTHROPOCENE

모면할 길 없는 기후위기 시대의 삶에 부침

지구의 철학

이진경·최유미 지음

그린비

지구의 철학

초판1쇄 펴냄 2024년 7월 2일

지은이 이진경 · 최유미
펴낸이 유재건
펴낸곳 (주)그린비출판사
주소 서울시 마포구 와우산로 180, 4층
대표전화 02-702-2717 | **팩스** 02-703-0272
홈페이지 www.greenbee.co.kr
원고투고 및 문의 editor@greenbee.co.kr

편집 이진희, 구세주, 정미리, 민승환, 원영인 | **디자인** 이은솔, 박예은
물류유통 류경희 | **경영관리** 이선희

ISBN 978-89-7682-860-6 93100

독자의 학문사변행學問思辨行을 돕는 든든한 가이드 _(주)그린비출판사

지구의 철학, 지구에 의한 철학을 위하여

> "언덕의 신사 양반, 저를 구할 생각은 마세요.
> 이것은 물과 바람의 복수랍니다. 이제 나는 끝장입니다. 그래요, 복수지요.
> 그 이유는 우리가 이 사물들을 공격해 왔기 때문입니다."
>
> —카프카, 「어느 투쟁의 기록」

1

이 책에서 우리는 '지구의 철학'을 시도하려 한다. 하지만 우리가 생각하는 지구의 철학이란 지구를 대상으로 하는 철학이 아니라 **지구를 주어로 하는 철학**이다. 우리는 철학을 인간만이 할 수 있는 것이라고 믿지 않지만 그래도 이는 불가능한 철학이라 해야 할 듯하다. 지구가 말하고 지구가 글을 쓸 순 없기 때문이다. 지구를 주어로 삼아 서술하면 되지 않을까? 철학이 말 그대로 '지혜에 대한 사랑'이고 지혜가 모름지기 '삶에 대한 지혜'라면, 철학이란 이름으로 무언가에 대해 말할 때 그것은 그 주어에게 좋은 삶의 길을 찾는 것이 되어야 할 터이다. 그러나 지구가 어떤 길을 갈 것인지를 철학이란 이름으로 제안하는 게 대체 무슨 의미가 있을까. 지금 지구의 철학이 필요하다면, 그것은 이미 절박한 시간 안에 들어온 기후위기 속에서 인간인 우리가 어떤 삶을 살아야 할 것인가를 사유해야 하기 때문이다. 따라서 지구를 주어로 하는 철학은, 지구 아닌 인간을 주어로 씌어야 한다. 형용모순이라 해야 할 이런 철학이 대체 어떻게 가능할까?

어느 인류학자처럼 지구의 시선으로 인간을 보겠다며 일종의 '투시주의'(perspectivism)를 자처할 수도 있겠으나, 그건 지구를 주어로 삼아 스스로 지구 행세를 하는 철학이 되기 십상이다. "인간이 자신에게 위해를 가한 자에게 복수를 하듯 지구 또한 자신을 훼손한 인간에게 복수를 한다"는 비유적 사유도, "인간이 고기를 먹고 맥주를 마시듯 재규어 또한 인간의 고기를 먹고 피를 마신다"는 유비적 상상도, 인간의 시야(perspective)와 병존하는 타자의 시야를 '존재'로서 인정하는 데서 더 나아가기 힘들다. 번갯불을 치켜든 어머니 지구나 분노하는 대지의 여신 같은 신화적 사유가 때로는 인간 아닌 것의 존재에 눈을 돌리게 하는 건 사실이지만, 과학을 필두로 하는 근대적 사유와 대결하기에는 너무 무력하다. 재림하는 메시아로 다시 오기엔, 우리 근대인의 삶에서 너무 먼 곳으로 축출되어 버렸기 때문이다.

차라리 지금 필요한 것은 여전히 막강한 힘을 갖고 있는 과학적 분석이나 경제적 계산, 정치적 사고를 따라가며 그것을 다르게 작동하도록 비트는 일이다. 그런 사유를 비난하고 떠나며 반대편으로 가거나 그런 사유와 나란히 신화적 사유의 자리를 확보해 주는 게 아니라 그 이질적 타자들을 그런 사유 안에 밀어 넣는 것이다.

경제학, 정치학, 사회학, 역사학 등 인간을 주어로 하는 이론과 개념 안에서, 지구를 주어로 하는 사유가 작동하도록 해야 한다. 그것들이 **지구에 대해** 말하게 하는 것이 아니라 **지구에 의해** 말하게 해야 한다.

이런 의미에서 지구의 철학이란 지구에 의해 가동되는 유물론적 사유다. 유물론이란 사물에 대해 사유하는 것이 아니라 사물에 의해 사유하는 것이다. 이때 '사물'이란 우리가 보고 만지고 먹는 대상이 아니라 그 대상의 외부에 속하는 어떤 것을 뜻한다. 우리의 감각이나 지성에 의해 대상으로 포착될 때조차 우리 마음대로 되지 않는 어떤 것이 사물이다. 흔히 상정되는 '물질성'뿐 아니라 우리 생각대로 되지 않는 모든 것, 우리의 정신이나 의지 '바깥'에 있는 모든 것이 유물론자의 사물이다. 지구의 철학이란 인간의 뜻대로 되지 않는 거대한 '사물'로서의 지구에 의해, 인간을 주어로 하는 사유가 와해되고 비틀리고 재가동하게 하는 것이다. 요컨대 지구의 철학이란 지구에 대한 철학이 아니라 지구에 의한 철학이다.

2

인간이 던진 돌이 계속 날아가지 않고 서서히 그리고 끝내 땅에 떨어지는 것은 지구가 그것을 당기기 때문이다. 날아가던 비행기가 추락한다면 그 또한 지구가 당기는 힘 때문이다. 중력이라 서술되고 계속 날기 위해 '정복'해야 할 힘으로 계산되지만, 이 힘은 인간이 던진 돌이나 날아가는 비행기를 지구가 당기는 힘이다. 그 힘만큼 지구는 돌이나 비행기의 운동에 대해 '주어'다. 사실 돌이 곧장 날아가고 있을 때도, 비행기가 멀쩡히 날고 있을 때도 지구는 마찬가지 힘으로 그것을 당기고 있다. 새들이 하늘을 날고 있을 때도 마찬가지다.

캄보디아의 오래된 사원 벽을 가르며 거대하게 자란 나무는, 톱질에 그저 리그닌(lignin)의 단단한 목질로 버티는 수동적 저항 이상으로 나무가 강력한 주어임을 단적으로 보여 준다. 목이 잘린 채 인간의 손에서 벗어나 도망치는 닭은, 그렇게 도망치고 생존하려는 힘만큼의 주어가 존재함을 보여 준다. 목이 잘리기 전부터 닭은 그런 주어로 거기에 존재하고 있었던 것이다. 지구도, 대기도, 흙도, 물도, 빙하도, 바람도, 돌도, 나무도 모두 그 나름의 힘을 갖고 행동하는 주어다. 존재하는 모든 것은 **그것이 작용하는 힘만큼** 어떤 행동의 주어다. 인간 혹은 동물처럼 움직이는 것만이 행동이라 하는 것은 이동이 곧 운동이라 믿는 소박한 동물중심적 단견이고, 그렇게 행동하는 것만이 주어라고 하는 것은 자기 모습대로만 세상을 보는 인간중심적 고질병이다.

인간이 사물의 힘을 길들여 사용하려 할 때에도, 인간은 자신의 목적성에 저항하는 힘으로서 사물과 만난다. 인간이 극복해야 할 마찰과 장애로 사물과 만난다. 그렇게 만날 때 우리는 힘을 행사하는 사물의 존재를 알지만, 우리의 목적성 안에서 충실하게 작동할 때, 우리는 그것을 잊는다. 그리고 그것이 고장 나 작동하길 정지할 때, 다시 그것이 하나의 주어였음을 깨닫는다. 장애와 마찰, 정지와 고장, 파괴와 재난을 통해 우리는 사물을 만난다. '도구' 아닌 사물로 만난다. 우리 뜻대로 움직이는 '대상'이길 정지할 때, 그것은 '사물'로서 드러난다.

인간이 생존을 위해 하려는 행동이 자연에 속한 권리라면, 닭이 목이 잘려서도 도망치려는 것도, 나무가 전기톱에 그저 단단함으로 버티려는 것도, 옥수수와 벼가 인간과 손잡고 자신의 생존 지역을 확대하려는 것도, 지구가 모든 사물을 당기려는 것도 자연에 속한 권리다. 인간만이 자연권을 갖는다면 그것은 결코 자연권이 아니다. 모든 사물은 그것이 행동하는 만큼 자신의 권리를 행사한다. 인간의 '자연권'과 대비해 이를 '자연-권'이라 명명하자. 이때 '자연'이란 인간의 권리를 꾸미는 형용사가 아니라 모든 권리의 주어를 표시하는 명사다.

그러나 우리 인간은 심지어 심각한 '반성-모드'로 기후위기에 대해 서술할 때조차, 이산화탄소와 질소, 흙과 물, 빙하와 바다조차 그저 인간의 행동에 의해 만들어진 수동적 대상으로 다룬다. 그래서 사태는 결국 인간의 손안에 있는 게 된다. 인간의 책임 있는 행동만이 희망으로 남는다. 지구가 알아들으면 웃지 않을까? 기후가 '티핑 포인트'를 넘어서 파국적 사태로 밀려갈 때, 인간은 어찌 될 것이고 지구는 어찌 될 것인가? 인간과 더불어 수많은 생명체가 멸종의 절벽으로 밀려가겠지만, 지구는 인간 없던 시절, 아니 더 멀리 대멸종의 시절들을 '회상하며' 자신의 존재를 지속할 것이다. 지금까지 그랬듯 자신의 표면에 어떤 사물이나 생명체가 오면 오는 대로 가면 가는 대로 그대로 둔 채 존재를 지속할 것이다. 그것이 지구가 행동하는 방식이다. 그것이 지구가 행사하는 자연권이다. 물과 바람, 대기와 빙산도 마찬가지다. 그것들도 주어지만 인간 또한 주어임을 애써 부정하지 않으며, 인간이 하면 하는 대로 받아 주고 되돌려준다. 그렇게 되돌려줄 때 그들은 그저 수동적 대상이 아니라 능동적 주어들이다. 반응할 줄 아는 능동적 주어들이다. 그렇게 반응할 때에도 원한 없이 반응하고 복수심 없이 되돌려주는 주어들이다.

사실 인간과 지구, 인간과 사물 사이에 불행만 있었던 건 아니다. 그들은 인간의 오랜 동맹자였다. '대지'란 말이 인간에게 생존의 장으로 간주되는 것은 그 말 속에 있는 것들, 즉 지구와 그 표면의 사물들이 인간에게 동맹자로 있었기 때문이다. 그렇게 인간이 경작하는 작물이나 키우는 동물, 도구로 제작되는 많은 것들이 있었다. 인간의 역사란 대지 위에서 생존의 동맹자를 찾는 과정이었다. 그러한 동맹들을 통해 이루어 온 것들의 역사였다. 거기에 더해, 드러나지 않은 채 인간의 생존을 떠받쳐 온 것들이 있었다.

그러나 아마도 지구에게 우리 인간은 끝내 실패한 동맹자로 기억될 것이다. 나름 충실한 동맹자들을 일방적으로 이용하고 착취하다 그 성공에 취해 몰락해 간 하나의 종으로 기억될 것이다. 그 집요한 공격에 대한 사물들의 원한 없는 '복수'에 결국 몰락해 간 존재자로 기억될 것이다. 이를 두고 자신을 집요하게 공격하던 어떤 종을 제거하거나 무력화하기 위해 지구가 선택한 행동이라고 서술한다면, 그건 지구를 세상 모든 것이 제 손안에 있다고 믿는 과대망상적 주어로 오인케 될 것이다. 지금까지 인간의 역사를 인간이 모든 것을 자신의 목적성에 따라 만들고 가공하고 제거하는 과정으로 서술하는 것과 대칭적인 오인이 될 것이다. 사실 인간의 이성은 이런 오인에 너무나도 익숙하다.

3

지구도 사물도 인간의 공격을 조용히 받아들이는 무감각한 대상이
아니며, 인간의 착취를 말없이 감수하는 무력한 대상이 아니다. 그
들은 이미 오래전부터 말하고 있었고, 언제부터인가 소리치고 있었
다. 그러나 우리는 그것을 듣지 못했고, 들으려 하지 않았으며, 들
려도 무시해 왔다. 그 소리에 주어가 있을 것이란 생각 또한 하지
못했다. 그건 그저 '로고스'(Logos)로서의 자격을 결한 소리들이었
고, 의미를 갖지 못한 소리들이었다. 소음에 지나지 않는 소리들일
뿐이었다. 그래, 작지 않은 소음들이었다. 어쩌면 비명 같은 소리들
이었다. 끝없는 공격에 항의하는 고함소리들이었다. 들리지 않는
소리를 들리게 하는 것을 치안과 대비해 정치라고 했던 철학자조
차, 인간 아닌 것들의 이러한 소리에는 귀 기울이지 않은 것 같다.

　　시작할 때의 버티는 저항을 '정복'하고 나면, 그들은 도구로서
의 충실성으로 우리에게 응답했다. 그러나 그들은 또한 이미 오래
전부터 인간의 명령을 거부하거나 도망치는 방식으로 우리 인간과
투쟁해 왔다. 이는, 그들을 주어로 하여 말한다면, 사보타주나 파업,
시위, 심지어 일종의 전쟁과 같은 것이었다. 그러나 우리는 그 격
한 투쟁을 보지 않고 무시해 왔다. 그들은 그럴 때조차 우리가 생각
하는 '대상'에 지나지 않았다. 비용이 절감되는 것들이 나타나면 언
제든지 버려지는 대상들. 사보타주나 파업이 벌어지면, 우리는 마
치 악덕 자본가들처럼 다른 작업자로 대체하거나 다른 작업장으로

생산의 장을 이전했다. '쓰레기', 그것이 그들의 충실성에 대한 인간들의 응답이었다. '폐기물', 그것이 작업 정지를 고수한 사물들에 대한 인간들의 처분이었다. 보이지 않는 것을 보이게 하는 게 정치라고 하던 철학자조차 이 사물들의 투쟁을 보이게 하려는 시도는 하지 않은 것 같다.

　그래도 지구를 주어로 하는 사유는, 바람과 물, 숨 쉬는 것들과 숨 안 쉬는 것들, 하나로 묶어 '사물'들이라 명명될 것들을 주어로 하는 사유는 이런 의미에서 정치에 속한다. 인간의 정치 아닌 사물의 정치가 인간의 세계 안에 항상 있었다. 자연의 정치, 지구의 정치. 하지만 정치 개념을 확장하는 것만으로는 충분하지 않다. 우리는 이 책에서 지구를 주어로, 사물을 주어로 하는 사유의 길을 내기 위해 이런저런 실험적 시도들을 하려 한다. 인간이 건설한 생산의 세계를 와해시키며 오는 재난의 반(反)생산을 '기관 없는 신체'라는 개념으로 다시 볼 것이고, 인간들의 자연권과 대비되는 사물들 모두의 자연−권을 주목하려 한다. 인간의 목소리(로고스, logos)에 반하는 사물들의 소리(포네, phoné), 인간이 투여한 비용이 아니라 소모되는 사물들을 분모로 효율성을 계산하고 돈으로 계산되지 않는 값어치를 계산하는 오이코노믹스, 증식의 치안과 대비되는 회복의 정치로서의 오이코폴리틱스, 인간과 인간 아닌 것들이 얽힌 생존의 장에서 증식의 네크로폴리스와 대결하는 회복의 조에폴리틱스, '대지'로 확장된 오이코스 안에서 가부장의 소유물이 된 것들 간의 다양한 동맹을 구성하는 '마녀'들의 오이코페미니즘, 적대적 포식에 공생으로 응답했고 공생의 지속을 위해 자신의 죽음마저 긍정한 미토콘드리아의 철학 또한 이러한 맥락에 있다. 자신이 속한 종에 대한 '배신'이나 '나'와 대응하는 유기체를 떠나는 '이탈', 특히 어떤 의미에서도 좋은 말로 쓰인 적이 없는 '절망'이나 '종말' 같은 함정 속으로 스스로 들어가려 한다. 이는 지구만큼이나 인간을 주어로 해야 하는 당착적 사유로서는 모면할 수 없는 일이라는 생각이다.

지구를 주어로 하는 철학이란 말을 두고, 다시 '주체철학'으로 되돌아가는 것 아닌가 반문할 수도 있겠다. 사실 탈근대적 철학들, 포스트모던 담론들 안에서도 데카르트와 칸트, 헤겔 같은 이들의 옷을 고쳐 입고 '주체'가 되살아나는 장면을 우리는 빈번히 목격한 바 있다. 생각하고 말하는 주체가 '나'이고 '인간'인 한, 주체란 피부처럼 자명한 껍데기이고, 주체철학이란 너무 편해 갇혀 있는 줄도 모르는 오래된 집인 것이다. 그러나 앞서 말했듯이 지구를 주어로 하는 철학이란 '나'나 '인간'이란 주어를 '지구'란 주어로 바꾸어 쓰면 가능한 그런 철학이 아니다. 이는 오히려 나나 인간 이전에 사유의 출발점에 마련된 '주체'라는 자리가 철학적 범주로 작동하길 중단할 때 가능하다.

알다시피 지구가 대상 아닌 주어로 드러난 것은 인간들이 더는 어찌해 볼 수 없을 만큼 기후위기가 심각해진 사태를 통해서였다. 이를 두고 인간이 더 이상 주체일 수 없음이 드러난 사태라고 하는 것은 불충분할 뿐 아니라 부정확하다. 인간이란 주체들이 그리 많아도, 그 인간들이 문제가 무엇인지 해결책이 무엇인지 정확히 알아도 문제를 전혀 해결할 수 없음이 드러난 사태였으니까. 이는 간단히 말해 주체가 주체이길 그친 사태, 따라서 주체라는 개

넘 자체가 무효화된 사태였다. 그렇다면 지구를 주어로 하는 철학은 주체철학이 고장 나서 작동이 정지될 때 시작된다는 것은 이해하기 어렵지 않을 터이다. 나-인간-의식-목적이란 관념들에 둘러싸인, 자명한 출발점인 주체란 개념이 사라질 때, 수많은 것들이 공존하고 경합하며 때론 공모하고 때론 충돌하며 만들어지는 지구나 사물 같은 것이 비로소 주어가 된다. 요컨대 지구를 주어로 하는 사유는 주체철학의 최종적 해체를 통해 비로소 시작될 수 있다.

4

우리가 이 책을 쓰는 것은 이런 방식으로 기후위기의 긴급성을 말하고 그걸 저지하기 위한 행동을 촉구하기 위해서가 아니다. 사실 그런 종류의 책이나 문서라면 넘칠 만큼 많다. 게다가 지금이라면, 비록 미국의 공화당이나 트럼프 같은 이들이 아직 있긴 하지만, 위기와 긴급성을 납득하기 위해서는 그 책들에서 제시된 많은 증거조차 필요 없다. 지금의 문제는 그런 걸 다 알고 있고 그 긴급성을 대부분이 납득하고 있음에도 불구하고 해결을 향해 다가가기는커녕 파국을 향해 위기를 가속하는 방향으로 '중단 없는 전진'을 계속하고 있다는 사실이다. 매년 제출되는 IPCC 보고서와 일 년이면 몇 번이나 열리는 국제회의가 수십 년 반복되었음에도 우리가 속한 세계는 '비상정지 브레이크'를 밟기는커녕 계속해서 가속페달을 밟고 있음을 우리는 잘 안다. 그러니 위기는 필경 해결되지 않을 것이며, 파국으로 치닫는 '특이점'은 머지않아 도래할 것이다. 이미 '산업혁명 이전 대비 1.5도 상승'이라고 요약되는 '티핑 포인트'가

2100년이 아니라 몇 년 앞으로 다가왔다는 것이 IPCC와 국제기상기구의 진단이다. 이런 상황에서 행동을 촉구하는 책 하나를 더하는 게 무슨 의미가 있을 것인가.

물론 사태의 긴급성을 말하는 것이나 행동을 촉구하는 것이 무용하다는 것은 결코 아니다. 이 책 또한 실은 그런 문서들의 촉발 속에서 구상되고 쓰인 것이다. 하지만 이제는 그와 다른 어떤 것이 필요하다는 생각이다. 이미 목전에 닥친, 이 모면할 가능성이 없는 파국적 위기의 시대를 우리는 살아 내야 하기 때문이다. 그러려면 근거 없는 희망으로 어떻게든 위기를 부정하는 것이 아니라 피할 수 없는 현실로 위기를 수긍하는 것에서 시작해야 하지 않을까? 파국적 사태로 넘어간 기후위기의 시대를 우리는 어떻게 살아야 하는가를 물어야 하지 않을까? 그런 시대를 납득하고 수긍하며 살아 내기 위한 철학이 필요하지 않을까? 그러려면 사유의 입지점을 바꾸어야 한다. 위기를 저지할 수 있다는 희망의 깃발을 따라 당위 속을 맴도는 공허한 여행을 계속할 게 아니라 차라리 근거 있는 절망 속으로 깊숙이 들어가 답이 없는 어둠을 수긍하고 주시해야 한다. 옳지만 실행될 리 없는 것을 재차 촉구하며 목소리의 톤을 올리기보다는, 모면할 수 없는 파국 속을 살아 내기 위한 감각과 사유로 눈을 돌려야 한다. 지구에 의한 사유를 통해 하려는 것은, 지구를 주어로 하는 사유를 통해 인간을 주어로 하는 철학을 하려는 것은 바로 이런 종류의 작업이다. 지구의 철학이란 파국적 기후위기를 수긍하고 살아 내기 위한 철학적 지도들의 이름이다. 우리는 그 지도 하나를 그려 보려는 것이다.

차례

제1장

'인류세'와 지구의 철학

— 두 가지 속임수와 철학적 배신

1. '인류세' 혹은 인간의 그늘

'인류세'라는 말을 들을 때면 마르크스의 유명한 문장을 패러디하고 싶은 유혹이 손을 내민다. "하나의 유령이 지구 위를 어슬렁거리고 있다. '인간'이라는 유령이…" 지구의 역사상 아주 짧은 시간 존재했을 뿐인 하나의 동물이 지구의 운명을 바꾸어 놓고, 지구의 역사 전체를 다시 쓰게 하고 있다고들 하니, 이런 사태를 표시하기에 이보다 적절한 문장은 찾기 힘들 것 같다. 빛의 속도가 만드는 '리얼타임'의 동시성 속에서, 모든 인간이 한 시점에 지구상의 모든 곳에 출몰할 수 있게 되었다는 사실은 '유령'이라는 단어에 전에 없던 적합성을 부여해 주는 듯하다. 그렇게 지구 전체를 장악한 유령, 실시간으로 지구 주위를 떠돌며 동물과 식물은 물론 표면의 토지와 지하의 광물 모두를 겨냥한 포위망을 촘촘하게 좁혀 가고 있는 유령, 그것이 인간인 셈이다.

그러나 유령이라 하기에는 '인간'이란 존재자가 행사하는 힘이 너무도 물리적이고 너무도 신체적이다. 잘 알려진 것처럼 이 유령은 지구상의 모든 지역을 장악해 자신의 생존 수단으로 이용하고 착취하고 있으며, 아주 빠른 속도로 숲을 먹어 치우고 있고, 자신의 손 밖에 있는 야생 포유동물의 비율을 포유동물의 4퍼센트로 축소시켰다. 자연의 이용, 채굴, 착취를 'exploitation'이라는 하나의 동일한 단어로 말하는 이들에게 결정적 동력을 제공해 준 석탄과 석유는 200년 남짓의 시간 동안 재가 되었고, 그 불타는 신체에서 간신히 도망친 영혼의 깊은 한숨인 양 새어 나온 가스들은 이제 지구의 대기 비율을 바꾸고 지구 전체를 뜨겁게 달구고 있다. 그 열기로 인해 히말라야 같은 고지나 북극, 남극 같은 극지방의 빙하마저 빠르게 녹으며 바다로 되돌아가고 있다. 비료가 되어 대지에 뿌려진 과도한 질소와 인은 물을 타고 흘러가 해양의 일부를 부영양화했고, '죽음의 바다'를 대양 여기저기에 빠르게 확산시키고 있다. 급기야 유령과는 정말 거리가 먼 과학자들의 집단지성이 지금 이대로라면 필경 걷잡을 수 없는 사태로, 돌이키기 힘든 상태로 지구 전체를 밀고 갈 것이라는 심각한 경고를 하기에 이르렀다.

'인류세'라는 지질학적 명칭에 대해 찬반의 논란이 있으며, 그 이름을 쓸 경우에도 그에 부합하는 시대를 어떻게 설정할 것인가를 두고 상이한 주장들이 있음을 우리는 안다. 지구의 위기를 감지한 대기과학자에 의해 제안된 그 명칭이, 하나의 지질학적 분기점을 이룰 만큼 심각한 어떤 상태를 표시한다는 점은 논란의 여지가 없다. 지구적 연대기의 한 시대를 표시하는 그 말은, 그 지구적 위기의 결정적 요인이 '인간'과 밀접하게 이어져 있다는 것을 명확하게 드러내 준다. 이는 '인류'라는 이름을 통해, 기존 생명체들의 생존에 또 하나의 임계적 문턱에 도달한 지구의 존재를 가시화해 준다. '정복'이라는 말로 쉽게 표현되는, 모든 것을 뜻대로 하려는 인간의 '정신'이, 또 그렇게 할 수 있다고 믿었던 인간의 믿음이, 실은 보고 싶은 것만을 보는 속 편한 영혼의 착각이었음이 이로써 드러난다. **인간으로서는 어쩌해 볼 수 없는** 지질학적 외부가 거기에 있었음이.

물론 지층에 새겨질 만큼 인간이 지구에 가했던 압박을 표현하기 위해 제안된 그 말에, 행성 전체의 행로를 인간이 좌우할 수 있게 되었음을 보여 준다고 기뻐하는 이들이 있음을 우리는 안다(얼 C. 엘리스,『인류세』). 대개는 통상의 어법을 뒤집으며 풍자의 칼날을 슬쩍 보여 주는 것이 반어법이란 점에서 보자면, 이들은 놀라운 순진성으로 반어법마저 다시 반어로 뒤집어 놓는 셈이다. 그러나 이들에게 다시 순진한 표정으로 물어야 할 것 같다. "멸종을 동반하는 그 지질학적 시대의 이름이, 그 이유를 집약하는 기후의 온난화와 지구적 오염이 인간의 '목적'이었다는 것인가?" 그게 아니라면 목적도 아니고 의도도 아니지만 우리가 살고 있는 지구를 인간이 좌우한다는 말은 대체 무슨 뜻일까? 아, 그럴 일도 있을 것 같다. 가령 배를 나무로 만들던 시절, 굳이 배를 쏠아 침몰시키려던 건 아니었지만, 어쩌다 보니 자신들의 이빨이 커다란 배를 가라앉게 하기에 충분하다는 걸 확인하곤 자신들이 그 배의 운명을 좌우하게 되었다고 환호하는 쥐들이 있을 수 있으니까. 그러나 쥐들이 어리석다고들 하지만 이 정도는 아닐 것 같다. 그건 인간이 그린 만화에서나 볼 수 있는 쥐의 모습일 것이다.

　어떤 것을 만들고 유지하는 것은 쉽지 않아도, 부수고 망가뜨리는 건 어렵지 않다. 애써 만든 거대한 것도 아주 작은 교란 하나로 쉽게 부서지고 붕괴함을 우리는 잘 안다. 배처럼 물리적인 것이든 공동체처럼 관계적인 것이든. 인류세는 지구라는 거대한 대상이 그처럼 '별것 아닌 것'들에 의해 망가질 수 있음이 확연해졌을 때 출현한 이름이다. 그 점에서 인류세란 말은 인간에게도 하나의 아이러니(irony)다. 자신의 목적성을 추구한다고 믿지만 실은 그와 반대 방향에 이르게 되었다는 아이러니. 인간의 이성에 의해 지구를 세계화하려 했지만 사실은 그로써 인간의 세계를 지구 자체로 되돌리는 운동을 준비한 게 되었다는 아이러니. 결국 자신이 가장 자랑삼는 능력의 최대치로 자기 무능의 최대치를 입증하게 되었다는 아이러니.

인류세란 인간들이 쫓아가는 빛에 의해 지표면에 드리워진 짙은 그늘이다. 자신들로 인해 만들어졌지만 자신들이 만드는 것도 자신들의 뜻대로 만들어지는 것도 아닌 검은 그림자다. 인간들이 욕망하는 빛의 강도로 인해 지표면 아래 땅속으로까지 스며든 짙은 흔적이다.

다들 아는 얘기겠으나 지금의 기후위기가 대개 이산화탄소의 비율로 표상되긴 하지만 지질학적 변화에 상응하는 것으로서의 위기는 단지 이산화탄소 문제만은 아니다. 이산화탄소가 문제인 것조차 이산화탄소만의 문제가 아니며, 온난화 역시 단지 기온의 문제만은 아니다. 해양과 대지, 대기, 심지어 지하의 토양과 광물까지 포함하는 모든 것이 맞물린 채 거대한 격변을 향해 엄청난 속도로 밀려가고 있다. 멸종이나 온난화는 '지구적' 스케일의 사건을 지칭하는 일종의 환유적 지표(index)에 지나지 않는다. 이러한 위기는 이윤의 증식을 위해 대대적인 채굴과 개발을 가속하는 자본과 소비와 편의의 미끼에 홀려 자본과 손잡은 '인간'이 자초한 것이지만, 뒤집어 보면 자본과 인간의 명령에 충실히 따르는 방식으로 그 명령의 파국적 귀착점을 보여 주는 사물들의 역설적 저항의 표현이기도 하다.

지구의 철학

인류세란 말이 인류에게 주는 또 하나의 가르침은, 지금 우리가 직면하고 있는 사태가 지구적 스케일이라는 사실, 그렇기에 지구적 규모의 영역이 하나의 사건적 장으로 드러나는 지점으로까지 밀고 올라가기 전에는 문제가 우리 눈에 들어오지 않았다는 사실이다. 지구는 두 개의 변수 간 관계로만 포착하기에는 너무 복잡하고 두 개뿐인 인간의 눈으로 보기에는 너무 큰 대상, 이른바 '하이퍼객체'(hyperobject)다(티머시 모턴, 『하이퍼객체』). 혹은 오랜 시간이 지나지 않고서는 그 효과가 가시화되지 않기에 우리가 확인할 수 있는 인과성의 범위를 넘어서 있는 과도한 시간 스케일을 갖는 '비동시적 사건'이라고 할 수도 있다(안드레아스 말름, 『화석 자본』). 요컨대 지구는 인간의 시야를 벗어난 과도한 '공간적' 스케일의 대상인 동시에 인간의 감각을 넘어선 과도한 시간적 스케일의 대상인 것이다.

　　그래도 그것은 인간의 감각과 삶 속으로 들어온다. 어느 한 개인이나 집단, 국가로는 해결책을 찾을 수 없는 거대한 스케일의 문제로서, 필경 해결책을 찾을 수 없는 막대한 사후성(post festum)의 위기로 인간에게 자신의 존재를 들이밀며 온다. 지구는 인간이 어떻게 해도 벗어날 수 없는 생존의 무대이기에. 그러나 재난으로 덮쳐 오는 그런 사태조차도 언제나 특정한 사건을 겨냥하는 인간의 시야 안에서는 국지적인 것으로 축소되어 오고, 현행화된 것들만을 보는 인간의 시간 속에서는 지연의 장막 뒤편에 숨은 조그만 과거로 온다. 그래도 근자에 이르러 사태의 심각성이 인간 시야의 프레임을 우그러뜨리게 되면서, 프레임을 수리하지 않으면 안 된다는 사실이 감지된 듯하다. 덕분에 하나의 사건조차 멀리 떨어진 시간적·공간적 원인들과 계열화된 '지구적 문제'로 포착할 여지가 열린 셈이다. 다행일까 불행일까?

어쨌거나 지구적 스케일에서 사유하려면 최소한 지구가 하나의 전체가 된 사건, 전체로서의 지구를 장악하고 바꾸어 놓은 사건까지 거슬러 가야 한다는 사실은 분명해졌다. 이는 역으로 사건 이전의 지구를 하나의 전체로서 보게 하는 계기를 제공할 것이다. 또한 '기후위기'라고 명명되는 지금의 문제를 발생의 직접적 이유 이전의 시간으로, 채취와 경작, 채굴로 시작된 생존의 활동으로까지 거슬러 가야 한다. 애초에 '가정'(oikos)이라고 불리던 활동의 장이 '경제'(economy)가 되고, 생존의 경제가 착취적 채굴에 이르게 된 시간을 따라가 보아야 한다. 그 오이코스 안에서 대지에 속한 것과 인간이 만나는 방식을 보아야 한다.

2. 노모스의 대지에서 자본의 노모스로

불길하게도 인간들에게 지구가 '하나의 행성'이 되었던 것은 정복과 지배, 착취와 수탈을 자신의 본성이라고 믿고 행동하는 인간들이 자신들이 알지 못하던 대륙의 '발견'을 '완료'함으로써였다. 어디든 인간이 있었고 어디서든 각자의 생존을 위한 삶을 살고 있었지만 '지구'가 하나의 전체로 연결된 것은 그들의 대단한 눈 덕분이었다. 그 눈을 움직이던 욕망 덕분이었다. 칼 슈미트는 이 사건을 '대지의 노모스'(Nomos der Erde)라고 명명한 바 있다. 국지적인 '육지 취득'을 넘어 해양을 통해 대지를 하나의 전체로서 발견하게 된 사태인 '지리상의 발견', 발견과 선점을 통한 대지의 영유와 분할, 여기에 정복이나 지배를 위해 더 이상 발견할 영토가 남아 있지 않게 된 사태가 더해지며 '지구'는 하나의 전체가 되었다는 것이다(칼 슈미트, 『대지의 노모스』). 그렇게 발견된 '신대륙'에 당시 인구의 20퍼센트 정도가 살고 있었다고 해도, 그들이 자신들이 사는 세계 저편을 향해 '발견'의 시선을 뻗어 나갈 생각을 하지 못했던 한, 그들은 자신의 땅을 발견한 자들 덕분에 지구 전체의 일부가 될 수 있었을 뿐이다.

식민주의자들의 '발견'은 분명 지구의 모든 지역을 하나로 통합하는 사건이었다. 이로써 지구는 '무한'으로 열려 있는 미지의 전체이기를 그치고 완결된 하나의 전체가 되었다. 완수된 '발견'이라는 인식론적 사건이 '지구'를 장악함으로써 지구 전체가 정복과 수탈의 대상이 되는 거대한 포획의 역사가 이렇게 시작되었다. 이는 식민지를 찾는 데 혈안이 된 이들의 눈에 의해 지구 전체가 분할과 점거의 대상이 된 것을 뜻한다. 자신들이 무력으로 박아 넣는 법의 말뚝들이 지구 전체를 포괄하고 포섭하게 된 것이다. '대지의 노모스'란 대지 전체가 그 폭력의 말뚝에 의해 분할되는 사태가 일단 완료되었다는 말이다. 여기서 법이라는 말의 어원 '노모스'는 법적 권력의 시원(始原)인 이 말뚝의 폭력, 울타리의 폭력을 뜻한다.

슈미트가 제시한 노모스의 개념은 이를 명확하게 표명한다. 법이전에 작동하는 이러한 사태를 표현하기 위해 그는 '노모스'를, 통상 그 말이 뜻하는 법이나 규범이란 개념에서 더 밀고 올라가, 유럽인들이 흔히 하듯 그리스어 어원을 불러낸다. '목축'과 '분할'을 뜻하는 네메인(nemein)이 그것이다. 여기서 그의 눈은 당연하게도 '목축' 아닌 '분할'에 가 꽂힌다. 즉 그는 노모스란 토지의 원초적 분할을 뜻한다고 이해한다. 이로써 노모스는 최초의 육지 취득과 그에 따른 공간적 질서의 창조를 의미하며, 그런 점에서 '벽'을 뜻하는 것이 된다(『대지의 노모스』, 53쪽). 소유의 법적 개념 이전에 소유의 발생적 이유를 찾으려는 이런 이들에게, 노모스란 대지에 "내 거!"임을 표시하는 선구적 울타리 치기, 주민들로부터 토지를 빼앗고 집을 불 지르는 '원초적' 인클로저(enclosure)의 글로벌 버전이었다.

그러나 우리는 토지의 분할 없이, 분할된 대지를 가르는 울타리와 말뚝 없이, 그렇기에 법적 형식으로 인정(recognization)되는 소유 없이 이루어지는 '목축'이 심지어 최근까지 존속했음을 안다. 가령 몽골의 초원에서 유전을 발견했으나 토지를 구매할 소유자를 찾지 못해서, 몽골 정부에게 토지 소유에 대한 법을 제정하라고 재촉했던 정유회사가 있었다는 기사를 내가 읽은 건 그리 오래되지 않은 일이다. 그리스어에 기대어 생각해 보아도 목축은 법 이전, 소유 이전, '원초적 분할' 이전에 있었던 기원이며, '울타리 치기'(enclosure)로 요약될 기원과는 본성을 달리한다. 그러니 논리적으로나 현실적으로나 근원으로 올라가려면 거기까지 가야 한다. 그렇기에 노모스는 법이나 울타리가 아니라 법도 울타리도 없는 노마드(nomade)와 이어져야 한다.[1] 목축을 가능하게 한 대지, 목축민 이전의 대지와 이어져야 한다. 그 목축 이전에 존재하는 기원으로서,

지구의 철학

자유로운 이동의 대지와 이어져야 한다. 아마도 수렵·채취민들의 대지가 거기 있을 터이다. 이른바 '부시맨'으로 불리는 아프리카의 !쿵족이나 산족 사람들이 정부가 제공하는 주택을 거부하고 지금도 이동하며 수렵·채취를 계속하고 있다는 사실은, 이 기원이 단지 과거에 속하는 것만이 아님을 보여 준다. 슈미트 말대로 '대지의 노모스'가 대지에 선점에 의한 울타리를 둘러치는 공간적 질서의 수립을 통해 '전체로서의 지구'가 **발견되는** 것이었다면, 지금도 존재하는 이 '기원'은 울타리 없는 대지로서 지구가 **존재하는** 곳이면 언제 어디서든 시작된다. 이동하고 유목하는 이들의 대지인 '노모스의 대지'가 거기에 있다. 이때 노모스는 법이나 규칙의 기원이 아니라, 생존을 위한 환경을 찾아가는 기원적 활동이다.

　슈미트 말대로 우리가 아는 '지구'의 역사는 시작부터 정복과 식민의 역사였고, '발견'을 추동한 계산하는 권력의 역사였다. 이는 17세기에 이르면 '아는 것이 힘/권력'(Knowledge is power)임을 믿는 계산적(rational) 이성의 역사로 빠르게 치환된다. 그렇게 지구는 정복 대상으로서의 '자연'이 된다. 이성의 빛으로 파들어 가야 할 '대

1　슈미트도 지적하듯 플라톤에게 노모스란 단지 규칙을 뜻할 뿐이었다. 아리스토텔레스에게 그것은 전체로서의 질서(폴리테이아)와 대비되는 다수의 개별적 질서(노모이)를, 지배의 근거가 되는 토지분배를 뜻한다(『대지의 노모스』, 47~49쪽). 이 또한 여전히 법과 규칙에 대응한다면서 슈미트는 이들을 비판한다. 법과 규칙의 근거가 되는 근원을 찾고자 한다. 그러나 노모스와 규칙, 인클로저와 법은 슈미트 생각만큼 멀리 있지 않다. 반면 니체는 로고스와 노모스, 법률과 노모스가 대립됨을 지적하며, 들뢰즈·가타리는 상수와 법칙을 추구하는 콤파르스와 대립되는 디스파르스와 노모스를 연결한다(질 들뢰즈·펠릭스 가타리, 『천의 고원』 2, 152~153쪽). 노모스는 법적 사유 내지 로고스에 기반한 지식과 아주 다른 기원이라는 뜻이다. 아무리 가까이 있어도 아주 먼 거리를 우리는 여기서 발견한다.

지'가 된다. '대지의 노모스'를 선점하려는 인클로저의 대상이 된다. 문명의 빛이 겨냥한 어둠이 된다. 역사란 그 그늘에서 피어나는 꽃이 될 것이었다. 금을 찾아 돈이 될 것을 찾아 시작한 정복의 역사는 '지리상의 발견'이라는 지성의 옷을 얻어 입을 것이다. 지구는 그렇게 발견되어야 할 '자연'이 되어 '인간'의 역사 속에 들어선다. 지구가 하나로 통합된 전체로 탄생함에 따라 그것을 영유하는 자로서의 '인간' 또한 하나의 전체로서 탄생한다. 물론 그 '인간'은 발견의 권리를 행사한 **하얀** 얼굴을 갖고 있었다. 영유와 착취의 권력을 가진 자들이 자기와 다른 인간들을 '자연화'하는 방식으로, 다시 말해 '동물화'하는 방식으로 인간에서 배제함으로써 그들은 전체 인간을 표상하는 지위를 차지한다. 그 결과물이 바로 '인간'이고 '휴머니즘'이었다.

그러나 이는 적어도 한동안은 '발견'이라는 과대망상 속에서 형식적 완결을 실질적 완성으로 오인하는 외연적(extensive) 사고의 환영이라 해야 한다. 왜냐하면 슈미트 말대로 지구의 외연이 확장되어 하나의 '대지'로 이어졌다고 할 때조차 지구가 그것을 정복하고 영유하려는 욕망에 전적으로 복속되었음을 뜻하진 않기 때문이다. 그때에도 자연은 통제 가능한 대상이 아니라 역으로 정복욕의 반대편에 있었고, 정복과 승리를 추구하는 이들을 '자극하는' 미지의 대상으로 저 멀리 존재하고 있었다. 황금에 눈먼 정복자를 환대한 탓에 지옥의 불에 떨어져 버렸음을 깨달은 '인디언'들의 투쟁이 또한 거기 있었다(로널드 라이트, 『빼앗긴 대륙, 아메리카』 참조). 그것은 '정복' 역사의 끝이 아니라 시작이었을 뿐이다. 지식이나 이성에 대한 믿음도, 자연을 파악·장악하려는 과학과 기술의 역사도 그때 이후 시작되었음을 우리는 안다. 대지에 법의 말뚝을 박아 넣는 무력이 최대치의 폭력을 동원하고 있었지만, 자연은 아직 거의 알려지지 않은 미지의 어둠 속에 있었고, 대지는 새로운 생존의 장을 찾아 떠나려는 자들 모두에게 법과 폭력의 바깥으로 존재하고 있었다.

　새 영토를 찾아 새로운 생존의 장을 찾아 떠나려는 자들이 있는 한 지구는 항상-이미 대지로 남아 있을 것이었다. 노모스의 대지는 법과 규범 '이전'에, 그것을 가로질러 새로운 땅을 향해 떠나는 노마드의 대지다. 왜냐하면 대지란 새로운 영토를 찾아 떠나려는 이들을 부르는 잠재성의 장, 생존 가능성의 지대 전체를 뜻하기 때문이다. "탈영토화야말로 대지의 창조자"(질 들뢰즈·펠릭스 가타리, 『천의 고원』 2, 300쪽)라는 말은 이런 뜻이다. 이는 심지어 '발견'의 권력을 행사하게 된 식민주의자들에게도 다르지 않았다. 물론 그들에게 중요한 건 대지 아닌 황금, 바다 아닌 무역로였다고 해도 말이다.

　실제로 '정복'을 꿈꾸는 이들에 의해 '인간의 영토'로서 완결되었다고 해도 그들이 영유와 착취의 권력을 행사하기에 지구는 여전히 너무 넓었고, 너무 이질적인 인간들에 의해 분할 점유되어 있었다. 하나라고 해도 결코 하나라고 할 수 없는 거대 다양체, 어떤 욕망도 동질화하거나 통일할 수 없는 이질적 다양체였다. 그렇기에 대지의 노모스는 돈과 영토에 눈먼 식민주의자들에게 거대한 영토를 제공했지만, 아직도 지구는 입법의 폭력을 통해 영유할 수 없는

'노모스의 대지'로서 남아 있었다.

이 노모스의 대지를 영유하려는 욕망이 실질적인 정복의 권력으로 전환될 수 있었던 것은 케네스 포머런츠의 지적처럼 석탄의 힘이었다(『대분기』). 페르낭 브로델 말대로, 증기기관으로 표상되는 산업혁명은 전국시장으로 명명되는 거대영토를 전제로만 가능한 것이다(『물질문명과 자본주의』 3). 대량생산을 가능케 했던 산업혁명의 기계는 전국시장의 대량 수요 없이는 채택될 수 없기 때문이다. 일단 그렇게 시작된 산업혁명은 전국시장을 완성함과 동시에, 국민국가의 범위를 넘어 새로운 시장을 찾아 나서게 한다. 외연적 포섭을 통해 영토화된 식민지에 내포적 포섭의 식민주의가 쟁기질을 시작한 것은 이러한 계기를 통해서였다. 물론 이는 외연적 포섭의 식민주의의 가속을 동반했다. 시장의 외연적 확장을 위해서는 식민주의의 운동을 가속하는 강력한 동력이 필요했고, 내포적 포섭을 위해서는 인간의 힘을 크게 초과하는 강력한 기관의 힘이 필요했다. 석탄과 증기기관이 역사의 전면에 등장하게 된 것이다.

그러나 이 강력한 식민주의를 추동한 내적 동력은 석탄을 태워 얻은 증기의 힘 이상으로 상품과 자본시장을 확대하려는 자본의 증식욕이었다(카를 마르크스, 『자본론』 1). 더구나 자본주의는 시장의 형식을 통해 식민화된 영토와 주민들 모두를 내포적 포섭으로 끌어들여 동질화하는 강력한 힘을 갖고 있다. 산업혁명을 기반으로 하는 이 새로운 식민주의를 통해 노모스의 대지는 자본의 영토가 된다. 모든 대지를 영유와 착취의 대상으로 하는 자본의 법칙이 지배하는 영토로 변환된다. '대지의 노모스'를 대신하는 '자본의 노모스'가 이 새로운 시대의 이름이 된다. 이로써 이질적 영토들의 다양체로서의 지구는 자본의 노모스에 복속된 새로운 전체로서, 자본의 영토로서 재탄생한다.[2]

3. 지구, 자연의 외부

'인류세'로 요약되는 기후위기로 인해 명확하게 드러난 것은, 지구가 단지 인간이 발 딛고 개척하며 이용하는 '대상'이 아니라 인간의 뜻대로 되지 않는 '사물'이라는 사실이다. '절대정신'의 형태로 확장된 최대치의 이성을 가정해도, 인간의 합목적성 안에 가둘 수 없는 외부고, 이성의 의지에 복속시켜 통제하고 있다고 믿을 때조차 그것이 끝내 복속시키지 못한 외부라는 사실 말이다. 지구란 모든 인간적 활동의 절대적 외부다. 이미 해결 가능성을 상실한 것으로 보이는 기후위기는 이성의 빛에 가려 보이지 않던 그 외부가 드러난 사건이다. 이는 인간이 창안한 모든 종류의 지식들을 근본적 불가능성과 대면하게 한다. 따라서 '인류세'란 인간의 의지나 이성 바깥의 그 불가능성을 인간의 힘으로 지층에 새겼음을 뜻하는 역설적 개념이다. 인간의 정신의 힘 안에 세상을 담는 모든 형태의 관념론이 끝내 복속시키지 못할 근본적 불가능성을 인간의 이름으로 명

---

2   그러나 철도나 자동차, 비행기 등의 고속이동수단이 대량이동수단이 되기 이전에는 대륙 오지는 여전히 국가나 자본의 힘이 닿지 않는 곳으로 남아 있었다. 인류학자들이 '조미아'라고 부르는 아시아의 광대한 지역이 그것이었다(제임스 스콧, 『조미아, 지배받지 않는 사람들』).

시하는 반어적 이름이다.

지구상에는 수많은 '자연'들이 있다. 유럽인의 자연, 인도인이
나 페르시아인의 자연, 중국인이나 한국인의 자연, 마야족이나 하
이다족의 자연 들이다. 그것은 모두 '자연'이지만 모두 다른 자연들
이다. '자연'이란 각자의 감각과 사고가 직조해 낸 옷을 입은 대지
의 이름들이다. 자주 언급되는 말을 쓰자면, 각자의 '문화' 속에서
개념화된 자연이고, 그런 한에서 각자의 문화에 속하는 자연이다.
지구는 '자연'이 아니다. 각지의 인간들이 지은 **그 많은 '자연'의 옷
을 입고 있는 신체**다. 그 모든 옷과 무관하지는 않지만 어느 옷과도
동일하지 않은 옷 속의 신체다. 옷으로 자신을 표현하지만 그런 만
큼 옷에 가려진 신체다. 맨틀 속 열기의 운동으로부터 지각의 변동,
미생물과 인간, 식물과 동물, 바다와 육지, 해양과 빙하의 상태, 심
지어 대기의 상태와 햇빛 등 수없이 많은 요인들이 상호작용하는
대사과정 속에서 비평형적 안정성을 유지하고 있는 하나의 거대한
물리적-화학적 순환계다. 모든 자연의 모태인 동시에 그 모든 자연
의 외부다. 어떤 자연 개념도 충분히 포착하지 못하는 외부다. 인간
의 능력을 최대치로 동원해도 통제하거나 장악할 수 없는 절대적
외부다.

그렇기에 지구**에 대한** 철학은 불가능하다. 이 불가능성은 지구
를 사유의 대상이 아니라 사유의 주어가 되게 한다. '지구의 철학'
이란 게 있다면, 그것은 절대적 외부로서의 지구**에 의해**, 그 불가능
성**에 의해** 자연을, 또한 삶을 사유하는 철학이 될 것이기 때문이다.
지구에 대한 사유가 아니라 지구에 의한 사유, 거기서 주어는 사유

하는 '나' 이상으로 지구다.

지구는 독자적으로 존립하는 하나의 전체다. 자율적인 순환계다. 하지만 전체나 순환계라는 말을 사용할 때도, 그것은 **유기적 전체가 아님**을 강조할 필요가 있다. 유기체는 하나의 중심에 의해 기관들이 통합된 전체다. 거기에는 동물을 모델로 하는 19세기적 생명 개념이 내장되어 있다. 하나의 순환계라 하지만 지구는 균형이나 통일성의 단일한 중심을 갖지 않는다. 즉 지구는 '뇌' 같은 특권적 중심도, 그 뇌가 생산하는 영혼 같은 것도 없다. 또한 지구는 '비평형적 항상성'[3]을 갖는 하나의 전체라고 할 때조차 유기체적 관념이 가정하는 실체 내지 목적으로서의 '생명' 같은 것과는 거리가 멀다.[4] 지구가 하나의 생명체임을 주장했던 러브록의 '가이아'(Gaia)조차 어떤 목적성이나 실체, 의도를 갖지 않는 하나의 순환계였다(『가이아』). 마굴리스는 수많은 미생물이 그 거대한 생명체의 미시적 기반임을 보여 준 바 있다(『공생자 행성』). 덕분에 실패한 섭식에서 시작된 미생물들의 공생이, 그것들로 형성된 다양한 군체들의 의도 없는 '동맹'이 생명체 진화의 결정적 분기점이 되었음을 우

---

3 열역학 제2법칙에 따라 엔트로피가 최대치에 이름으로써 얻어지는 '평형'과 달리, 엔트로피 증가가 하나의 계 안에서 국지적으로 멈추며 형성되는 항상성. 슈뢰딩거는 이를 생명체의 물리학적 특징이라 한 바 있다(『생명이란 무엇인가』). 포유동물의 체온이 그런 경우인데, 러브록은 불안정한 기체인 산소 비율이 일정하게 유지되는 것을 들어, 지구의 대기는 비평형적 항상성을 가지며, 따라서 지구는 하나의 생명체라고 주장한다.

4 유기체는 분명 하나의 순환계를 이루지만 모든 순환계가 '기관'들의 조직화를 통해 정의되는 유기체를 뜻하지는 않는다. 생화학자 아이겐은 촉매 역할을 하는 일련의 요소들이 만드는 순환계를 발견했는데, 이는 조직화도 없고 유기적 구조도 없지만 국지적으로 엔트로피가 증가하는 순환계를 이룬다. 유기체와 구별되는 순환계 내지 공동체의 개념에 대해서는 이진경, 『코뮨주의』 참조.

리는 안다. 목적이나 의도가 아니라 서로의 배설물을 섭식하는 미시적 생존활동이 지구적 스케일에서 비평형적 항상성을 만들어 내고 있는 것이다. 전체로서의 지구가 이렇게 하나의 생명체라면, 생명체란 특별한 어떤 실체가 아니라 비평형적 항상성을 갖는 순환계 모두라고 재정의해야 한다. 이를 두고 마뚜라나·바렐라처럼 '자가-생산'(autopoiesis)이라고 명명하든(『앎의 나무』), 해러웨이처럼 '공-산'(sympoiesis)이라고 명명하든 말이다(『트러블과 함께하기』; 최유미, 『해러웨이, 공-산의 사유』).

지구의 안정성은 수많은 문턱을 통과했음을 우리는 안다. 대단히 불연속적인 이질적 상태들이 지질학적 연대기를 이룬다. 대기 중에 산소가 거의 없던 시절에서 20퍼센트까지 증가된 시절, 해수면의 높이가 현재보다 수십 미터 높았던 시절, 거대한 빙하가 적도 부근까지 뒤덮었던 시절부터 극지방에도 빙하가 없던 시절까지, 지구는 아주 다른 문턱들을 넘으며 하나의 순환계로 존속해 왔다. 전체로서의 지구는 그 모든 문턱들을 포괄한다. 그 문턱들을 넘을 때마다 생명체의 크고 작은 멸종이 반복되었음 또한 잘 알려진 사실이다. 생명의 역사는 어쩌면 그러한 문턱의 역사라고 해도 좋을 것이다. 물론 그것은 생명의 역사일 뿐이다. 지구는 그 역사 안에도 있지 않다. 지구는 인간이 포착한 **모든 역사의 외부에** 있다.

순환계로서의 지구에게 죽음이 있을까? 그럴 수도 있을 것이다. 화성이나 금성처럼 열역학적 죽음에 이를 수도 있을 것이고, 태양의 열이 사라짐에 따라 죽을 수도 있을 테니까. 하지만 적어도 인간이란 종이 남긴 모든 기록이 사라질 때까지 지구는 죽지 않을 것이다. 지구의 죽음이란 인간의 시간 이후에 올 것이다. 한참 뒤에 올 것이다. 지구는 생명체가 없이 오랫동안 존재해 왔다. 그리고 모든 생명체가 다 죽어 없어져도 계속 존속할 것이다. 지구의 죽음은 생명의 역사 안에 있지 않다. 그 역사 바깥에 있다.

그러니 지구는 생명의 터전 같은 것이 아니다. '가이아이론'처럼 지구는 그 자체가 하나의 생명이라 할 때에도, 그 안에 사는 생명체의 형성이나 존속 같은 것을 목적으로 하지 않는다. 독자적 시스템으로서의 지구는 생명체들이 기대고 있으나 그들의 욕망이나 생각과 무관하게 존재하는 외부다. **모든 생명체의 외부**다. 지구는 그때마다 하나의 안정적 시스템인 한, 그에 적응한 것들에겐 어떤 질서를 뜻했겠지만, 어떤 경우든 그 질서에 머물지 않는다. 실은 그렇게 포착된 질서 안에서도 그것들이 포착한 것을 넘어서 끊임없이 변하고 있다는 점에서 카오스에 속한다. 안정성을 가지면서도 부분들의 관계에 따라 끊임없이 변화하며 다른 상태로 이행하는 다양체란 점에서 카오스모스라 해도 좋을 터이다. '카오스이론'에서 '나비효과'라는 말로 불리는 민감한 가변성이 바로 기후 상태의 변화를 공식화하려는 시도를 통해 포착되었음(제임스 글릭, 『카오스』)을 우리는 기억한다. '코스모스'란 이 카오스의 한 순간을 정지시켜 벽과 천장에 그린 하나의 그림에 지나지 않는다. 지구는 그렇게 그려진 모든 그림 바깥에 있다. 그림이 완성되기도 전에 이미 그려진 그림을 떠나 달라진 것으로서, 카오스로서 모든 코스모스의 바깥에 있다. 카오스는 코스모스란 개념의 유효성을 빛내기 위해 복무하는 '무질서'가 아니라 코스모스의 외부, 우리가 포착한 질서 바깥의 질서다. 우리가 채 포착하지 못한 질서다. 무한 속도로 변하는 질서다.

지적 생명체의 자부심을 표시하는 과학적 지식을 통해 인간은 이러한 변화를 자신의 '이성' 안에, 자신들의 의지나 목적 안에 포섭해 통제하고자 했고, 그 결과를 '정복'이란 말로 자찬했으나 바로 그 과학이 결국 입증한 것은 지구란 **인간의 이성이 어찌해 볼 수 없는 외부**라는 사실이었다. 후쿠시마나 체르노빌은 인간이 장악했다고 믿었던 '자연'조차 실은 인간이 어찌할 수 없는 외부에 입혀 놓은 헐렁한 옷이었음을 보여 준 사건이었다. 인간의 지성이 재봉한 옷이 찢어지며 그 안의 속살이 일부 드러난 사건이었다. 원자로 바깥으로 비어져 나온 후쿠시마 원전의 연료봉과 그걸 냉각시키기 위해 사용된 거대한 양의 오염수는, 어떤 평계로 어떻게 '처리'하든 사실은 인간이 끝내 제거할 수 없는, 결국 어떻게든 받아들일 수밖에 없는 외부 아닌가. '희석'해 처리한다 하지만 그건 물에 타서 바다에 버린다는 말 아닌가? 굳이 지구의 관점에 서지 않아도 바닷물을 타서 바다에 버리는 게 그냥 바다에 버리는 것과 얼마나 다른지 우리는 알지 못한다.

물론 희석하지 않았을 때의 치명성은 희석될 것이다. 그러나 희석되어 방류되는 방사성 원소들은 아무리 희석해도 사라지지 않고 바닷속이나 대기 중 어딘가 있을 것이다. 반복하여 방류되는 또 다른 것들이 다시 더해질 것이다. 드넓은 대지에 경작지를 만들고 농약을 치고 비료를 뿌릴 때도 똑같았을 것이다. 그 편한 플라스틱이 상품들의 신체가 되고 옷이 되고 인간의 손발이 될 때, '우리 인간'이 플라스틱을 입자 형태로 '먹게 될' 것이라고 누가 근심했을 것인가. 한없을 것 같던 허공에 이산화탄소나 메탄가스 등을 배출할 때도 다르지 않았을 터이다. 그러나 고작 200여 년 만에 그 무한할 것 같은 허공은 아무 걱정 없이 배출한 가스로 거대한 온실이 되어 버리지 않았던가. 심각한 근심을 덜기 위해 희석해서 방류하는 방사성 원소들의 미래를 우리는 사실 이미 알고 있는 것이다!

희석이란 버려지는 것들 가까이에서 그것들과 제일 먼저, 가장 진하게 접하게 될 사람들의 판단력을 희석시키는 방법일 뿐이다. 후일의 생명체나 인간들에게, 결코 처리할 수 없는 곤혹을 시간으로 희석시켜 떠넘기는 방법일 뿐이다. 인간의 '간교한' 이성은 여기에 덧댈 또 다른 희석 방법들도 알고 있다. 후쿠시마 원전 사고 당시 방출된 방사능이 도쿄에서조차 자신들이 처리할 능력을 벗어나자, 자신들이 정해 놓은 방사능 임계치값을 높여 쉽게 문제를 해결한 사례를 우리는 이미 본 적이 있다. '오염수'란 말이 문제가 되니 '처리수'—이왕이면 '정화수'라고 하는 게 더 낫지 않았을까?—라고 이름을 바꾸어 해결하는 것도 그렇다. 그러니 '희석'이란 자신이 알게 되는 속도를 늦추는 방식으로 이성의 외부를 확장하는 반어적 감속장치인 셈이다. 아니 인간의 능력 바깥에 있는 방사능 원소를 최대한 많은 신체가 골고루 나누어 갖게 하여 문제를 완화시키는 절묘한 물리학적 민주주의다.

2만 4000년이라는 반감기의 플루토늄이 그러하듯, 태우고 잘게 부수어 보이지 않게 만들 수는 있어도 썩어서 분해될 줄 모르는 플라스틱 역시 지금으로서는 인간이 어찌할 수 없는 외부에 속한다.

이산화탄소나 온실가스도 그렇다. 배출되어 남는 것들, 이용당하고 버려지지만 끝내 소멸하지 않고 남아 존속하는 것들 모두가 그렇다. 이것이 사물들의 외부성이다. 이것이 사물들이 인간**에 대해** 존재하는 방식이다. 인간은 언제나 그것을 자신의 이성과 의지 안으로, 뜻대로 할 수 있는 것으로 내부화하고자 하지만, 그렇게 내부화될 때조차 사물(res)들은 다시-선다(re-sist). 굳이 다시-서겠다는 의지도 없이, 사물(res)로서 존속한다(sist). 그렇게 사물(res)은 저항한다(resist). 저항한다는 생각도 없이 인간의 이성 바깥에 다시-선다, 그저 **그들이 존재하는 방식 그대로** 사물들은 저항한다(res-sist).

이 어찌할 수 없는 외부성이 저항으로 닥쳐오는 지점까지 사물들을 밀고 간 것은 우리, 인간들이었다. 도구로서의 말없는 복종을 침묵하는 저항으로 직면하게 될 때까지 채굴과 착취를 밀어붙여, 모면할 수 없는 재난의 형태로 드러나게 한 것은 우리 인간이었다. 그들의 존재와 존속을 더는 모를 수 없는 저항으로 만든 것은 우리들 자신이었다. 인간의 신체에 스며들어 유전자를 변조하는 방사능 입자들은 '이성의 간교한 지혜'가 싫어도 제거할 수 없는 외부로서, 우리 내부 안의 외부로서 길이 존속할 것이다. 우리 안에-서서(in-sist) 우리에게 무언가를 주장하길(insist) 계속할 것이다. 자신들의 존재로 자신들의 존재를 주장할 것이다.

반대로 체르노빌의 숲과 거기 사는 동물들 또한 우리가 방사능과 생명체 간의 배타적 경계라 믿었던 것을 넘나들며, 그것마저 있는 그대로 받아들이며 그런 조건 아래에-서서(sub-sist) 생존을 지속할 것이다. 살아 있다곤 해도 이전처럼 먹을 수 없고, 베어 내 사용할 수도 없는 것들, 다가가기도 꺼려지는 것들이기에 그 존재는 인간의 손 바깥에서 안전하게 지속될 것이다. 그들은 더 이상 우리가 이전에 알던 식물과 동물이 아니다. 그렇게 그들은 인간의 이성 바깥에서, 우리가 알던 것과는 다르게 살아갈 것이다. 체내에 스며든 방사선에 의해 변성된 신체를 갖고서 어떻게든 살아갈 것이다. 그것이 생명인 것이다.

인간의 처리 능력 바깥에 있는 방사능이나 방사성 원소들을 대지와 대기, 바다로 풀어놓은 도쿄전력과 일본 정부의 판단은, 인간 자신 또한 체르노빌의 동물처럼 인간 자신이 알지 못하는 신체를 갖고 인간의 이성 바깥에서 살아가야 할 운명임을 예감하게 한다. 이산화탄소가 지구의 대기를 달군 시간 정도가 지나면 체르노빌의 생물들처럼 인간 또한 방사능에 적응한 새로운 아종으로 진화하게 될지도 모를 일이다. 호모사피엔스 라디오악티위타스(Homo sapiens radioactívitas). 버려지지만 소멸하지 않고 끝내 인간의 신체로 되돌아오는 이 외부에, 평범한 일상 속에서 끝없이 방출되는 플라스틱 미세입자들을 추가해야 한다. 태우고 조각내도 소멸하지 않는 그 입자들이 많은 경로를 통해 인간의 폐 속으로, 배 속으로 되돌아오고 있다. 따라서 그 입자들에 적응한 또 하나의 아종이 인간 진화의 역사에 추가되어야 할 것이다. 호모사피엔스 플라스티쿠스(Homo sapiens plasticus). 그렇게 사물들은 자신의 모습대로 인간을 바꾸어 놓을 것이다. 그게 그들의 주장이고, 그게 그들의 저항이다.

기후위기는 과학기술에 의해 최대한 확장되고 경제적 성장의 권력에 의해 최대한 증폭된 이성적 인간의 명령에 지구가 과도

할 만큼 충실하게 따라 줌으로써 도달한 당혹스러운 궁지란 점에서 카프카식 유머를 보여 주는 것 같다. "물에 빠져 죽을 것을 명한다"는 '선고', 쉽게 말해 "나가 죽어라"라는 아버지의 명령을 듣고는 곧바로 뛰어나가 물에 빠져 죽는 아들(「선고」), 담배를 피우라면 피우고 술을 마시라면 마시다 끝내 인간이 하는 말까지 따라하게 되었다는 원숭이 '빨간 페터'(「학술원에 드리는 보고」)는 과도한 복종을 통해 명령 자체를 웃음의 대상으로 바꾼다. 들뢰즈라면 어이없는 계약에 지나치게 복종하는 마조흐 소설의 세브린 또한 그렇다고 할 것이다(*Presentation de Sacher-Masoch*). '이성의 간계'(헤겔)라는 관념론의 마지막 속임수가 있지만 그것은 최악의 파국마저 이성의 발전으로 상찬하는 얼빠진 승리주의 없이는 살아남을 수 없는 아Q식 정신승리법이다. 이미 가시화된 것만으로도 지금의 위기는 그 모든 간계를 '오염'의 바닷속에 밀어 넣었다고 하기에 충분하다.

유머 대신 고지식한 진지함으로 표정을 바꾸어 말하자면, '간계'란 말은 철학적 개념으로 사용할 때조차 이성이나 인간에게 속한 게 아니라 대지에 속하고 바다에 속하고 지구에 속한 것이라 해야 한다. '자연의 정복'도 '이성의 간계'도, 이성의 엔진을 돌려 하늘 끝까지 갔다고 믿고 눈앞에 있는 기둥에 증거를 남기려 영토를 표시하는 오줌마저 깔겼으나 대지의 손바닥에서 끝내 벗어나지 못했던 돌원숭이의 망상이다. 헤겔이 믿었던 절대적 이성이란 '부처님 손바닥 안의 손오공'이었던 것이다. 자신이 알고 자신이 믿는 것 안에서는 아무리 한없이 멀리 간다 해도 자신이 만든 영토 안에 있을 뿐이다. 자신의 '자연' 안에 있을 뿐이다. 지구는 그 '자연' 바깥에 있다. 지질학적 이성이 아무리 치밀해져도 지구는 그것의 바깥에 있다. '인류세'란 아무리 진지하게 규정한다 해도 지구로서는 알지도 못한 채 그 표면에 달라붙은 수많은 이름표 중 하나일 뿐이다.

기후위기란 인간이 그 지구 안에서 생존을 지속하려면 자신이 포착한 '자연' 안에 머물러서는 안 된다고, 자신이 아는 것의 외부를 수긍하고 그에 맞추어 삶이나 사고를 바꾸어야 한다는 지구의 경고다. 하늘나라까지 '정복'해 휘저어 놓던 개망나니 돌원숭이가 깨달음에 이르는 길은 뜻밖의 사건들을 반복해 겪으며 외부와 만나고, 그 만남을 통해 자신을 바꾸어 간 과정이었다. 상대와 싸워 이기고 정복하는 것이 아니라 자신의 생각과 믿음을, 그것들이 돌처럼 단단하게 달라붙어 감싸고 있는 확고하던 아상(我相)을 깨고 그 외부에 '정복당해' 가는 과정이었다. 이성의 발전이 거기에 있었다고 해도 그것은 이성이 외부를 길들여 간 과정 이상으로 이성이 그 외부에 길들여지는 과정이었다. 이성의 간계가 아니라 이성을 길들이는 '외부'의 간계가 거기에 있었던 것이다. 대지의 간계, 지구의 간계가.

유물론이란 외부에 의한 사유다. 외부**에 대한** 사유가 아니라 **외부에 의한** 사유다. 지구의 철학에서 유물론 같은 게 있다면 그것은 지구에 대해 사유하는 것이 아니라 지구에 의해 사유하는 것이다. 지구라는 외부에 의해 인간의 문제를, 또한 인간 아닌 것들의 문제를 사유하는 것이다. 기술이나 생산, 경제나 정치의 문제를 지구라는 외부에 의해 사유하는 것이다. 그 외부가 드러나는 지점을 사유 안에 불러들이는 것이고, 그 외부를 통해 감각을 바꾸는 것이다. 벤야민이 '세속적 각성'이라 명명했던 종류의 감각적 각성(「초현실주의」, 149쪽)을 촉발하는 것이다. 랑시에르식으로 말하면, 그 외부를 익숙한 변수들 사이로 불러들여 이제까지 보이지 않던 것을 보이게 하는 것이다. 숫자로 세어지지 않던 것들을 숫자로 세게 하는 것이다(자크 랑시에르, 『정치적인 것의 가장자리에서』, 253쪽). 죽어도 목숨의 숫자로 세어지지 않던 것들을 목숨의 숫자로 셈하게 하는 것이다.

지구를 유물론적으로 사유한다는 것은 단지 지질학이나 기후학의 대상으로서 지구를 사유하는 것이 아니라 그 지구라는 외부를 통해 인간과 인간 아닌 것 모두의 생존을 사유하는 것이다. 지구에 의해 그 생존의 장을, '그리스'라는 기원으로 돌아가길 좋아하는 이들이 '오이코스'라고 부르는 것을 다시 사유하는 것이다. 그 오이코스 자체를 그리스가 아니라 대지에 의해, 지구라는 외부에 의해 재정의하는 것이다. 달리 말하자면 이는 오이코스를 어원으로 삼아 탄생한 두 개의 '과학'을 지구라는 외부에 의해 재정의하는 것이다. 이로써 인간과 인간 아닌 것의 만남의 장으로서, 동맹과 투쟁의 장으로서 오이코스를 사유해야 한다. 오이코스에 대한 사유의 자리를 선점하고 있는 생태학과 경제학 모두에 대해 다시 사유해야 한다.

4. 기관 없는 신체, 혹은 어머니와 사신(死神)

근대 이전의 인간들은 대개 지구 혹은 대지가 하나의 신이라고 생각했지만 지구도 대지도 신이 아니다. 신도 알지 못하는 외부다. 모든 앎이 겨냥하지만 끝내 모든 앎 바깥에 있는 외부다. 그렇다고 앎을 거부하는 부정의 힘도 아니다. 앎의 욕망이 담긴 시선을 오는 대로 받아 준다. 하지만 결코 그 시선에 담길 수 없는 것이기에, 시선이 애써 도달해도 어느새 도달한 것에서 벗어나 버리는 외부다. 끝없는 변화의 카오스다. 지구는 지구 자신도 알지 못하는 지구 자신의 외부다. 대지에 속하는 생성의 힘이 이성이나 과학이 포착한 것 안에서 '고갈'되지 않고 지속될 수 있는 것은 차라리 이 때문이다.

그 생성의 힘은 생명의 생산뿐 아니라 그 반대 방향을 향해서도 작동한다. 아니 모든 방향을 향해서 동시에 작동하고 있다. 그래서 포착하려는 것을 정확히 포착해도 이미 그 시선 바깥에 있는 것이다. 사실 생성은 우리가 부여하려는 '좋은 의미'와 달리, **탄생 이상으로 죽음**이고, **생산 이상으로 소멸**이다. 탄생과 소멸 사이의 모든 방향에서 발생하는 변화 전체다. 그것을 우리는 우리가 바라는 바대로 본다. 생명의 본성에 따라 탄생과 성장의 방향에서 보려 하기도 하고, 서서히 내려앉는 소멸의 쓸쓸함 속에서 보기도 한다. 소멸 없는 생산은 욕망이 만들어 낸 허황한 착각이고, 죽음 없는 생명은 희망이 만들어 낸 공허한 허구다. 지구도 생성도 생명을 보존할 책임 같은 건 갖지 않는다. 반대로 생명 없는 죽음은 공포가 만들어 낸 애처로운 허상이고, 생산 없는 소멸은 절망이 만들어 낸 우울한 환영이다.

우리는 항상 죽음을 먹고 살고 죽음으로써 재탄생한다. 다세포 생물을 구성했을 때 세포 내 기관이 된 미생물이 체감했던 지혜란 어떤 것의 죽음이 다른 것의 생존 조건이라는 것, 생존에 대한 집착은 이웃한 세포나 자신이 속한 신체 전체의 죽음으로 귀착된다는 사실이었던 것 같다. 모든 소멸은 그 자체로 새로운 무언가의 생산이다. 생성이란 그런 것이다. 이는 소멸과 죽음에 대한 두려움의 장막을 걷어 내기만 한다면 훤히 보이는 현실이다. 카오스란 코스모스의 환영을 매 순간 지우는 생성의 흐름이다. 우리는 코스모스의 그림을 그리지 않고는 살 수 없기에 하늘에 별자리를 그리고 우주를 방정식으로 채우지만, 그때조차 우리는 그 생성의 힘에 기대어 산다.

인간이 그렇게 생존을 위해 포착하고 영유하려는 대상, 그것이 '자연'이다. 자연이란 인간들이 그린 지구의 초상이다. 최대한 있는 그대로 재현하려 하지만 아무리 비슷하게 그려도 그것은 지구의 정지된 한 단면일 뿐이다. 지구는 그런 시선의 규정 바깥에 있다. 규정된 상 뒤에서 끊임없이 변화하는 미규정의 존재로 있다. 자연이란 미지의 힘을 가진 것으로 서술될 때조차, 혹은 '스스로 그러한 것', '스스로 있는 것'이라고 규정될 때조차 특정한 인간의 지식이나 인식이 만들어 낸 인간적 구성물이다. 생존의 욕망에 기인하는 기대와 불안, 소망과 상상력이 구성해 낸 인식대상이자 영유대상이다. 지구는 자연이 아니다. 생성이 생명의 외부인 것처럼, 지구는 자연이 아니라 자연의 외부다. 자연의 관념, 자연에 대한 생각을 반복해 바꾸게 하는 외부다. 자연이, 다시 말해 대지가 정복의 대상이 아니라 '어머니'라고 했던 다양한 지역의 '원주민'들은 아마도 자신들이 대면해야 했던 외부를 통해 이를 절감했던 이들이었을 게다. 그렇다고 해도 **대지는 어머니가 아니다.** 그것은 생명의 생산을 가능하게 해주는 잠재성 그 자체지만, 그렇기에 기존의 생명체들이 수립한 생산의 세계를 소멸의 바람으로 지우며 다시 시작하게 하는 반생산(anti-production)의 폭력이다. 자신의 표면을 장악한 것들을 지워, 제로 상태의 표면으로 되돌리는 잠재화의 운동이다. 대지는 들뢰즈·가타리식으로 말해, 그처럼 제로 상태로 반복해 되돌아가는 표면이다. '기관 없는 신체'다(*L'Anti-Oedipe*). 그것은 모든 생명체의 어머니이지만, 또한 생명체들의 사신(死神)이기도 하다. 그것은 '알'이지만, **어머니 이전에 존재하는 알**이다. 어머니를 알지 못하는 알이다. 대지는 유기체가 아니다. 유기체적 통일성을 전제하는 하나의 생태계도 아니다. 대지는 유기화하고 전체화하려는 힘이 결코 장악할 수 없는 '무기적' 질료의 흐름이다. 모든 생태계의 유기화하려는 힘이 기대고 있지만, 그 모든 유기화하려는 힘을 되돌려 다시 시작하게 하는 **유기체의 외부**다.

지구는 환경이나 영토로서 포착된 말 없는 자연들의 기관 없는 신체다. 논리학에 충실한 분들이라면 이 또한 인간의 관념이 만든 또 하나의 개념일 뿐이라고 할 것이다. 그렇다. 외부란 사실 말할 수 없는 것이고, 이러한 말들 또한 외부를 겨냥하지만 어느새 빗겨나거나 그것을 겉도는 또 하나의 개념일 뿐이다. 그래도 어떤 상황이 그저 침묵하는 것으로 충분하지 않다면, 무언가 말해야 한다면, 블랑쇼 말대로, 우리가 진정 말해야 할 것은 바로 말할 수 없는 것에 대한 것이다(모리스 블랑쇼, 『정치평론』, 215쪽). 말할 수 없는 외부에 의해 반박될 때마다 다시 그 불가능한 것을 향해 고쳐 생각하고 고쳐 말하길 반복해야 한다. 외부란 그렇게 반복해 고쳐 말하게 하는 어떤 힘이다. 외부에 대해 말하려 한다 함은 그런 반박을 수긍하면서 다시 한번 그 외부에 의해 말하기를 반복하는 영원한 운동 속에 기꺼이 들어감이다.

대지는 지구의 표면이다. 지구라는 순환계의 운동이 드러나는 표면이고, 생명과 결부된 사건들이 발생하는 표면이다. 자기장을 형성하는 핵에서의 운동, 열뿐 아니라 땅의 운동을 포함하는 맨틀에서의 대류, 그에 따른 지각의 형성과 변화, 나아가 태양과 대기, 해양의 운동까지 포괄하는 지구적 스케일의 운동이 집약되며 표현되는 곳이 그 표면이다. 모든 생명체는 이 표면에 서식한다. 모든 생명체가 대지를 생존의 자원으로 삼아, 그것을 생산의 장으로 삼아 살아간다. 인간도 그와 같아서 대지 위에 이런저런 생산의 장을 만든다. 수렵·채취민의 숲, 유목민의 초원, 농경민의 토지, 광물을 캐는 지하의 땅 그리고 공장과 도시 등을.

대지가 어머니라는 환상은 이런 조건에서 발아했을 것이다. 대지가 모든 생산을 가능하게 해주는 능력임은 사실이지만 그만큼이나 그것은 그 모든 생산의 장을 무로 돌려 '리셋'하는 반-생산의 힘을 가동시킨다. 주기적인 빙하기의 도래나 대륙 전체의 지도를 바꾸는 크고 작은 격변들, 지진과 해일, 홍수와 태풍, 때로는 화산 폭발 같은 재난이 생명의 장을 반복해 리셋해 왔음을 우리는 안다. 그렇게 인간이 만든 생산과 생존의 장을 '제로 상태'로 되돌리는 일이 반복되었음을 우리는 잘 안다. 막대한 반생산의 힘이 반복하여 생산의 장을 휩쓸고 간다. '대지의 분노'란 어머니의 환상 안에서 그러한 재난을 납득하기 위해 발명된 말이겠지만 그 분노에는 '이유'가 없다. 그 경우 대지는 이유 없이 분노하거나 분노의 대상을 잘못 선택하는 난감한 어머니가 되고 만다. 대지는 어머니도 아니고 분노하지도 않는다. 대지는 우리의 인식이나 이해를 넘어서 있는 바깥이고, 우리의 생각이나 희망, 목적이나 기대와 무관하게 존재하는 외부일 뿐이다.

지구가 그 자체로 존재하는 생성과 변화의 순환계라면 대지는 생명체의 '환경'(milieu)으로 포착된 지구다. 생명과 생산의 조건으로 포착된 지구다. 영토적 배치를 구성하는 집합체의 생존을 떠받치고, 욕망의 노래에 맞추어 춤추는 질료적 흐름이 거기 있지만, 영토화된 환경 안에 머무는 이들에게 지구는 그저 자신들이 살아가는 생존의 장을 뜻하는 '환경'일 뿐이다. 자신에게 주어진 영토를 떠나 새로운 생존의 장을 찾고자 할 때, 그 영토 바깥의 대지는 생존을 가능하게 하고 생명의 잠재성으로 충만한 생산능력으로 발견된다. 즉 대지는 탈영토화 운동에 의해 드러나는 생산적 장이다. 따라서 떠날 줄 모르는 자들에겐 대지가 없다. 그저 환경과 영토만 있을 뿐이다. 머무는 영토 바깥에서, 그 어디든 새로운 영토의 잠재성을 갖고 있음을 보게 될 때, 대지는 대지로서 발견된다.

지금 불타는 대지의 무뚝뚝한 얼굴에서, 인간이 하라는 대로 해서 도달한 난감한 사태를 통해 그 명령을 당혹으로 모는 엉큼한

과잉-충실성의 정치학을 우리는 본다. 그 반대편, 수학화된 모델을 바꾸며 열심히 계산하는 진지한 인간의 얼굴에서, 자본이 하라는 대로 해서 온 세상을 증식의 장으로 만들었지만 자신이 도달한 상태가 궁지인 줄을 아직도 모르는 순진한 **과잉-충실성의 경제학**을 우리는 본다. 수학적 형식 덕에 스스로 과학임을 믿어 의심치 않는 그 경제학들 덕분에 이득과 유용성, 편의와 행복을 미끼로 모든 돈 되는 것을 파헤치고 개발해 인간화하는 활동은, 그로 인해 벌어지는 사태에 좌고우면하지 않고 증식의 최대 효율을 향해 나아간다. 그들의 시야에서 대지는 오직 성장의 경제를 떠받치는 수동적인 자원 덩어리에 불과할 뿐이다. 모든 경제적 생산의 질료이고 모든 형태로 분화될 수 있는 잉여가치의 수정란일 뿐이다. 자본은 그 수정란에 달라붙어 잉여가치를 추출한다.

들뢰즈·가타리는 『안티 오이디푸스』에서 자본이란 자본가 내지 자본주의적 존재의 '기관 없는 신체'라고 했지만 이는 자본이 저 잉여가치의 '수정란'에 달라붙어 생산의 표면을 장악했기에, 그 모든 생산을 거기에 등록하게 하기에 발생하는 전도된 상으로 이해해야 한다. 이로써 생산 전체가 그 등록의 표면에서, 즉 자본주의적 형식에서 발생한다는 환영이 출현한다(*L'Anti-Oedipe*, p. 10). 심지어 기존의 '기계'들을 무로 돌려 다른 기계들로 대체하는 반생산의 힘을 가동시킬 때조차 그것은 자본이 생산의 질료이기 때문이 아니라 그 질료 덩어리의 표면을 장악해 지배하는 형식이기 때문이다.

따라서 '기관 없는 신체'라는 동일한 개념을 사용할 때조차 우리는 양자를 구별해야 한다. 대지는 심지어 반생산을 향한 벡터를 가동시킬 때조차 언제나 새로운 생산의 질료적 바탕이 되어 주지만, 자본은 생산의 벡터를 추동할 때조차 어떤 생산물에게도 질료가 되어 주지 않는다. 자본이란 지구가 제공하는 질료적 흐름을 포착하는 인간적-경제적 형식이고, 그 질료의 능력을 포획하는 등록 장치일 뿐이다. 대지가 생산과 반생산의 출발점에 있다면 자본은 그 끝점에 있다. 생산의 결과를 포획하고 반생산을 견인하는 미끼로서 '목적'의 자리를 차지한 '끝'에 있다. 자본은 생산의 질료가 아니라 생산의 목적이다. 모든 욕망을 대신하는 유일한 목적이다. 자본은 모든 생산과 반생산의 목적을 제공하지만 대지는 어떤 목적도 제공하지 않는다. 어떤 목적도 갖지 않는다. 양자 모두 구체적 양태에 매이지 않고 그것을 변형하는 능력을 갖지만, 전자가 질료적 흐름을 향해 그 양태를 추상한다면, 후자는 증식이라는 단 하나의 목적을 향해 그 양태를 추상한다. 그렇기에 전자는 반생산조차 생산의 잠재성 자체로 귀착시키지만, 후자는 오직 이윤의 현행화를 향해서만 나아간다. 대지는 기관 없는 신체를 향해 현행의 양태나 형태를 지우는 추상기계를 가동시킨다면, 자본은 오직 하나의 목적을 향해 모든 양태나 형태를 귀속시키는 추상기계를 가동시킨다. 전자가 변형의 추상기계라면, 후자는 공통성의 추상기계다.

자본의 추상이란 자본에게 잉여가치가 발생하는 한 상품이나 사물, 인간, 동물의 구체적 형태는 중요하지 않음을 뜻한다. 자본의 변신 능력이란 잉여가치를 위해서라면 어떤 형태도 취할 수 있음을 의미한다. 자본은 기관 없는 신체가 아니다. 자본은 기관 없는 신체의 표면인 대지에 달라붙어, 그것이 갖는 모든 능력을 '잉여가치'라는 하나의 목적으로 귀속시키는 추상기계다. 모든 생산을 향해 열린 질료적 흐름의 잠재성을 향해서가 아니라 생산도 반생산도 오직 하나의 목적을 위해 추상하는 추상기계다. 반생산조차 오직 하나의 규정된 목표로 수렴시키는 추상기계다. 모든 생산을 그 하나의 목표로 흡수하는 욕망의 블랙홀이다. 자본이 지배하는 세계에서는 화폐 또한 다르지 않다. 자본도 화폐도 일관성의 구도를 향해 가는 추상기계가 아니라 오직 하나의 목적과 방향만을 갖는 편집중적 추상기계다.

따라서 과잉충실성의 정치학에 관여한다고 해도 대지와 자본은 전혀 다른 이유로 관여한다. 전자가 질료적 잠재성을 향해 죽음마저 불사하며 나아간다면, 후자는 이윤을 향해 대지의 잠재성 전체를 고갈시키며 나아간다. 그렇기에 자본의 과잉충실성에는 유머가 없다. 오직 더는 산출할 수 없어 보이는 것을 다시 한번 산출하도록 닦달하는 무감한 집요함이 있을 뿐이다. 어떤 상태에서도 '궁지'를 모르는 자본의 낙천주의는 정확하게 이에 기인한다.

5. 인간의 외부, 외부의 사유

수많은 사람들이 살던 대륙이 유럽인들에 의해 '발견'되었던 것처럼, '자연'은, 마치 자신은 거기에 속하지 않는다는 듯 마치 자신이 자연 전체와 맞먹는다는 듯, '자연과 인간'이라고 대비해 병치했던 이들에 의해 '발견'되었다. 그런 점에서 '자연'이란 특정한 인간들에 의해 인간화된 자연이다. '지구' 또한 그렇다. 그것은 슈미트 말대로 말뚝 박고 울타리 칠 대상으로서, '대지의 노모스'로서 유럽인들에 의해 발견되었다. 발견을 능가하는 발명이 거기에 있다. 그 지구는 **영유하고 개발하고 착취할 대상으로서의 지구**였다. '자연'으로서의 지구, 인간 세계 속에 편입된 지구였다. 말뚝이 박히고 착취당할 수동적 대상으로서의 지구였다.

외부로서의 지구, 인간화되지 않은 지구, **불가능성으로서의 지구**는 그로부터 한참 뒤에야 발견되었다. 식민주의자들의 눈이 아닌 다른 눈에 의해 발견되었다. '인류세'란 말을 낳은 위기를 통해 발견되었다. 지구는 왜 그리 늦게 발견되었나? 그것은 그 지구가 본성상 인간의 지성 바깥에 있기 때문이다. '인간'의 지성이 세상을 포착하는 방식, 과학이 대상을 분석하는 방식 바깥에 있기 때문이다. 어떤 결과를 지배하는 하나의 원인, 어떤 현상을 산출한 가장 인접한 요인을 분리해 내려는 분석적 사고의 바깥에 있기 때문이다. 분석적 인과성은 결과를 만들기 위해 무엇을 통제하면 되는가를 찾는다. 그런 사고에서는 그 변수관계의 외부는 보이지 않는다. 물론 인간은 그 변수를 늘려 가고 함수관계를 확장해 간다. 그러나 아무리 확장해도 변수들만 보일 뿐이며 변수 아닌 것은 보이지 않는다. 이미 아는 변수들만 보일 뿐이며 변수로 포착되지 않은 것은 보이지 않는다. 과학적 함수관계란 변수 간의 확실한 관계를 얻기 위해 그 변수 이외의 것을 지우며 얻어진다.

분석적 인과성 속에 포착된 변수는 '변수를 통제하는' 것이 가능한 변수들이다. 실험이란 그처럼 변수를 통제해 동일한 결과를 반복해 얻기 위한 '오퍼레이션/조작'이다. 결과에서의 차이를 만들어 내는 변수들을 통제하는 기술을 통해 누가 실행해도 차이 없이 반복할 수 있도록 규정하는 프로세스다. 따라서 수많은 변수들을 알고 있을 때조차 통제하려는 이들에게 통제 가능성의 시야를 벗어나는 것은 보이지 않는다. 변수관계를 벗어난 차이, 조작적 반복 속에조차 되돌아오는 차이는 보이지 않는다. 되돌아올 때조차 다시 통제 가능한 것을 통해 내부화하려는 한, 뜻밖의 사태조차 이성의 발전 안으로 내부화하려는 한, 외부로서의 지구는 보이지 않는다. 그런 사고가 정지되는 사태, 그 변수들이 무력화되는 위기가 아니면 그 외부는 보이지 않는다.

변수를 통해 포착될 때조차 지구적 현상은 무한의 변수를 갖는다. 가령 날씨는 태양의 상태와 위치에서부터 온도, 기압, 풍속, 습도 등은 물론 이른바 '나비 날갯짓'에 이르는 변수들 모두가 관여한다. 그리고 변수들은 상호작용한다. 온도와 습도, 기압과 풍속이 어떻게 독립적일 수 있는가. 변수도 많지만 이렇게 변수들이 상호작용하면 그 결과는 예측할 수 없다. 과학적 인과성은 상호작용하는 변수가 세 개만 되어도 계산할 수 없다(이른바 '삼체문제 three body problem'). 그걸 계산하기 위해 과학은 있는 상호작용을 없다고 가정한다. 변수들을 최대한 축소한다. 할 수만 있다면 두 개로 축소한다. 관계를 선형적 관계로 환원한다. 함수관계에 개입하는 요인들('초기조건')은 나중에 고려할 조건일 뿐이라며 함수관계 자체만을 고립시킨다. 이는 사유로부터 다수의 변수와 상호작용을, 비선형성이나 초기조건을 배제한다. 따라서 날씨처럼 초기조건에 극도로 민감하며, 수많은 상호작용 변수들의 연쇄에 의해 발생하는 사태는 이러한 사유로는 포착되지 않는다. 이 모두가 **인식 불가능성의 지대**를 형성한다. 변수관계를 늘리고 함수의 형식을 아무리 바꾸어도 결코 포착될 수 없는 불가능성의 지대를. 헤아릴 수 없는 변수들이 비선형적으로 상호작용하며, 나비의 움직임 같은 미세한 초기조건의 차이에도 민감한 지구는 바로 이 불가능성의 지대 안에 있다.

불가능성의 지대에 있는 것은 위기의 양상으로 반복되어도 엔간해서는 포착되지 않는다. 이런저런 이유로 끌어들일 것이 많기 때문이다. 그 위기가 더는 피해 갈 수 없는 위기가 될 때에만, 인간을 궁지로 밀고 가는 전면적인 것이 될 때에만, 불가능한 것은 비로소 시야에 들어온다. 지성 안에서 얻어진 판단의 '거절'로서, 내부화된 지식과 충돌하는 거대한 벽으로서 시야에 들어온다. 그때에도 벽의 거절을 전하려는 시도를 반박하고 부인하고 허구화하려는 시도들이 목소리를 높이게 마련이다. 눈치 빠른 그들은, 아웃복서처럼 바쁘게 빈틈이다 싶은 걸 찾아 '과장'이나 '허구'라며 잔주먹을 날린다. 이를 그저 나쁜 '의도'나 '목적', 혹은 자본과의 '공모' 탓이라고만은 할 수 없다. 그들에겐 정말 안 보이는 것일 수도 있기 때문이다. 이미 충분히 심각한 재난이 되어 닥치고 있고, 전 세계의 과학자들이 공동으로 작성하는 지나치게 신중한 자료와 보고서들이 있음에도, 위기를 경고하는 근심 어린 목소리를 거짓이라 비난하는 이들이 여전히 있다. 미국 정부를 떠받치는 기둥 중 하나가 이런 입장을 '당론'으로 갖고 있음을 우리는 안다. 외부에 눈을 돌리고 외부에 의해 사유한다는 건 결코 쉽지 않은 일인 것이다.

이러한 사태를 '생각하지 않음'으로 인해 발생하는 아렌트의 말(『예루살렘의 아이히만』)을 빌려 '악의 평범성'에 기인한다고[5] 할 수 있을까? 결코 그렇지 않다. 대단히 강력한 경고가 오늘날처럼 반복되고 있음에도 그토록 많은 이들이 그처럼 '생각하지 않기'는 어려운 일이다. 1990년대 이래 30년 넘게 기후 문제에 대한 국제적 협의와 연구를 확대해 왔지만 위기의 징후는 전혀 줄어들지 않았다. 위기에 대한 논의는 전 지구적 회의를 거듭 열고, 해결을 위한 결의안을 어떻게 쓸까 밀고 당기는 정치가들을 '생각 없는' 평범한 악인이라 할 수는 없지 않을까? 기후위기에 대한 논의가 국제적으로 본격화된 시기 이후에도 탄소 배출량의 증가 추세가 지속되고 있다는 사실에서 우리가 읽어 내야 할 것은, 그들은 생각이 없어 문제인 '평범한 악인'이란 사실이 아니다. 반대로 그들은 **생각이 너무 많은 것**이다. 심각한 사태에 대한 신중하고 진지한 연구마저 수용할 수 없을 만큼 머릿속에 생각이 가득 찬 것이다. 경제발전, 정치적 안정, 좀 더 효율적인 생산, 빈곤을 제거해 줄 좀 더 많은 부, 좀 더 활성화된 경제 등과 같은 '선한' 관념이 머릿속에 가득해, 이토록 치명적 경고가 반복됨에도 불구하고 가던 길을 계속 가고 있는 것이다.[6]

경제성장이 문제라며 '탈성장'을 외치는 이들이 있지만, 이런 주장을 경제학자들이 받아들일 가능성은 거의 없어 보인다. 그들

---

5 "이 사유의 포기에는, 횟수와 규모가 증가한 집단학살이나 종 학살과 함께, 인류세의 재앙을 초래할 수 있었던 특별한 종류의 '악의 평범성'이 놓여 있었다."(해러웨이, 『트러블과 함께하기』, 66쪽)

또한 생각이 없는 것이 아니라 생각이 많아서 그런 것이다. 경제에 대한 생각이 머릿속에 가득해서 그런 것이다. 성장, 투자, 고용, 소득, 생산성, 분배, 경기침체 등 서로 맞물린 개념들의 연쇄가 너무 강력해 그걸 절단하길 요구하는 생각이 끼어들 수는 없다. 정치가들이나 기업가들이 생각이 없어서, 자신들의 행동이 어떤 문제가 있는지 몰라서 '탄소 제로'의 긴급성을 받아들이지 않는 것일까? 그렇지 않을 것이다. 그들 역시 많은 생각을 하고 있어서 그런 것이다. 자신이 중요하다고 믿는 것에 대한 생각이 가득해 다른 생각을 수용할 여지가 없는 것이다. 그렇게 모두 자신이 중요하다 믿는 변수들, 자신들이 염두에 둔 목적들 안에서 생각하기 때문일 것이다.

어디에나 과학이 전면에 있다. 부인할 수 없는 위기의 지표들을 측정하고 수집하는 과학이 한편에 있다. 멸종하는 동식물을 조사하고, 대기나 바다, 빙하의 변화를 측량하는 과학이 있다. 그러나 그 과학이 산출한 것들과 대결하며 전쟁을 이끌고 있는 것 또한 과학이다. 좀 더 높은 효율의 기술이 제공할 처리능력을 계산하는 과학, 새로운 자원을 찾고 채굴하는 과학, 경제성장과 생산성, 투자와 고용, 소득과 분배를 다루는 과학, '주민/인구'(population)의 상태를

---

6 2차 세계대전 당시 아이히만 같은 독일인 역시 그럴 것이다. 역사상 처음으로 동물 학대 금지법을 만든 이들이 유대인과 집시를 생각 없이 죽였다고 하는 것이야말로 생각 없는 말이다. 그들은 생각하지 않아서 학살에 무감했던 게 아니라 생각이 가득하여, 죽여야 할 이유가 머릿속을 채우고 있어서, 학살의 감각적 처참함조차 머릿속에 들어갈 수 없었던 것이다. 우리는 생각 없이 복종하는 군인들 이전에 이웃에 사는 유대인이나 집시들을 찾아내 신고하고 핍박했던 적극적 대중들이 있었음을 안다. 그들은 머리가 비고 생각할 줄 몰라서 그렇게 한 것이 아니라 머릿속에 생각이 가득해서 그렇게 한 것이다. 그것이 '악'임을 몰라서 그리한 게 아니라 그것이 '선'이라 생각해서 그리한 것이다.

표시하는 지표들을 측정하고 계산하는 과학, 투표권을 가진 사람들의 생각이나 감정의 흐름을 다루는 과학 등등. 이 상이한 과학적 지식들의 대결에서 '과학'이나 '진리' 같은 중립적 추상명사는 좋고 나쁨이나 옳고 그름, 우열을 가려 줄 공통의 척도가 되지 못한다. 각자는 다른 종류의 지식에서 다루는 변수를 보지 않으며, **자기 내부의** 변수만을 본다. 각자는 그렇게 다른 진리, 각자 다른 척도를 갖는다. 이 상이한 척도들을 비교해 진위나 우열을 가려 줄 상위의 심판자는 없다. 대기과학이나 생태학이 경제학이나 정치학에게 타당성의 기준을 넘겨줄 리 없으며, 그 반대 또한 마찬가지다. 그래서 이 대결은 전쟁이다. 모두가 인정하는 공통의 척도가 없기에 오직 힘의 강약만이 승부를 결정하는 전쟁이다. 위기의 치명성만이 자신의 전략을 되돌아보게 하는 전쟁이다.

생각 없는 사람들에게 생각을 촉구하고, 확인된 지식으로 정지된 사고를 시동하게 하는 방식으론 출구를 찾기 어렵다. 오래된 '의식화'의 계급 정치학을 상기하게 하는 그런 발상으론, 이미 지나치게 많은 생각들이 충돌하는 전장을 벗어날 수 없다. 그 전쟁 속에 격화되고 있는 위기를 헤쳐 나갈 수 없다. '생각하라!'고 목소리 높여 소리치기보다는 차라리 **생각이 정지되는** 사태를 야기하는 게 더 낫다. 지식의 회로 안을 맴도는 생각을 정지시키고, 익숙한 함수관계 안에서 출구를 찾는 사유를 정지시키는 게 더 낫다. 상식적 변수 사이를 맴도는 그들의 생각에 돌을 던지고, 과학적 계산이 지시하는 방향으로 밀고 가는 그들의 생각을 멈춰 세워야 한다. 과학을 물질적으로 떠받치며 그 과학에서 역으로 근거를 얻는 이득과 편의의 계산을 교란시키고, '경제'라는 이름의 집요한 기획에 브레이크를 거는 장애물이 되어야 한다.

　인식 바깥에 있는 것을 인식하고 사유의 외부를 사유하려면 인식을 정지시키고 사유를 정지시켜야 한다. 이를 위해서 우리는 '우리 인간'이라는 지반을 떠나야 한다. 인간으로서 사유하기를 멈추어야 한다. 인간을 목적으로 하고, 인간을 자명한 준거로 삼기를 정지해야 한다. 우리의 바깥에 있는 것들과 손잡아야 한다. 인간 아닌 것들을 통해 인간에 대해, 인간이 만든 세상에 대해 사유해야 한다. 인간이란 지반 바깥에서 인간이란 이름으로 명명되는 시대에 대해 사유해야 한다. 생존의 불가능성과 직면한 이들, '인간'이란 이름에서 배제된 이들을 깔끔한 사유의 평온한 수면 위에 던져 넣고, '성장'이나 '개발'이 주는 이득으로 인해 파괴되는 이들의 존재를 경제학의 철로 위에 밀어 넣어야 한다. '아무것도 아닌 것', '별것 아닌 것', '인간 아닌 것', **'우리 인간'과 가장 멀리 있는 것을 통해** 우리가 사는 세계를 보아야 한다. 자신의 이해관계에서 벗어나기 시작한 이들과 동맹해야 한다. 어떤 존재도 특권화되지 않는 '존재론적 평등성'의 평면으로 '내려가야' 한다(이진경, 『불온한 것들의 존재론』, 『코뮨주의』). 그 평면 위에서 인간과 비인간, 생명과 비생명의 경계선을 횡단하는 다양한 접속과 동맹의 지대를 창안해야 한다. 비록 그것이 헛수고로 끝나고, 그 대결이 패배로 끝날지언정.

6. 인류세와 자본세, 혹은 속임수와 배신에 대하여

우리는 인간의 이름으로 진행되어 온 역사가, '인류세'란 이름으로 지구의 지층에 새겨질 역사가, 모든 인간들을 지칭하는 '인간'에 의해 만들어지지 않았음을 안다. 지층에 새겨질 인간의 이름도, 대기에 확산된 인간의 얼굴도, 모두 자기와 다른 모습의 인간들을 '자연화'해 인간에서 배제하고 '인간'의 지위마저 독점했던 자들이었음을 안다. 그러한 '인간'의 고귀하신 본성(nature)은 동일한 생물학적 종으로 분류되는 자연(nature)이 아니라 화석을 태우며 치달리던 자본의 충실한 대행자들에 속함을 잘 안다. 20세기 중반에 지구적 위기를 대대적으로 가속한 또 하나의 분기점이 '대량생산, 대량소비!'를 새로운 명령어로 내세운 자본의 이 충실한 대행자들에 의해 만들어졌음 또한 알고 있다. 나아가 양의 되먹임을 통해 문턱을 넘을 것이라는 지구적 위기에 대한 경고가 과학과 대중 양편으로부터 강력함에도 불구하고, 문턱을 넘지 않을 해결방법이 거듭 제안되고 있음에도, 별다른 해결의 기미가 보이지 않는 것 역시 '인간'의 자리를 선점한 이들 때문임을 안다. 평소에는 관심도 없던 '남반구'의 빈민들을 '인간'이라는 일반명사로 호명하며 성장과 소비, 개발과 착취의 인질로 삼는 것 또한 이들 '인간'임을 안다.

그렇기에 '인간'이 야기한 지질학적 위기에 대해 진지하게 생각할 때조차 '인간'이라는 말의 안이한 자명성으로 위기의 실질적 발생인을 가리는 문제를 쉽게 외면하기 어렵다. 전체를 대신하고 대표한다면서 전체의 이름으로 자신만의 이득을 탐하는 이들과 절연하고 싶다. 같은 종에 속한 인간으로서 그들이 개발한 세계를 살며 그들이 판매해 온 편의를 구매하며 살아왔다는 이 부정할 길 없는 사실이 더없이 치욕스럽다. 그렇기에 그들과 하나의 범주로 묶이는 것을 그저 거부할 수만도 없음이 더없이 곤혹스럽다. 그렇게 '인간'이라는 우리의 존재는 모면할 길 없는 우리의 치욕과 곤혹 덕에 그들에게 나름의 알리바이를 제공하고 있지만, 그때에도 '인간'이란 대단히 소소하고 편파적인 대표자를 표시할 뿐이다. 생물학적 경계보다 훨씬 깊고 넓은 정치적, 사회경제적 경계를 사이에 두고 그들은 우리 저편에 있다. 그럼에도 그들은 갈수록 깊어지는 대립과 양극화의 심연 저편에서 종적 단일성의 형식으로 '인간'이란 범주를 끊임없이 이용하고 착취해 왔던 것이다.

'인류세'란 개념이 부정하기 어렵고 곤혹스러운 것도 이 때문이다. 그 곤혹의 감응은 우리가 인간이란 종으로서 다른 종들에게 아니 지구 전체에게 가한 위기의 주역이었음을 부정할 수 없다는 점만이 아니라 그동안 우리를 착취해 온 저들과 하나로 묶이며 졸지에 그들과 동일한 지위로 승격되고 있다는 점에 기인한다. 누구도 위기의 책임을 면할 수 없지만 전체로서의 인간 모두에게 책임을 떠넘기며 '인간'이란 명사 뒤로 슬쩍 숨는 자들, 그러면서 하던 짓을 계속하기 위해 다시 '인간'을 끌어들이는 자들과 결별하기도 어렵다는 사실에 기인한다.

그렇게 **일부** 인간의 문제이니 출구를 찾는 게 더 쉬울 거라 할 수 있을까? 그럴 거 같지 않다. 인간 **모두**의 문제였다면 정말 쉬웠을 것이다. 인간 모두가 해 온 것이고 인간 모두가 그 위기의 범위 안에 있다면, 인간은 필경 그렇게 자신을 덮쳐 올 그 위기를 자기 문제로 받아들일 것이고 어떻게든 해결하려 나설 것이다. 위기의 역사를 만들어 온 것이 인간의 일부라는 사실이 문제를 해결하기 힘들게 한다. 위기로 귀착된 역사의 실제 추동력이 인간 아닌 자본이라는 사실이 사태의 해결을 더욱 난감하게 한다. 그들에게 위기는 자신과 다른 쪽에 있는 이들, 심연 저편에 있는 남들의 문제인 것이다. 사실 모든 '인간'의 행동이나 사고를 돌려놓는 것보다 자본에 포섭된 인간들, '인간'의 일부를 돌려놓는 것이 훨씬 어렵다. 인간이란 인간 자신의 생존을 가장 일차적 목표로 하지만 자본은 자신의 증식을, 좀 더 많은 이윤을 일차적 목표로 하기 때문이다. 그들이야말로 탄소의 대부분을 사용하는 자들이지만 온난화로 야기될 재난을 면하거나 늦출 부와 권력을 갖고 있는 자들이기 때문이다. 위기의 가장 가까운 원인이 위기의 효과에서 가장 멀리 떨어져 있다는 것, 그게 위기의 심각함을 알아도 해결할 수 없게 하는 이유다. 부와 힘, 권력을 가진 자들, 국가장치의 작동 양상을 결정하는 자들이 그들 아닌가. "자본주의의 종말을 상상하느니 세상의 종말을 상상하는 게 더 쉽다"는 제임슨의 말을 나는 이런 의미로 이해한다.

이런 사정을 생각하면, 지질학적 시대에 붙일 이름으로는 '자본세'란 말이 더 적절하다고 할 수도 있을 것이다. 그러나 그 경우에도 침몰의 이유에서 좀 더 큰 비중을 재는 것으로 시대의 이름을 정하는 희극성은 면하기 힘들 것이다. 어느 것이 이기든 우리는 '**누가 누가 나쁜가?**'로 지구의 역사를 쓰는 것에 대해 다른 생물들의 용서를 구해야 할 것이다. 차라리 반대로 하는 게 나아 보인다. 위기를 결정적 침몰로 몰아넣은 이름이 아니라 그것을 극복해 인간도, 인간 아닌 것들도 멸종과 황폐화에서 벗어나는 출구를 여는 데 기여하는 것의 이름을 적어 넣는 것. 이미 하나의 이름이 지배적인 자리를 점했음을 고려한다면, 먼저 그 이름에 기회를 주는 것도 좋을 듯하다. '인류세'란 말의 이름값을 하라고. 그리고 '인간'이 위기로 치달리는 상황을 정말 자신이 원하는 방향으로 돌려놓을 수 있을 때 그 이름을 시대의 이름으로 확정하는 것. 그렇게 하지 못한다면 인간이란 자본의 증식을 위한 충실한 대행자였음을 표시하는 이름이 더 적절하지 않을까?

그러나 솔직히 말하면, 우리는 이런 식으로 '인간'에게 기대를 걸 생각이 없다. 자본의 개과천선은 말할 것도 없다. 그런 기대가 헛된 공상이 될 가능성 때문에 그런 것만은 아니다. 그것은 이제까지 우리를 미혹해 온 속임수에 마지막까지 '지구'의 운명을 맡기는 게 될 터이기 때문이다. 인간도 자본도 거대한 '속임수의 체제'를 가동시킨다. '인간'이 장대한 의미로 가득 찬 풍부한 속임수의 체제를 구성해 왔다면, 자본은 합리적 공식들로 빈틈없이 짜인 치밀한 속임수의 체제를 구성해 왔다. 여전히 '유럽 문명의 기원'이라는 환상에 둘러싸인 그리스의 문자로, 단일한 실체성을 표시하는 대문자로 적어도 좋을 그런 '인간'(Anthropos)이란 없다. 소문자로 적어야 할 수많은 인간들이 있을 뿐이다. 총을 든 인간, 석탄을 때는 인간, 자본과 결합한 인간, 인터넷과 접속한 인간이 있을 뿐이다. 때로는 '인간'이란 범주에 끼지 못했던 인간들이 있고, '인간'이란 이름 아래 추방되고 '문명화'되고 착취되는 인간들이 있을 뿐이다. **결코 하 나일 수 없는** 수많은 인간이 있을 뿐이다. 반대로 자본은 아무리 많 은 자본들이 있어도 하나의 법칙에 따라 하나의 목적을 향해 갈 뿐 인 **오직 하나의** 자본만이 있다. 어떤 것도 화폐화하고, 그처럼 화폐 화될 수 있다면 자신의 수족으로 바꿀 수 있는 마술사, 잉여가치의 증식이라는 하나의 목적을 향해 모든 것을 밀고 갈 수 있는 마술사, 그것이 자본이다.

자본은 오직 자신을 위한 것을 **모두를 위한 것**이라고 속인다. 인간은 **모든 걸 자신이 한다**며 스스로를 속인다. 그 착각을 통해 모 든 걸 각자의 책임으로 떠넘긴다. 자본의 마술이 하나를 여럿으로 나누는 분신술이라면, 인간의 마술은 누가 말하는지 모르게 말하는 복화술이다. '모두'와 '하나'라는 이 두 개의 극 사이에서 다양한 속 임수의 체제가 만들어지고 작동한다. 자본의 속임수는 어디서든 **자 본의 이름을 지우는 방식으로** 행해진다면, '인간'의 속임수는 어디 에든 **'인간'이란 이름을 적는 방식으로** 행해진다. '자본세'와 '인류 세'의 함축이 상반되는 것은 이 때문이다. '자본세'라고 자본을 명 시하는 것은 바로 그런 자본의 속임수를 상기시키려는 것이다. 반 면 '인류세'라고 인간을 명시하는 것은 애초에 의도가 무엇이든, 어 디서나 인간을 내세우는 저 거대한 속임수의 체제를 가동시킨다. 인류세라는 말이 어느새 인간에 대한 찬사로 바뀌는 것을 우리는 이미 보았다. 인류세가 좀 더 쉽게 설득력을 얻은 것도 어쩌면 이 때문인지도 모른다. 반면 자본세는 자본의 대행자들로서는 받아들 일 수 없는 말이다.

그러나 우리는 '인류세'란 이름을 받아 그대로 쓰고자 한다. 내가 결정할 수 없는 것이어서 그런 건 아니다. 남들이 뭐라든 내게 중요하다면 바꾸어 써야 한다. 인류세란 말을 그대로 쓰려는 것은, 솔직히 말하면 배신을 위해서다. '인간'에 대한 배신을 위해서고, '인간'의 몰락을 위한 배신적 동맹을 위해서다. "지배하라, 지배하라!"라는 창세기 신의 명령을 실현하려는 것인 양, 자기 아닌 모든 것을 착취와 영유의 대상으로 삼는 정복자 '인간'과 싸우기 위해서다. 지구상의 모든 지층에 자신의 흔적만을 남기려는 듯, 다른 모든 것을 지우거나 인간화하는 이 유령과 대결하기 위해서다. 이 끔찍한 유령이 끌고 가는 참혹한 역사와 싸우자는, '아무것도 아닌 것'들의 동맹의 호소에 응답하기 위해서다. 때로는 알아들을 수 없는 말로, 때로는 죽음의 운명에 끌려가는 비명소리로, 때로는 비명조차 지르지 못하는 신체의 부서짐으로 전해 오는 동맹의 호소에 응답하고 싶다. 동맹한 줄도 모르는 동맹, 혹은 그들이 원했던 것인지도 확인할 수 없는 동맹, 동맹한 것인지 아닌지도 모호한 **비가시적인 동맹**에 가담하고 싶다. 누군가 그 비명과 부서짐, 몰락과 와해에 인간의 자긍심이 눈을 돌리고 귀를 기울이도록, 그리하여 그들이 자신이 속한 종을 배신하는 또 다른 동맹자가 되었으면 하는 소망을 담아.

인류세란 시대에 필요한 동맹이 있다면 그것은 무엇보다 인간에 반하는 동맹이다. "북극곰을 위해 가난에 쫓기는 인간을 외면하자는 말이냐?"는 반문은 익숙해진 지 오래다(마이클 셸런버거, 『지구를 위한다는 착각』; 비외른 롬보르, 『회의적 환경주의자』). "펭귄이냐 인간이냐"라는 질문은 인간중심주의가 어디서든 던지는 궁극의 질문이다. 인간중심주의를 비판하는 이들마저 걸려 넘어지는 '최후'의 시험이다(제인 베넷, 『생동하는 물질』). 이 시험을 넘어서지 못하는 한, 답이 뻔한 이 질문이 실은 잘못 던져진 것임을 이해하지 못하는 한, 인간중심주의 비판도 비판적 포스트휴머니즘도 모두 하나의 멋진 허언에 불과하다. 문제는 펭귄과 인간이 대립하고 대결하는 지점에 있는 게 아니라 펭귄과 인간 모두를 포함하는 생명 전체의 위기를, 연민을 유발하는 가난한 인간과 대립시켜 던지는 그 질문 방식 자체에 있다. 정말 북극곰과 빈민이 대립하고, 정말 펭귄과 인간이 대립하고 있는 것인가? 실은 **북극곰, 펭귄과 동맹하려는 인간**과 **빈민을 내세워 경제성장의 이득을 지속하려는 인간**이 대립하고 있는 것 아닌가?

그럼에도 펭귄과 인간을 대립시키며 질문을 던질 때, 우리는 어느새 다시 '인간'이란 이름에 말려든다. 유사한 것, 가까운 것에 좀 더 쉽게 공감하는 연민의 감정 때문이다. 저 질문은 그 연민의 감정을 이용해 사태의 핵심을 잊고 정해진 답을 물도록 유혹하는 미끼다. 그것은 녹아 없어지는 빙하나 멸종으로 치닫는 생명체들의 문제를, 자본주의에서 인간들이 결코 벗어난 적 없고 벗어날 리 없는 빈곤과, 실은 스스로 야기하고 심화시켜 온 빈곤과 대립되는 양 문제화하는 못된 휴머니즘의 상투적 질문이다. 북극곰이나 펭귄을 포기하면 가난한 인간들이 가난을 면할 수 있을까? 그럴 리 없다. 가난한 인간을 앞세운 저 '여우 같은', 아니 '인간 같은' 질문을 엎어 버려야 한다. 거기서 우리가 진정 주목해야 할 것은 펭귄의 고통과 빈민들의 고통의 대립이 아니라 인간의 편을 들어 빈곤을 해결하겠다는 경제적 성장의 약속과 그것이 그토록 오래 지속되었으나 인간뿐 아니라 비인간도 포함하는 전 지구적 불평등과 빈곤은 갈수록 극심해지고 있다는 사실의 대비다. 펭귄이나 북극곰을 생존의 고통 속에 몰아넣은 것도, 가난한 나라의 인민을 빈곤의 고통 속에 몰아넣은 것도 모두 성장의 경제학과 그것의 실질적 동력인 자본이라는 사실의 동일성이다.

그렇기에 우리는 생물학적으로 인간이지만 인간이 지구상에서 벌인 전쟁에서 반대편에 가담해야 한다. 생물학적 종의 동일성은 동종인 인간의 무참함에 동의할 근거도, 그 이름으로 명명되는 이익과 동맹해야 할 이유도 주지 못한다. 우리는 이 대결에서 기꺼이 **비인간의 에이전트**가 되어야 한다. 인간이 만든 거대한 성채 속에 숨어든 목마 속의 병사가 되어야 한다.

지구적 동맹이 반드시 지구적 스케일을 가져야 하는 것은 아니다. 아니 지구가 하나의 전체가 된 지 오래인 지금, 실시간으로 이동하는 빛의 파동이 지구적 동시성을 제공하는 지금, 지구적 위기를 둘러싼 모든 동맹, 모든 행동은 **아무리 국지적으로 고립되어 있는 듯 보여도** '나'의 손끝을 벗어나는 순간 지구적인 것으로 열린다. 지구적 동맹이란 지구적 위기에 대처하기 위한 다양한 배치들의 발명이고, 새로운 연결망의 구성이다. 인간과 자본 사이를 파고드는, 인간과 인간 아닌 것들의 모호한 공동체를 창안하는 것이다. 이를 위해서는 동맹이나 연대의 가시적 관념을 넘어서야 한다. '인디언', 아마존 원주민, 콩고나 시리아 난민과 만나서 공동행동을 하는 것만이 그들과 동맹하는 건 아니다. 협약을 맺고 같이 모여 사진을 찍었으나 동맹이 아니라 속임수에 불과한 경우들을 우리는 아주 잘 알고 있다. 우리는 동맹자들과 **만나지 않고도, 만난 적 없이도** 동맹할 수 있다. 그들이 알지 못해도, 알아줄 수 없어도 좋은 동맹이 있다. 누군가의 동맹자임을 알리고 과시하는 게 목적이 아니니 말이다.

그래 봐야 무엇을 얼마나 할 수 있겠느냐는 상투적 냉소에 대해서라면 차라리 우리가 속한 종족의 패배와 몰락을 지켜보는 냉정한 증인이 되겠다는 말로 응수할 것이다. 우리가 진정 냉소해 주어야 할 것이 있다면 그것은 '언제나 우리 인간이 승리해야 한다'는 휴머니즘의 정복자적 멘털이다. 인간의 통제를 벗어난 것은 받아들일 수 없는 끔찍한 재앙이고, 인간의 삶을 위협하는 것은 모두 제거되어야 할 적이라는 휴머니즘의 통제자적 영혼이다. 어떤 종류의 종말론에도 없어본 적 없는 구원의 환상이다. 우리는 종말이란 말에 대한 히스테리적 금기 없이는 유지될 수 없는 집단적 나르시시즘, 거기 흘러넘치는 '인간적인, 너무나 인간적인' 의미들을 지우는 냉정한 배신자가 되고자 한다. 우리는 보이지 않는 동맹자들과 더불어 묵묵히 지켜보게 될 몰락과 함께 조용히 소멸하고자 한다.

그러나 빠르게 손 내미는 비장의 감정에, 비극적 영웅을 필요로 하는 숭고의 미학에 마음을 주진 않을 것이다. 어떤 지고한 가치를 위해 자신의 가장 소중한 것을 희생해야 한다는 비극적 사유도 싫고, "네 주제를 알라"("너 자신을 알라!")며 남들을 비하하고 자신의 우월함을 확인하는 고상한 인간들의7 웃음도 싫다. 어느 쪽이든 영웅이란 미끼로 공감능력을 포획하려는 '잘난' 자들의 속임수다. 우리의 배신과 몰락에 어울리는 것은 비장한 영웅이 아니라 우직한 바보다. 자신을 낮추며 스스로 웃고 남들 또한 웃기는 바보들의 유머감각이다. "그래, 우리는 배신자야." 그렇게 우리는 자신의 패배와 몰락을 웃으며 수긍하는 차라투스트라의 유쾌한 동료가 되고자 한다. 인간의 신체를 벗어나 멸종의 시대를 살아갈 미생물들로 기꺼이 흩어지고자 한다. "그래, 우리는 박테리아야." 생성의 싹을 키우는 부패 속으로, **인간의 죽음과 더불어 시작될 다른 탄생 속으로** 조용히 스며들고자 한다. **내가 속한 유기체, 우리가 속한 종이 아니어도** 지구는 존속할 것이고, 소멸을 짝으로 갖는 생성의 역사는 계속될 것이다. 휴머니즘 비판이 널리 확산된 것은 다행스러운 일이다. 우리는 그 비판적 사유가 인간을 등지고 인간과 대결하는 배신에 이르기를 기대한다. '인간', 그 속임수의 체제를 등진다는 것은 여기까지 갈 때 비로소 충분하다고 믿기에.

'인류세'란 말은 승산 없는 이 전쟁에서, 아니 패배와 몰락을 수긍할 이 전쟁에서 우리가 잊어서는 안 될 타깃을 표시하기에 딱 좋은 말이다. '자본세' 또한 그러하다. 인간 없이 자본이 어찌 이 넓은 대지를 착취할 수 있었을 것이며, 자본 없이 인간이 이 거대한 생명의 역사를 어찌 인간의 이름으로 채색할 수 있었을 것인가. '인

---

7   "희극은 우리만 못한 인간들을 모방하려 하고, 비극은 우리보다 나은 인간들을 모방하려 한다."(아리스토텔레스, 『수사학/시학』)

간'과 '자본'은 생각보다 훨씬 가까이 있다. 그렇기에 어떤 말이 역사의 깃발을 장악하는 데 성공하든 상관없을 것이었다. 두 가지 거대한 속임수의 체제와 이어진 이 두 개의 말 모두, 승산 없고 가망 없어 보여도 결코 포기할 수 없는 전쟁의 이름을 표시하기에 아주 좋은 말이니까 말이다.

제2장

폴리스의 경제학,
오이코스의 정치학

— 가장 없는 '가정'과 '정치' 이전의 정치

1. 기원의 향수와 그리스

미셸 푸코는 모든 것을 해명하는 이유로서의 '기원', 모든 것의 궤적에 지침이자 준거가 되어야 할 것으로의 기원이란 관념이 서구의 멘털 한가운데 자리 잡게 된 것은 19세기였다고 했지만(『말과 사물』), 그것이 그저 19세기에만 속한다고 해야 할지는 의문이다. 지금도 '기원'이란 관념에 사로잡힌 멘털은 서구의 지성이 관여한 곳이면 어디서든 발견된다. '창세'라는 기원에서 시작되는 책을 지적 자원으로 삼았던 오랜 역사 때문인지, 중요한 어떤 것을 다룰 때면 서구의 사유는 어김없이 '기원'으로 거슬러 올라간다. 이는 우주의 기원으로서의 신을 향해 거슬러 올라가던 중세 신학의 오래된 사고방식이고(신의 존재에 대한 '우주론적 증명'), 운동의 최초 원인을 찾아 '부동의 시동자'를 찾던 그리스인들로부터 기인하는 사고방식이다. 우주에 대한 과학이 우주의 팽창을 역으로 되감아 선형적 시간의 선을 거슬러 도달하게 되는 '크기=0'의 기원을, '거대한 폭발'로 시작했다는 기원 서사를 진지하게 연구하고 있음을 보면, 신학이나 철학과는 거리가 멀다고 자처하는 지금의 과학에서도 '기원'의 사유는 여전히 집단적 영혼으로 살아 있는 것 같다. '인류세'라는 말을 듣자마자 인류가 불을 사용한 시점으로, 그런 인류의 탄생 시점으로, 아니 그런 인류를 배태한 지구의 탄생 시점으로 밀고 올라가는 이들은[8] 사실 언제 어디서든 나타날 수 있는 것이다.

---

8 이들에 대해서는 안드레아스 말름, 『화석 자본』, 56~57쪽 참조.

그걸 보면 철학이 개념을 다룰 때면 어느새 단어의 어원을 따져 기원적 의미로 되돌아가는 것은 차라리 자연스러운 것으로 보인다. 생존의 문제를 다루는 장 자체와 동일시되는 경제(economy)나 경제학(economics), 생명체들의 생존의 장 전체를 다루는 생태학(ecology)이나 생태계(ecosystem)라는 말의 어원(에코 eco-)이 오이코스(oikos)라는 사실 때문인지, 인간의 생존에 대해 사유하면서 '폴리스'와 대립하던 그리스의 '오이코스'로 돌아가는 것에 대해 별다른 의구심을 갖지 않는다. 물론 지금의 경제학과 동일한 단어인 '오이코노미코스'(Oikonomikos)라는 제목으로 쓰인 크세노폰의 대화록이나 아리스토텔레스의 책으로 알려졌으나 실은 그의 제자들이 썼을 것으로 추정되는 『오이코노미카』(Oikonomika) 같은 책이 이미 그 시대에 쓰인 바 있다. 하지만 두 책 모두 가정으로서의 오이코스를 운영하는 문제를 다루고 있었고, '아리스토텔레스'는 오이코노미코스를 돈과 부의 이론인 이재학(理財學, chrematistics)과 대비하기도 했다는 점에서 경제학은 분명 아니라 하겠다. 토지의 운용도 다루지만 이 또한 경제학이나 생태학과는 거리가 멀다. 그래도 이러한 사항들은 명칭의 그리스적 기원에 비하면 사소한 문제다. 거기에 모두 그리스의 어원이 있다는 사실이면 그리 돌아가기에 충분한 것이다.

이러한 폴리스와 오이코스의 개념을 좀 더 일반화된 의미로 확장해 사용하게 된 데는 아마도 한나 아렌트가 크게 기여했을 것이다. 그는 자유를 함축하는 인간적 생활의 장으로서의 폴리스(polis)와 '필연'에 매인 동물적 생존의 장으로서 오이코스를 대비한다(『인간의 조건』). 이러한 대비를 통해 그는 정치와 경제가 뒤섞인 지금과 달리 그렇게 그리스에서는 오이코스와 폴리스가 분리되어 있었고, 폴리스에는 오이코스의 문제를 알아서 해결한 자들만이 들어올 수 있었으며, 오이코스의 문제를 폴리스에 끌어들여 해결하려는 것은 금지되어 있었음을 강조한다. 정치와 경제가 더할 수 없이 맞물려 작동한 지 오래고, 근대 경제학의 역사가 실은 '정치경제학'이라는 이름으로 시작되었음을 알면서도, 정치와 경제를 대립시키고 분리하려는 이런 주장에 대해 '왜 그래야 하지?' 하고 묻는 게 아니라 '그래, 그래야 하나 봐!' 하고 다들 쉽게 수긍한다. 그리스어가 어원이고, 그리스가 정치나 경제의 기원이니, 그리스가 그러했다는 것이면 양자를 분리하고 대립시키는 것이 당연하다 여기는 것일까? 하지만 곰곰이 생각해 보면 이런 식의 수긍은 그런 주장 이상으로 기이하고 놀라운 일이다. 고대 그리스가 노예를 '말할 줄 아는 도구'라고 여겼으니 노예를 그런 식으로 부려야 한다는 주장을, 그리스가 그랬다니 '그래야 하나 봐' 하고 수긍하는 식이니 말이다.

부연하자면, 정치경제학이란 말을 처음 사용한 사람은 종종 중농주의의 선구자로도 간주되는 앙투안 드 몽크레티앙(Antoine de Montchrétien)인데, 그가 이런 명칭을 사용했던 것은 정치가 경제를 포함한 다른 활동으로부터 독립되어야 한다는 아리스토텔레스의 주장에 반대하기 위해서였다. 윌리엄 페티가 사용했던 '정치산술'(Political Arithmetic)이 이와 동일한 맥락에 있었음 또한 알기 어렵지 않다. 통치의 기술로서의 경제학이라는 발상이 근대 정치의 핵심적인 문제라는 사실은 이후 애덤 스미스나 데이비드 리카르도의 저술에서 확연하게 드러난다. 병사와 노동자가 될 인구의 관리와 국가의 정치적 권력의 기초로서의 '국부'라는 관념이 그것이다. '정치적 문제로서의 경제'라는 이런 문제의식이 근대에 이르러 유례없이 강화된 것은 사실이지만, 그리스라고 다르지 않았다. 폴리스에 참여할 자의 자격을 평민으로 확장하며 출현한 아테네의 민주주의는, 나중에 다시 보겠지만 전쟁방식 변화에 따른 '경제적' 문제를 발생인으로 한다. 폴리스의 가장 중요한 토론 사안 중 하나인 전쟁의 중요한 목표가 토지와 노예라는 '부'의 획득이었다는 사실 또한 정치와 경제가 분리할 수 없는 것이었음을 보여 준다. '경제'가 '정치'와 분리된 것은 근대 이전이 아니라 오히려 경제적 계산이 정치적 판단에서 분리되어 독립적 세계를 형성한 19세기 말 이후다. 이를 두고 경제, 혹은 경제학이 정치 없는 오이코스로 되돌아간 것이라 해야 할까?

아렌트는 폴리스로부터 먹고사는 오이코스의 문제를 분리해야 한다는 이런 주장을 근대 사회와 프랑스혁명에 대한 비판으로 그대로 밀고 나아간다. '빈곤'이라는 경제적 문제를 정치적 사안을 논하는 정치의 영역에 끌어들여 해결하려던 시도가, 다시 말해 '가장'(kyrios)이라는 자격을 갖춘 자들이 정치를 논하는 자리에 생존의 필연에 매인 빈민들을 끌어들이려던 시도가 프랑스혁명을 망쳐 놓았으며(『혁명론』), 오이코스와 폴리스가 뒤섞여 정치가 먹고사는 문제를 다투는 이권투쟁의 장이 된 것이 근대 정치의 근본 문제라는 것이다(『인간의 조건』). '상원'이란 제도를 통해, 먹고사는 문제에 매달린 민중들로부터 정치를 한 걸음 떼어 놓았다는 이유로, 민중에 휘둘렸던 프랑스혁명과 대비해 미국혁명을 예찬하는 것도 이런 기원을 통해 쉽게 '근거'를 얻는다(『혁명론』).

　'그리스'라는 기원은 그렇게 많은 것을 쉽게 해결해 준다. 하나의 가족을 이루는 삶의 동료들을 '소유물'로 거느린 가장들만이 생계의 문제에서 자유로운 폴리스에 들어갈 자격을 갖는다는 것을 쉽게 받아들이는 것도, 여성, 아이, 노예 등 그런 자격이 없는 자들이 정치에 참여해서는 안 된다고 하는 이 반여성적, 반아동적, 반평등주의적 주장에 대해 페미니스트나 진보주의자들의 비판이 별로 없는 것도 이 놀라운 기원의 힘 때문 아닐까 싶다. 그리스어 없이 어떻게 존재론이 가능하겠느냐며 철학적 사유 자체를 '그리스'에 귀속시켰던, 아렌트의 스승이었던 하이데거 또한 이런 멘털 덕분에 그 터무니없는 주장을 그처럼 쉽게 말할 수 있었을 것이다.

　기원에 대한 관심은 사라진 것, **잃어버린 것에 대한 향수**(nostalgia)를 모태로 한다. "철학이란 본디 향수요, 어디에서나 고향을 만들려는 하나의 충동이다." 노발리스의 이 문장은 우파인 마르틴 하이데거(『형이상학의 근본개념들』)와 좌파인 게오르그 루카치(『소설의 이론』)의 저작 모두를 방향 짓는 명구(名句)였다. 잃어버린 기원은 아름답다. 하지만 그것이 아름다운 것은 안개 같은, 혹은 베일 같은 향수 속에서 희미하게만 모습을 드러내기 때문이다. 눈을 가득 채운 지금 세계의 흠결과 고통, 추함과 불만이 안개에 가려 보이지 않기 때문이다. 그렇게 슬그머니 지워진 여백을 지금 없는 것에 대한 꿈과 희망으로 채색하기 때문이다. 잃어버린 고향의 아름다운 형상이란 지금 현재에 대해 갖고 있는 불만으로 그려 낸 희미한 음각화다. 그 이미지의 희미함은 때로는 어떤 대상을 둘러싼 '아우라'가 되어 현재의 볼품없는 모습을 가려 주기도 하고, 때로는 숭고의 후광이 되어 불만스러운 현재를 바꾸도록 촉발하는 꿈이 되기도 한다. 그러나 그것은 정작 가까이 다가갔을 때는, 그리하여 향수의 안개가 사라진 명료한 형상과 만났을 때는 실망하지 않을 수 없는 것이기 쉽다. 기원의 향수란 오직 희미함 속에서만 매혹적이고, 기원의 추구는 오직 연무(煙霧) 속에서만 힘을 갖는다. 그것은 방황을 야기하는 현재를 너무 쉽게 과거로 치장하고 너무 빨리 미래로 바꾸어 놓는다.

어느 시대에나 이 기원의 향수가 존재하고 어느 시대에나 목적이 된 기원의 유토피아가 있는 것은, 시선을 돌리고 싶은 지금 여기 세상의 불편함이 결코 사라질 수 없는 연무를 항상 불러내기 때문이다. 향수와 꿈은 논리에 의해 반박할 수 없는 것이다. 향수는 비록 향수일 뿐일 때조차 발생의 이유를 가지며, 무용함을 이유로 내던질 수 없는 **감성적** 설득력을 갖는다. 또한 독자적 '발전'의 논리마저 갖는 역사와 기원이 사람들의 영혼 깊숙이 자리 잡은 19세기 이후(미셸 푸코, 『말과 사물』), 기원을 근거로 들이대는 주장이나 기원으로 소급하려는 멘털을 고지식한 지성적 비판으로 반박하는 것은 불가능하게 된 듯하다.

정치와 민주주의의 고향으로서의 그리스는 철학적 사유의 기원과 마찬가지로 어디서나 고향을 만들려는 이런 향수가 만들어낸 것이다. 생존에서 벗어난 자유의 영역인 폴리스를 위해, 생존을 떠받치는 노예적 오이코스가 저기 따로 분리된 채 존재해야 했으며, 또한 그래야 한다는 주장 또한 그러하다. 근대 정치에 대한 '비

지구의 철학

판'이란 이유로 인해 기원으로 거슬러 올라가는 이런 주장은 쉽게 '비판적 사유' 안으로 파고든다. 그렇기에 기원의 언어를 상기시켜 '찾아낸' 폴리스와 오이코스라는 개념을 기원주의에 대한 비판만으로 지워 버릴 수는 없을 터이다. 게다가 기원의 환상에 대한 비판이 아무리 타당해도 기원의 단어를 어원으로 다시 만들어진 경제학과 생태학 그리고 그 이름으로 직조되어 사람들의 영혼 속에 확고하게 자리 잡은 지식 전체를 그것만으로 백지화할 수는 없는 일이다.

이럴 때는 그 말 자체를 그대로 받아들이며 시작하는 게 차라리 낫다. 기원의 향수 속으로 따라 들어가며 말하는 게 낫다. 그래, 기원으로 거슬러 가려면 **제대로 된** 기원으로 거슬러 가야 하지 않겠느냐고 응수하는 게 더 낫다. 그리스가 정말 폴리스나 오이코스의 제대로 된 기원인지 물어야 한다. 오이코스가 말 그대로 생존을 영위하는 장의 기원이라면, 사람들이 생존하는 곳이면 어디서나 있었음이 분명하기 때문이다. '정치'가 집합적 활동의 양상을 규정하는 관계를 구성하고 관리하고, 전쟁이나 동맹처럼 집단의 운명을 크게 좌우할 일들을 결정하는 것이라면, 그 또한 그리스인들에게만 있었을 리 없다. 정치란 말이 나오면 즉시 따라 나오는 민주주의(democracy)란 말의 기원을 상기시키려 하겠지만, 그리스어 '데모스'(demos)란 귀족과 대비되는 가난한 평민, 즉 민중을 뜻하니. 민중 자신이 삶의 향방을 결정하는 체제라면 어든 민주주의라고 명명될 정치가 있을 수 있는 것이다. 좀 더 나아가 랑시에르 말대로 플라톤 등 그리스 철학자들이 데모스란 '자격 없는 자'를 뜻하며 데모크라시란 '지배할 자격이 없는 자들의 지배'라고 비판했음(『정치적인 것의 가장자리에서』)을 고려한다면, 민주주의를 그리스에 그대로 귀속시키는 태도에 좀 더 거리를 둘 이유가 있다 하겠다.

간단히 덧붙이자면, 그리스가 등장하면 질문도 의심도 어느새 멈추고 쉽게 '합의'가 가동되는 것은 그것이 정말 동의할 수 있는 기원이어서가 아니라 서구적 멘털이 만들고 이식한 환상이기 때문이다. 기원의 역사에 관심을 갖고 그리스와 이집트를 연구한 고고학자 마틴 버날에 따르면, 그리스란 그것이 세계를 지배한 자기 문화의 본원적 잠재력이라는, 르네상스 이후 유럽인 믿음 속에서 유럽의 기원으로 발명된 것이고, 서구의 식민주의가 본격화된 18세기 중반 이후 이집트나 로마와도 분리된 특권적 기원으로서 자리 잡은 것이다(『블랙 아테나』). 고고학적 논란이 있으니, 그리스가 헤로도투스 말대로 정말 이집트 식민지였는지, 그때 이집트인이 지금과 달리 흑인이었는지 하는 문제에 대해서는 괄호 속에 넣어둔다 해도, 하이데거는 물론 니체 같은 반골적 사상가마저 매몰되어 있던 과도한 그리스주의에 대해서는 분명 냉정한 거리감이 필요하다.

사실 서로마제국 몰락 이후의 유럽은 그리스와 단절되어 있었으며, 플라톤이란 사람의 이름을 유럽인들이 알게 되었던 것은 1439년 피렌체 공의회 이후였다(주디스 헤린, 『비잔티움』, 25쪽). 그 단절의 시간을 넘어서 그리스 문화를 보존해 지금의 유럽에 전승해 준 것은 한편에서는 콘스탄티노플로 이동한 이후 1453년 몰락할 때까지 로마의 역사를 지속했던 비잔틴제국이었고, 다른 한편에서는 이미 9~10세기경부터 그리스 책들을 번역해 자신들의 문화적 자원으로 삼았던 압바스 왕조의 이슬람 문명이었다(디미트리 구타

지구의 철학

스,『그리스 사상과 아랍 문명』).

2. '자연'의 정치학과 자연-권

분명한 것은 정치(폴리스, polis)에 참여할 '자격'을 묻는 사고방식은 민주주의와는 반대 방향으로 정치를 돌려놓는다는 사실이다. 자격 없는 자들을 정치로부터 배제하는 사고이기 때문이다. 랑시에르가 강조하듯이 데모크라시의 데모스는 '자격 없는 자들'이다. 긍정적 의미의 민주주의란 자격 없는 자들의 정치다. 자격을 문제 삼지 않는 정치, 자격이란 게 따로 없었던 시절의 정치다. 따라서 그것은 분명 '정치'라는 말이 따로 출현하기 이전에 있었던 것일 게다. 그런 말들이 따로 존재한다 함은 정치라는 테두리 안팎을 가르는 경계와 자격이 존재하게 되었음을 뜻하기 때문이다.

정치란 애초에 거기 참여할 자격이 따로 없던 시기에 이미 시작된다는 것, 그것이 기원의 향수를 향해 거슬러 올라갈 때 우리가 도달해야 할 것이다. 따라서 정치도 민주주의도 아렌트가 강조하듯 참여할 자격이 명확하게 제한되어 있던 그리스의 폴리스나 데모크라티아를 모델로 삼아선 안 된다. 전제정이나 귀족정과 대비되는 정치체제로서의 민주주의를 말하려면, 오히려 **자격 이전의** 정치로 밀고 가야 한다. '폴리스' 이전의 민주주의, '민주주의' 이전의 민주주의로 눈을 돌려야 한다. 국가권력이 출현하기 이전, '정치'라는 말도 없이 작동했던 정치로.

이를 클라스트르처럼 '국가에 대항하는 사회'로서의 원시사회 (『국가에 대항하는 사회』)나 들뢰즈·가타리처럼 전쟁기계의 유목민(『천의 고원』 2)에서 확인하려 할 수도 있을 것이다. 두 경우 모두 전쟁에서 국가 형성에 반하는 메커니즘을, 다시 말해 국가 이전의 정치를 본다. 이런 발상을 제공한 것은 클라스트르였다. 원시사회에서의 전쟁이란 전쟁을 통해 대결하는 집단들이 국가라는 '일자'(一者, the One)로 통합되는 데 대항해 원시적 분산성을 유지하는 메커니즘이라는 것이다(『폭력의 고고학』). 들뢰즈·가타리가 국가장치와 전쟁을 대비시킨 것도 이런 이유에서였다.

전쟁이 여러 집단을 하나의 집단으로, 여러 부족을 하나의 국가로 통합하는 것을 저지하는 것은 분명하다. 이는 현행적인 전쟁 이상으로 잠재적 전쟁에 더 부합한다. 동의하지 않는 어떤 사안에 대해, 통합을 요구하는 어떤 집단에 대해 싸울 권리를 갖고 있으며, 서로가 그럴 권리를 갖고 있음을 알고 있는 상태는 국가 같은 상위 조직으로의 통합을 저지한다. 마셜 살린즈는 이런 의미에서 서로에 대해 이런 힘을 사용할 수 있는 권리, 전쟁을 할 권리가 지속되는 상태로서 홉스가 말한 '자연 상태'를 재정의한다(『석기시대의 경제학』, 248~249쪽). 즉 '만인에 대한 만인의 전쟁'이란 만인이 전쟁할 권리를 갖고 있는 사회, 따라서 잠재적 전쟁 상태에 있는 사회를 뜻한다. 들뢰즈·가타리가 전쟁이란 국가 형성을 저지하는 메커니즘이라고 했던 것(『천의 고원』 2, 139쪽)은 이런 의미로 이해되어야 한다.

하지만 이와 반대되는 힘 또한 전쟁에는 있는 듯하다. 전쟁은 전쟁하는 집단 **안에서는** 오히려 통합성을 극도로 강화한다. 전쟁이 벌어지는 즉시 전쟁 당사자인 하나의 집단 안에서는 모든 '분열'이 '이적행위'로 간주된다. 전쟁의 가능성을 상기시키는 것만으로도 모든 이견을 억압할 수 있다는 것은 우리 자신의 역사 안에서도 빈번하게 보던 일 아닌가. 냉전과 매카시즘이 얼마나 가까이 있는지 또한 잘 알려진 사실이다. 이러한 일이 국가적 전쟁에서만 발생한다고 할 수 있을까? 어떤 전쟁이든 전쟁은 승리를 위해 내부적 통일성을 요구하고, 이를 이유로 복종을 강요한다. 전쟁 시기 '지도자' 내지 '지휘자'의 권력은 비교할 수 없이 강화되고, 복종의 의무는 병사나 주민 모두에게 전에 없는 강제력을 갖게 된다. 이는 폴리스 간의 끊임없는 전쟁 속에서 살았던 그리스에서도 마찬가지였다. 전쟁이 폴리스나 집단 안에서 전사들의 토론을 동반하는 경우에도 그 토론은 하나의 목표 아래 제한된 토론일 것이고, 그에 반하는 분열은 허용되지 않을 것이다. 이는 단지 스파르타에 국한되지 않는다. 원시사회에서는 다를까? 전쟁의 목표나 방식, 규율의 정도가 다르긴 하겠지만 전쟁이 승리라는 목적을 갖는 한, 그 목적을 위한 통합과 복종의 요구가 없을 가능성은 생각하기 어렵다. 따라서 전쟁에서 국가에 대항하는 정치, 국가 이전의 정치를 사유할 모델을 찾는 것은 적절해 보이지 않는다.

수렵이나 농경이라면 어떨까? 먼저 수렵 또한 함께 사냥에 나선 이들의 집합적 동조가 필요한 한 지휘자의 명령을 필수적으로 요청한다. 레비스트로스에 따르면 남미의 남비콰라족은 우기에는 고지대에 정착해 농사를 짓고, 건기에는 저지대에 내려가 사냥을 한다. 그런데 농사를 짓는 우기에는 명령하는 자도 복종의 의무도 없다는 의미에서 '평등주의적' 체제를 이루지만, 사냥을 할 때는 명령과 복종의 권위적 체제가 구성된다. 인류학자 로버트 로이에 따르면 라코타족 등 북미 대평원 지역의 '인디언'의 경우 들소사냥을 준비하는 계절이 되면 강력한 권한을 갖는 '경찰'마저 동반하는 권위적 체제가 출현하지만 그것이 끝나면 완전히 해체되어 평등주의적 체제로 되돌아간다(Graeber · Wengrow, *The Dawn of Everything*, 3장). 이를 보면 어느 시기든 집단적 사안을 둘러싼 '민주주의적' 토론이 일상적일 수 있음을 고려한다 해도, 농경에 비해 오히려 수렵이 권위적 체제와 가까이에 있다고 해야 할 것 같다.

사실 어떤 종류의 사회든 생존을 둘러싼 사안에 대한 토론은 있었을 것이다. 집단의 이동이나 전쟁 같은 큰 사안뿐 아니라 사고 친 자를 어찌 처리해야 할 것인지 등이 그렇다. 무리에서 떨어져 홀로된 사람을 집단에 받아들일 것인지 등도 그렇다. 유목사회와 정착사회, 수렵채집사회와 농경사회 가운데 특정 사회에게만 이런 것이 있었을 리 없다. 그리고 정치할 자격 같은 것 '이전에', 즉 그런 구별과 상관없이 가동되는 집단적 사안에 대한 일상적 토론이 어디든 있었을 것이다. 집단적 사안을 두고 토론하여 결정하는 이런 과정은 '정치'라는 말 이전에 있었을 것이다. '원시사회'라고 간주되는 곳이면 어디든 이런 종류의 정치가 존재했을 터이다.

그러나 여기서 앞으로 나아가기 전에 잠시, 좀 더 근본적인 기원으로 다시 거슬러가 보는 것도 좋을 듯하다. 원시사회보다 먼 기원은 없는가 묻는 게 필요하다. 가장 먼 기원으로까지 거슬러 올라가 보려던 시도를 더 할 수 없는 지점으로까지 밀고 가 보는 것이다. 원시사회에서조차 정치란 '인간'의 활동이라고 생각하기 마련인데 그 경우 '인간'이란 관념이 그러한 활동을 위한 자격으로 전제되고 있는 건 아닐까? 정말 정치는 인간의 전유물일까? '인간'을 전제하지 않는 정치는 없는 것일까? 이를 위해서는 인간과 인간 아닌 것들을 대비하며 도입되는 자격의 관념을 의문에 부쳐야 한다. 인간 아닌 것이 어떤 활동의 주어가 될 자격을 법이나 정치는 물론 철학에서조차 배제했던 익숙한 인간학적 자명성 이전으로까지 거슬러 올라가야 한다. 생명체의 생존 그 자체와 분리되지 않은 활동으로서의 정치가 거기에 있다. '자연권'이라는 잘 알려진 개념이 그 단서를 제공한다.

우리는 **'자연권'**(natural right)이란 개념을 통해 인간이 가진 법적 권리의 근거를 자연에서 찾고 있음을 안다. 그렇다면 정치 또한 그 사유의 근거를 자연에서 찾아야 하지 않을까? 자연권이 있듯이, '자연의 정치'가 있는 것 아닐까? 그렇다면 자연에 근거하는 정치란 대체 어떤 것일까? 이를 위해선 자연에 근거하는 권리로서의 '자연권'이란 어떤 것인지 다시 물어야 한다. 근대 자연권 이론에서 자연권이란 인간이 태어나면서부터 갖는 '자연적' 권리를 뜻할 뿐이기 때문이다. 즉 자연권 개념은 인간의 타고난 권리를 뜻하며, 인간 아닌 것에게 그것이 있다고는 생각하지 않는다. 그러나 자연권이 인간 아닌 다른 생물이나 사물에겐 허용되지 않는 권리라면, 그것은 자연권이 아니라 '인간권'(인권)이고 '인위권'(인위적 권리)일 뿐이다. 인간의 자연권에서 '자연'은 인간이 갖는 **권리의 성질**을 표시할 뿐이며, 그러한 **권리의 주어**를 표시하지 않는 것이다. 이러한 자연권의 개념하에서 정치는 자연 아닌 사회, 자연물 아닌 인간에게 한정된 것이 된다. 여기서 자연의 정치란 생각할 수 없는 것이다. 자연이란 이름으로 도입된 권리란 자연에서 인간이나 인간의 정치가 갖는 특권적 지위를 표시하는 말일 뿐이다.

진정한 기원으로 가려는 시도는 이 특권적 지점에서 멈추면 안 된다. 자연권이란 인간뿐 아니라 자연에 존재하는 모든 것이, 동물이든 식물이든, 생명이 있는 것이든 없는 것이든 모두 갖고 있는 권리로서 재정의되어야 한다. 이를 인간이 갖는 권리의 성질을 표시하는 '자연권'(natural right)과 대비해 '자연-권'(nature-right)이라고 쓰자. '자연-권'이란 모든 자연물이 갖는 권리다. 이때 자연은 형용사로 표시되는 권리의 특정 성질이 아니라 권리라는 말의 일반적 주어를 표시하는 일반명사다.

그러나 즉각 반문할 것이다. 정치라는 것이 어떤 사안에 대한 '토론'을 통해 집합적 판단을 하는 것이라 한다면, 자연물에게 어떻게 그것이 가능할까? 그러나 우리는 토론할 때조차 오직 말로만 하지 않는다. 비언어적인 동작과 표정 등이 토론의 장에 들어가고 결정에 영향을 미친다. 이처럼 '토론'을 언어적 행위에서 비언어적인 것으로 확장하고, '판단'을 의식 대신 신체적 감응에 의한 것으로 대체한다면, 말없이 행해지는 동물이나 식물, 사물과 인간이 서로에 대해 의사를 표현하는 모든 활동을 정치라고 재정의할 수 있지 않을까? 먹이를 요구하는 고양이의 몸짓과 소리, 낯선 누군가 왔으니 조심하자는 개의 소리, 도살장에 끌려가는 소의 표정과 눈빛,

아무리 헤엄쳐도 기어 올라갈 얼음이 보이지 않아 곤혹스러워하는 북극곰의 동작, 물이 필요하다며 잎의 일부를 변색시키는 식물의 행위 등은 모두 어떤 사안에 대해 그들이 인간을 '토론'으로, 정치의 장으로 불러내려는 행동이다. 인간들 또한 그들을 정치의 장으로 불러들인다. 어떤 동물과 동맹해 어떤 동물과 '전쟁'을 할 것인지, 어떤 식물과 동맹해 어떤 식물들을 제거하는 전쟁을 할 것인지, 또 어떤 목표를 위해 어떤 사물의 협조를 구할 것인지 등등. 이 모든 일이 자연의 정치에 속한다 할 것이다. 이런 활동을 굳이 그리스의 폴리스와 구별해 '오이코스'에 속한 것이라고 한다면, 정치란 폴리스라는 별도의 장이 만들어지기 이전에, 일상의 오이코스에서 이미 시작되고 있었던 것이라고 답할 것이다. 그렇다, 오이코스야말로 '정치' 이전에 존재하던 정치의 장이었다고 해야 한다. 정치는 폴리스가 아니라 오이코스를 기원으로 한다고. **오이코스란 자연의 정치가 말없이 시작되는 정치의 기원이다**.

우리는 인간과 비인간, 동물과 식물, 나아가 생물과 무생물의 구별, 위계와 자격을 함축하는 모든 구별을 지워야 한다. 이로써 우리는 권리나 정치 개념에서 휴머니즘이나 그것의 변형을 넘어설 수 있다. 인간중심주의-동물중심주의-생명중심주의가 그것이다. 그 모든 '중심주의'가 사라질 때 비로소 우리는 스피노자적 자연주의에 도달할 수 있다. 스피노자적 정치학이란, 자연이란 말로 정당화되는, 인간의 축소할 수 없는 최소 권리를 위한 정치학(에티엔 발리바르, 『스피노자와 정치』)이 아니라 모든 자연은 자신의 존재를 지속할 권리를 가지며 그걸 위해 행동한다는 명제를 출발점으

로 하는 정치학이다. 이러한 권리에 근거한 정치의 장으로서 '자연'
이란 인간이 영유하는 대상이 아니라 인간과 인간 아닌 것들이 함
께 생존하고 관계 맺는 장이다. 모든 생명체가 자신의 생존을 위해
공동체를 구성하고 동맹자를 찾고 먹고 먹히는 투쟁을 하는 장이
다. '정치' 이전의 정치란 인간뿐 아니라 인간 아닌 것들이 **'자연-**
권'(nature-right)의 주어로서 만나는 생존의 장이다.

　인간만의 특권을 '자연권'이라 명명하는 사고에서 벗어나려면
자연을 사유하는 방법뿐 아니라 정치를 사유하는 방법을 바꾸어야
한다. 인간을 동물처럼 다루는 게 아니라 **동물이나 식물, 사물들을**
인간처럼 다루어야 한다. 인간과 하나의 동일한 평면 위에서 다룰
수 있어야 한다.9 이는 인간의 행동을 '자연적 본성' 혹은 '동물적
본성'으로 환원하는 '과학적' 설명과 대비된다. 동물적 '본성'을 찾
아서 인간의 본성이나 사회적 관계조차 설명하려는 우(愚)가 지금
까지도 '자연과학적' 욕망에 의해 반복되고 있음을 우리는 안다. 비
둘기에 대한 실험이 인간 행동을 해명하는 과학적 기초가 될 거라
믿었던 이들이나 공유된 유전자의 비율로 인간관계를 과학적으로
설명할 수 있다고 믿었던 이들이야 말할 것도 없지만, '자연 상태'
가 아니라 감옥과 다름없는 '인위적 상태'라 해야 할 실험공간에 갇
힌 동물들로부터 얻어진 '알파 수컷'이라는 개념을 동물의 '자연적

9　우리는 이를 '존재론적 평면화'라고 명명한 바 있다. 이는 인간과 인간 아닌 것 모두를 위계
　없는 하나의 평면에서 포착하는 방법이다(이진경, 『불온한 것들의 존재론』). 다르게 표현하면
　인간을 가장 멀리 있는 것을 통해서 포착하고, 역으로 인간과 가장 멀리 있는 것을 인간과 동
　렬에서 다루는 방법이다(이진경, 「유물론 선언」).

본성'으로 간주해 인간으로 확장하려던 시도는 인간의 행동은 물론 동물의 행동을 이해하기에도 대단히 불충분한 것이다.

이처럼 정치를 자연화하는 것이 아니라 **자연을 정치화하는 것**이 필요하다. 어떤 개체나 군집이 특정한 조건에서 다른 이질적 생명체와 만나고 동맹하거나 대결하는 양상을 정치적 관계로서 포착해야 한다. 먹고 먹히는 관계를 '먹이사슬'이란 말로 자연화하는 게 아니라 포식을 둘러싸고 벌어지는 연대와 투쟁으로, 동맹자를 찾고 적과 대결하는 장으로 정치화해야 한다. 그 이질적 요소들 간의 관계에 인간들 사이에서 발생하는 정치와 동등한 지위를 부여해야 한다. 인간만이 아니라 그들 모두가 정치의 주어로서 파악해야 한다. 사회학이나 정치학, 경제학에서 인간에게 주어지는 주어의 자리를 그 모든 인간 아닌 것들에게 동등하게 내주어야 한다. 우리가 이후 '오이코폴리틱스'에서 하려는 것이 바로 이것이다.

그러나 너무 빨리 올라가면 너무 빨리 멀어진다. 그럴 때 기원은 다시 함정이 된다. 자연의 정치화를 위해서도 먼저 인간의 정치를 사유하는 방법을 바꾸어야 한다. 우선은 그리스 이전의 사회, 폴리스 이전의 정치, 오이코스와 분리되기 이전의 정치로부터 시작하는 것이 좋겠다. 그로부터 폴리스가 어떻게 분리되었으며, 오이코스의 '가장'이란 자격을 가진 자들이 폴리스를 독점하게 되었는지를 보아야 할 것이다. 자신의 가족을 자기 소유물로 삼는 그런 가장들이 어떻게 출현하게 되었는지 추적해 보아야 한다. 자연적 생명의 장인 오이코스가, 자신의 가족들을 자기 멋대로 훼손할 권리를 갖는 '소유물'로 간주하는 어이없는 가장들의 지배 영역이 되고, 집단적인 사안을 처리하는 장이 그런 소유자-가장들에 독점되는 사태에 대한 '인류학적' 추적은, 폴리스로서의 정치에 대한 강력한 환영을 깨는 하나의 실험적 사고가 되어 주리라는 생각이다.

3. '폴리스' 이전의 정치와 '가장'의 첫째 문턱

인간의 정치를 기원으로 거슬러 올라가 다루기 위해 우리는 그리스 이전의 사회에 대한 연구를 사유의 자원으로 삼아야 한다. 원시 사회에 정치라는 것이 있었는지, 혹시 있다면 그 '원시적 정치'란 대체 어떤 것이었는지 물어야 한다. 더불어 그리스라는 기원에서 자원을 얻으려 할 때도 기원의 그리스로 충분히 거슬러 올라가지 않았음을 지적해야 한다. 그리스라고 하면서도 페리클레스나 아리스토텔레스 같은 이들로 표상되는 이른바 '고전적 그리스' 이전으로는 거슬러 올라갈 생각을 하지 않았기 때문이다. 문자가 사라진 '암흑기'야 그렇다 해도, '미케네'라는 이름을 가진 그리스 문명, 혹은 '미노아' 내지 '미노스'라고 불리는 그리스 이전의 '그리스'가 거기에 있다.

따라서 기원에 대한 연구라는 관점에서도 하이데거나 아렌트 같은 그리스주의자들보다 인류학자나 고고학자가 훨씬 '근원적'이고 유용하다. '야생의 자연'에서 생존의 필연성에 내몰리며 사냥을 하고 채취를 하던 원시인, 혹은 식물을 경작하고 동물을 키우며 거주와 노동의 장을 구성해 좀 더 안정적인 생활의 장을 구성했던 원시인들이야말로 '오이코스'의 진정한 기원이다. 이렇게 제대로 된 기원을 찾아 올라갈 때, 우리는 그리스보다 오래된 기원에 이를 뿐 아니라 다른 기원에 이르게 된다.

원시인의 오이코스는 폴리스와 오이코스의 분리를 처음부터 당연하다고 가정했던 아렌트의 그리스와는 아주 다른 기원의 존재를 보여 준다. 아렌트는 노동과 작업과 행위를 구별하고 개념적으로 분리하지만,[10] 가령 아프리카의 부시맨이나 남북미의 인디언들, 혹은 오스트레일리아의 원주민들에게는 수렵이 그러하듯이 노동과 놀이가 구별되지 않는다. 또 사냥의 도구를 만드는 원주민들에게 노동과 작업이 구별되었을 리 없다. 그들에게 '자유'란 노동의 저편에서 따로 존재하는 별도의 지대가 아니었다. 그들에게 생존의 장(오이코스)이란 사냥이 그렇듯 노동과 놀이, 작업의 성격이 뒤섞인 장이었다.[11]

원시사회에도 아렌트식의 '정치'가 있었을까? 노동이나 작업과 구별되는 '행위'가 있었을까? 정치체제나 통치자를 선택하고, 정

---

[10] 아렌트에 따르면, 신체를 짝으로 갖는 '노동'은 생존의 필연성에 매인 활동이고, 손을 짝으로 갖는 작업은 '작품'이란 말이 보여 주듯 장인적인 제작과 관련된 활동이다. 반면 말을 짝으로 갖는 '행위'는 정치와 연결되는데, 인간이 서로에 대해 자신을 드러내는 활동으로, 육체로부터 벗어난 창발성이고 인간만의 유일성이라고 간주된다(한나 아렌트, 『인간의 조건』).

[11] 놀이/유희는 생존을 위한 신체적 활동이 아니고, 인공적 사물의 제작을 목적으로 하지 않기에, 아렌트식 분류에 따르면 행위에 속한다(물론 아렌트는 행위를 폴리스를 위해 개념화하기에 놀이는 행위 개념에 속한다 하지 않을 것이다). 놀이는 생존의 무게에서 벗어난 창발적 행위다. 뒤에 다시 언급하겠지만 그레이버와 웬그로우는 이 놀이적 성격의 경작('유희농경')이나 목축('유희목축')이 수렵·채취와 본격적 농경 사이 2000~3000년 동안 지속되었음을 보여 준다(The Dawn of Everything). 놀이야말로 노동, 작업, 행위 같은 분할이 발생하기 이전의 활동, 모든 종류의 행위의 모태가 된 활동이라 해야 한다.

치적 자유를 둘러싸고 토론하는 장이 정치라는 발상은 근대 유럽인의 어이없는 환상이다. 이는 그리스에 대해서도 마찬가지다. 폴리스를 상정할 때조차 그리스인들에게 정치란 무엇보다 전쟁 등과 같이 목숨을 걸어야 하는 사안을 결정하고 책임을 지는 것이었다. 그것이 **전쟁에 나가는 자들에게** 그 결정의 장인 폴리스에 참여할 특별한 권리를 준 명시적 이유였다. 목숨을 거는 자들에게만 주어지는 권리라는 명분 말이다. 물론 그것만이 아니라 가령 페리클레스와 외지인 헤타이라('고급 창녀') 아스파시아와 사이에서 태어난 아들에게 시민권을 주는 문제, 소크라테스의 행위가 유죄인지 결정하는 문제, 관혼상제에서 사치를 금지하는 문제, 재판이나 군역에 참여한 평민들에게 보수를 지불하는 문제 등도 모두 그 폴리스에서 결정했다(유재원, 『데모크라티아』; 배터니 휴즈, 『아테네의 변명』).

원시사회나 고대사회에서 전쟁은 어디나 있었고, 전쟁과 관련된 결정이 정치의 가장 중요한 사안이었다. 물론 적지 않은 경우에 전쟁은 유희와 연속성을 갖고 있었고, 집단이나 전사 개인의 능력을 과시하는 성격을 갖는 경우가 많았지만 학살이나 노예화를 동반하는 경우도 많았다. 스파르타는 이웃 도시 메세니아와의 전쟁을 통해 포획한 노예인 수많은 '헤일로타이'의 노동에 기초해 있었고, 아테네나 다른 그리스 폴리스 역시 전쟁을 통해 잡아들인 노예들이 일상을 떠받치고 있었다. 따라서 전쟁은 이들 사회에서 대단히 중요한 정치적 사안이었다. 전리품과 노예, 토지를 획득할 기회이기도 하지만 전쟁에 나가는 전사로서는 하던 일을 중단해야 할뿐 아니라 목숨을 걸어야 하는 사안이고, 전쟁으로 인해 감당해야 할 피해나 비용 등을 계산해야 하는 대단히 중요한 사안이었기 때문이다.

전쟁의 주역은 대개 남성이었다. 전쟁에서의 침탈이나 패배는 토지나 재산의 상실뿐 아니라 노예화로 이어지기 때문에, 가족이나 가문의 남성들은 일차적으로 자기 가족의 생존과 생활을 '보호'하는 '가장'(키리오스, kyrios)의 역할을 수행해야 했다. 전쟁에서 요구되는 이러한 역할이 역으로 가장의 지위를 받아들이고 거기에 힘을 실어 주게 했을 것이다. 가족 내지 일족의 생존을 보호하는 자로서의 그러한 표상은 역으로 가장에게 가족의 '주인'(키리오스, kyrios)으로서의 자격을, 때로는 가족에 대한 '처분권'을 갖는 소유자로서의 지위를 부여했을 것이다. 가족 안에서 가장 일차적 자격의 문턱이 여기에 있다.

그러나 전쟁에 나간다는 이유로 자신이 보호해야 할 식솔들에 대해 소유권을 갖는 것은 결코 자연스러운 일이 아니다. '모든'이라 할 수는 없지만, '인디언'이라 불리던 많은 북미 선주민의 '원시인' 전사들 대부분에게 전쟁은 목숨 거는 자의 특별한 자격이나 권리의 이유가 아니라 남들을 위해 싸우는 자긍심의 이유였을 뿐이다. 추장이란 '전쟁에서 가장 앞서 싸우는 자'라는, 몽테뉴 같은 백인들이 기억하는 추장의 정의(『수상록』)는 이를 잘 보여 준다. 전사의 문화와 윤리를 형성하는 이 자긍심은 **대가를 위해** 남을 위해 일하는 근대적 노동의 관념을 북미 '인디언'들이 결코 받아들이지 못했던 이유기도 했다. 백인들이 '신의 소명'이니 '노동의 신성함'이니 하는 말로 그토록 설득하려 했지만, 그들이 보기에 남을 위해 어떤 일을 한다면서 대가를 받는 것은 그 자긍심에 반하는 뻔뻔스럽고 비천한 거짓말에 지나지 않았던 것이다.

자긍심을 갖고 자발적으로 싸우는 전사라고 해도, 이웃한 부족과 전쟁을 할지 결정하는 것은 전쟁에 나갈 당사자로서는 함께 논의하고 결정할 중요한 사안이었을 터이다. 이를 결정하기 위해 모여서 의견을 모으는 것은, 그걸 하는 이가 그리스인들이든 '인디언'이든 '정치'라는 말에 부합한다. 가령 미국 남동부의 '5대 문명 부족'으로 알려진 체로키, 치카소, 촉토, 크리크, 세미놀족의 경우에는 최소한 부족의 구성원 모두가 동등한 발언권을 갖고 합의에 의해 운영되는 '공동평의회'에 의해 통치되었다. 말 그대로 민중정치(democratia),[12] 민주정치가 거기에 있었던 것이다. 그뿐만 아니라 크리크족의 경우 한 마을의 남성들이 모여 하루의 대부분을 마을에서 문제가 되는 사안에 대해 토론을 했다(Graeber · Wengrow, *The Dawn of Everyting*, 11장). 부족들 간에 편차가 있지만 분명한 것은 수많은 '인디언' 사회에 구성원 전체가 동등한 발언권을 갖고 토론해 어떤 사안에 대해 결정하는 정치적 장이 광범하게 있었다는 사실이다.

이 결정에 여성과 아이들이 참여하기는 쉽지 않았을 것이다.

---

12 유재원은 데모스는 귀족이나 부유층과 대비되는 평민이란 점에서 '민중'이며, 크라티아는 이념을 뜻하는 추상적인 '주의'가 아니라 구체적인 정치체제란 점에서 데모크라티아는 '민중정치'이며, '민주주의'는 아주 이상한 번역임을 지적한다. 또한 티라노스는 폭군, 독재자이기에 티라노크라티아는 '참주정'이 아니라 '폭군정치'라 해야 한다고 한다. 타당한 지적이다. 다만 페이시스트라토스 같은 인물은 무력으로 권력을 장악했지만 '폭군'이라는 말과는 달리 대단한 선정을 베풀었고, 클레이스테네스나 페리클레스 등 합법적으로 선출된 인물들 또한 실제적으로는 유사한 방식의 권력을 행사했기에 폭군이란 말 대신 '참주'라고 번역했을 것으로 보인다.

지구의 철학

전사사회에서 남녀의 평등을 발견하기는 사실 쉽지 않다. 그러나 전사문화가 곧장 남녀의 일반화된 위계로 이어지지는 않는다. 남성이 강한 발언권을 가진 사안이 있고, 여성이 강한 발언권을 가진 사안이 있었다는 말이다. 더구나 아내가 '가장'의 소유물이 되는 그리스적 전통과는 아주 달랐다. 가령 북미 '인디언' 오세이지족의 경우에는 7단계의 입문식(initiation)을 통과한 사람이면 남녀를 가리지 않고 최고의 정치적 권위를 갖는 지위['노호징가'(Nohozhinga)라고 한다]에 올랐고, 이들은 매일 모여 문제가 되는 마을의 공동 사안 모두에 대해 토론을 했다. 이로쿼이족에서는 가정이나 지역 문제에서 여성들이 남성 이상의 자율성과 힘을 갖고 있었다. 프랑스 '총독' 데농빌의 속임수로 이로쿼이 연맹의 대표단 200여 명이 죽거나 잡혀 노예가 되었을 때, '지곤사세'('부족의 어머니')라는 성씨 보유자인 아티칸다롱크족(atiquandaronk) 여성이 이로쿼이 연맹의 부족을 지휘해 데농빌의 군대를 대파시키고 갤리선에서 동료들을 구해 내기도 했다(같은 책). 따라서 전쟁이 가정 안에 만들었을 '가장'의 첫째 문턱은 아직 확실한 것도 고체화된 것도 아니라 하겠다.

'정치적' 토론이나 결정이 전쟁 당사자인 남성들로 국한된 경우에조차 '인디언'들은 자신들이 전쟁에 나가고 여자와 아이들을 '보호'한다는 것을 자긍하기는 했어도, 그걸 이유로 아이와 여자를 소유할 권리나 자신의 뜻대로 부릴 '자격'을 주장하지는 않았다는 점에서 아렌트의 자랑스러운 그리스인들과는 아주 달랐다. 전쟁 아닌 다른 일들이라면 어땠을까? 17세기에 '인디언'들과 만났던 예수회 신부들의 기록에 따르면, 인디언 사회에서는 공공의 업무에 대한 토론이 거의 항상 공개적으로 열렸으며, 이로 인해 수사학을 배운 적이 없음에도 모두들 말하고 설득하는 능력이 탁월했다고 한다(*The Dawn of Everything*, 2장). 폴리스가 따로 있고 거기서 논하는 주제가 따로 있으며, 자격 있는 자들만 참가하는 정치와 매일매일 모두가 모여 문제가 되는 공동의 사안이라면 어떤 것이든 공개적으로 토론하는 정치, 어느 쪽이 더 낫다고 해야 할까? '민주주의'라는 말에 좀 더 부합하는 게 있다면 어떤 것이라 해야 할까? 아무리 유보해도 최소한 그리스의 폴리스에 특별한 지위를 부여할 이유가 없음은 분명하다.

원시사회에는 여자와 아이, 노예들 덕분에 '필연'의 노동에서 해방된 가장들도, 잘난 그들이 모여 '정치적 사안'에 대해 다수의 선택을 통해 결정을 하는 제도화된 폴리스도 따로 없었지만,[13] 그건 정치를 몰라서가 아니라 정확하게 정치적 이유에서였다. 즉 어떤 결정에 모든 이가 참여하는 것은 아니었지만, 그렇다고 그런 결정의 장을 따로 만들지도 않았던 것은, 그런 장이 만들어지는 즉시 발생하는 권력의 형성을 저지하기 위해서였다. 별스럽지 않은 매일의 '일상' 속에서 관심 있거나 관련이 있는 이들이 모여 토론을 하고 오직 설득에 의해서만 결정을 하는 '정치' 이전의 정치는, 제도화된

---

13 콰키우틀족이나 하이다족, 틀링깃족 등 포틀래치와 탁월한 예술적 생산물로 유명한 북미 북서해안의 부족들이 노예를 포획하기 위해 전쟁을 주기적으로 벌였던 것은, 사냥을 비롯한 일상의 '노동'에서 가장 또한 면제될 수 없었기에, 남들에게 보여 줄 멋진 '작품'을 만들기 위해서는 노예가 필요했기 때문이었다고 한다. 그런데 포획 노예는 충분히 가정화되면/길들여지면(domesticated) 가족의 구성원으로 받아들여졌다(*The Dawn of Everything*, 5장). 이는 오이코스의 천한 '노동'이나 그보다는 좀 나은 '작업'을 폴리스의 고귀한 '행위'와 대립시키는 것이 얼마나 그리스주의적 편견인지 잘 보여 준다.

정치의 증거를 찾는 이들이 아니라면 오히려 '데모크라티아'라는 말에 훨씬 더 부합한다고 할 터이다.

그들에게 '정치'라 명명할 어떤 것이 있었다면 그것은 국가적 권력의 형성이나 그걸 행사할 권리의 독점을 저지하는 것을 이유로 갖고 있었다. 인류학자 클라스트르는 원시사회의 추장제에서 이런 '철학'—정치철학—을 본다(『국가에 대항하는 사회』). 추장이란 권력을 갖고 집단의 사안을 결정하는 자가 아니라 인기나 권위는 갖지만 특별한 권리나 보장된 권력은 따로 갖지 않는, 오직 신뢰와 지지에 의해서만 영향력을 행사하는 리더였다. 그 권위나 부족민의 신뢰와 지지는 전쟁이나 궂은일에서 가장 앞서는 용기, 부족민을 설득하는 언변, 그리고 부족민에게 필요한 것을 증여하는 능력과 관대함에서 나온다. 그런 점에서 원시사회란 능력 있는 전사들이 노인과 아이, 여자를 보호하기 위해 싸우고, 추장 일족이 노동 능력 없는 사람을 위해 노동하는 세계였다. 클라스트르에 따르면 추장에게 허용된 유일한 특권인 복수의 아내를 가질 권리조차, 생활 능력 없는 부족민 다수의 생계를 책임질 수 있도록 추장의 가족을 늘리려는 것이었다. 이런 의미에서 추장제란 "부족민이 추장 가족을 착취하는 사회"라는 것이 그가 끄집어낸 익살스러운 결론이다.

애써 오이코스와 폴리스, 경제와 정치의 구별을 그들에게 적용하자면, 원시인들에게 '경제'란 아렌트의 그리스인들과 달리, 일을 하는 이들이 생존 수단을 얻기 위해 종일 노동해야 하는 고통스러운 결여의 영역이 아니라 얼마 안 되는 노동의 시간을 제외하면 '무얼 하면 좋을까' 한가롭게 고심해야 하는 **풍요의 영역**이었다(마셜 살린스, 『석기시대 경제학』). 원시사회란 인류 최초의 풍요 사회였다는 게 '석기시대 경제학'을 연구한 인류학자 살린스의 결론이다. 하지만 이들의 풍요는 생산하는 물자의 양에 의해 얻어지는 게 아니었다. 자신들이 쓰는 것보다 10배 이상 효율이 좋은 쇠도끼를 얻어도, 10배를 생산하는 게 아니라 10분의 1을 일하는 것(클로드 레비스트로스, 『슬픈 열대』)이 그들의 풍요를, 그들의 '오이코스'를 방향 짓고 있었다. 기원으로서의 원시사회란 필요 이상으로 생산하거나 소유하는 것이 악덕인 사회였다. 생존의 무게에 눌리고 상시적 결여에 찌든 사회가 아니라 한가하게 놀고 가끔 일하며, 때로 작업하고 때로 싸우던 풍요의 사회였다. 증여에 의해 구성되고 유지되는 사회였으며, 교환이 있었으나 그 또한 생존에 필요한 최소치를 넘지 않던 사회였다(마르셀 모스, 『증여론』).

따라서 생계를 위한 생산의 영역을 오이코스라 한다면, 그로부터 정치를 분리시키고 정치에 참여할 자격을 제한하면서 생존을 떠받쳐 주는 이들을 노예로 삼았던 오이코스의 그리스란, 클라스트르라면 대단한 발전이 아니라 거대한 퇴락이었다고 말했을 것이다. 이를 두고 원시인들의 이런저런 '악한 본성'을 찾아내며 '원시사회에 대한 낭만주의적 찬가'라며 빈틈을 찾으려는 이들(나폴리언 새그넌, 『고결한 야만인』)과[14] 다투기보다는('악덕' 없는 사회가 대체 어

---

14 새그넌은 진화생물학적 관점에서 인간을 보려는 입장에서, '잔인한 사람들' 야노마뫼족을 통해 원시사회에 대해 홉스적 방식으로 묘사해 큰 논란과 대단한 인기를 얻었다. 야노마뫼족이 대단히 '사나운' 부족임은 사실이고, 잔인한 전쟁 속에 살았음은 사실이지만, 이들을 원시사회에 대한 '대표/표상'으로 삼는 것은, 선량한 부족 하나를 연구해 그렇게 하는 것만큼이나 부당한 일이다. 북미 북서해안과 남서해안의 인근 부족들조차, 노예포획을 위한 전쟁을 주기

디 있을 것인가!), 좋고 나쁨을 떠나서 생존을 위한 활동의 장으로서 오이코스를 '중성화'하는 것이 더 나을 것이다. 모든 경제 이전의 생존으로, 투쟁과 협조가 교차하는 동물적 생존의 장으로 거슬러 가는 게 더 좋을 것이다. 역사 이전의 '기원'으로. 지구를 대지화하는 동물, 대지를 영토화하는 동물의 생존의 장으로. 이를 여전히 '가정'을 뜻하는 오이코스라 명명하는 이유를 묻는다면, '원시경제'를 '가족제 생산'이라 명명했던 살린스의 전례(『석기시대 경제학』)가 보여 주듯, 생존이란 어디서나 **일차적으로는** '가족적' 집단에 의해 이루어지는 과정이기 때문이라 답할 것이다.

이때 거기에 포함된 노예나 도구, 사물이 보여 주듯, 이 '가족'이란 그저 혈연에 의해 구성되는 동질적 집단이 아니라 그것을 가로질러 인간과 다른 생물, 그리고 '도구'라고 불리는 이들로 구성되는 이질적 공동체임을 강조해야 한다. 이러한 공동체가 생존의 경제를 구성한다는 것은 인간뿐 아니라 늑대처럼 집단을 이루어 생존하는 동물도, 비버처럼 나무와 물을 이용해 생존 환경을 구성하는 동물도 다르지 않다. 굴을 파는 동물도, 나무 위에 집을 짓는 동물도 마찬가지다. 적어도 동물로서의 인간이라면 **누구도 벗어날 수 없는 동맹의 장**이 거기에 있는 것이다. 따라서 인공적으로 제작된

적으로 반복하는 부족들과, 그들과 충돌하면서도 끝내 금욕적 평등주의 체제를 고집하는 부족들이 바로 옆에 공존한다는 사실은, 한 부족의 행동을 인간 '본성'의 증거로 삼는 것의 어리석음을 잘 보여 준다. 그레이버와 웬그로우는 야노마뫼족에게 '납치'되어 20년을 그들과 살았다가 나중에 가족을 찾아 서구로 돌아갔으나, 야노마뫼족의 삶이 더 낫다고 판단해 되돌아왔던 헬레나 발레로에 대해 이야기하면서, 이런 경우가 적지 않았으며, 반대의 경우는 없었다고 전한다(The Dawn of Everything, 1장).

그리스적 기원을 그림자로 갖는, 이제는 노동과 시장에 의해 덧칠된 '경제' 개념을 벗어나는 데 이보다 더 적절한 건 없을 듯싶다. 따라서 기원도, 그리스도, 경제도 이를 통해 근본적 물음의 대상으로 바꾸어야 한다.

4. 경제 이전의 오이코스와 잉여의 경제

'정치' 이전의 정치가 있는가? 있다. 생존과 관련된 사안들 모두를 토론하는, 정치가 분화되기 이전이기에 '원시적'이라고 불리는 정치가 있었다. 그러한 정치의 기원은 생존에 관련된 사안을 의논하여 처리하는 장이었다. 친인척이나 씨족, 부족 등 확장된 가정으로서의 '오이코스' 자체가 거기 있었다. 인간 이전의 '경제', 인간 이전의 오이코스가 있는가? 있다. 모든 동물이 나름의 가족과 '가정'을 갖고 있음을 우리는 안다. 생존을 위해 환경을 영토화하는 동물은 모두 나름의 오이코스를 갖는다. 생존의 장을 구성한다. 이는 인간 이전의 정치, 자연의 정치가 작동하는 장이다. 하지만 이때 자연은 인간 세계와 대비되는 자연, 동물과 식물들로 표상되는 그런 자연은 아니다. 자연적인 사물들, 인공적인 도구들 모두가 포함되는 자연이다. 자연의 정치는 동물의 정치만이 아니며, 자연-권은 단지 동물이나 식물만의 권리가 아니다.

생존의 장으로서의 오이코스, 생산의 장으로서의 오이코스는 그 자체로 영토를 표시한다. 영토란 생명체가 그 대지를 '영유'하는 장이다. 소유의 관념에 익숙한 이들, 주체와 대상, 인간과 도구의 구별이 몸에 밴 이들에게 영토는 그 또한 어떤 이득을 영유하는 생명체가 장악하고 소유한 대상으로 보일 것이다. 그러나 사실 영토가 누군가에게 귀속된다면 이는 특정 영유자가 아니라 배치(agencement, 질 들뢰즈·펠릭스 가타리, 『천의 고원』1)에 귀속된다 해야 한다. 대지의 일부가 영토로서 작동하는 것은 언제나 특정한 배치를 통해서다. 동물과 숲, 무기가 없다면 수렵민의 영토는 없다. 먹지 않고 비축해 두는 씨앗이 없다면 토지는 경작민의 영토가 되지 못한다. 배치란 서로 접속해 하나의 신체를 이루고 하나처럼 작동하는 요소들로 구성되는 공동체고, 최소 요소들로 표시된 하나의 연결망이다.

그렇게 하나의 배치를 구성하는 요소들은 그 공동체 안에서 서로에 대해 대행자(agence, agency)의 역할을 하며 공동으로 생산하고 생존한다. 어떤 배치 안에서 어떤 요소가 효과적으로 자신의 역할을 수행한다 함은 그 배치 안에서 **이웃한 요소의 충실한 대행자**가 됨을 뜻한다. 가령 유능한 농부란 자신이 키우는 작물의 생존에 필요한 일들을 적절하게 수행해 주는 대행자를 뜻한다. 역으로 좋은 작물이란 좀 더 소출이 좋고 좀 더 키우기 쉽기를 바라는 경작자의 욕망에 부합하는 대행자를 뜻한다. 토지나 도구도 그렇다. 좋은 토지, 좋은 도구란 경작자의 훌륭한 대행자, 작물의 효과적 대행자를 뜻한다. 하지만 훌륭한 대행자는 단지 누군가의 의사를 정확히 대변하는(represent) 자가 아니라 그가 생각하지 못한 방법을 창안하고 실행하는 자다(질 들뢰즈·클레르 파르네, 『디알로그』, 65~66쪽).

유능한 농부는 벼나 옥수수가 하자는 대로 하는 게 아니라 그들에게 필요하지만 그들이 알지 못하는 것을 찾아내서 하는 자이고, 유능한 인공지능은 그것을 사용하는 인간이 알지 못하는 것을 찾아내 알려 주고 생각지 못한 것을 실행하는 자이다. 영토적 생산의 주체는 '인간'이나 '경작자', '사냥꾼'이 아니라 그렇게 하나로 연결된 대행자들의 공동체로서의 '배치'다. 배치는 서로에게 말 없는 대행자가 되어 하나처럼 작동하는 이질적 요소들의 공동체다. 라투르식으로 말하면, 배치란 이질적 '행위소'(actor)들의 연결망(브뤼노 라투르, 『젊은 과학의 전선』)이고 동맹체다.

환경은 영토화에 의해 구성된 '중간'(milieu)이다. 기관 없는 신체로서의 대지 위에 만들어진, 대지와 영토 사이의 중간이다. 환경은 영토적 배치를 구성하는 것들이 생존을 위해 공동체적 순환계를 형성하고 그 순환의 이득을 획득하기 위한 생산의 장이다(이진경, 『코뮤주의』). 그 생산을 통해 대지를 영유하는 일종의 작업장이다. 따라서 환경은 영토적 배치를 통해 구성되고 생산된다. 생태계란 영토적 배치를 이루는 대행자들의 공동체('생태적 공동체')가 대지를 환경화하여 생존의 연속체를 구성하기 위해 생산한 순환계다. 오이코스의 시스템을 뜻하는 '생태계'는 지구 전체로 확대될 때조차 영토성의 확장이길 그치지 않으며 언제나 환경화된 생산의 장으로서 존재한다. 그렇기에 지구상에 존재하는 '하나'인 전체 생태계조차 지구가 아니며 대지가 아니다. 대지란 그런 생태계에게 영토를 제공하지만 동시에 어떤 생태계의 영토도 아닌 기관 없는 신체다.

배치를 구성하는 요소들은 서로에 대해 대행자로서 공생하며, 그러한 공생은 **협력의 의사 이전에 존재하는** 동맹을, 그에 따른 신체적 협-조(協-調)[15]를 생산한다. 그러한 배치에 인간이 포함되어 있을 때, 생태적-순환계적 생산은 인간에게 인간의 생존을 위한 생산으로 포착된다. 이처럼 **인간에 의해 포착된** 생산의 장이 '오이코스'(가정)라는 이름을 얻는다. 즉 통상적 의미에서의 '오이코스'란 인간화된 생태계, 인간에 의해 '세계화'된 생태계다. 따라서 오이코스는 생태적 순환계의 한 절단면이고, 생명 흐름의 분절방식이다. 인간과 도구를 대비하는 인간적 관념에도 불구하고 오이코스는 언제나 실질적으로 이질적인 개체들의 접속과 동맹에 의해 공생하는 생명의 장이자 사회적 장이다. 인간화된 생존의 장이다. 하지만 인간의 오이코스라 해도 그것은 아직은 교환이나 잉여를 함축하는 그런 의미의 생산과는 거리가 멀다.

모든 원시사회가 전사사회가 아니었으니, 아직은 보호자로서의 **'가장'이 등장하기 이전의 오이코스**다. 또한 모든 전사사회가 가족을 가장의 소유물로 만들고 정치를 가장들의 전유물로 만들지 않았으니, 이는 그리스의 오이코스와 결코 동일하지 않은 오이코스다. 바로 이것이 그리스를 포함한 모든 인간화된 오이코스의 '기원'이다. 하지만 그리스의 오이코스까지는 아직 넘어야 할 문턱들이

---

15 협-조란 리듬(調)을 맞추어(協) 마치 하나처럼 움직이는 것을 뜻하는 리듬적 종합이고 시간적 동조(synchronization) 현상이다. 이러한 동조를 통해 그 신체의 시간이 탄생하며, 복수의 구성 요소가 하나의 집합적 신체를 구성한다(이에 대해서는 이진경, 「리듬적 종합으로서의 시간」 참조).

남아 있다. 이 문턱들의 발생사는 정착과 농경, 잉여생산, 국가적 포획경제의 계보학이 될 것이다.

수렵·채취민들에게도 오이코스는 이미 인간화된 생산의 장이다. 생존을 위한 생산의 장이다. 그런데 식물이나 동물을 길들이기(domesticate) 시작하면서 오이코스는 하나의 문턱을 넘는다. 식물들의 경작, 동물들의 가축화는 이를 위해 좀 더 집중화된 생산과 생활 형태로 이어지고, 영토화된 대지는 생산요소인 토지가 된다. 그러나 이는 흔히 말하듯 생산력의 발전에 따른 잉여의 '자연적' 발생과 증가로 인해 출현하는 문턱은 아니다. 경작이나 목축은 섭식의 대상이 아닌 씨앗이나 길들인 동물의 비축(stock)이 있어야 하는데, 생존을 목적으로 하는 생산에서는 잉여를 비축할 이유가 없다. 잉여는 자연발생적으로 생산되기도 하지만, 잉여 그 자체를 목적으로 하지 않은 한 방치되거나 버려진다. 혹은 의도적으로 소모되고 파괴되기도 한다. 앞서 원시사회에 대한 부분에서 언급했듯이, 생존 목적 이외의 잉여를 생산하거나 비축하는 것은 심지어 금기시되기까지 한다. 비축된 잉여는 부가 되고, 이는 소유와 권력이 맞물려 작동하는 새로운 체제의 문턱이 되기 때문이다. 가령 인디언 사회는 물론 수많은 원시사회에서 정기적으로 행해지던 '포틀래치'는 과도한 증여와 부의 과시적 파괴를 통해 자연발생적으로 생기는 잉여를 파괴해 부의 형성을 저지하는 기능을 한다.

최초의 잉여생산은 섭식을 위한 활동의 외부에서, 그것과 무관한 이유로 발생한다. 사냥한 동물의 새끼들을 데려다 키우기도 하고, 범람으로 비옥해진 땅에서 자라는 식물들을 발견해 이용하거나 거둔 씨앗을 다시 뿌려 수확하기도 한다. 제임스 스콧은 범람 이후 물이 빠진 땅에서 작물을 얻는 경작을 '범람-퇴각 농법'이라 명명한다(『농경의 배신』, 98쪽) 이런 식으로 경작이 시작된다. 하지만 이런 경작을 우리가 '농경'이라는 말로 지칭하는 본격적인 경작과 동일시해서는 안 된다. 수렵이나 채취로 생존하는 가운데 부차적이고 보완적인 생존 수단으로 잉여를 얻고 이용하는 것이기 때문이다. 그레이버와 웬그로우는 이런 식의 경작을 토지를 개간하고 김을 매며 퇴비를 뿌리는, 고된 노동을 동반하는 진지한 경작과 대비해 **'유희경작'**이라 명명한다(*The Dawn of Everything*, 7장). 유사한 방식으로, 사냥한 동물의 새끼를 먹이나 번식의 목적 없이 일종의 '반려동물'로 키우는 것을 **'유희목축'**이라 해도 좋을 것이다.

　이러한 경작이나 목축은 분명 잉여의 발생을 동반할 것이다. 그것은 위기 상황에 대처할 일종의 '보험' 같은 것(재레드 다이아몬드, 『총, 균, 쇠』, 165쪽)이 될 수도 있다. 재레드 다이아몬드도 이런 농경의 발견이 우연의 산물이며, 거부를 포함하는 선택의 문제였으리라고 본다(164쪽). 반면 제임스 스콧은 길들인 작물이 '보험'이 되리라는 생각은, 그것이 야생에서 채취하는 것보다 더 믿을 만하리라는, 이미 농경에 익숙한 추정을 근거로 한다고 비판한다(『농경의 배신』, 95쪽). 우연히 발견한 작물이 도움은 되겠으나, 적어도 채집 대신 그것을 일삼아 경작하는 것은 좋은 환경을 찾아 이동하길 포기하는 대단한 결정을 전제한다. 우연한 발견에 의한 생계의 보충과 생계의 주된 방법으로 농경을 선택하는 것은 아주 다른 문제이다. 그레이버와 웬그로우는 아마존이나 중미, 북미, 중국 등 여러 지역에서 이러한 경작과 진지한 농경 사이에 수천 년이라는 긴 시간이 끼어들어 있음을 주목하면서, 경작의 발견이 곧바로 농경으로, '농업혁명'으로 이어지지 않았음을 지적한다. 즉 유희경작은 그 자체로 진지한 농경과 대비되는 '유희농경'으로 오랜 시간 지속되었다는 것이다(같은 책).[16]

이처럼 경작이 '자연경제' 안에서 일종의 '유희적인' 것에 머무는 한 생산된 잉여는 이후의 소비를 위해 '저장'되긴 하지만 소비 이외의 목적으로 '비축'되지는 않는다. 이른바 '농업혁명'은 잉여의 생산 그 자체가 생계와 구별되는 별개의 목적이 되고, 생산된 잉여는 소비의 목적에서 벗어나 따로 비축되고, 비축된 씨앗은 소비가 아니라 생산, 혹은 증식이나 기타 다른 목적을 위해 사용될 때 발생한다. 이종교배와 선별, 토지의 개간, 김매기 등을 통해 '일삼아' 그것을 증식시키려는 이들이 출현할 때, 새로운 생산양식으로서의 '농경'이 출현한다. 아마도 이는 인구의 밀집으로 인해 수렵이나 채취만으로는 생존하기 어려워진 상황과 상응할 것이다. 혹은 수렵·채취에 유리한 어떤 이유로 인해 모여들었으나, 주변 환경이나 도시의 성벽, 도시국가의 물리적 통제 등에 의해 이탈이나 이동이 어려워진 상황으로 인해 시작되었을 것이다. 농업, 즉 본격적인 농경

---

16 이는 수렵·채취와 농경 사이, 자연경제와 잉여의 경제 사이에, 생존경제와 포획경제 사이에 독자적인 중간 지대가 오랜 기간 존속했음을 뜻한다. 제임스 스콧 또한 곡물과 동물 길들이기의 발명과 본격적 농경 사이에 4000년의 간극이 있었음을 지적한다(『농경의 배신』, 74쪽). 경작의 발명이 새로운 생산양식으로서의 농경이나 잉여를 생산하고 포획하는 사회로 곧바로 이어지지 않았던 것이다. 문명의 발전이나 진화에 대한 고고학이나 역사학의 오래된 관념은 이 드넓은 중간 지대에 빠져 익사하게 될 것이다.

지구의 철학

은 도시에 의해 발명되었다(들뢰즈·가타리, 『천의 고원』2)는 말은 이런 의미로 이해되어야 할 것이다.

비축을 통해 잉여를 생산하는 새로운 잉여의 생산방식이 이로써 출현한다. 단순한 잉여의 생산과 구별되는 문턱이 여기에 있다. 길들이기/가정화(domestication)를 통해 증가된 생존 수단과 비축물은 양이나 염소, 개, 고양이와 같은 가축 이외에 쥐나 새는 물론 멧돼지, 늑대 등의 동물들이 모여드는 유혹의 미끼가 된다. 이로써 인간들의 거주지는 길들여지는 동식물을 중심으로 재편된 새로운 생활환경이 된다. 인간과 비인간의 새로운 동맹의 장이 출현한다. 제임스 스콧이 '도무스'(Domus, 집)라 명명했던 '길들이기의 모듈'(『농경의 배신』)은 새로이 출현한 이 생존의 장을 지칭하는 하나의 이름이다. 도무스란 길들이기를 통해 구성된 오이코스다. 비축에 의한 생산양식을 발명한 이들에 의해 재탄생한 오이코스다.

스콧은 이러한 생산양식이 경작 일반이 아니라 **곡물**이라는 특수한 작물의 경작과 관련되어 있음을 강조한다. 곡물은 과일이나 채소 등과 달리 수확량을 예상하거나 측정하기 쉽고 오랜 기간 저장 가능하기에 세금을 걷기 용이하다는 점 때문이다. 이런 이유로 인해 스콧은 곡물경작이 국가로 가는 함정이라고 말한다. 포획장치로서의 국가는 곡물을 양식으로 한다는 말이다. 수많은 신화에서 그러하듯, 곡식의 씨앗과 경작기술은 대부분 신농(神農)이나 이나리(稻荷), 데메시스 같은 신을 '기원'으로 한다. 그리고 그 신들은 왕에게 세상을 지배할 권리를 제공한 것으로 간주된다.[7]

식물을 길들이는 경작과 동물을 길들이는 목축에 더해, 이제

사람을 길들이는(domesticate) 새로운 방법이 여기에 더해진다. 자신의 직접적 생존과 무관한 활동을 자기 의사에 반해 수행해야 하는 노예가 그것이다. 포획장치로서의 국가는 자신이 수행하는 전쟁이 그 목적에 부합하는 것이 될 수 있음을 재빨리 포착한다. "결국 전쟁은 한 가지 위대한 발견에 도움을 주었다. 즉 동물만이 아니라 사람도 길들일 수 있다는 것이다. 패배한 적을 죽이는 대신 노예로 만들 수 있다는 것"(고든 차일드, 『신석기혁명과 도시혁명』, 193~194쪽). 적과 노예를 등치하는 새로운 공식이 길들이기의 오이코스('도무스')와 포획장치로서의 국가가 만나는 지점에서 출현한다.

비축을 통해 집단을 조직하고, 일삼아 하는 경작이나 목축을 '가르치고' 거기 필요한 비축물을 제공하는 체제는 생계의 '자연경제'의 자연발생적 성장이 아니라 그것의 바깥에서 생겨난다. 이것이 국가와 연결되며 하나의 새로운 체제를 구성하는 경로에 관해 그레이버와 웬그로우는 매우 흥미로운 가설을 제안한다. 고대국가의 전형적 모델로 간주되는 고대 이집트에서는 왕의 불사(不死)에 대한 관념으로 표현되는 '산 자와 죽은 자의 연속성' 관념이 죽은 왕 또한 살아 있을 때처럼 보살펴야 한다는 관념으로 이어지며,

---

17 그런데 곡물경작조차 일단 시작되면 벗어날 수 없는 함정은 아니었다. 제임스 스콧은 목축, 농경, 수렵, 채집 등이 생계활동의 스펙트럼 같은 것이라 동시에 공존하는 것이었고, 주된 형태 또한 하나에서 다른 하나로 쉽게 바꿀 수 있는 것이었음을 강조한다(『농경의 배신』, 93쪽). 400~800년경 옥수수를 재배하며 곡물국가로서 성장한 북미의 '도시' 카호키아가 1350년경부터 사람들이 버리고 떠나거나 도주하면서 황량한 황야가 된 것(*The Dawn of Everythng*, 11장)은, 수립된 '국가'조차 빠져나갈 수 없는 함정은 아니었음을 보여 주는 사례다. 여기서 이동의 자유가 중요함을 그레이버와 웬그로우는 강조한다. 길들이기의 도무스는 하나의 문턱이지만, 이동의 자유가 있는 한 얼마든지 되돌아갈 수 있는 문턱이었다.

이것이 생전에 왕을 보살피던 이들을 왕의 무덤에 대량 순장하게 했다. '폭력의 친족화'라고 명명된 이런 발상은, 집과 국가를, 가장적 가족과 왕국을 하나로 포개는 것을 통해 이루어진다. 이는 역으로 각자의 친족에서도 동형적 논리가 작동하게 한다. 즉 죽은 가족 내지 조상 또한 '배고프지 않도록' 산 자들이 부양해야 한다는 것이다. 이를 위해서는 **일상의 음식과 다른** 특별한 음식, 발효된 빵이나 술을 바쳐야 한다. 제빵소나 양조장이 이집트의 왕궁이나 묘지 근처에서 발견되는 것은 이런 이유로 설명된다. 평소 먹지 않던 이 특별한 음식이 자연적 생존경제의 바깥에서, **일삼아 하는 경작**의 대상이 되었으리라는 것이 그들의 생각이다. 잉카제국에서도 유사한 일이 발견되는데, 이 경우에는 제의적 음식뿐 아니라 왕이나 전사들이 행군하며 먹는 음식이 일상의 음식과 다른 것으로 자리 잡게 되고, 이는 국가에 바쳐야 할 공물(세금!)이 된다. 이처럼 일상 바깥에서 요구되는 음식이 자연경제와 분리된 경작을 강제한다. 이를 제대로 충분히 생산할 조건이 없을 때, 토지나 씨앗을 빌리거나 최종생산물을 빌려야 한다. 이는 인민이 국가에 채무자가 되는 새로운 관계의 이유가 된다(*The Dawn of Everything*, 10장).

의무가 된 경작, 채무가 된 비축은 잉여를 직접적 목적으로 하는 생산과 잉여의 영유를 동반하는 생산의 이유가 된다. 일단 이렇게 시작된 생산의 체제는 이제 잉여의 영유를 목적으로 비축물(씨앗, 동물, 도구, 토지 등)을 제공하고 생산된 잉여를 착취하는 포획의 체제로 이어질 것이다. 즉 비축에 의한 생산은 비축물의 소유자가 생산자의 잉여생산물을 영유하는 생산이다. 비축을 이용한 생산은 경작을 위한 비축물에 기대어 있기에, 생산된 결과가 비축의 산물로 간주된다. "우리가 준 씨앗이 없었다면 이 곡물들이 어떻게 있을 수 있겠어!" 따라서 비축에 의한 생산은, 생산자의 생존 수단 이전에 비축물의 제공자에게 지불해야 할 '부채'의 환영 속에 이루어진다. 생존 수단 이전에 그것을 제공한 자에게 잉여생산물을 지불하는 '포획장치'(질 들뢰즈·펠릭스 가타리, 『천의 고원』2)가 가동된다.

비축에 의한 경작이 잉여의 영유로 이어짐에 따라 경작의 전제조건인 토지 또한 잉여의 영유를 위한 비축으로 전환된다. 토지는 누구도 생산한 적 없는 것이지만 비축물과 더불어 경작의 전제조건인 비축을 제공하며 생산을 요구하는 자들에게 속한 소유물로 간주된다. 이는 또 다른 잉여 포획('지대')의 이유가 된다. 심지어 씨앗이나 동물을 주지 않아도 잉여를 포획할 '근거'가 만들어진다. "생산물을 노리는 잠재적 강탈자들을 우리가 지켜 주지 않는다면, 당신들이 생산한 것은 당신들 게 아니야!" 관개나 배수 등의 공공사업을 이유로 덧붙이기도 한다. 이제 세금은 의당 지불해야 할 것이 된다. 이로써 자신들이 준 적 없는 것을 근거로 자신들이 생산한 적 없는 것들을 포획하는 체제가 수립된다. 지대, 이자 같은 잉여생산물의 포획장치가 생산을 아니 생존 자체를 지배하기 시작한다. 사람들이 떠나거나 이동할 자유를 제한하는 장치들이 여기에 더해질 때 생산은 본격적인 착취와 수탈의 장으로 변환된다. 돌이키기 힘든 문턱이 출현한다.

국가장치로서의 성벽이 방어 이상으로 '보호'를 위해 치러야 할 이러한 대가로부터 대중들이 도주하는 것을 막기 위한 장치이

지구의 철학

기도 했다는 지적(『농경의 배신』)은 이런 맥락에서 이해할 수 있다. 이탈하거나 도망친 자들을 추적하고 새로운 생산자를 노예로 잡아들이는 군대 또한 마찬가지다. 하지만 이탈을 제한하는 장치가 부정적 형태로만 작동한다고 생각하면 큰 오산이 될 것이다. 애써 개간하고 비옥하게 만든 토지도, 농사에 필요한 관개시설도 떠나지 못하게 잡는 요인이다. 군대라는 조직된 폭력은 국가가 이런 포획의 체제를 가동시키고 확장하기 위해 필요한 것이었지만, 야생동물이나 '야만인', 이웃 집단과의 전쟁으로부터 '보호'해야 할 생산물이나 비축물이 있는 한, 그것을 '보호'하기 위해 필수적 장치의 형상을 얻는다. 마찬가지로 경작의 대가이자 목적인 세금조차 경작자가 국가장치의 '보호'를 받기 위한 조건이 된다. 성이나 도로 등 인프라를 만드는 공사나 적대 집단과의 전쟁 등에 부역할 의무 또한 나를 위한 것이 된다.

이러한 과정이 단일한 경로로 이루어지진 않았을 터이다. 그때마다 다른 계기들이 결합되고 상호작용하며 이동의 자유를 박탈하고 고된 농경이 노동체제로, 잉여의 포획체제로 사람들을 끌고 갔을 것이다. 그래도 도망치고 저항하고 이탈하는 이들이 있었을 테지만, 이런 문턱들을 거치며 싫으면 떠나겠다 할 수 있는 권리에 기초해 자신의 의사를 표명하는 정치, '정치' 이전의 정치는 곤혹스러운 새 벽들과 만나게 된다. 떠나려는 이들을 이탈하지 못하게 하고 주어진 자리에 고정하는 치안의 권력, 농경의 노동을 하고 잉여를 생산하는 인구/주민의 수를 관리하고 그들에게서 걷을 세금을 세는 치안의 장치들이 가동되기 시작한다. 이제 정치는 치안(police)

의 권력이 주는 '자격'을 가진 자들이 집단의 의지를 결정하는 '정치'(polis)가 되거나, 그게 아니면 주어진 자리를 이탈하기 위해 그 치안의 권력과 대결하는 장이 된다. 농경과 국가장치의 문턱이 사람들의 이동을 가로막는 벽으로 자리 잡게 된다.

5. 폴리스의 경제화와 오이코스의 정치화

아렌트가 정치학의 모델을 발견했던 그리스, 서구의 철학자가 철학의 기원으로 삼았던 그리스는 기원전 8세기부터 기원전 3~4세기의 '고전적' 그리스였다. 그중에서도 솔론과 페리클레스의 그리스, 플라톤과 아리스토텔레스의 그리스였고, 거기서도 아테네가 특권화된 그리스였다. 알다시피 '그리스'란 에게해 인근에 있는 1,000개 정도의 폴리스를 지칭하며, 이들은 스파르타와 아테네의 차이만큼은 아닐지언정 각자가 다른 문화와 정치를 갖고 있었다. 그런데 민주정이 자리 잡은 시기 이후 폴리스와 데모크라티아의 상징으로서 아테네 역사를 지배한 것은 대중의 인기를 바탕으로 등장한 독재자(tyranos)들이었다. 페이시스트라토스처럼 무력으로 권력을 잡은 이도 있었고, 클레이스테네스나 페리클레스처럼 합법적 방식으로 권력을 잡은 이도 있었으나, 어느 경우든 대중의 지지와 무관하지 않았다. 데모크라티아가 티라노크라티아로 귀착되는 이런 역설들이 플라톤이나 아리스토텔레스 같은 이들로 하여금 민주정에 대해 반감을 갖게 했을 것이다. 반면 스파르타는 모든 시민을 전사로 양성하는 전쟁국가였지만, 모든 시민이 15명 정도 단위로 공동 식사하는 공동체('시시티아')였고, 전쟁으로 획득한 수많은 노예들('헤일로타이')의 반란을 항상 근심하긴 했지만, 토지재산을 최대한 균분했고 여성의 자유와 권리가 어떤 폴리스도 비교할 수 없을 만큼 강력했던 '평등주의' 사회였다. 그리스 역사가 폴 카틀리지에 따르면, 아테네가 그리스의 폴리스 가운데 지금처럼 특권적 지위를 갖게 된 것은 1830년대 이후이며, 그 이전까지 서구의 정치적 사유는 반민주주의적이고 친스파르타적이었다고 한다(『고대 그리스』, 111쪽).

그리스의 표상을 형성하는 데 강력한 힘을 행사한 또 하나의 요인은 호메로스의 서사시 『일리아스』였다. 하지만 아가멤논이나 아킬레우스, 헥토르, 오디세우스 같은 영웅들의 그리스와 고전적 그리스 사이에는 문자와 기록이 사라져 어떤 역사도 전해지지 않는 '암흑시대'(기원전 12세기~기원전 8세기)가 끼어 있으며, 호메로스가 서술한 그리스는 그 단절 저편에 있는, 문자마저 아주 달랐던 '미케네 문명'에 속한다. 미케네의 그리스는 탁월한 전투능력을 가진 말 탄 기사들로 이루어진 전사 귀족의 사회였다. 고지대에 방어적 성채로서의 성격을 갖는 궁전을 짓고 '와낙스'(wanax)라고 불리던 사제이자 왕이 지배하는 미케네는, 넓은 도로가 교차하는 '평지'에 건설된 무방비의 궁전으로 응집되는 크레타의 미노스/마노아(장 피에르 베르낭, 『그리스 사유의 기원』, 42~43쪽)를 정복함으로써 그리스 역사의 전면에 등장했다.

그러나 미케네의 문자인 선형문자 B는 미노스의 선형문자 A를 수용해 만들졌지만 아주 다른 언어인 것처럼,[18] 동일한 지역에 있지만 미케네는 미노스와 대조적인 성격의 사회였다. 미케네를 지배한 것이 전사인 남성이었던 것과 달리 벽화 등에서 읽히는 미노스 사회는 여성들이 지배자의 지위, 최소한 더 높은 지위를 갖는 사회로 추정된다. 가령 미노스의 벽화에는 왕이나 사제들이 별로 없고 남성보다 여성이 압도적으로 많으며, 남성들은 하복부를 가리는 정도의 간단한 옷만 걸치고 있는 반면 여성들은 위세 있는 의복과 화려한 장신구를 걸치고 있다. 그레이버와 웬그로우는 미노스의 주요 교역품이 대부분의 여성들이 애호하는 물품임을 주목해, 미노스의 지배층이 여성이었으리라고 추정한다(*The Dawn of Everything*, 10장). 또 미노스는 전쟁 아닌 해상교역을 '경제'의 근간으로 하고 있었다. 궁전이나 사회에 방어벽이 없었을 뿐 아니라 벽화에 전쟁에 대한 묘사가 전혀 없고 자연이나 동물에 대한 친근한 감응이 두드러지게 표현되어 있다는 점에서 전사사회로서의 미케네의 그리스와 아주 대조된다.

미노스 사회에도 가정(oikos)이 있고 정치(polis)가 있었을 것이다. 여성들이 왕궁의 주인인 사회, 복장이나 자세 등에서 여성들이 남성들보다 더 당당하고 위세 있는 인물로 그려지는 사회의 정치가 그리스의 정치와 같았을 리 없으며, 이들의 가정에서 남성이 '주인/가장'(kyrios)이었을 가능성은 없어 보인다. 미케네의 그리스가 미노스가 있던 지역(크레타섬)을 점령했고 문자도 차용해서 사용했

---

18 선형문자 B는 1950년대에 마이클 벤트리스에 의해 해독되었지만, 선형문자 A는 아직 해독되지 않았다.

음을 생각하면 언어나 '민족'은 달랐어도 그리스와 로마처럼 사회·문화적 연속성을 가졌을 것이 분명하다. 그렇다면 오이코스나 폴리스의 기원에 대한 천착이 아테네에서 '고향'을 찾는 것이 얼마나 자의적이고 불충분한지 쉽게 확인할 수 있다. 그리스로 한정한다 해도, 오래된 기원을 찾아가는 여행이라면 당연히 미케네로, 미노스로까지 거슬러 가야 한다. 그리고 그 연속성 사이에 있는 문턱들을 식별해 내야 한다.

'주인', '주군'을 뜻하는 '키리오스'(kyrios)라는 말이 남성 '가장'(kyrios)을 뜻하게 된 것은 분명 전쟁 중심 사회의 출현과 관련 있을 것이다. 즉 그리스 지역에서 남성 '가장', 즉 가부장의 출현은 **미노스와 미케네 사이**에서 이루어졌을 것이다. 이런 가장의 관념은 부족의 주인으로, 또한 민족의 주인으로서의 왕이란 관념으로 이어졌을 것이다. 전쟁에서 일족의 운명을 결정하는 '주인'의 역할이란 가족에 대해서도, 부족에 대해서도, 도시 전체나 국가에 대해서도 동형적 방식으로 말할 수 있는 것이기 때문이다. 이는 왕과 일체인 것으로 상정되지만 거기서 더 나아가 신을 지칭하는 지점—'주'(主)—에까지 이르게 된다.

오이코스 안에서 노예들이 중요한 의미를 갖게 되는 것 또한 전쟁을 통해서다. 노예의 포획은 전쟁의 가장 중요한 이유 중 하나였다. 하지만 이러한 조건이 곧바로 노예를 도구적 사물로 소유하거나 가장이 가족구성원을 자신의 소유물로 간주하게 될 이유는 되지 않는다. 즉 그러려면 또 하나의 문턱을 넘어야 한다. 앞서 언급했듯이 북미 인디언 사회에서는 전쟁포로를 노예화하기는 했지만 '가정화/길들이기'가 완료되면 자신의 일족으로 받아들였고, 따라서 노예 신분 또한 소멸되었다(물론 길들이기에 실패한 노예는 잔혹하게 죽였다). 이것이 노예를 부리는 '인디언' 부족들이 전쟁을 주기적으로 반복해야 했던 이유기도 했다. 이들은 분명 전사사회였지만 가장이 가족을 노예에 준하는 소유물로 간주하지도 않았고, 노예를 '부수어도' 되는 도구 내지 사물로 다루지도 않았다.

소유의 개념이 있을 때조차 가장들이 행사하는, 폭력을 포함하는 지배권이 그로부터 직접 발생하지는 않는다. 소유란 어떤 대상에 대한 지배권과 관련되어 있지만, 그것이 소유자 맘대로 **쓰고 버리고 죽이거나 파괴해도 되는** 처분권과 동일한 것은 아니란 말이다. 그레이버와 웬그로우는 '인디언 사회에는 소유 개념이 없었다'는, 그들의 토지나 사물을 강탈하기 위해 백인들이 만들어 낸 논리를 비판하면서, 그들에겐 아주 다른 소유 개념이 있었다고 전한다. 그들에 따르면 서구적 관념을 응축한 로마법의 소유 개념에는 사용(usus), 향유(fructus), 훼손(absus)이 포함되어 있었고 그중 결정적인 것은 **훼손**이었다. 반면 인디언 사회의 소유 개념은 사냥에서 뛰어난 능력을 발휘하게 해주는 활이나 전쟁에서 탁월한 전투능력을 발휘하게 해주는 무기 같은 '특별한 것'과 결부되어 있었고, 그렇기에 그런 소유 개념에는 지배와 비밀, 그리고 **돌봄**(care)이 결합되어 있었다(같은 책, 4장). 자연의 사물들에 대한 진정한 소유자는 신이나 정령이라는 관념이 이를 잘 보여 준다. 이런 관념 아래서는 가장이 '가족의 소유자'가 되었다고 상정할 때조차 가장이란 가족을 '돌보는' 자를 뜻한다고 하겠다. '보호자'로서의 가장이라는 관념이 이와 상응한다는 것은 이해하기 어렵지 않다.

로마법적 관념에서 내 소유물이란 내가 처분권을 가지며 그렇기에 파괴하고 훼손시켜도 되는 것을 뜻한다면(서구적 소유 개념에 익숙하기에 우리도 이런 의미로 사용한다), 반면 인디언에게 그것은 내가 지배하는 만큼 돌볼 책임을 갖는 것이란 말이다. 사람들이 자기 소유의 반려동물과 관계를 맺는 방식이나 장인들이 도구를 다루는 방식을 생각해 보면, 소유 개념 안에 함축된 돌봄이라는 관념은 쉽게 이해될 수 있는 것이다.[19] 가장이 가족의 생존을 보호하고 책임을 져야 한다는 전사사회의 윤리에서는, 심지어 가족구성원을 소유물로 간주할 때조차도 돌봄의 의무가 일차적이다. 가족구성원을 훼손시키고 파괴해도 좋은 대상으로 간주하는 소유의 관념은 이와 아주 다른 '지평'에 있음이 분명하다. 이런 소유 관념은 훼손이란 개념이 직접 겨냥하는 사물과 도구로서의 노예를 등치하는 동산 노예제를 조건으로 해서 발생했다. "노예란 말할 줄 아는 도구"라는 아리스토텔레스의 유명한 정의는, 표명된 것만큼 '악의적'인 것은 아니라 해도, **노예와 사물을 등치하는 이런 동산 노예제**의 한 단면을 단적으로 보여 준다. 나아가 고전기 스파르타처럼 노예의 반란을 항상 근심해야 했던 사회라면 '훼손'의 권리는 노예들을 지배하는 데 필수적인 것으로 간주되었을 터이다.

로마법의 이런 관념들은 집이나 가족과 관련된 단어들에서 다

---

[19] 물론 장인의 도구 역시 훼손의 개념 아래 있다. 서구에서 반려동물의 소유 개념에서 훼손 개념이 제거된 것은 나치 치하 독일에서 '동물보호법'이 만들어진 이후였다.

시 확인된다. '가정'과 '가족', '가문', '식솔'을 뜻하는 라틴어 파밀리아(familia)는 '한 집안의 권속으로서의 노예무리'를 뜻하며, 이와 같은 어원을 갖는 파물루스(famulus)는 '가내노예', '하인'을 뜻한다. 가족이 노예무리와 동일시되는 이러한 관념이 어디서 연원했을 것인지는 쉽게 추측할 수 있다. '집'을 뜻하는 도무스(domus)가 '소유권', '주권', '통치자', '지배자', '소유지'를 뜻하는 도미니움(dominium)과 같은 어원을 가지며, 이는 영어에서 가정과 관련된 형용사인 동시에 하인들과 관련된 형용사로 사용되는 도메스틱(domestic)뿐 아니라 '지배하다'를 뜻하는 도미네이트(dominate)의 어원이 되었다. 가정이나 가족이란 말이 주인이자 지배자로서의 가장과 통치자, 지배와 뗄 수 없도록 연결되어 있음이 확연하다. 이는 가족의 소유자로서 가장이라는 말을 동일하게 사용할 때조차 '인디언' 사회와 로마의 서구가 얼마나 다른지 새삼 절감하게 한다.

이 말들이 라틴어라는 이유로, 이러한 관념을 그리스 아닌 로마에 국한된 것이라 말할 수는 없다. 로마 문명의 거의 모든 것이 그리스적 기원을 갖는다는 것은 잘 알려진 사실이다. 『사생활의 역사』 첫째 권의 편집자인 저명한 로마사가 폴 벤(Paul Veyne)은 고대의 사생활을 다룬 그 책을 그리스 아닌 로마에서 시작하는 이유를 "그리스 사람들은 로마 속에 있고, 로마의 본질을 이루고 있기 때문"이라 쓴다(『사생활의 역사』 1, 41쪽). 물론 반문할 수 있을 것이다. 미케네의 귀족사회와 아테네 같은 고전기 그리스의 민주주의 사회를 하나로 묶어서 말할 수는 없지 않은가? 가장이 보호자나 지휘자, 지배자가 되는 것은 전사들의 귀족사회에 국한된 것 아닌가?

민주주의 사회란 그러한 가장의 지배가 완화된 사회 아닌가? 하지만 적어도 아테네에 관한 한 그렇게 말하기 힘들 것 같다. 폴리스에 평민들이 참가하게 된 것은 오히려 주인이자 지배자로서의 가장과 지배 대상으로서의 가정의 관념을 귀족으로부터 모든 시민들로 확산하는 계기가 되었다고 보이기 때문이다. 이는 무엇보다 전쟁방식의 변화와 결부되어 있다.

고전기 그리스에서 민주정의 발전은 그 자체로 전쟁의 '경제학'과 밀접하게 연결되어 있다. 탁월한 능력을 갖는 영웅적 전사들이 지배하는 사회는 '**말 위에 올라탄 전사**의 고귀함'이란 미덕(arete)이 지배자의 근거가 되었던 귀족정(aristocratia)의 사회였다. 호메로스가 묘사한 미케네의 그리스가 그랬고, 기원전 8~기원전 7세기의 고전적 그리스 또한 이런 기사들이 지배하는 귀족정의 사회였다. 이런 시대의 전쟁은 이런 탁월한 미덕을 가진 장수들의 일대일 대결이 전쟁 전체의 향방을 결정했다. 도시국가를 뜻하는 폴리스의 운명을 결정할 권리는 이들 귀족에게 있었다. 즉 이들이 폴리스를, 정치를 지배했다. 그런데 기원전 7세기 말이 되면서 그리스 지역의 전쟁방식에 큰 변화가 나타난다. 갑옷과 창으로 **무장한 보병들의** 방진(方陣)이 기본적 전술단위가 된 것이다. 이는 기병(히페이스, hipeis)의 군사적 특권을 크게 약화시켰고, 전쟁은 이제 무장한 보병을 얼마나 동원할 수 있는가에 의해 좌우되게 된다.

이 전쟁방식의 변화는 기사 아닌 보병으로 참가할 병력의 확대, 그리고 새로운 전쟁방식이 요구하는 무장비용의 확보를 요구한다. 2등급 귀족인 히페이스(기병)까지만 허용되던 폴리스의 참정권을 3등급 시민인 제우기타이에게까지 확대한 드라콘의 입법(기원전 620년)은 이러한 전쟁방식의 변화를 반영하는 것이었다(폴리스에 참가하려면 무장비용을 스스로 지불할 수 있어야 했다). 솔론(기원전 594년)은 이를 좀 더 확대해, 더 많은 비용을 댈 수 있다면 귀족 아닌 부유한 시민도 높은 공직에 오를 수 있도록 했고, 4등급의 빈민인 테테스조차 무장비용과 군역을 감당할 수 있으면 정치에 참여할 길을 열어 주었다.[20] 이런 이유로 인해 솔론의 개혁은 '금권정치'라고 간주되기도 한다(유재원, 『데모크라티아』, 148쪽). 귀족의 혈통을 시민들의 재력으로 대체했다는 의미에서다. **폴리스가 경제화된 것**이라 해도 좋을 것이다.

이로써 부는, 다시 말해 오이코스의 소유는 정치적 참여의 조건이자 권력과 직접 연결된 정치적 사안이 되었다. '오이코스를 제대로 관리할 수 있는 자만이 폴리스에 참가할 자격을 갖는다'는 말은 '**오이코스의 정치화**'라고 명명해도 좋을 이런 조건을 전제로 한다. 이제 오이코스의 소유자라는 것만으로는, 즉 가정을 소유하고 지배하는 것만으로는 '훌륭한' 가장이 되기에 충분하지 않다. 폴리스에 참여하기 위해서도 가장은 오이코스를 관리해 **부를 증가시키는** 유능한 '오이코노모스'(oikonomos, 가정관리자)가 되어야 한다. 크세노폰의 『오이코노미코스』나 '아리스토텔레스'의 『오이코노미카』 같은 책들이 출현한 것은 이와 관련된 징후적 현상 아닐까? 이

---

20 장 피에르 베르낭은 이런 전쟁방식의 변화가 그리스적 사유의 기원에 자리 잡고 있다고까지 본다(『그리스 사유의 기원』).

지구의 철학

들 저작에서 오이코스는 경제학이 아니라 가정(오이코스)을 관리하는 기술이었다.[21] 크세노폰이나 '아리스토텔레스'는 경제적인 것으로 가정관리의 문제를 축소하는 것이나 재산을 그저 돈 되는 것으로 환원하는 것에 대한 비판을 전면에 내세우고 있었는데, 이는 '금권정치'라고도 표현되는 '폴리스의 경제화'가 야기한 결과를 역으로 보여 준다. 요컨대 귀족만이 아닌 모든 시민으로 폴리스가 확장된 것은, 오이코스에서 부의 생산을 관리하고 그것을 바탕으로 정치할 자격을 얻는 가장으로서의 지위를 오이코스의 모든 '주인'에게 부여했음을 의미한다. 물론 세금을 낼 책임자로서의 가장의 지위 역시 정치와 경제의 이러한 '교환' 속에 포함되어 있었음을 덧붙여야 한다.

가장들이 오이코스 안에서 아내를 포함한 여성들에 대해 행사한 지배권의 발생을 이해하려면 폴리스의 경제화와 오이코스의 정치화, 더불어 **노예와 여성의 인접성** 또한 고려해야 한다. 스파르타는 물론 아테네를 비롯한 그리스의 도시국가들 대부분이 노예들의 활동에 생산과 생활을 크게 기대고 있었음은 잘 알려진 사실이다(노예가 주민의 3분의 2 정도였다). 전쟁은 적과 노예의 등치를 통해 또 다른 '경제학'을 가동시킨다. 노예는 가장 효과적 도구이고 가장 생산적 재산인 것이다. 노예의 획득에서 여성과 아동은 특별한 가치를 갖는다. "여성 노예는 가정으로 데려가 부인, 첩, 혹은 하인으

---

21 이는 훌륭한 가장이 되는 기술이라고 바꾸어 말해도 좋을 것이다. 푸코는 『성의 역사』 2에서 이런 관점에서 크세노폰의 『오이코노미코스』를 해석한다.

로 삼는 예가 많았으며, 아동 노예는 열등한 지위에 머물긴 했어도 빨리 동화될 수 있었다. 이들 여성 포로 노예와 아동 포로 노예의 후대는 한두 세대만 지나고 나면 지역사회에 완전히 통합될 가능성이 높았다"(제임스 스콧, 『농경의 배신』, 219~220쪽). 물론 이는 전쟁과 노예에 대한 일반적 이야기여서, 이미 본 것처럼 '인디언' 사회와 그리스-로마 사회라면 노예라고 해도 아주 다른 삶의 행로를 따라가게 될 것이다.

그리스에서 전쟁포로로서 노예가 된 여성이 겪을 운명을 잘 보여 주는 것은 트로이의 영웅 헥토르의 아내 안드로마케다. 안드로마케는 트로이 함락 이후 노예로 그리스에 끌려가 네오프톨레모스(남편을 죽인 아킬레우스의 아들이자 아들 아스티아낙스를 죽인 '원수')의 아내가 되어, 그의 아들을 셋 낳는다. 이는 암흑시대 이전의 미케네 시대보다는 호메로스가 살던 고전적 그리스 시대를 반영할 가능성이 크지만, 어떤 경우든 전쟁에서 노예가 된 여성들의 운명을 잘 보여 주는 사례라 하겠다. 사실 고전적 그리스의 아테네에서 노예를 '아내'로 삼는 것은 아주 흔한 일이었다.

여기서 중요한 것은 종종 '첩'으로 번역되는 '팔라케'(pallake)다. 팔라케가 '첩'인지, 일종의 '아내'인지 혹은 노예인지 아니면 '창녀'인지를 둘러싸고 적지 않은 논란이 있는데, 이는 아내와 노예가 중첩되고 결혼과 매매가 뒤섞이는 지대의 모호성에 기인한다. 대략 '노예-아내'라고 번역되는 이 팔라케는 아내와 유사한 역할을 하지만 아내에게 허용된 권리를 대부분 갖지 못하며, 가장의 재산으로 획득되고 다른 남자에게 팔릴 수 있었다. '노예'(doule)라고 불리지

지구의 철학

는 않았으나 노예처럼 신체적 처벌을 받기도 했는데, 그에게서 난 자식은 서자(노토이, nothoi)였으나 노예 아닌 가장의 자식으로 간주되었다. 남편의 '사업대리인'으로 활동하기도 했지만, 애초에 팔라케는 전쟁 등으로 인해 합법적 가정을 떠나 많은 시간을 보내야 했던 아테네 남성들의 성적·정서적 욕망을 위한 장치의 성격이 강했다고 한다(Morris Silver, *Slave-Wives, Single Women and "Bastards" in the Ancient Greek World*). 이런 이유로 인해 팔라케는 '헤타이라'(hetaira)인 경우가 많았는데, 헤타이라는 불특정 다수를 상대로 몸을 파는 통상적인 창녀(포르나이, pornai)와 달리, 제한된 사람과의 '동반자' 역할을 하는 일종의 고급 창녀를 뜻한다. 남성들을 매료시키는 여성성은 물론 교양이나 지성을 갖춘 독립적 성격 또한 갖는 이들이 많았다고 한다. 페리클레스의 '동반자'로 유명했던 밀레토스 출신의 아스파시아는 헤타이라로서 팔라케가 되었던 인물 가운데 가장 유명한 경우다.[22]

노예-아내로서의 팔라케는 전쟁포로와 노예의 등가성에 노예와 아내의 인접성이 연결될 때 발생하는 효과를 보여 준다. 노예를 아내로 취할 수 있게 됨에 따라, 역으로 아내는, 비록 법에 의해 보장된 신분과 권리가 있지만, 어떤 식으로든 노예와 인접한 대상이 되기 십상이다. 더구나 여성의 자유와 권리가 크게 보장되었고 군사적 이유로 인해 여성의 가정 밖 활동이 일반적이었던 스파르타

---

[22] 모리스 실버는 오디세우스의 아내 페넬로페도, 소크라테스의 아내도, 제우스의 아내 헤라도 헤타이라였다고 주장한다(같은 책).

와 달리, 대부분 집 안에 갇혀 살았고[23] 아버지-가장이나 남편-가장의 처분에 맡겨진 소유물이었던[24] 아네테의 경우 아내와 팔라케 사이의 차이는 그리 크지 않았던 것 같다. 법적 지위는 낮았다고 하지만, 노예-아내는 아내와 달리 집 밖에 쉽게 돌아다닐 수 있었고, 남편의 사업대리인으로서 대출을 받거나 거래를 할 수도 있었으며, 대중적 모임에도 참석할 수 있었기에, 사회적·정치적 지위는 오히려 더 자유로웠다 해야 할 것이다. 법적 아내가 될 수도 있었다.

외국인 아내의 소산인 경우 시민권을 주지 못하게 만들었던 자기 자신의 정치적 행위로 인해, 본처에게서 얻은 두 아들의 죽음 이후 밀레토스 출신 헤타이라이자 팔라케인 아스파시아에게서 얻은 아들의 시민권을 얻기 위해 민회를 열어 눈물로 호소해야 했던 페리클레스(유재원, 『데모크라티아』, 308쪽)는 이러한 인접성이 어느 정도였는지 잘 보여 준다. 아스파시아는 페리클레스의 연설문 작성을 도와주기도 했고 지적인 능력과 언행으로 소크라테스의 칭찬을 받기도 했다. 동시에 페리클레스를 망쳐 놓은 음탕하고 역겨운 여자로 숱한 비난을 받았고 소크라테스에 대한 악평의 이유 중 하나가 되기도 했다. 페리클레스의 법적 아내가 된 후에도 이런 사정은 달라지지 않았다(베터니 휴즈, 『아테네의 변명』, 207~220쪽). 그러나

---

23 솔론은 "거리를 돌아다니는 여자는 누구든 창녀로 간주되어야 한다"고 정했다. 아테네의 연설가 히페리테스는 "여자를 만나는 사람들이 그녀에게 누구의 아내인지 묻는 대신 누구의 어머니인가를 물어볼 나이가 되어야 바깥출입을 할 수 있다"고 했다(베터니 휴즈, 『아테네의 변명』, 210쪽).

24 딸이 처녀성을 잃은 훼손된 상품일 때에는 아버지가 딸을 노예나 창녀로 파는 것도 합법이었다(같은 책).

그리스의 여성 가운데 이름이 알려진 사람은 대부분 헤타이라였다 (김복례, 『권력과 철학을 뒤흔든 매춘부 헤타이라』).

노예-아내의 인접성은 팔라케를 통상적 노예와 달리 아내처럼 대우하는 것을 뜻하지만, 동시에 아내를 노예-아내와 다르지 않게 대우할 가능성을 함축하기도 한다. 가장이 자신의 아내에 대해 노예와 유사한 방식의 소유권을 행사하게 된 것은 아내와 노예의 이러한 인접성과 무관하지 않을 것이다. 오이코스 안에서 아내와 노예의 모호한 연속성은 그들이 함께 속한 가족이 '노예무리'(famulus)로 간주되고 식솔들이 가내노예와 동일시되고, 집(domus)을 뜻하는 말이 '지배'(domination)의 어원이 된 것과 무관하지 않을 것이다. 가장 지위의 또 하나의 문턱이 이로써 출현한 것이다.

하지만 우리는 여기서 국가장치가 결정적 작용인이었음을 잊어서는 안 된다. 전쟁방식의 변화에 따른 폴리스의 경제화를 위해 모든 시민 가장들에게 조세와 군역을 책임지는 지위를 부여함으로써, 미래의 군대를 구성할 인적·물적 자원 생산의 장인 오이코스를 정치화했던 것도, 군역에 대한 보상으로 노예를 전리품으로 영유하게 했던 것도 모두 국가장치에 의해 이루어진 것이다. 요컨대 그리스에서 폴리스의 경제화와 오이코스의 정치화는 모든 가장들을 **국가장치의 연결고리**로 만든 것이다. 가정을 지배하고 소유하는 자로서의 지위와 정치에 참여할 자격은 그 연결고리를 책임지는 대가로 국가가 가장들에게 제공한 것이었다. 그리스적 데모크라티아란 이런 지위와 자격, 책임이 할당된 가장의 지위를 시민 전체로 확산하며 출현했던 것이다.

이는 사실 오이코스에서 인간과 비인간의 동맹이 생산하는 것을 영유하고 동맹관계를 지배하는 새로운 조건이다. 이렇게 가장들의 '폴리스'라는 국가장치가 오이코스를 포섭함에 따라, 생산의 장인 오이코스는 본격적인 착취와 수탈의 영역이 된다. 그리스적 오이코스는 아렌트 말처럼 생존의 필연성이 작동하는 자연적 장이 아니라 이처럼 국가장치인 '폴리스'에 의해 구성된 인위적 착취와 수탈의 장이다. 그런 점에서 오이코스와 폴리스의 엄격한 분할이란 이처럼 양자가 교차하며 만들어진 장치의 혼합성을 보지 못한 채 형식적 요건을 절대화한 오인의 산물일 뿐이다.

노예의 아내화와 아내의 노예화를 통해 구성된 이 경제적 수탈의 장은 미래의 병사를 뜻하는 아이의 생산을 위한 장인 동시에, 오이코스의 권력을 승계하고 가장의 권리를 물려받는 혈연적 장이기도 하다. 이렇게 혈연화된 시민권은 생명과 생식능력이 동맹/결연(alliance)을 통해 산출한 것을 오이코스의 영유자, 지배자로 귀속시키는 형식이 된다. 오이코스는 이제 가장의 혈연주의적 생식을 위해 성적 동맹자를 착취하는 장이 된다. 클리스테네스는 혈연관계로 맺어진 전통적 부족들의 체제를 '데모스'라 명명된 지역적 행정 단위로 재편하고, 이를 폴리스의 새로운 근간으로 삼았지만, 페리클레스는 외지 출신 아내들의 자식으로부터 시민권을 배제함으로써, 가장들의 수직적 혈연성에 배타적 내부성을 부여한다.

그러나 근친혼 금기의 '보편성'은 외부자와의 동맹 없이는 혈연적 재생산마저 불가능함을 역으로 보여 준다는 점에서 혈연에 대한 동맹의 우위를 함축한다. '토템'과 결부된, 인간들의 세계 어

지구의 철학

디서나 흔히 발견되는 동물과의 결연 신화는, 혈연과 대비되는 동맹자의 이질성을 표현한다. 혈연적 연속성은 매번 단절을 야기하며 발생하는 상이한 집단간 동맹의 이득을 수탈해 가장의 혈통 속으로 귀속시킴으로써 구성된다. 가부장제란 동맹자의 생식능력을 가장이라는 수탈자의 소유물로 귀속시키는 체제고, 그 능력의 산물 전체를 그 수탈자의 소유물로 영유하는 체제다. 가부장적 가족이란 동맹과 접속이 산출하는 모든 것을 '가부장'이라는 하나의 점으로 귀속시키고, 그 점들을 잇는 혈연적 연쇄의 권력 아래 복속시키는 수탈과 지배의 체제다.

생존을 위한 '자연적' 동맹의 장이었던 오이코스는 인간화된 착취와 가치화의 장이 된다. 이른바 정치의 그리스적 기원으로서의 '폴리스'란 생산의 장으로서의 오이코스를 가부장의 지배 아래 포섭하고 지배하며 유지하는 형식이며, 그렇게 지배하는 수탈자로서의 가부장들이 모여 지배하는 힘을 증폭시키고, 또 다른 외부를 향해 확장하기 위한 지배장치다. 오이코스와 분리된 폴리스에 대한 찬가는 이런 가부장적 수탈과 지배의 체제에 그리스라는 이름으로 이상화된 '정치'의 자리를 부여하는 것이란 점에서 정확하게 가부장주의적 '이데올로기'다. 이러한 오이코스의 착취는 이후 '자연'의 채굴, 식민지 수탈, 원주민의 수탈로 확장되어 간다.

폴리스는 정치의 기원이 아니라 기원의 정치가 지배와 착취의 장으로 변환된 역사의 문턱이다. 정치의 근원은 생존에 관한 모든 것이 의논이나 토론의 대상이 되는 일상의 장, 폴리스 이전의 오이코스에 있다. '인디언' 사회의 오이코스, 원시사회의 오이코스. 이러한 생존의 장은 인간 이전의 오이코스로 거슬러 올라간다. '자연'에 속한 것들과의 동맹과 대결의 장으로서의 오이코스. 거기서 발견하는 자연의 정치다. 그것이 바로 노스탤지어의 짙은 안개를 헤치며 기원을 향해 거슬러 올라가는 정치철학이 도달하게 되는 곳이다. 하지만 그리 가기 전에 먼저 역사의 운동을 따라 좀 더 내려가 볼 것이다. 오이코스가 경제가 되고 화폐와 자본의 지배 아래 복속되는 과정을.

제3장

허무주의 경제와 오이코노믹스

— 경제학에서 벗어나는 길은 없는가?

1. 오이코스와 화폐, 혹은 허무주의 경제

가정, 즉 오이코스는 가족을 초과한다. 원시적 '가족경제'에서의 가정은 가족이라는 구성원뿐 아니라 그것들이 기대어 사는 숲과 동물, 식물, 토지와 미생물 등과 하나의 공동체를 이룬다. 그리스 같은 노예제의 오이코스 또한 노예와 동물, 식물 그리고 자신의 토지와 공유지 등에 의해 구성되는 공동체다. 다른 종류의 경제에서도 마찬가지다. '가정관리술'(오이코노미쿠스)이란 푸코가 주목하듯 부부관계에서 절제의 훈련을 통해 '실존의 미학'과 '자아의 기술'을 가르치는 방법(미셸 푸코, 『성의 역사』 2)일 뿐 아니라 하나의 공동체로서 오이코스가 적절하게 작동하도록 관리하는 기술이다. 공동체적 삶의 기술이다. 이런 의미의 일반명사로서 오이코노믹스 또한 '제대로 된 기원'으로, 그 명칭을 처음 사용했던 크세노폰의 저작 이전으로 거슬러 올라가야 한다. 그것은 공동체로서의 오이코스가 존재하면서부터 말없이, 자연발생적으로 형성된 '에토스'(ethos)요, 그로부터 자라난 윤리학(ethics)이라 하겠다.

그런데 이 공동체 안에 화폐가 들어오고, 나아가 화폐가 지배적 힘을 갖게 될 때, 돌이키기 힘든 또 하나의 문턱이 만들어진다. 화폐가 사람들의 활동이나 생산의 결과를, 혹은 그런 능력을 계산하고 비교하는 척도가 되고, 그렇게 계산된 '부'의 극대화를 추구하게 될 때, '가정'으로서의 오이코스는 공동체가 아니라 그와 대립되는 의미의 '경제'가 되고, 오이코의 관리술은 그 경제의 관리술로서의 '경제학'이 된다. 「흥부전」은 화폐가 가정 안에 침투해 지배적 지위를 차지하게 될 때 발생하는 이러한 단절적 변화를 아주 잘 보여 준다. 화폐의 경제적 증식을 위해 가정은 해체되고, 가정을 통해 이루어지던 생존은 치명적 위협 앞에 내몰린다. 혈연의 힘으로 엮인 공동체조차 화폐의 힘 앞에서는 한없이 무력하다. 공동체를 구성하는 요소들도, 공동체를 원활하게 작동케 하던 요소들도 화폐에게 자리를 내주게 된다.

이런 점에서 화폐는 공동체의 적이다. 과거의 많은 공동체들이 화폐에 대해 적대적이었던 것은 이런 이유에서다.「흥부전」은 이러한 적대감을 극단적일 만큼 강하게 표명한다. 양반이 장사를 한다는 이유로 근대적 소설로 오해되는「허생전」또한 그렇다. 장사를 하고 돈을 부리면서도 허생은 돈에 대해 강한 반감을 표시하며, 자신이 섬에 만든 공동체를 떠나며 많은 돈을 바다에 버린다(이진경, 『파격의 고전』참조). 소크라테스의 입을 빌려 크세노폰이 용도와 무관한 재산에 대해 비판했던 것도(*Oeconomicus*), 아리스토텔레스의 제자들이 이재학(理財學)에 대해 명시적으로 비판하며 그것을 가정관리술과 대립시켰던 것(*Oeconomica*)도 동일한 이유에서 이해할 수 있을 것이다.

현재의 화폐를 통해 과거를 해석하는 흔한 오해와 달리 화폐는 물물교환의 발전과정에서 자연스레 나타나는 교환수단이 아니다. 오히려 최초의 화폐는 교환수단이 아니라 지불수단이었다. 왕에게 바치는 조공이나 수장에게 보내는 증여물, 신부의 지참금, 살인자나 범죄자가 물어야 하는 벌금이나 속죄금 등에 사용되는 수단이 그것이다(막스 베버, 『사회경제사』, 253쪽). 많은 '원시사회'의

예들에서 보이듯이, 이러한 화폐는 교환수단인 화폐와 교환되지 않는다. 사물의 가치를 재는 가치척도도 되지 않는다.

베버는 "일반적 교환수단으로서 화폐의 기능은 대외교역에서 시작된 것"임을 강조한다(앞의 책, 255쪽). 여기서 교역은 무엇보다 우선 대외적 증여였다. "두 나라 사이의 평화 상태는 양국의 지배자 간에 항상 증여가 행해지는 것을 전제로 한다. 이것은 곧 상업적 성질을 가진 추장교역이며, 추장상업은 이로부터 발달했다. 증여가 단절된다는 것은 전쟁을 의미했다"(255쪽). 그렇기에 이런 교역은 교환의 형식을 취할 때조차 '덤'을 통해 상대를 만족시키는 증여적 성격을 갖고 있었다(살린즈, 『석기시대의 경제학』, 367~369쪽). 지불수단으로서 화폐가 교환수단의 성격을 갖게 되는 것은 바로 이 지점에서다. 이로써 교환수단이라는 성격과 지불수단이라는 성격은 교착되고 공존하게 된다. 그런 경우에도 화폐는 공동체 안에서 항상 불편함을 야기하는 것이었고, 그래서 언제나 '더럽고 해로운 것', '위험한 것'으로 간주되었으며, 공동체 바깥에 있는 외부자들에 의해 취급되는 경우가 많았다. 은행을 뜻하는 뱅크(bank)가 오이코스를 갖지 못한 그리스의 자유노예들이나 외국인들이 앉아서 돈을 거래하던 '벤치'[독일어에서는 은행과 똑같이 '방크'(Bank)다]를 어원으로 한다는 것은 잘 알려진 사실이다.

경제가 오이코스-공동체와 분리된 독자적 장이 되는 것은 화폐와 더불어 시작되는 게 아니라 화폐가 교환수단으로 보편화되고 사물 내지 상품들의 가치를 재는 척도로서 자리 잡게 될 때 발생한다. 화폐가 보편적 교환수단이 되면, 이제 상품은 자신의 가치를 화폐의 양을 통해 표현해야 한다. 사물이나 상품의 가치란 애초에는 질적인 것('사용가치')이지만, 화폐의 양을 통해 표현되는 순간 양적인 것('교환가치')이 되고, 양에 의해 다른 것과 비교된다. 애초에 상품은 가치를 표현하는 주어이고, 화폐는 그 가치를 재현하는(represent) 수단이지만, 인민의 의지를 재현하는 자리에 앉은 자가 '대표'(representative)로서 권력을 갖게 되는 것과 동일한 반전이 여기서도 발생한다. 화폐로 재현될 수 없는, 다시 말해 화폐와 교환될 수 없는 상품은 아무런 가치를 갖지 못한 것이 되기 때문이다. 가령 어머니가 자식을 위해 만들어 준 예쁜 장갑도 화폐와 교환될 수 없다면 아무런 '가치'를 갖지 못한다. 아무리 정서적 가치가 크더라도 아무런 경제적 가치를 갖지 못한다. 물은 누가 화폐와 바꿔 주지 않는 한 아무런 가치도 갖지 않지만, 화폐와 교환되기 시작하면 지불되는 액수만큼의 가치를 갖는다. 나무도, 숲도, 흙도 그렇다. 이산화탄소 또한 돈을 받고 '거래'되기 시작하면, 그것만큼의 경제적 가치를 갖는다.

이제는 어떠한 것도 자신의 가치를 표현하기 위해서는, 아니 어떤 생산물이 가치를 갖는 상품이 되기 위해서는 화폐와 등가관계를 취해야 한다. 화폐가 보편적 척도가 된 세상에서 화폐는 모든 것들에 가치라는 이름의 생존권을 부여하는 군주고, 자신을 믿고 따르는 사물들에게 객관적 가치의 징표를 제공하는 심판관이다. 또한 그것은 금빛으로 빛나는 가치의 표상을 통해 사물들을 상품세계로 유인하는 유혹자고, 가치라는 창살로 사물들을 가두는 간수(看守)다. 화폐는 생산물에 상품성을 부여하고 그것이 상품으로서,

상품세계 안에 존재할 수 있게 해주는 외적 초월자다. 정확하게 이런 의미에서 신학적 세계에서의 초월적 신과 동형적 자리를 차지하고 있다. 화폐는 물이나 흙덩어리에도 황금빛 가치의 숨을 불어넣어 상품으로 만드는, 상품세계의 창조주다. "이와 같이 사실상 화폐는 개별적인 것을 초월하는 고양된 지위를 나타내고, 그 지위의 전능성에 신앙을 부여해 준다. 이 신앙은 지고의 원칙(신)에 대한 신앙과 유사한 것이다"(게오르그 짐멜, 『돈의 철학』, 304쪽).

화폐는 상품들이 욕망하는 오직 하나의 대상이요 욕망의 유일한 기표다. 라캉식으로 말하면, 화폐는 상품들의 '남근'(phallus)이다. 화폐는 생산물의 질적인 '가치'(the valuable)들의 초월적 피안(彼岸)이고, 그것들이 언제나 도달하길 꿈꾸지만 결코 도달할 수 없는 상품들의 유토피아요 가치들의 이데아다. 시간이 지나도 소모되지 않고, 경쟁자가 생겨도 감소하지 않는 영원한 피안이다. 그것과 대비되는 이 현세적 차안(此岸)의 상품들은 언제나 피안에 도달하길 꿈꾸며 그 이상향과의 대비 속에서 자신의 현세적 가변성을 안타까워하고 화폐와 교환될 수 있을 것인지 항상 불안해하는 불완전한 존재자들이다. 현세적 차안의 가치와 능력이 부정되고 피안의 초월적 가치와 능력이 찬양되는 이 이원적 세계에서. 니체라면 차안의 초월적 가치에 비추어 현세적 가치를 비하하고 부정하는 허무주의(nihilism, 『도덕의 계보』)를 발견할 것이다. 화폐를 통해서만 자신의 가치를 표현하고, 화폐와 교환될 때에만 그 가치의 현실성을 인정받는 이 세계에서 화폐화될 수 없는 모든 것은 그 가치를 부정당하고, '무'(nihil)를 향해 난 길로 떠밀려 간다. **화폐화될 수 없는 모든**

가치의 부정으로서, 피안의 초월적 가치에 대한 선망과 찬양으로서 **부정적 허무주의**가 만드는 세계다. 돈 되는 것만, 돈 되는 만큼만 가치가 있는 세계가 금빛으로 번쩍이는 허무주의의 밝은 빛 아래에서 탄생한다.

서구의 질투심 많은 신(클로드 레비스트로스, 『슬픈 열대』)이 그러하듯이, 화폐 또한 자신을 따르지 않는 모든 것에 죽음이라는 판결을 내린다. 예컨대 파종되는 씨앗이나 재배되는 과일들은 오직 화폐화될 수 있는 능력을 기준으로, 쉽게 말해 얼마나 '돈이 되는가'를 기준으로 '선택'되고 '도태'된다. 돈 되는 것은 화폐-신의 가호 아래 번성하게 되지만, 그렇지 못한 것은 대지로부터 쫓겨나 멸종의 길로 밀려간다. 돈 안 되는 작물이나 품종들은 모두 뿌리 뽑혀 사라지고 돈 되는 작물과 품종으로 단일화되어 간다. 지구상에 식물이 사는 토지의 태반을 벼와 밀, 옥수수가 차지하게 된 것은 바로 이 때문이다. 수많은 사과 가운데 후지 등 돈 되는 품종 한둘만 남고 대부분이 사라져 간 것도 이 때문이다. 인도네시아의 숲을 팜유를 제공하는 야자나무들이 아주 빠르게 먹어치운 것도 이 때문이다. 덕분에 그 숲에 살던 동물들도 도태의 길을 함께 가게 된다.

화폐는 이처럼 **'자연적 도태'**라는 생물학적 진화의 법칙을 **'경제적 도태'**의 법칙으로 바꾸어 놓는다. 연구자들이 생산하는 지식 역시 화폐가 인도하는 경제적 도태의 길을 따라 간다. 화폐가 가동시키는 허무주의는 돈 되는 것으로 모든 것을 평정하고 통일한다. 따라서 허무주의는 단지 가치를 평가하는 주관에 속하는 것일 뿐 아니라 현실적 실존을 물리적으로 부정하는 객관적인 것이다. 그것은 단지 피안을 동경하는 영혼을 파먹을 뿐 아니라 대지와 사물을 바꾸어 놓는 손발에 파고든다. '주의'라는 말을 사용하지만, 그 경우에도 허무주의라는 말은 현실에 없는 이념인 공산'주의'보다는 명시적 이념 없이도 작동하는 현실인 자본'주의'와 훨씬 더 가까이 있다. 화폐의 허무주의는 **이념이라기보다는 경제다.** 자연법칙을 대신해 자연을 지배하는 경제법칙의 장이고, 생명의 힘을 대신한 화폐의 권력이 지배하는 체제다. 가치 있는(valuable) 모든 것에 대해 화폐적 가치로 반응하고 가치를 잴 수 없는(invaluable) 것을 가치 없는 것으로 만들며 소멸의 무덤으로 몰고 가는 경제적 메커니즘이다(이진경, 『미-래의 맑스주의』 4장 참조).

화폐에 함축된 경제적 허무주의가 현실적 경제체제로 현행화되는 것은 **가격기제가 작동하는 시장,** 즉 수요와 공급의 변동에 따라 가격이 결정되는 시장을 통해서다. 이는 근대적 형태의 시장인데, 시골장으로 표상되는 국지적이고 일시적이며 제한적인 시장이나 원격지 교역을 통해 작동하는 중세도시의 시장과는 달리 가격변동에 따른 이동 가능성이 확보된 시장을 뜻한다. 이러한 시장은 도시의 벽을 넘어 시장이 전국화되는 영토국가에서 출현한 바 있다. 이는 결코 자연스레 출현한 것이 아니라 도시국가를 무력화시키고 전국에 도로망을 깔며 시장이 작동하도록 개입하는 국가를 통해 이루어진 것이다. '중상주의'는 이를 직접적 목표로 설정했던 절대주의 국가의 통치술이었다(칼 폴라니, 『거대한 전환』). 물론 이는 아직 시장을 위한 준비과정이었다고 해야 한다. 가격기제가 작동하는 시장을 위해서는 많은 것이 더 필요했다. 스미스가 말하는 '보이지 않는 손'은 이러한 종류의 시장이 자리 잡기 시작하면서, 초월적 신을 대신해 작동하게 된 새로운 초월자의 징표다. 시장이란 화폐의 초월적 권력이 경제적 필연성의 형식으로 작동하는 권력의 메커니즘이다. 이러한 시장은 역으로 화폐의 초월적 위상과 통합적 기능을 전제한다. 이러한 화폐는 국가라는 또 다른 초월자에 의해 발행되고 보증된다. 국가는 그 화폐를 통해 경제의 새로운 주역으로 등장한다.

2. 화폐가 오이코스를 장악할 때

화폐가 지배하는 삶의 장으로서의 '경제'는 이런 점에서 동물, 식물, 사물과 인간이 적대적 섭식이나 협조적 동맹으로 서로 기대어 생존하는 공동체로서의 '오이코스'와 충분히 대비된다. 자본주의는 이러한 화폐의 권력이 노동으로 생산한 상품뿐 아니라 노동하는 생산자의 신체와 영혼에까지 확장된 경제체제다. 화폐에 함축된 허무주의적 부정의 권력이 생존의 장 그 자체로까지 확장한 경제체제다.

　자본주의란 상품이 된 노동력의 흐름과 화폐가 된 부의 흐름이 합류하는 지점에서 출현한다. 알다시피 인간의 활동은 그 자체로 화폐와 교환 가능한 상품이 아니다. 노예처럼 강제로 노동하게 할 수야 있지만, 그 경우에도 그것은 상품이 아니며 화폐에 의해 계산되는 대상이 될 수 없다. 중세 유럽의 농노들은 토지와 운명을 같이해야 하는 존재여서, 다른 직업을 갖는 것도, 토지를 벗어나 이동하는 것도, 운명을 바꿀 결단 없이는 쉽지 않았다. 노동력이 상품화되려면 전 사회적 차원에서 대대적인 특별한 조치가 행해져야 한다. 그것은 생산자들과 생산수단을 분리하고, 생존 수단을 박탈해 결핍을 일반화하는 것이다. 함께 생존을 같이하던 공동체가 해체되어 각자의 생존은 각자의 손에 달린 것이 되어야 한다. 이른바 '인클로저'(enclosure)라고 불리는 처참한 사건이 생존과 생산의 장인 공동체를 해체하고 공유지를 사유화했던 그것이다. 일을 하기 위해서는, 아니 먹고살기 위해서는 누군가에게 자신을 사 달라고, 자신의 활동 능력을 구매해 달라고 매달려야 하는 체제가 그로부터 출현한다.

인클로저란 인간이 토지와 숲, 식물, 동물 등과 동맹하거나 전쟁을 하는 방식으로 관계를 맺으며 생존하고 생활하던 오이코스의 결정적 해체를 뜻한다. 토지와 인간의 분리, '자연'과 인간의 분리라고 요약될 수도 있을 이러한 해체는, 자연에 기대어 일하고 생존할 수 있는 조건 전체의 박탈을 뜻하는 것이었다. 자연과 동맹해 생존하는 생존방식을 파괴해, 자연을 잉여의 생산을 위한 채굴/착취 대상으로 만들고, 인간을 채굴자의 수족이 되게 만드는 것이었다. 이 인클로저로 인해 걸식을 해야 하는 거대한 부랑자 무리들이 생겨났고, 이를 저지하기 위해 부랑의 대가로 목숨을 요구하는 잔혹한 법―'빈민법'―들이 생겨났다(마르크스, 『자본론』 1).

이는 자본주의의 '개척자'들이 식민지에서 했던 것이기도 하다. 칼 폴라니에 따르면, '노동'하지 않으려는 아프리카 식민지의 흑인들을 '노동'하게 하기 위해 식민주의자들은 빵나무를 베어 버리고 공유지를 매입 내지 몰수함으로써(『거대한 전환』) 자연적인 생존의 터전을 파괴했다. 이처럼 생존의 오이코스를 파괴함으로써 인간은 자신의 노동력을 팔아 고용자의 요구대로 노동함으로써만 생존할 수 없는 새로운 경제체제가 출현한다. **허무주의적 경제체제로서의 자본주의**는 처음부터 생존의 조건을 파괴하는 이 폭력적 허무주의를 통해서 탄생한 것이다.

오이코스가 경제로 대체된다는 말은 이처럼 끔찍한 파괴의 역사를 감추고 있다. 그러나 아무리 모든 것을 화폐화하고 모든 것을 좀 더 많은 잉여를 위해 복속시키는 체제라 해도, 이러한 파괴만으로 생산의 경제가 가동될 수는 없다. 생산이 가능하려면 생산수단과 생산자가 어떤 방식으로든 결합되어 함께 움직이지 않으면 안된다. 이전에 공동체-오이코스가 이러한 결합의 장을 제공했다면, 자본주의는 이를 화폐로, 정확히는 화폐 형태의 자본으로 대체한다. 마르크스는 이를 다음과 같은 간단한 도식으로 명확하게 설명한다.

여기서 A는 노동력(Arbeitkraft), Pm은 생산수단(Produktionsmittel), G는 화폐(Geld)를 뜻한다. 화폐를 통해 생산수단과 노동력이 결합한다는 뜻이다. 다시 말하면 화폐로 생산수단과 노동력을 구매해 결합시킨다는 말이다. 그런데 여기서 G를 공동체(Gemeinde)로 바꾸어 읽으면, 자본주의 이전에 공동체에 의해 노동력과 생산수단이 결합되어 생산하던 체제의 도식이 된다. 공동체 안에서 공동체에 의해 생산수단과 노동력이 결합된 체제. 따라서 이전의 생산체제로부터 자본주의 체제로의 변화란 생산자와 생산수단을 결합하던 공동체가 화폐로 대체된 것이었다고 말할 수 있다. 끔찍한 폭력과 파괴를 통해 이루어진 인클로저란 공동체를 해체해 생산자와 생산수단을 분리한 것이었으며, 자본주의란 그렇게 분리된 두 요소를 화폐를 통해 다시 결합시키는 체제라는 것이다. 이는 역으로 **공동체가 화폐로 대체될 때** 얼마나 처참한 일들이 벌어지는지를 뜻한다.

이는 자본주의가 화폐에 함축된 허무주의적 경제체제를 극대치로 완성한다는 사실을 명확히 보여 주는 것이기도 하다. 이 완성된 허무주의 경제체제 안에서 화폐화의 그림자로 작동하는 파괴와 소멸의 권력은 이제 노동능력 자체에 대해 작동한다. 다른 상품들과 마찬가지로 화폐화될 수 있는 활동만이 노동으로 정의되고, 생산할 수 있는 능력으로 존재할 수 있게 된다. 반대로 화폐화될 수 없는 능력은 가치가 없는 능력, 무능력이 된다. 그것은 화폐가 지배하는 세계에서는 허용되지 않는 무능력이다. 이는 이내 죽음으로, 소멸의 길로 밀려간다.

자본주의에서 경제적 허무주의는 자본 자신을 향해 파괴적 힘을 작동시키기도 한다. 이는 한편으로는 자본의 대행자(agent)인 자본가 자신을 향해서 작동하고, 다른 한편으로는 자본 자체를 파괴하는 자살적 힘의 양상으로 작동한다. 첫째, 마르크스의 정의대로 자본의 축적은 자본이 획득한 잉여가치가 자본으로 변환되는 것이다. 즉 잉여노동이 가치의 형태로 자본으로 포획되는 과정이 바로 축적과정이다. 따라서 축적이란 노동자의 현세적 활동이 화폐의 초월적 권력을 증식시키는 과정이고, 그에 따라 화폐적 권력의 어찌해 볼 수 없는 초월성이 증대되는 과정이다. 이 권력은 자본가 자신을 장악하여 지배한다. 마르크스 말대로 자본가란 "자본의 담지자", 자본의 에이전트이기 때문이다. 축적에 의해 자본의 규모가 커짐에 따라 자본가 자신을 지배하는 권력 또한 증가한다. 자본의 증식을 위해, 돈 되지 않는 모든 것에 죽음을 선언하는 피할 길 없는 운명이 더욱 강한 힘으로 자본가 자신을 지배한다. 돈 안 되는 행위를 자본가 자신에게서 몰아내고, 증식 이외의 관심을 자본가의 삶으로부터 구축한다. 돈이라는 신을 위한 허무주의적 사제의 길이 축적의 정도에 비례해 확장된다. 이웃이 어떻고, 인간이 어떻고, 자연이 어떻고, 기후가 어떻고 하는 것은, 그것이 돈이 되는 일이 아닌 한 자본가의 시야에서 사라진다. 돈이 드는 일이라면, 보여도 눈을 감는다.

둘째, 자본 자신을 파괴하는 경제적 허무주의의 폭력이 확연하게 드러나는 계기는 '공황'(Krise)이라는 현상이다. 마르크스도 당대의 다른 경제학자나 자본가들도, 한쪽에는 팔리지 않은 상품이 창고에 쌓여 있고, 그래서 그것을 파괴하거나 내다 버리는 방식으로 처분하지만, 다른 한쪽에는 해고되어 먹을 것을 구하지 못하는 인민들이 급속히 집적되는 고전적 형태의 공황처럼 자본주의의 모순과 참상을 잘 보여 주는 것은 없다고 믿었다. 그것을 야기한 구체적 이유가 무엇이든 간에, 공황은 화폐에 대한 욕망에 추동되어 만들어졌지만 그 가치를 승인받지 못한 상품들, 즉 화폐와 교환되지 못한 생산물이 무효화되는 과정(Entwertungsprozeß, 탈가치화 과정)이고, 그에 따라 그 상품들의 가치가 잠식되는 파괴적 과정이다. 자본이 잠식되고 자본가가 파멸되는 폭력적 과정이다. 여기서 파괴나 폭력은 결코 은유가 아니다. 탈가치화는 고전적 사례들의 경우 실제로 상품들이 버려지고 파괴되는 방식으로 진행되었고, 다양한 조정의 기술이 사용되는 지금의 경우라면 개별 상품들의 가치가 잠식되고 감소되는 방식으로 진행되는 실제적 파괴의 과정이기 때문이다. 그것은 한마디로 말해 가치법칙이 생산 활동 자체에 반작용하는 소급적 과정이며, 그런 만큼 초월적인 화폐적 가치가 잠재적 가치의 세계에 관여해 조정하고 통제하는 과정이다.

3. 경제학과 생태학: 오이코스의 사생아들

생산의 장이면서 생존을 위한 정치적 결정의 장으로서 오이코스는 그 자체로 하나의 공동체였다. 하지만 단지 '가정'이란 말 그대로 가족적 공동체를 뜻하는 것은 아니었다. 그것이 '가정'이라는 말을 갖게 된 것은, 인간이 '가족'이라 불리는 무리를 이루어 식물과 동물, 토지와 미생물 등과 동맹하거나 싸우면서 삶을 영위하는 장이었기 때문이다. 지불수단은 물론 교환수단으로서의 화폐가 출현했을 때에도 오이코스는 여전히 생존의 공동체로서 지속되었다. 교환수단인 화폐가 모든 것과 교환될 수는 없었고, 그런 화폐의 힘이 확대되는 데 대한 윤리적 비판과 사회적 조치들이 가동되었다. 그 이전에 포틀래치처럼 자연발생적 잉여를 파괴하고 탕진하는 인위적 조치들이 주기적으로 실행되기도 했다. 유럽의 중세도시에서는 아이러니하게도 자신들의 부를 위해 시장의 확대를 성벽으로 막기도 했다. 결정적인 것은 인클로저와 전국적 시장을 통해 화폐화된 부의 흐름과 상품화된 노동력의 흐름이 합류하는 것이었다. 토지와 생산자는 분리되고, 자연과 인간은 화폐의 권력 아래 포섭되어 잉여의 생산 그 자체를 목적으로 하는 허무주의의 경제 속으로 말려들어갔다.

이제 오이코스는 생산과 분리된 생존의 장으로서 매인 조그만 '가정'이 되었고, 생산과 교환, 분배와 소비는 '경제'라는 이름의 새로운 장을 형성하게 되었다. 여기서 오이코스-공동체의 관리술이라 해야 할 '오이코노미코스'는 경제화의 논리로 단일화된 지식과 거기서 제외된 자연적 생존의 장을 다루는 지식으로 분열된다. 오이코스라는 어원을 공유하는 경제학(economics)과 생태학(ecology)이 그것이다. 에른스트 헤켈이 경제학의 어원인 오이코스를 이용해 생태학이란 말을 제안했을 때 많은 이들은 새로운 단어 대신에 '자연의 경제'라는 오래된 말을 선호했다. 또한 헤켈 자신도 "자연의 경제에 대한 지식"이란 말로 생태학을 정의하려 한 적이 있다(도널드 워스터, 『생태학, 그 열림과 닫힘의 역사』, 245쪽). 이를 고려하면 이 두 지식은 '인간의 경제'와 '자연의 경제'라고 대비할 수도 있을 것이다. 그러니 역으로 오이코스의 해체는 '인간과 자연의 분열'이라는 통념으로 표현해도 좋을 듯하다.

하지만 경제학과 생태학은 동시에 탄생하지 않았다. 대략 17세기경이면 확실한 형상을 얻게 되는 경제학에 비해 생태학은 그로부터 200년 정도가 지난 19세기 후반에 태어난다. 전자가 화폐와 자본의 지배가 시작된 시기, 인간의 경제가 정치의 중요한 사안이 된 시기에 태어났다면, 후자는 그로 인해 자연이 방치할 수 없는 위기에 처해 있음이 가시화되면서 태어난 것이다. 전자가 오이코스가 화폐-왕에 의해 겁탈당해 낳은 자식이라면, 후자는 착취되고 망가진 자연에 대한 위기감이 오이코스의 모태에 들어가 태어난 늦둥이 자식이다. 그래도 경제학과 생태학은 오이코스가 해체된 곳에서 태어난 두 자식이다. 다른 아비를 갖고 다른 시기에 태어났기에 서로가 형제인 줄도 모르는 사생아들이다.

경제학은 경제가 작동하는 방식을 공리계화해 수학적 정합성의 형식을 부여함으로써 하나의 '과학'이 된다. 경제학은 모든 것이 화폐에 의해 계산 가능한 것이 된 세계를 당연한 것으로 전제함으로써 그와 다른 세계의 가능성 자체를 시야에서 지워 버리는 '이데올로기'다. 여기서 특정 경제학이 아니라 **경제학 자체가** 이데올로기임을 강조해야 한다. 경제학은 화폐적 가치화를 생존과 사유의 전제로 삼음으로써 화폐의 권력이 작동하는 양상을 이런저런 '법칙'의 형태로 제시하는 과학적 이데올로기다. 또한 생존과 생산을 경제적 가치화의 공리계 작동 아래 복속시키는 '담론'(discours)이다. 경제학이 단지 하나의 분과적 지식이 아니라 '담론'인 것은, 그것이 상황과 조건에 따라 공리들을 바꾸고 상이한 변수와 함수관계를 통해 재구성되거나 변형되는 지식들의 모호한 집합(fuzzy set)이기 때문이다. 각각의 경제학적 지식은 수학적 형식과 정합성을 추구하지만, 경제학적 담론 안에는 다른 가정과 상충되는 결론을 갖는 상이한 경제학들이 뒤섞여 공존한다. 사실 경제학은 하나의 담론일 뿐아니라 일종의 망탈리테(mentalité)라고 해야 한다. 경제학을 직접 다루는 이들만이 아니라 관료나 정치인, 기업가나 기자, 나아가 집을 사고 싶은 주부, 직업을 선택하려는 학생, 상품을 구매하는 대중 등 대부분의 사람들이 세상을 보는 방식 자체가 되었기 때문이다.

오이코스를 어원으로 만들어진 또 하나의 담론인 생태학/생태주의는, 이와 반대로 개발과 착취에 의해 파괴된 자연과의 동맹 시도 속에서 탄생했다. 그것이 **보호와 보존**을 가장 일차적 성분으로 갖는 것은 이런 이유에서다. 그러니 생태주의가 초기에 보수주의 색채를 가졌던 것은 어쩌면 자연스러운 것이다. 그래서 혹자는 생태주의를 가장 먼저 정치 이념으로 삼았던 것은 자연의 공동체와 국가적 공동체의 보호를 내걸었던 나치즘이었다고 지적하기도 한다(자넷 빌·피터 스타우든마이어, 『에코파시즘』). 그러나 헤켈이 보수주의자인지는 확실하지 않으며,[25] 헨리 소로처럼 생태학이란 단어를 사용하진 않았던 생태주의자들도 이미 있었다는 것(『월든』), 그리고 생태주의적 사상에는 나치즘과 동일시할 수 없는 상이하고 이질적인 기원들이 있었음(도널드 워스터, 『생태학, 그 열림과 닫힘의 역사』; 안나 브람웰, 『생태학의 역사』)을 잊는다면 생태학에 대한 대

---

25 안나 브람웰은 반대로 헤켈이 진보적 유물론자였다고 주장한다(『생태학의 역사』).

단히 일면적인 평가에 갇히게 될 것이다. 어쨌든 생태주의를 통해 우리는 인간의 눈에서 벗어나 대지의 눈으로, 경제의 눈에서 벗어나 '자연'의 눈으로 세계를 보게 되었음은 분명한 사실이다. 나치즘은 그러한 시야에다 오이코스로 오해된 **'피'(혈통!)**의 격자를 끼워 넣고, 그러한 눈을 '대지'로 오해된 **영토('조국'!)**의 장막으로 가려버린 것이었다고 하겠다.

생태주의란 말에서 흔히 표상하듯 생명체들의 공존의 장인 '자연'이 상이한 생명체가 서로 기대어 사는 전체임은 분명하지만, **조화와 협력**이란 개념으로 채색된 전체로서의 자연은, 적대와 투쟁으로 채색된 자연만큼이나 공상적인 것이다. 개발과 채굴의 오이코스나 경작과 목축의 오이코스는 물론 수렵·채취민의 오이코스조차, 인간이 관여된 것인 한 '자연적인' 것 이상으로 **인공적**이다. 수렵·채취민이 불을 이용해 자연경관을 자신의 생존에 유리하게 바꾼다는 사실은 이를 단적으로 보여 준다.

인간이 생존의 목적을 벗어나 잉여를 목적으로 생산을 시작한 순간, 오이코스는 인간이 인간과 인간 아닌 것 모두를 착취하는 장이 된다. 본격적인 농경이나 목축이 그와 상응한다는 것을 우리는 안다. 농경이나 목축에서 표상되는 '자연적인' 풍경은 도시와 공장이 전면화된 풍경과 대비되며 불려 나온 음각화일 뿐이다. 물론 그것은 동시에 인간과 동식물, 인간과 인간의 새로운 동맹이 이루어지는 장이기도 하다. 대지의 반 가까이를 벼와 밀, 옥수수가 차지하고, 생존하는 동물의 대부분을 소, 돼지, 닭이 차지하게 된 지금 이 진화의 장에서, 그리하여 인간들의 인공적인 '경제법칙'이 '자연법칙'을 초과해 버린 이 세계에서 그 인공성이 삭제된 자연의 생태학이란 불가능하거나 무의미하다. 이런 의미에서 생태주의도, 생태학도 '탈자연화'되어야 한다. 인공적인 것들, 기계적인 것들과 동맹해 파괴된 생태계의 순환능력을 재창조해야 한다.

그러나 이보다 더 중요한 것은 지금의 주류 생태학이 흔한 생각만큼 '자연주의적'이지 않으며, 차라리 반대쪽 태생인 경제학에 훨씬 가까이 있음을 보는 것이다. 생태학의 역사에서 가장 먼저 이러한 분기점을 만든 것은 찰스 엘튼(Charles Elton)의 『동물생태학』(1927)이다. 그는 여기서 '상호적 공생의 공동체'를 생산자와 소비자, 2차 소비자 등의 '선형적 먹이사슬'로 대체하고, 동맹과 투쟁이 공존하는 생존의 장을 '경쟁적 배타성'을 원리로 하는 적소(niche) 개념으로 바꾸었다. 이러한 경쟁 개념은 다윈의 진화론 덕분에 생물학적 자연법칙으로 간주되지만, 알다시피 자연에는 경쟁만큼이나 협조와 공생이 보편적이다. 문제는 경쟁이냐 공생이냐를 배타적 선택지로 간주하는 단순한 사고방식이다. 다윈의 이름으로 쉽게 가정되는 이런 경쟁이나 투쟁 개념은 사실 맬서스와 스펜서 등 19세기에 유행하던 이들에게서 연유한 것이다. 이를 확인하려면 그들을 인용하며 적자생존을 말하는 『종의 기원』 3장을 보는 것으로 충분하다. 즉 경쟁적 배타성이란 식의 관념은 모두 화폐-왕의 에이전트('오이코노모스')인 **시장의 경제학에서** 온 것이다. 이런 개념을 기반으로 각각의 종들이 최적의 먹이 크기를 갖는다는 '법칙'을 원리로 삼아 먹이사슬의 구조를 포착하는 '생물경제학'의 시작되었고, 이것이 이른바 '과학적 생태학'의 문을 열었다. 생태학이 **과학**이 된 것은 그것이 **경제학화**됨으로써 시작된 것이다.

하지만 생태학적 현상을 경제학화하려면 그 현상을 **계산**할 수 있도록 해줄 또 하나의 고리가 필요했다. 아서 탠슬리(A. G. Tanslry)가 열역학적 물리학을 통해 그 두 번째 문을 열었다. 그는 유기적 전체를 뜻하는 '공동체'라는 개념을 물리적 시스템(sysrem) 개념으로 대체하고, 그 안에서의 관계를 물질과 에너지의 교환으로 규정했다. 이로써 그는 생태학을 물리학적 성분으로 환원하는 길을 열었다. 다른 한편 그는 자연을 **"착취 가능한 물질 원료들의 저장고로 보는 관점"**을 수립함으로써 생태학을 명시적으로 자연 착취의 경제학으로 바꾸어 놓았다. 물질과 에너지라는 물리학적 개념들과 자원들의 저장고라는 경제학적 개념들의 결합을 통해 이제 생태학은 '과학적' 계산을 추구하는 강한 과학(hard science)의 형식 요건을 갖추게 된다(도널드 워스터, 『생태학, 그 열림과 닫힘의 역사』, 365~379쪽). 다음으로 레이몬드 린더만(R. Linderman)은 생태계에서 발생하는 생물학적 사건들을 에너지의 변환과 이용의 생산성을 계산해 '생태적 **효용성**'을 측정하고자 했는데, 이로써 효율성과 생산성이라는 경제학적 공리주의(utalitarianism)는 생태학의 중심에 자리 잡게 된다.

생기론 내지 유기체론적 자연을 물리적 자연으로 대체하려는 이런 발상이 기대고 있는 것은 효율성의 공리주의 아래 모든 것을 복속시키는 경제학적 계산이다. 이러한 생태학은 이름과 달리 결코 생태적이지 않다. '과학적' 생태학이란 **경제학에 의해 식민화된 생태학**이다. 그래도 '개발'이나 정책이 환경에 미치는 효과를 계산할 때, 개발이익의 경제학과 대립하지 않는가 하겠지만, 이는 '환경'

내지 자연에 발생하는 손상을 개발비용으로 계산함으로써 개발의 경제학 안으로 포섭하는 것임을 잊을 때나 가능한 말이다. 이러한 계산은 자연의 파괴에 대한 비판마저 경제학적 계산 안으로 내부화한다. 물론 산정되는 비용이 증가하기에 개발 속도를 지연시키거나 중단시키기도 한다 하겠지만, 그 또한 경제학적 개발을 좀 더 많은 비용으로 정당화해 준다는 대가를 지불하고 얻는 것이다. 생태학은 그처럼 약간의 감속장치로서, 경제학의 논리가 '폴리스'를 설득하고 지배하는 세계 안에 있는 것이다. 그렇다면 생태학에 정말 긴요한 것은, 그것을 잠식해 지배하고 있는 경제학적 영혼으로부터 해방되는 것 아닐까?

우리가 좀 더 멀리 거슬러 올라가는 길을 택했다면, 여기서도 생태학을 경제학화한 길을 역으로 거슬러 올라가 보는 것이 좋겠다. 그러면 거기에 경제학을 생태학화하는 길이 먼저 나타날 것이다. 환경경제학 같은 것이 아마도 그 길을 따라간 경우라 하겠다. 하지만 경제학이 효율성과 생산성이라는 경제적 계산에서 벗어나지 않는 한, 그러한 경제학은 생태학적 손상이나 위험을 지불해야 할 비용의 일종으로 환원하기를 멈추지 못할 것이다. 화폐-왕의 지배는 여전히 계속되고 있는 것이다. 정말 필요한 것은 이 화폐라는 왕의 지배에서 벗어나는 것이다. 무엇보다 우선 **경제학 자체가 경제학에서 벗어나는** 길, 경제학의 계산이 비용과 이득의 계산과 화폐적 가치화라는 완고한 틀에서 이탈하는 길은 없는가 묻는 것이다. 효율성, 생산성의 계산조차 비용으로 투여되는 화폐가 아니라 착취되는 자연에 대해서 계산하는 방법은 없는가 묻는 것이다. 경제학에 반하는 경제학, 화폐-왕의 경제에서 이탈한 경제학을 상상하는 것이다.

이를 위해서는 경제학적 사고의 프레임을 짜는 전제들을 확인하고 그로부터 자명성의 환영을 털어 내야 한다. '공리'란 자명한 것이 아니라 가정된 것임이, 따라서 얼마든지 바꿀 수 있는 것임이 드러났을 때, 기하학이 유클리드 기하학의 협소한 영토를 벗어나 지구로, 우주로, 나아가 부재(不在)하는 세계로 확장되어 갔던 근대 수학의 역사는 이러한 의문과 상상에 힘을 실어 준다. 해방되어야 하는 것은 기하학만이 아닌 것이다.

4. 경제학의 공리들

모든 경제학은 화폐-왕의 지배를 당연한 전제로 받아들이고 여기에 자본주의의 암묵적 전제를 이루는 규칙들을 더해 구성된다. 이 공리들은 때론 이론적 지향성을 표명하거나 논쟁적 관계 속에서 명시적으로 드러나기도 하지만, 그보다 더 근본적 위상을 갖는, 거의 모든 경제학이 전제하는 공리들은 암묵적으로 가정된다. 어떤 공리들을 선택하는가에 따라 오래된 고전주의, 마르크스주의, 신고전주의, 케인스주의 등에서부터 신자유주의, 환경경제학, 행동경제학 등등 수많은 이름의 상이한 경제학들이 구성된다. 그러나 이렇게 달라질 때조차 이 모든 경제학이 대부분 전제하는 공리들이 있다. 이를 바탕으로 구성된 경제학적 공리계는 그 공리적 규칙들의 외부를 사유 대상에서 삭제한다. 이런 점에서 자본주의에 명시적으로 반대하는 마르크스주의 경제학을 제외하면, 경제학은 화폐의 권력을 지속시키는 지성적 관료들이며 가능한 세계를 모두 자본주의 안에 구겨 넣는 자본의 에이전트들이다.

자본주의의 작동 양상을 내부화하는, 대부분의 경제학이 암묵적으로 가정하지만 명시되지 않는 몇 가지 공리들이 있다.

1) 척도의 공리: 모든 것의 가치는 하나의 척도에 의해 계산된다(즉 계산될 수 있고, 계산되어야 한다). 이는 화폐는 상품이나 능력의 가치를 재현하는 보편적 척도라는 가정이다. 이로 인해 화폐는 모든 것의 왕이라는 초월적 지위를 확보한다.

2) 소유의 공리: 모든 사물의 처분권은 한 사람에게 배타적으로 귀속된다. 이러한 처분권이 '돌봄의 의무'와는 거리가 멀고, 반대로 '훼손의 권리'를 요체로 한다는 것은 분명하다(2장 참조). 생명 아닌 죽음이 소유자의 영혼을 사로잡고 있는 것이다. 사물도 그렇다. 망가지면 수리하지 않고 버린다. 수리하는 것보다 새로 사는 게 더 비용이 적으니 '경제적'이다. 요즘은 망가지지 않아도 버린다. 최신 트렌드를 따라가는 것이 더 '경제적'이다!

3) 가치의 공리: 가치는 인간이 욕구하는 대상의 희소성에 기반하고, 희소성은 인간이 그걸 획득하는 데 필요한 기회비용과 상응한다. 경제학에서 희소성이란 대개 물리적-자연적 희소성이 아니라 어떤 것을 얻기 위해 지불하려는 비용에 의해 소급적으로 규정되는 '경제적' 희소성이다. 이러한 가치는 경제학적 '가치'인데,

이것이 사물의 '가치'를 결정한다. 가격은 이러한 '가치'의 표현 형식이다.

4) 생산성의 공리: 투입량과 산출량의 비로 계산되는 생산성이 극대화되도록 투자하는 것이 합리적이다. 투자되는 비용은 최대 생산성을 얻도록 해야 한다는 점에서 비용 합리성의 공리로 바꿔 쓸 수 있겠다. 노동자를 값이 싸진 기계로 대체하는 것도 이 공리의 작용이다.

5) 축적의 공리: 생산의 성과는 재생산 합리성을 위해 재투자되어야 한다. 이때 합리성은 이득의 공리와 결합해 생산성을 증가시키는 재생산을, 즉 확대 재생산을 함축한다. 이는 생산의 영역에서 축적과 성장의 필연성을 함축한다. 여기에 시장의 공리가 결합되면 성장은 강제가 된다.

6) 이득의 공리: 모든 경제 주체는 경제적 이득의 극대화를 위해 행동한다. 이에 따르면 사회는 확대된 경제를 뜻한다. 즉 경제 논리가 사회의 작동원리다. 국가 경제는 이득을 합리성을 계산하는 방식의 차이에 따라 상이한 형태를 갖는다.

7) 시장의 공리: 생산, 유통, 분배, 소비 등 경제적 과정 전체는 시장에서의 경쟁에 의해 조절된다. 시장은 수요와 공급이 일치하는 지점에서 가격이 결정되는 가격기제를 통해 작동한다. 이는 가격기제의 공리라 하겠는데, 시장의 공리와 동치다. '돈 되는 것'만이 살아남을 자격이 있다는 것, 이것이 시장의 공리다.

8) 고용의 공리: 생존은 노동에 의거하고, 노동은 고용에 의거한다. 즉 고용을 통해서 사람들은 생존한다. 이는 토지와 생산자,

자연과 인간, 생산수단과 노동자가 분리되어 있다는 조건을 전제한다. 인클로저가 이런 고용 공리의 발생 조건이다.

이러한 공리들과 중요하다 생각되는 다른 공리들을 결합해 상이한 경제학적 공리계가 구성된다. 그리고 그때마다의 주도적인 공리가 달라짐에 따라 경제는 상이한 양상을 취한다. 이들 공리계는 이런저런 조건에 의해 하나의 공리를 다른 공리에 의해 대체하거나 변형하기도 하고, 기존 공리계에서 어떤 공리를 빼거나 다른 공리를 추가하기도 한다. 가령 불황을 타개하거나 저지하기 위해 국가 재정을 투입해 '유효수요'를 인위적으로 창출하는 공리의 추가는 케인스주의적 공리계의 출발점이 되었다. 화폐량의 인위적 조절을 통해 경제과정 전반을 통제하는 것 또한 이 새로운 공리계 안에 함축되어 있었다. 국가의 적극적 개입에 반대하며 시장의 공리를 강조하는 상반되는 공리계가 반복해 등장한 바 있지만, 화폐량의 조절로 요약되는 공리는 수용하는 경우가 많다는 점에서 이들 공리계는 고전적 공리계와는 구별된다. 공리의 대체나 채택이란 형식 대신 거기 전제되는 개념 자체를 재정의해 구성되는 경제학적 공리계도 있다. 가령 환경경제학은 희소성 개념에서 자연적 희소성이 제외된 것을 비판하면서, 가격이 붙어 매매되지도 않고 가치가 있다고 명시된 적 없는 것의 가치를 인정하면서 '환경재'를 경제학적 계산의 영역 안으로 끌어들인다.

공리계의 변형을 야기하는 직접적인 힘은 대부분 위기에서 온다. 경제학적 의미에서의 위기란 한편으로는 기존의 주도적 공리계 안에서는 해결할 수 없는 사태와의 만남이다. 기존 공리계가 그 것의 **외부**와 만나는 사건이고, 그 공리계의 위기다. 케인스주의 경제학이 1917년의 러시아혁명과 1929년 대공황을 실질적 발생인으로 한다는 것은 잘 알려진 사실이다. 케인스주의에 반대하는 신자유주의 경제학이 강력한 발언권을 얻게 된 것은 무엇보다도 1970년 대 초 오일쇼크 이래 10년 정도 지속된 스태그플레이션 때문이었다. 재정투자나 화폐량의 조절을 통해 소비와 투자를 촉진하고 성장을 촉진하려는 케인스주의적 정책은 인플레이션을 동반하게 마련인데, 인플레이션은 발생하는데 불황은 지속되는 사태가 발생하면서 케인스주의가 막다른 골목에 처하게 된 것이다. 또 환경경제학이 출현하게 된 것은 경제학의 모든 시야 바깥에 있던 외부인 환경과 생태문제가 현행적 위기로 가시화되면서였다.

경제학은 이러한 공리의 내부적 작동 양상을 계산 가능성이라는 근대과학의 '망탈리테' 안에서 형식화함으로써, 그 외부를 지우고 보이지 않게 하며, 공리계의 내부로 사유와 행동을 포섭한다. 경제라는 인위적 구성물에 자연적 자명성을 부여한다는 점에서 이는 '속임수의 체제'다. 이런 의미에서 경제학은, 다시 한번 그 자체로 '이데올로기'다. 신고전주의나 신자유주의 같은 특정한 경제학이 아니라 **경제학 자체**가 '이데올로기'다. 이러한 가정들이 경제와 정치의 전제를 이루는 한, 생태적 문제조차 '비용과 이득의 최적치' 계산이라는 경제 논리 아래에서 다루어지게 된다. **경제학화된** 생태학 역시 다르지 않다.

이러한 망탈리테 안에서는 비용과 이득의 계산에 들어오지 않는 문제, 심각한 위기에 처해야만 고려 대상이 되는 크고 느린 문제가 시야에서 체계적으로 배제된다. 프랑스 교육부 장관이었던 클로드 알레그레의 말이 이를 잘 보여 준다. "생태주의는 경제성장의 원동력이어야 한다…. 경제에 맞지 않는 모든 것은 사회라는 시장에도 맞지 않다"(세르주 라투슈, 『탈성장 사회』, 62쪽). 아마도 이런 이들은 생태주의와 경제가 동일하게 오이코스에서 연원했음을 상기시키려 할지도 모른다. 생존이라는 생태적 필연성이 마치 경제 안에, 계산적 경제 안에 함축되어 있다는 듯이. 크게 성공했으나 불행한 기원을 가진 자식들이, 몰락해 잊힌 어미를 찾아 자신의 기원에 화려한 금빛 장식을 하려는 것처럼. 멋진 기원이란 흔히 생각하는 것보다 훨씬 난감하고 참혹한 것이다.

지금 경제학 전체에 공통된 성장주의는 기후위기라는 외부로 인해, 이제는 '지속가능한'이라는 말을 추가하는 것으론 버틸 수 없게 된 것 같다. 물론 경제학 안에서는 자각의 징후가 아직 뚜렷하지 않지만 말이다. 이러한 성장주의는 직접적으로는 재생산의 공리로부터 나온 것이지만, 단지 그것만은 아니다. 시장의 공리, 축적의 공리, 고용의 공리, 이득의 공리들로, 또한 그로부터 나온 '정리'들로 과잉결정된 명제들의 집합이다. 수학적 의미에서 '과잉결정'(overdetermination)이란 연립방정식에서 변수의 개수보다 방정식의 개수가 많을 때를 지칭한다. 어떤 방정식을 선택하는가에 따라 답은 달리 나올 것이다.[26] 그렇게 성장의 내용을 규정하는 여러 답들이 있고, 여러 경제학이 있는 것이다.

따라서 어떤 방정식, 어떤 공리를 하나둘 제거한다고 문제가 사라지거나 답이 사라지지 않는다. 이론적 주장이 현실과 충돌하면, 약간의 공리를 바꾼 새로운 경제 이론으로 얼마든지 대체된다. '성장'은 이 모든 경제학을 추동하는 동력이자 그것들이 달려가는 방향이다. 따라서 성장의 개념은 서로를 부르며 서로에게 달려가는 복수의 공리들을 동시에 제거하거나 대체하지 않고서는 바꿀 수 없다. 적지 않은 이들이 '성장 없는 경제학'을 누차 시도했지만 별다른 성과를 내지 못한 것은 이 때문일 것이다. 대다수 경제학자에게 지금 자본주의에서 성장을 포기하라는 말은 경제학을 포기하라는 말로 들릴 것이다.

녹색뉴딜은 기후위기마저 '성장'을 통해 해결하려는 시도라는 점에서, 경제학의 공리들에 충실하다. 사실 녹색뉴딜의 기반인 케인스주의 경제학은 이전의 통상적 공리계에, 유효수요의 창출을 통해 경제순환을 활성화하는 소비의 공리(유효수요의 공리), 이를 위한 공공지출의 공리를 추가한 것이다. 녹색뉴딜이란 재생에너지 산업이나 환경투자 등을 통해 소비의 공리, 공공지출 공리를 가동시키려는 전략이다. 그러나 탄소 배출량에서 전기전력 등이 차지하는 비율은 27퍼센트 정도이고, 오히려 가장 높은 비율을 차지하는 것은 콘크리트, 제철, 플라스틱 등 건물이나 도구, 설비 제조임만 고려해도(빌 게이츠, 『빌 게이츠, 기후재앙을 피하는 법』, 82쪽), 녹색산업의 성장은 그에 못지않은 탄소 배출량 성장을 동반할 것이 분명

---

26 이러한 과잉결정에는 알튀세르가 정신분석학에서 차용한 과잉결정 개념(『마르크스를 위하여』, 2017)과 달리 '응축'(condensation)이 없다. 그 대신 선택되는 방정식의 과도성과 그에 따른 '답'들의 가변성이 있을 뿐이다.

하다. 녹색뉴딜을 주장하는 탈성장 경제학자마저 환경파괴로 악명 높은 이명박 정부의 '4대강 사업'이 가장 선도적 녹색부양정책이라고 했던 것은, 녹색성장의 허구가 얼마나 강력할 수 있는가를 잘 보여 주는 사례라 하겠다(팀 잭슨, 『성장 없는 번영』, 148~149쪽).[27]

경제학이 공리계 외부에 속하는 것들을 계산에서 배제함으로써 외부를 착취한다는 사실이 문제화되면서 자리 잡게 된 '외부효과' 개념은, 외부에 대한 착취를 비용으로 산입하며 내부화하려 한다. 유사하게 환경경제학은 훼손된 환경으로 인한 경제적 손실이나 복원비용을 그 환경적 요소의 경제적 가치로 역산해 경제적 계산의 영역으로 내부화한다. 이는 경제학이 생태계나 환경파괴를 경제적 가치로 가시화한 것은 사실이지만, 그것은 인간의 생존을 위협하기에 회복되어야 할 것이나 경제적 산출에 손실을 야기하는 것만을, 다시 말해 **이미 경제에 속한 것 인근의 '외부'만을** 가치화한다. 예를 들면 야생동물의 멸종은 매우 심각한 상황이지만, 인간에게 경제적 손실을 야기하는 것임이 드러나기 전에는 결코 경제학의 문제가 되지 못할 것이다. 곤충의 멸종이 맹수의 멸종보다 훨씬 빠르게 진지한 경제적 계산의 대상이 된 것은 그것이 경작에 미치는 영향이나 대체식량의 가능성(데이브 굴슨, 『침묵의 지구』, 31~48쪽)이라는 경제적 문제이기 때문이다.

이러한 경제학적 프레임은 환경이나 생태, 기후 등 지구적 문

---

27 이 평가는 한국어판 번역자를 당혹스럽게 하여, 번역본에 비판적 역주를 달게 했고, 이러한 사실을 지적한 이들이 있었던 것인지 이후 개정된 책에서는 삭제되었다.

제를 다룰 때조차 인간의 특권적 위치를 전제로 해서 그것과 관련된 비용과 이득의 문제로만 사고하게 한다. 즉 **인간이** 손실로 인해 아쉬워하는 것이 그나마 가치 있는 것이 된다. 이것조차 '인간의 경제'에서는 어쩔 수 없는 것이라 접어 둔다 해도, 이런 식의 계산법은 어떤 소중한 것도 인간의 생존을 위협하게 된 **이후에나** 계산의 대상으로 삼는다는 점에서 "밤이 깊은 뒤에야 날개를 펴는" 부엉이의 경제학이다. 또한 생태계의 파괴나 기후위기의 복원비용조차 다른 경제적 변수들과 비교해 계산되는 '최적값'을 통해 다루기에, **다른 경제적 가치와 비교해 더는 방치할 수 없는 크기로 복원비용이 증가된 연후에야** 창고의 문을 여는 우둔한 집사의 경제학이다. 환경경제학 창시자 노드하우스는 기후위기를 계산의 영역으로 끌어들였지만, 경제성장의 감속에 따른 경제적 여파를 고려해 그가 계산해 제시한 최적치는 2100년에 산업혁명 이전과 대비해 평균기온의 상승치를 3.5도 이하로 묶는 것이었다(사이토 고헤이,『지속 불가능 자본주의』, 15~16쪽). 반면 잘 알려진 것처럼 IPCC의 신중한 과학자들은 그것을 2.0도 이하로 제시했다가(2015년 파리협정), 그것도 티핑 포인트를 넘을 위험이 크다는 이유로 3년 후 1.5도로 낮추었다(2018년「지구온난화 1.5℃ 특별보고서」). 경제학적 신중함이 기후학적 신중함과 얼마나 거리가 먼지를 잘 보여 주는 사례라 하겠다.

경제학 바깥에서 경제학의 성장주의는 이미 충분히 심각한 비판의 대상이 되었다. 경제적 성장과 기후위기는 양립 불가능하다는 문제의식이 다양한 양상으로 제기되고 확산되고 있는 듯하다. 녹색투자를 통해 기후위기를 해결하겠다는 경제학이 여전히 목소리를 높이고 있지만, 기후 문제에서의 진보성을 자임하던 문재인 정부의 그린 뉴딜이 잘 보여 주었듯, 성장 경제학을 녹색으로 채색하는 것 이상이 되지 못함만을 반복해 확인해 주는 것 같다. 그보다는 차라리 성장 없는 경제의 '탈성장주의'가 좀 더 넓은 시야에서 사태를 보게 해주는 것 같다.

그러나 기존의 경제학이 여전히 저 공리계 안에 머물러 있는 한, 경제학적 망탈리테로서의 경제주의가 국가 관료나 정치가를 포위하고 있는 한, 심지어 **대중들마저** 소비주의와 경제주의의 욕망에 포섭되어 있는 한, 탈성장주의가 제안하는 새로운 삶의 방식들이 기후위기에 대한 대책이 되긴 쉽지 않을 것이다. 그러한 전망을 위한 주장들이 경제적 계산의 멘털 안에 들어가는 한, 그것은 어느새 자본의 투자가 아닌 투자의 철회, 고용의 확대가 아닌 축소, 경기의 활성화가 아닌 활성의 축소, 생산성의 증가가 아닌 생산성 감소로 포착될 것이고, 이는 경제적 해결에 반하는 것으로 받아들여질 것이기 때문이다. 경제적 계산이 척도와 가치, 생산과 축적, 시장과 이득의 공리에서 벗어나지 못하는 한, 모든 계산은 성장이라는 황금덫에서 벗어나지 못할 것이다. 그렇다면 다른 '경제적' **계산**의 방법은 생각할 수 없는 것일까? 경제학적 담론의 공리계에서 벗어난 계산의 방법은 없는 것일까? 그럴 리 없다. 공리계 바깥에 있기에 생각이나 감각의 바깥에 있는 것일 뿐이다.

5. 이코노믹스의 데코노미와 오이코노믹스

경제학은 **경제주의** 안에 있다. 경제학뿐 아니라 경제학적 사고 전체가 경제주의 안에 있다. 경제주의란 비용과 이득, 노력과 결과의 효율성을 계산하고, 최대 이득을 계산하는 방식으로 사태를 포착해 문제화하려는 태도다. 이는 일상적 영역에서 보면 소비자나 노동조합까지 포함해 최소 비용으로 최대 이득을 얻으려는 대중적 태도를 뜻하지만, 경제적 비용과 이득을 계산하고 최대 이득 내지 최적화 지점을 찾으려는 이론적 태도, 같은 비용을 투입해 최대 효과를 얻으려는 진지한 관료들의 태도에도 공통된 것이다. 이런 경제주의는 경제학이나 경제정책의 영역으로 국한되지 않는다. 정치, 보건, 교육, 복지, 과학은 물론 문화예술의 영역도 모두 이런 경제주의적 태도를 사고의 지반으로 하고 있다. 경제학의 문제가 단지 성장의 경제학 때문만은 아니지만, 일단 성장의 경제학조차 벗어나지 못하는 한, 우리의 영혼은 경제주의를 벗어나지 못할 것이다. 경제주의적 계산을 벗어나지 못하는 한, 기후위기든 멸종이든 출구를 찾을 가능성은 없다.

성장 없는 경제를 사고하려면, 아니 경제주의를 벗어나려면 경제학의 전제를 이루는 저 공리들을 떠나야 한다. 공리들과 짝을 이루는 기본 개념 자체를 재검토해야 한다. 마르크스가 말했던 '정치경제학 비판'으로는 결코 충분하지 않다. 비판은 그가 생각했던 것보다 좀 더 근본적인 지점까지 밀고 올라가야 한다. 경제학 안에서 모순을 찾는 것이 아니라 경제학의 공리적 가정들을 벗어나는 지접까지. 랭보식으로 말해, 그 공리들을 낯설고 난감한 것으로 볼 수 있는, '감각의 합리적 착란'이 필요하다. 그리하여 가치의 공리계와 상응하는 '경제' 안에 사회를 밀어 넣는 경제학에서 벗어나야 한다. 오이코스의 생태계로 열린 다른 '공리계'를 상상해야 한다. 이코노믹스와 대결하는 오이코노믹스의 출발점을 찾아야 한다. 다른 유형의 계산을 가동시키는 오이코노믹스를 상상해야 한다. 경제와 생태의 접점에서 경제학적 생태학에서 벗어난 계산적 생태학으로서의 오이콜로지를 상상해야 한다. 경제학에서 벗어난 '경제학'을, 생태적 경제학을 상상해야 한다.

경제학적 망탈리테를 구성하는 경제학적 공리들은 역으로 이런 이탈의 출구가 될 수도 있다. 상상력의 촉발을 좀 더 쉽게 하기 위해 우리는 이제 약간의 단순성을 무릅쓸 것이다. 하나를 다른 하나로 대치하는 미련함을 자처하려 한다. 단점이 드러나지 않는 세련된 서술 대신 문제의식이 드러나는 소박한 단순성을 선택할 것이다.

먼저, 생산성의 공리. 생산성을 비용에 대한 산출량의 비로 계산하는 것은 대개 화폐로 표시되는 단위 비용마다 좀 더 많은 것을 생산하려는 공리주의적 발상에 기반한다. 생산성이 증가하면 생산물의 가격으로 표시되는 자원의 물리적 크기는 더 커진다. 가령 강철 공장의 생산성이 두 배 증가했다는 말은 같은 비용으로 두 배의 강철을 생산했다는 말이다. 이는 같은 비용으로 소모하는 철광석의 양이 두 배 늘었다는 말이다. 생산성 증가가 생산을 위해 소모되는 노동대상 물량의 증가를 뜻한다는 것은 분명하다. 노동생산성으로 바꾸면, 한 사람이 소모하는 노동대상의 물량이 늘었다는 말이다. 즉 지금 공식에서 생산성이 높다는 것은 **단위비용당 소모되는 자원량이 크다**는 것을 뜻한다.

생산성 증가와 경제라는 말을 직접 연결하는 것은 '절약하다'를 뜻하는 동사 '이코노마이즈'(economize)일 것이다. 그러나 경제학적 공리계 안에서 절약이란 비용 절감을 뜻하고, 이는 같은 비용으로 처리하는 물자의 증가를 뜻한다. 즉 같은 비용으로 자원이나 사물을 더 많이 소모하게 되었음을 함축한다. 물론 정해진 결과를 얻기 위해 비용이 줄어든다는 말이기도 하지만, 동일 물량을 생산하기 위해 투자 규모를 줄이는 일은 경제학적 공리계 안에서 일어나지 않는다. 쇠도끼로 인한 생산성 상승을 노동시간의 감축으로 사용했던 '원시인'들의 계산법은 자본가에게도, 경제학자에게도, 우리 소비자에게도 지극히 낯선 것이다. 좀 더 싸게, 좀 더 많이 생산하고 좀 더 많은 이들이 사용하는 것이야말로 '최대 다수의 최대 행복'이라는 믿음은 경제학적 공리계와 동일한 외연을 갖는다. 이는 생산성 상승을 좀 더 '효과적인' 자원의 소비로 밀고 간다. 좀 더 높은 비율의 소비로.

이 생산성의 경제(economy)는 가격 비가 아닌 물량의 비로 계산하는 순간, 비용 아닌 모든 것이 **비절약적** 경제(deconomizing economy)임이 드러난다. 이런 의미에서 좀 더 효율적이고 생산적 경제란 좀 더 낭비적 경제다. 절약의 경제는 낭비의 '비경제'(deconomy)가 뒤집어쓴 가면이다. 비용 합리성의 경제학은 물질성의 관점에서 보면 지구적 차원에서 낭비의 체계(deconomizing system)를 가동시키고 확장하는 비경제학(deconomics)이다.

그러나 이런 비판에 머문다면 지금의 경제학을 비난하는 반경제학에 머물고 말 것이다. 좀 더 긍정적 사유의 길을 찾을 수는 없을까? 만약 생산성이 경제학처럼 계산 가능성을 추구하는 과학으로서는 포기할 수 없는 원리라면, 분모를 자본가가 투자하는 비용이 아니라 생산에 관여된 특정 자원의 물리량(소모되는 물의 양, 철의 양, 나무의 양, 밀의 양, 전기의 양, 배출되는 이산화탄소나 메탄의 양 등등)으로 대체하면 어떨까? 그러면 생산성을 표시하는 비율은 투입된 비용의 생산효율을 표시하는 지표가 아니라 물이나 철, 이산화탄소 등의 단위자원당 생산효율의 변화를 표시하는 지표로 바뀔 것이다. 이는 생산성 공리의 실질적 내용을 '비용 합리성'의 공리에서 '자원 합리성'의 공리로 대체하는 것을 뜻한다.

이런 계산법에 따르면 새로운 기술의 생산성을 나무, 철, 석유, 탄소 등 **어떤 소재 한 단위당** 얼마나 산출량을 증가시키는지 계산하고, 나아가 그것들 사이의 '최적값'을 계산할 수 있다. 이산화탄소 배출량이 문제라면 이산화탄소 1그램당의 산출량을 계산해 기술의 생산성을 비교할 수 있다. 이는 동일한 양의 자원으로 어떻게 최대한의 '물질적 성과'를 얻을 수 있을지 산정해 줄 것이다. 비용 생산성의 계산은 자원 생산성의 계산으로 바뀔 것이다. 비용 생산성 극대화의 에코노믹스와 대비되는 자원 생산성 극대화의 오이코노믹스(oikonomics)가 이런 식으로 가능하지 않을까? 만약 비용의 문제를 결코 제외할 수 없다면, 이 두 생산성을 비교해 '최적값'을 계산하는 타협도 가능할 것이다. 이로써 경제학과 생태학이 만나는 지점으로 다시 이동하게 될 것이다.

다음으로, 척도의 공리. 사실 척도 자체를 비화폐화하는 것, 혹은 화폐를 제거하는 것은 쉽지 않을 것이다. 화폐 없는 세계란, 특히 지금처럼 교역과 거래가 글로벌화된 세계에서는 불가능한 몽상이다. 그러나 반대로 간다면 어떨까? 화폐를 없애는 게 아니라 늘리는 방향으로 가는 것은? 단 이때 '늘린다' 함은 사용되는 화폐의 수량을 늘리거나 기존 화폐를 사용하는 영역을 늘리는 게 아니라 사용 가능한 화폐의 종류를 늘리는 것임을 강조해야 한다. 가령 무역에서 사용되는 국제통화를 군이 하나로 제한하는 것은 정치적 패권과 통화 발행국의 경제적 이권 말고는 이유가 없다. 이는 달러 아닌 다른 화폐들이 새로이 국제 결제통화로 사용되기 시작한 지금이라면 충분히 현행적 설득력을 갖는다.

국내 통화도 마찬가지 아닐까? 국가권력의 '보증'을 이유로 국가가 화폐발행권을 독점한 것은 그리 길지 않은 역사를 갖는다. 도시교역이 영토국가의 독점에 패배하기 이전에는 하나의 좁은 지역에서도 복수의 화폐들이 사용되었고, 사람들은 어떤 게 더 좋은 화폐인지, 어떤 화폐가 특정 목적에 더 부합하는지 판단할 이유를 갖고 있었다. 그렇다면 군이 국가화폐나 국제통화가 금속의 질로 화폐의 가치를 확보하거나 보증하기는커녕 그와 무관하게 남발되는 지금 시대에, 국가가 독점하는 단일 화폐로 가치척도나 교환의 매개를 제한할 이유가 없다.

국가가 독점한 하나의 척도가 아니라 복수의 척도로 가치척도를 증식시키는 것, 새로운 척도, 새로운 교환수단을 만들어 사용하는 것. 이는 사실 역으로 화폐를 국가권력으로부터 독립시키는 것, 국가적 단일성에서 해방시키는 것을 요한다. '지역화폐'는 심지어 화폐발행권을 국가가 독점한 영토국가에서도 이런 복수화된 화폐가 이미 존재한 바 있음을 알려 준다. 지금은 아이러니하게 투기 대상이 되고 말았지만, 블록체인이란 기술로 가상화폐를 만들고자 했을 때에도 애초에는 이런 문제의식이 일차적이었음을 우리는 안다. 화폐에 요구되는 신용을 익명의 개인 간에 확보하고, 거래나 소유의 증거를 지울 수 없는 형태로 기록하는 일의 어려움이 가상화폐의 복잡하고 어려운 장치를 요구했던 것이지만, 만약 그런 요구가 크게 완화될 수 있는 조건이 있다면, 가령 하나의 공동체 안에서라면 화폐의 발생인들은 좀 더 쉽게 대체될 수 있을 것이다. 성남시와 경기도에서 기본소득 개념과 결합해 사용한 지역화폐는 '공동체'의 범위가 익명적 다수를 포함할 수 있음을 보여 준다.

지역화폐의 잠재성을 좀 더 확대된 방식으로 상상해 보는 것도 좋을 것이다. 이전에 지역화폐는 영토의 국지성과 주고받는 화폐 형태의 물질성(심지어 종이조차 물질성을 갖는다)으로 인해 그 효과가 대단히 제약되었지만, 인터넷은 이런 제약을 넘어설 통로를 제공한다. 이는 공동체 안에서 거래의 범위를 확장하고 유연화할 뿐 아니라 다른 지역의 다른 공동체와 '교환'을 가능하게 한다. 거래 형태의 교환뿐 아니라 노동력이나 상품의 증여나 비대칭적 교환, 생산비용으로 환원되지 않는 가치(the invaluables!)의 표시, 생태적 비용의 부과와 정산 등 다른 목적으로 사용될 수도 있다. 지역화폐 사용에서 발생하는 채권과 채무에 변제의 의무와 권리를 면해 주는 것은 공동체 안에서 **활동의 '교환'을 실질적 증여로 치환**하는 것을 가능하게 해준다. 즉 교환의 경제를 넘어선 활동의 매개가 되는 것이다. 그런데 이때 개인별 채권과 채무의 총액을 공개한다면, 이는 각자가 남에게 증여한 정도와 증여받은 정도를 표시하는 지표가 된다. 즉 채권 총액이 큰 사람은 남에게 많이 증여한 사람이고, 작은 사람은 그 반대인 것이다. 이는 주고받는 사물뿐 아니라 주고받는 **사람의** 신뢰도나 '가치 있음'을 표현하는 지표다. 이는 '무임승차'에 대한 거부감이 큰 사람들에게조차 증여의 공동체를 설득할 수 있는 기술인 셈이다.

이런 관점에서 '사물의 가치'뿐 아니라 **'주체의 가치'**와 연관된 합리성 개념을 다양한 형태로 도입할 수 있다. 모든 생산이나 활동, 행동의 주어는 배치이며, 행위소들의 연결망임을 상기한다면 함께 생존하는 오이코스 속에서 다양한 '이웃'들이나 '환경'이라고 간주되는 조건들[그들은 하나의 배치로서 작동/행동하는 대행자(agency)이고 행위소(actor)들이다!]의 가치 있는 '행위'들을 측정하고 평가하는 척도를 발명해야 한다. 이는 좀 더 익숙한 어법으로 말하자면, '생산수단'에 속하는 것들의 **'대상적' 가치**(value)를 행위소의 **'주체적' 값어치**(worth)로 치환하는 것을 가능하게 해줄 것이다. 인간만이, 노동자만이 가치를 생산한다는 관념이야말로 가장 소박한 경제학적 휴머니즘 아닌가. 우리는 여기서 좀 더 밀고 나아가야 한다. 사람이나 기업은 물론 기계나 동물 등에 대해 경제적 가치(value)가 아니라 **비경제적 값어치**(worth)를 매기고, 그것의 극대화를 지향하는 계산기술의 창안, 자신의 이웃과 자신의 동맹자들 그리고 자신과 함께 행위하는 인간이나 비인간 '행위소'(actor)의 재가치화, 이처럼 동맹자들을 가치 있게 해주는 방식을 통해 자기의 값어치를 증식시키는 것. 오이코노믹스는 이런 계산법이고, 이렇게 계산하는 망탈리테라 할 것이다.

여기서 경제적 '가치'와 대비되는 값어치는 사물은 물론 주체에 관한 것일 때조차 그저 '주관적인' 것은 아니다. 그것은 각자가 스스로를 평가하는 것이 아니라 이웃관계 속에서 이웃들에 의해 **평가되는**(evaluated) 것이기 때문이다. 평가이기에 그 '가치'는 확고하지 않다 하겠지만, 그것은 시장에서의 경제적 가치 또한 마찬가지 아닌가. '효용'이라는 주관적 만족도보다 훨씬 더 '객관적' 개념 아닌가. 효용이라는 개념을 주관적 평가가 아니라 객관적인 것으로 만들기 위해, 폴 사무엘슨은 시장에서 관찰되는 상품의 소비를 통해 정의되는 현시 선호(revealed preference)로써 효용 개념을 재정의한 바 있다. 즉 효용으로서의 가치는 시장에서의 소비를 통한 소급적 평가를 통해 '객관화'된다고 믿는 것이다. 이러한 개념이 옳든 그르든, 적어도 이를 안다면, '주관적'이란 말이면 평가적 가치 개념을 비판하기에 충분하다는 믿음처럼 소박한 것도 없음은 쉽게 이해할 수 있다. 어떤 형식을 통해 '확인'되든, 경제학적 가치는 항상-이미 가치평가의 산물이다. 즉 **가치란 경제적, 생태적, 미적, 기술적, 공동체적 등등 상이한 이유를 갖는 복수의 척도들이, 조건에 따라 다**

른 강도로 작용하며 형성되는 평가적 다양체다. 그것은 조건과 상황에 따라 달라지지만, 그것은 그것이 자의적이거나 주관적인 게 아니라 이웃관계에 따라 달라지는 가치를 가짐을 뜻한다.

가치(value) 개념이 경제학에 의해 독점된 상황을 고려한다면, 인용부호를 사용하지 않고서는 혼동 없이 사용할 수 없는 상태를 면하려면, 가치란 언제나 가치평가(evaluation)의 결과임을 명시하기 위해 e가치(evalue)라고 명명하면 어떨까? 여기 덧붙인 철자 e에서 오이콜로지와 오이코노믹스라는 말에서 연원한 eco라는 접두사를 상기하는 것도 좋을 듯하다. 그 경우 '가치화'(Verwertung)는 가치증식을 뜻하는 valorization과 대비해, 인간으로 한정되지 않는 다양한 이웃의 관점에서 평가된 가치의 증가를 뜻하는 e가치화(evalorization)로 재정의되어야 한다. 어떤 생산이나 활동이 산출한 생산물의 가치 증가분, '잉여가치'라고 명명되던 그 증가분을 인간의 노동으로 환원하는 게 아니라 '도구'나 '자원'으로 귀속시키는 것이다. 가령 새로운 기계가 생산한 잉여가치는 이전 기계와 비교해 그것이 추가적으로 산출한 생산량(가격이 아니라)을 비교해 산정할 수 있다. 새로운 재료가 제공한 기여분 또한 그러하다. 마르크스가 잉여가치 생산에서 '자연'이 기여한 몫을 계산했던 '차액지대' 개념(카를 마르크스, 『자본론』3)은 이러한 계산이 전례가 없지 않음을 보여 줄 뿐 아니라 구체적인 계산기술의 단서도 제공한다.[28]

---

28 우리는 이 개념이 토지 같은 '자연'뿐 아니라 기계에 대해서도, 복제와 배양을 통해 가치증식에 사용되는 세포를 포함해 인간 아닌 생명체에 대해서도 사용해야 함을 주장한 바 있다(이진경, 『자본을 넘어선 자본』, 「생명의 잉여가치와 정치경제학 비판」, 191~207쪽).

이득 개념이 없다면 개인들의 행동 방향을 예측할 수 없을 뿐
아니라 계산적 지식 또한 불가능하다 할 것이기에, 이득의 공리는
이득 개념의 제거가 아니라 변환을 통해 대체하는 것이 좋다. 사실
개인을 특권화하고 경쟁적 상황을 가정하는 사적 이득의 개념은,
모든 종류의 공동체를 해체한 데 더해, '가격기제' ─ '수요·공급의
법칙' ─ 가 작동하는 근대적 시장을 만들어 낸 특정한 역사의 산
물이다(폴라니, 『거대한 전환』). 그 이전의 세계는 어디나 공동체에
기반하고 있었고, 자본이 지배하는 지금도 공동체는 소멸하지 않은
채 존속하고 있다. 재구성된 명시적 공동체뿐 아니라 가족이라는
'자연적' 공동체, 혹은 자본주의적 공장 안에서도 소멸하지 않은 채
작동하는 비가시적 관계(데이비드 그레이버, 『가치에 대한 인류학적
접근』)로서.

따라서 이득의 공리는 자본이 투자한 비용을 통해 얻는 이득
의 크기가 아니라 소모된 자원으로 인해 인간들의 공동체나 인간-
비인간의 공동체, 생태적 공동체, 지구적 공동체 등 **다양한 공동체
안에서 발생하는 공동의 이득 전체**를 통해 재정의되어야 한다. 공동
체나 공생에 대해, '선의'라는 도덕적 가정을 한다는 낡아빠진 비판
을 떠나지 못하는 이를 위해서라면, 이미 오래전부터 생물학 교과
서(가령 빌 퍼브스 외, 『생명, 생물의 과학』)에 실리게 된 공생의 개념
을 다시 상기시키고 싶다. 먹고 먹히는 적대적 섭식의 실패로 인해
시작된 고세균과 알파프로테오박테리아의 공생이 미토콘드리아
의 기원이라는 것, 그 공생체가 시아노박테리아를 잡아먹었으나 다
시 실패하며 시작된 공생이 식물세포의 기원이라는 것 말이다. 적

대로 시작된 이 뜻하지 않은 이 공생이 산출한 이득을 계산해 볼 수 있겠다. 일단 에너지양만 비교하자면, 고세균이 알파프로테오박테리아의 섭식에 성공했을 때 발생한 이득은 그것이 잡아먹은 박테리아로 얻은 에너지의 1회분이다. 반면 섭식의 실패로 시작된 공생은, 산소호흡을 통해 알파프로테오박테리아가 그의 생존 기간 전체에 걸쳐 반복하여 제공하는 에너지 총량을 이득으로 생산한다. 동시에 고세균이 박테리아에게 제공한 에너지 총량이 더해져야 한다. 이러한 계산에 공생을 통해 합체된 생명체가 얻는 생존 능력의 증가분 또한 더해져야 한다. 이것이 모든 동물 세포 각자에서 지금도 생산되고 있는 이득이다. 이 공생체가 다시 섭식의 실패로 시아노박테리아와 공생할 때 발생한 이득은 이와는 비교할 수 없이 지대한 것이다. 태양과 이산화탄소만 있으면 생존을 지속할 수 있는 생존 능력의 비약적 증가가 그것이다. 이러한 공생의 이득이 이들로 하여금 생명의 역사를 관통하는 탁월한 생존 능력을 지속하게 해 주었다.

군체나 다세포생물 모두가 미생물들의 공생체다. 이는 공생이나 공진화란 허구적 선의가 만들어 낸 환상이라는, 교과서도 제대로 확인해 보지 않은 게으르고 안이한 믿음[29]이 아니고선 부정할 수 없는 사실이다. 미생물의 공생체 수준에서도, 거대한 신체를 갖는 인간 같은 공생체 수준에서도 생명체가 얻는 이득이란 공생체

---

29 이는 나중에 공생진화를 증명했던 마굴리스가, 가설로서 제출한 논문이 거의 20회가량 '과학 아닌 이념'이라며 게재 거부를 당했던 1960년대, 냉전적 사고가 '과학'을 지배하던 시대에 속한 것이다.

인 개체, 항상-이미 공동체인 개체 안의 모든 구성원들이 얻는 이득의 합이다. 마찬가지로 인간이 얻는 모든 이득과 손실은 인간과 함께 행위하는 비인간이 얻는 이득과 손실 전체와 더불어 계산되어야 한다. 이득의 공리를 인간만의 이득이 아니라 인간과 함께 행동하는 모든 행위소들의 이득을 함께 계산한 값을 이득의 최대치로 정의해야 한다. 이러한 개념적 재정의는 사적 소유의 공리 아래 인간 개인에게 배타적으로 처분권을 맡기는 것과 달리, '공유재'의 가치, 정확히는 공동체 안에서 다른 행위소들의 값어치를 이득의 형태로 편입시키도록 해줄 것이다. 이로써 배치의 e가치(evalue), 동맹의 e가치(evalue)를 이득 계산의 영역으로 끌어들여야 한다. 개체를 모델로 하는 경제 주체의 모델을 대신해, 동맹 내지 공생체, 배치를 가치 생산의 주체로 도입해야 한다. 인간 개인의 생산성을 생산에 참여하는 행위소들의 집합성 효과로, 노동비용을 뜻하는 노동생산성의 개념을 노동과정에 참여하는 것 모두의 공동 생산성의 공리로 대체해야 한다. 이때는 생산성 공식의 분자도 바꾸어야 한다. 산출량의 가치가 아니라 동맹자들이 생산한 가치들의 합으로. 자본에 의한 가치화라는 허상을, 동맹 효과에 의한 e가치화(evalorization)로 대체해야 한다.

확대 재생산을 뜻하는 재생산의 개념은 '새 생산'의 개념으로 대체하는 게 어떨까? 성장과 확대를 지향하는 재생산이 아니라 새로운 삶의 '재생산'을 오이코스 안에서 가동시키는 것을 위해서 말이다. 지난 생산의 결과는 재생산이 아니라 새 생산을 위해 투여되어야 한다. 좀 더 많은 이윤이 아니라 좀 더 나은 삶을 위해 자본을 투자하는 것, 다시 생산하는 게 아니라 새로 생산하는 것, 즉 생산 자체를 바꾸는 것, 삶의 생산방식을 바꾸는 것을 위해 생산의 결과는 투자되어야 한다. 좀 더 나은 삶이란 양화될 수 없는 것 아닌가 반문할 수 있을 것이다. 그러나 경제학적 가치를 대신하는 c가치 (evalue), 생산물 아닌 '주체'들의 값어치, 생산의 새로운 양상을 산출하는 배치나 동맹의 c가치 등은 이를 계산할 수 있는 지표적 요소가 된다.

지금의 경제학적 프레임 안에도 GDP와 따로 노는 행복의 정도를 산정하기 위해 행복지수처럼 '주관적'이라 할 가치를 지표화하려는 시도가 다양하게 있음을 안다면, 이러한 개념을 경제학적이지 않다고 할 수는 없을 터이다. 개인의 주관적 평가도 인접성을 가진 요소들을 통해 측정되고 집합적으로 집계되면 결코 '주관적'이라 할 수 없는 지표가 된다는 것을, 주류 경제학의 선례를 다시 언급해 재론할 이유는 없을 것이다.

6. 경제학적 식민주의를 거슬러

우리는 생물학이나 생태학조차 경제학적 모델 안에서 구축되고 발전하는 시대를 살고 있다. 지금 오이코스의 사유는 이런 '시대정신' 안에 갇혀 있다. 불타는 지구를 상징하는 거대 화재와 기록을 반복해 경신하는 더위와 추위, 빠르게 녹는 빙산과 동토들, 이들 전체를 둘러싸고 있는 기온과 수온의 상승 그리고 이미 빠르게 진행되고 있는 여섯 번째의 멸종, 이런 사태 전반을 지칭하는 '기후위기'는 이 강력한 시대정신과 충돌하고 있다. 생존의 장으로서 오이코스를 포위하고 조여 오는 것이 있다면, 그것은 바로 그 오이코스를 경제적 계산 속에 밀어 넣은 시대정신 자체라고 할 것이다. 그 위기로부터 벗어날 출구가 잘 보이지 않는다면 그것은 우리가 여전히 그 시대정신 안에 있기 때문이다.

이러한 시대에 정작 필요한 것은 시대정신을 거슬러 가는 '반시대적'(unzeitlich) 사유다. 생물학이나 생태학 같은 생명의 연구를 경제학적 계산에서 벗어나게 하고, 경제학적 계산마저 비용과 이득의 계산에서 벗어난 오이코스의 길로 연결하는 것이 그것이다. 물론 비축과 잉여의 생산에서 '자연경제'로 되돌아가는 길은 결코 나타나지 않을 것이다. '유희경작'도 쉽지 않을 것이다. 그러나 오이코스의 좀 더 오래된 기원을 불러내는 것은 오직 향수 속에서만 모습을 드러내는 그런 회귀를 제안하려는 낡은 시도를 반복하기 위함이 아니다. 그것은 '경제'라는 말 자체와 어느새 동일시되거나 기껏해야 그리스라는 어설픈 '기원'을 통해 폴리스를 떠받치는 노예적 생존의 장으로 다루는 사고에 외부가 있음을 환기시키고자 함이다. 그런 외부의 존재를 통해 지금의 경제학적 오이코스와는 다른 종류의 오이코스로 가는 출구를 찾고자 함이다. 계산이 불가피한 시대에 다른 오이코스와 이어질 수 있는 다른 계산의 방식들이 있을 수 있음을 드러내고자 함이다.

오이코스에 대한 검토에서 시작해 제안한 오이코노믹스는, 실상은 소모의 데코노미를 뜻하는 에코노미에서 벗어나 다른 '경제학'을 상상하기 위한 몇 개의 스케치인 셈이다. 이러한 제안에 진지하게 귀 기울여 주고 좀 더 나은 계산의 대상과 방법을 찾아 줄 경제학자가 있을까? 있다면 정말 감사한 일이다. 그러나 혹시라도 이런 제안에 대해 귀 기울여 줄 분들 나타난다면, 아마도 경제학자가 그 마지막 순서가 될 것 같다. 경제학의 공리계 안에 있는 한, 이런 식의 발상은 받아들일 수 없는 상상이고, 경제학을 몰라서 하는 순진한 공상으로 보일 것이기 때문이다. 그러니 토론이나 논쟁의 주제도 되지 않을 것이다. 그럼에도 불구하고 철학적 심오함이나 문학적 수사학도 덧붙이기 힘든 이 단순하고 순진한 이야기를 애써 길게 한 것은, 최소한 **비경제학자들의** '경제학'에 약간의 마찰을 야기하고 싶어서다. 생태 위기나 기후위기를 다룰 때조차 비용과 이득의 계산이라는 프레임 안에서 말고는 다룰 줄 모르는 경제학에 의해, 그런 문제를 진지하게 숙고하려는 비경제학자들의 영혼이 침식당하고 식민화되는 것을 저지하고 싶어서다.

근대과학은 어떤 현상이나 사태, 관계를 수학적으로 계산하려 한다. 역으로 수학적 형식으로 서술된 것은 쉽게 과학으로 간주된다. 이러한 순환성 덕분에,³⁰ 경제학은 쉽게 과학적 지위를 획득한

30 근대과학의 본질적 특징은 실험으로 증명하는 것이 아니라 계산 가능성을 추구하는 것이다. 실험이 근대과학의 요체라는 널리 알려진 통념은 사실과 거리가 멀다. 유럽에서 실험적 지식을 일찍이 추구했던 것은 페트루스 페레그리누스 같은 중세의 마술사들이었다(야마모토 요시다카, 『과학의 탄생』). 피사의 사탑에서 했다는 갈릴레이의 자유낙하 실험은, 만약 정말 했다면 잘못한 실험이다. 공기 중에 질량이 다른 물체를 떨어뜨린다면 결코 동시에 떨어지지 않기 때문이다. 스펀지와 돌멩이가 같은 속도로 떨어지지 않는다는 건 별다른 장치 없이 누구든 실험적으로 확인할 수 있는 것이다. 그런 점에서 과학의 그 기원신화는 대부분의

다. 그리고 '먹고사는 문제'라는, 누구도 모면할 수 없는 문제를 다룬다는 이유로, '필수적인' 지식으로, '필연적인' 주제로 간주된다. 거기다 경제적 이득을 극대화하려는 욕망은 돈이 되는 것만을 가치라고 간주하는 발상에 어찌해 볼 수 없는 필연성을 부여한다. 돈버는 것이 모든 이의 욕망을 끌어들이는 세상에서, 경제학은 몰라도 받아들이고 따라가야 하는 담론이 된다. 그리고 경제학의 수학적 서술은 납득하기 힘든 주장조차 전문가들이 어련히 알아서 하는 말이려니 하며 그저 받아들여야 할 것이 된다. 경제학자 아니면 참견할 수 없는 전문적인 것이 된다. **참가하고 발언할 '자격'의 제한**은 단지 '폴리스'에만 있는 게 아닌 것이다. 이처럼 필연과 이득과 전문성이 수학적 무기와 손잡고 우리의 지성이나 감각을 식민화한다. '과학'이라는 환영은 이 모든 것을 더 이상 묻지 않게 한다. 이는 누구보다 먼저 경제학자 자신을 그렇게 만든다. 경제학에 가장 먼저, 가장 깊숙이 식민화되는 것은 경제학자 자신의 영혼이다.

경제학의 학파나 수많은 경제학적 주장들이 서로 충돌하고 대립하고 있음에도, '진리란 하나'라고, 참된 과학 또한 **하나**여야 한다고 믿는 이들이, 그렇게 **상충되는 복수성**을 갖고 공존하고 대결하는 경제학의 과학성에 대해 별다른 의심이 없는 것은 바로 이 때문이다. 그렇기에 자연과학과 달리 경제학은 현실적 실패에 의해서도 반박되지 않는 대단한 능력을 갖게 된다. 이미 오랜 기간 반복되어

신화와 마찬가지로 진실과는 거리가 먼 탄생설화일 뿐이다. 갈릴레이가 '근대과학의 아버지' 같은 게 되었다면, 이는 자연현상이나 운동을 수학화하려는 태도 때문이다. 덕분에 수학적 형식으로 서술되는 모든 것은 '과학적 서술'로 쉽게 간주된다.

지구의 철학

확인된 것이지만, 경제 위기 형태로 경제정책의 실패가 드러난 경우에도, 그러한 정책을 주도한 경제학이 비과학으로 간주되어 기각되는 일은 잘 일어나지 않는다. 가령 1980년대 이래 경제정책을 주도해 온 신자유주의가 2008년 경제 위기 이후 '실패'했음이 드러났음에도 불구하고, 신자유주의 경제학은 반증된 지식, 옳지 않은 지식이 되지 않았다. 이는 이전의 다른 경제학 역시 마찬가지였다. 이런 무적의 과학적 형식으로 인해 경제학은 다른 지식의 비판으로부터 '자유롭다'. 그래서일 것이다. 경제학은 점점 더 강한 수학적 형식을 향해 달려가고 있다. 그러나 과학이 '참'이나 타당성을 함축하는 말이라면, 과학적 형식으로 서술된 지식이 곧 과학은 아니다. 사용되는 수학적 지식의 정도가 그 지식의 타당성 정도를 뜻하는 건 더욱 아니다. 과학적이지 않지만 과학적 형식으로 구성된 지식, 그것은 가장 반박하기 어려운 종류의 미신(迷信) —— 미혹하는 믿음 —— 이다.

상반되는 주장의 경제학들, 상이한 수학적 모델의 경제학들이 공존한다는 사실이 보여 주는 것은 경제학은 **과학적 형식으로 서술된 지식**일 뿐 과학적 지식은 아니라는 사실이다. 그러나 이러한 사실을 안다 해도 경제학적 서술이나 경제학자의 주장에 대해 '과학적으로', 다시 말해 사실에 비추어 따져 보고 비판하기는 결코 쉽지 않다. 수와 계산이 지배하는 세계에서 숫자로 제시된 것을 숫자 아닌 것으로 반박하기는 힘들기 때문이다. 심지어 확인된 사실이 아닐 때조차 숫자를 제시하면 일단 그것은 사실로 받아들여진다. 더구나 경제 현상은 그 자체가 수적 형식으로 포착되고 서술되기에,

수학적 형식이나 계산된 숫자, 지표를 계산하는 공식은 부정할 수 없는 사실로 간주된다. 가령 생산성이나 최적값, GDP나 성장률을 비교하는 수치를 제시했을 때, 왜 하필 그런 걸로 현실을 보고 비교하느냐는 반문은 세상을 모르는 어이없는 무지로 간주된다. "GDP에 저항하기 위해 재즈를 한다"던 어느 재즈 뮤지션의 발언은, 멋있다고 생각할 때조차 **경제 아닌** 예술의 선택으로, **현실 아닌** 몽상에 속하는 것으로 간주된다. 부탄 국왕이 GDP상으로 자신의 나라가 전 세계에서 가장 못사는 나라라는 사실에 깜짝 놀랐다며 그것 대신 행복지수를 제안했을 때, '맞아, 그럴 수 있지'라고 감탄했던 이들조차 GDP 계산이나 비교를 내던지지 못한다. '그래, GDP로 측정되지 않는 행복도 있을 수 있지. 그래도 GDP는 GDP고, 경제는 역시 GDP지'라고 생각할 것이다.

계산이나 수를 반박하거나 그로 인해 무력화되지 않으려면 공식이나 수치 같은 계산의 형식에 대해 유사한 형식으로 부딪쳐야 한다. 그게 아니면 어떤 말도 먹히지 않는다. 비과학적 우려 내지 근거 없는 비난으로 무시당하기 십상이다. '해결할 문제가 무엇이든, 좀 더 높은 효율성, 좀 더 효과적 방식으로 해결하려는 걸 비난한다면 대체 무얼 하자는 거냐?' '성장률이 줄면 투자가 줄고 고용이 줄고, 그러면 실업이 늘고 먹고살기 힘들어질 텐데, 대체 어쩌자는 거냐?' 이런 프레임 안에서는 경제주의를 벗어난 모든 사고는 합리성 자체에 반하는 태도, 비현실적 공상이나 시대착오적 낭만주의 같은 것으로 간주된다. 경제학적 식민주의는 의지나 의문만으로는 넘어설 수 없는 권력을 장착하고 있는 것이다.

이러한 '형식'과 대결하고 이러한 형식의 외부로 눈을 돌리고 사유하려면, 이런 형식과 충돌하는 어떤 형식을 빌려야 한다. 그들을 설득하기 이전에 우리 자신을 설득하고, 그들의 식민주의로부터 우리 자신이 해방되기 위해서. 숫자와 수학으로 무장한 그들로부터 우리의 감각과 생각을 방어하기 위해서는 그것과 충돌하고 싸우고 공격할 수 있는 형식의 무기가 있어야 한다. 다른 계산의 형식, 다른 개념의 공식이 있어야 하고, 다른 합리성이 있음을 보아야 한다. 비용 합리성과 다른 종류의 합리성이 있으며, 비용 합리성이 실은 결코 합리적이지 않음을 보여 줄 수 있어야 한다. 경제학적 가치나 가격과는 다른 가치가 있으며, 이는 경제학의 가치나 가격 개념과 다른 방식으로 정의되고 계산조차 가능하다는 것을. 인간이 생산하고 인간이 구매하려는 것만이 가치 있는 게 아니며, 그런 생산과 구매로 인해 파괴되는 것들의 가치 또한 계산되어야 한다는 것을. 이런 식으로 경제학과 **다른 척도, 다른 계산의 방법**이 있을 수 있다는 것을 사고할 수 있어야 한다. 경제학의 외부를 경제학과 대면케 하고 그것과 대결하게 해야 한다. 경제학의 식민주의에 마찰을 야기해야 한다. 생태학적 계산은 물론 경제적 계산이 경제학을 떠날 길을 찾아야 한다. 비록 그것이 우직하고 소박한 단순성을 면치 못할지라도, 다른 종류의 사유가 계산적 영혼 안에 스며들 틈새를 만들어야 한다. 오이코스의 사유가 경제학적 식민주의에서 벗어나 새로운 삶의 방식을 사유할 수 있는 작은 틈새를.

　이런 틈새, 이런 식의 발상이 출구가 될 수 있을까? 불행하게도 그럴 것 같지 않다. 그러기에는 수백 년간 그리고 치밀한 수학적 기교로 쌓아 올린 경제학의 요새는 너무 견고하다. 마찰이라 했지만 대열을 이루어 전진하는 탱크들을 향해 거적때기로 둘둘 만 동물의 사체를 던져 넣고 있는 것 이상이 되지 않을 터이다. 지구적 기후위기의 심각성으로 인해 경제적 사고의 재구성이 시도된다 해도, 그것이 가동되는 데는 긴 시간이 필요할 것이며, 그것이 실질적 효과를 갖는 데는 더 많은 시간이 필요할 것이다. 기후학자들이 '티핑 포인트'라고 명명하는 시간, 몰락이 본격화될 시간은 그걸 시험하기에는 너무 가깝다. 몰락은 면할 수 없을 것이다.

그러나 몰락을 면할 수 있는 방법을 상상하고 실험하는 기쁨마저 없다면, 몰락이란 적어도 그걸 짐작하는 이에게는 너무 암담한 것이다. 몰락하리라는 예측을 면할 수 없을 때조차, 정작 중요하게 남는 문제는 '어떤 몰락'인가이다. 어떤 기울기로, 어떤 양상으로 도래할 몰락인가이다. 몰락 자체는 모면할 수 없다고 해도 어떻게 몰락하는가에 따라 몰락 이후는 크게 달라질 것이며, 이미 그 이전에 몰락의 과정 자체가 달라질 것이다. 몰락이 피할 수 없다고 해도 우리는 그 몰락을 향해 어떻게, 어떤 경로로 갈 것인지 물어야 한다. 몰락을 향해 갈 때조차 좀 더 나은 몰락의 길을 찾아야 한다. 그것이 대지로, 강도 제로의 상태로 되돌아가는 그나마 나은 길일 테니 말이다.

제4장

오이코폴리틱스

— 인간과 인간도 아닌 것들 간의 치안과 정치에 대하여

1. 기후 격변과 비인간의 정치

2021년 『네이처』의 설문조사에 따르면 '기후변화에 대한 정부 간 협의체'(Intergovernmental Panel on Climate Change, IPCC)에 참여한 기후과학자들의 80퍼센트 이상이 자신의 생전에 기후 격변에 의한 파국을 경험할 것으로 예상했다.[31] 사실 남반구의 가난한 나라들은 이미 파국을 경험하고 있다. 2023년 7월 BBC는 "악화일로의 기후 기록들, 예측불허의 상황에 놓인 지구"라는 제하의 기후 보도를 했다. 과학자들에 따르면 기온, 해수 온도 상승, 남극해의 빙하량 등 일련의 기후 데이터들이 전례 없는 기록을 보이고 있다.[32] 2023년 국제기상기구는 2030년대 초면 티핑 포인트로 알려진 '1.5도 상승'이 도래하리라고 발표했다. 그러나 지금까지의 예측이 수정된 과정이나 변화 속도를 보면 지구 물리 시스템의 연쇄적 붕괴를 의미하는 티핑 포인트가 더 빨리 찾아올 수도 있을 것 같다.

이 장에서 우리는 이러한 기후 격변을 비인간의 정치로 보아야 한다고 주장할 것이다. 아니 기후 격변이 무슨 정치? 그건 그저 자연현상일 뿐인데! 더구나 말을 가지지 못했고, 그러므로 생각할 수 없고 의지대로 행동할 수 없고 단지 자극에 반응할 뿐인 것들의 정치라니? 누구는 어디서나 정치를 보고, 어디서나 권력을 문제 삼으려는 터무니없는 '의인화'라고 비난할 것이다. 코로나로 인한 봉

---

31 『동아사이언스』, https://www.dongascience.com/news.php?idx=50286, 2021년 12월 1일 접속.

32 https://www.bbc.com/news/science-environment-66229065, 2023년 7월 30일 접속.

쇄정책을 두고 '예외 상태'를 이용해 대중에 대한 통제 권력을 강화하려는 것이라며 비판했던 한 정치철학자의 우스운 에피소드(조르조 아감벤, 『얼굴 없는 인간』)를 떠올릴 수도 있겠다. 그러나 비상사태라는 사실 하나만으로 권력의 '음모'를 추정하는 것이 철학적 순진성의 소산이라면, 코로나의 창궐이 그저 자연적 현상이라는 생각은 생물학적 내지 생리학적 순진성의 소산이라 하겠다. 코로나에 의한 봉쇄 조치들을 그저 권력의 음모라고 할 수 없음은 분명하지만, 그 봉쇄 조치가 생명을 관리하는 근대적 생명 권력의 전 지구적 작동이었음을 대체 누가 부정할 수 있을 것인가. 치명성이 큰 전염병이기에 생활 전체에 대한 통제조차 당연하게 수용하도록 하는 상황, 그런 조건에서 필요하고 유용하기에 더욱 효과적인 권력, 유병률과 사망률 등의 통계학적 수치로 표시되는 인구의 생명을 관리하기 위해 국가가 가능한 한 최대치의 정보를 수집하고 그에 따라 개별화된 통제 권력을 행사하는 사태는, 그 의도나 명시적 목적이 무엇이든 통치 질서의 역사에서 또 하나의 중요한 분기점을 만들었다. 그 봉쇄 조치를 지지하든 부정하든 간에 말이다. 굳이 '세균실험'이라는 또 다른 음모설을 취할 것도 없이 세간의 통설대로 코로나의 원인균이 박쥐로부터 나왔다고 한다면, 박쥐로부터 동물로 인간으로 세균이 이동하며 발생하는 전염병이 전 세계적으로 흔하고 광범위한 현상이 된 건 숲의 제거에 따라 박쥐와 인간의 인접성이 커졌기에 가능해진 사태라 하겠다. 그렇다면 코로나의 발생 또한 결코 자연적인 것이라 할 수 없다.

기후는 자연현상이지만 위기로 치달리는 지금의 기후 격변은 결코 자연적인 것이 아니다. 그것은 잘 알려진 것처럼 석탄의 힘을 앞세운 식민주의적 정치학 없이는, 또한 유용성과 편의성으로 인해 더없이 효과적으로 작동했던 자본주의 경제 없이는 결코 있을 수 없는 것이었으니 말이다. 그리고 기후 격변이 존재한다는 사실마저 부정하려는 이들이 미국의 공화당처럼 명백히 정치적 집단을 이루고 있으며, 그 위기를 부정할 수 없는 상황에서도 그것을 어떻게든 자연에 속하는 것으로 떠밀어 두려는 이들이 여전히 있음을 우리는 안다. 반대로 위기의 심각성을 지적하며 삶을 걸고 무언가를 해 보려는 이들이 전 세계에 걸쳐 적지 않다. '자연적'이라는 말만큼 정치적인 것도 없음을 이보다 더 선명하게 드러내 주는 경우는 그리 많지 않을 것이다. 그러나 여기서 우리가 기후 격변에 대해 '정치'라는 말로 다루려고 할 때, 이는 단지 그것이 정치적 성격의 정책이나 운동과 관련되어 있다는 의미만은 아니다. 또한 그런 격변이나 위기를 만들어 낸 원인이 정치적인 것이었음을 지적하려 함도 아니다. 그것은 다시 지적할 필요가 없을 만큼 잘 알려져 있다. 여기서 우리가 문제화하려는 것은 권력을 둘러싼 대결로서의 정치다. 더 적극적으로 말하면 권력에 대한 저항을 뜻하는 정치라는 개념과 기후 격변을 연결하는 것이다. 요컨대 기후위기를 만들어 낸 인간의 권력에 대한 비인간들의 저항, 그것이 우리가 그 말로 표현하려는 것이다.

기후위기를 낳은 상황이 그처럼 인간의 경제적 이득이나 정치적 권력과 긴밀하다고 한다면, 인간에게 위기로 감지되는 기후 격변에서 인간에 대한 비인간의 저항을 보려는 것은 어쩌면 당연한 것 아닐까? 그런데도 이런 시도가 별로 없었으며, 또한 쉽게 납득되지 않는 것은 무엇 때문일까? 그것은 정치나 저항을 인간에게만 있는 고유한 것으로 보려는 인간중심적 발상 때문이고, 인간 아닌 것들을 인간의 도구나 자원, 대상으로만 볼 뿐 어떤 사태를 만들어가는 주어로 볼 생각을 하지 못했다는 사실에 기인한다. 하지만 그들은 인간이 주체인 것만큼 충분히 주체다. 인간의 눈에 주체로 보이지 않기에 모면할 수 없는 위기와 대면할 때야 비로소 보이게 되는 '때 아닌 주체'가 그들이다. 비인간의 정치란 이처럼 한참 늦은 뒤에야 시야에 들어오는 이들 비인간-주체들의 활동이다.

기후 격변을 비인간의 정치로 생각하고자 함은 단지 인간 아닌 것들에게도 주체의 자리를 주자는, 지금은 꽤나 익숙해진 철학적 개념을 지금의 기후 상황에 적용하려는 이론적 욕망 때문이 아니다. "예측불허의 상황에 놓인 지구"에서 우리 인간이 어떻게 살아 낼 것인지 생각하기 위해서다. 모면할 수 없는 현실로 닥쳐온 위기에서 비인간들은 어떻게 움직이고 있는지 알아차리기 위해서다. 우리는 비인간과 인간의 상호의존성을 말하는 것에서 더 나아가야 한다. 비인간과 인간의 상호의존성을 알아차리는 것은 중요한 일이지만, 모든 것이 서로 연결되어 있다는 식의 이해만으로는 사태의 핵심에 다가갈 수 없다. 그 말은 궁극적으로 맞을지 모르지만, 상이한 권력관계를 상호의존성으로 동질화하거나 불평등한 권력관계를 "조화"라는 아름다운 말로 오인할 위험이 있기 때문이다. "예측불허의 상황에 놓인 지구"에서 우리 인간이 어떻게 살아 낼 것인지 생각하기 위해서는 비인간을 인간만큼이나 주체로 다루어야 함은 물론이고, 비인간과 인간, 비인간과 비인간 사이의 대화를 알아듣고 거기서 작동하는 권력을 포착하는 일이 필요하다. 이를 위해서는 정치와 권력을 사유하는 방법 자체를 바꾸어야 한다. 인간이라는 특권적 존재 없이 인간에게 그런 특별한 지위를 부여하지 않고서도 정치와 권력의 문제를 사유할 수 있어야 한다. 그런 존재론적 평등성 속에서 인간과 비인간의 관계를, 정치를 사유할 수 있어야 한다. 인간 아닌 것을 정치의 주어로 다룰 수 있는 정치의 개념을 창안해야 한다. 인간의 정치만이 아니라 자연의 정치로 거슬러 올라가야 한다.

2. 폴리스의 정치에서 오이코스의 정치로

근대 이래 비인간을 다스리는 일은 언제나 과학의 몫이었다. 과학은 예측함으로써 비인간에 대한 통제를 가능하게 했기 때문이다. 바람직하지 않은 결과가 예측되면 입력값을 조정해서 원하는 결과를 얻을 수 있었다. 비인간은 인간의 영향을 받을 뿐 우리에게 영향을 주지는 못하는 것처럼 보였다. 유기체든 아니든 그들 비인간은 더 이상 미지의 존재자들이 아니라 인간의 손에 장악된 자들이었다. 하지만 "예측불허의 상황"이라는 말은 더 이상의 순치(馴致)가 불가능하다는 뜻이다. 그들은 더 이상 다스림의 대상이기를 거부하는 것처럼 보인다. "예측불허의 상황에 놓인 지구"에서 산다는 것은 우리가 그것을 원하든 원치 않든 다스림의 대상이기를 거부하는 비인간과 함께 산다는 것을 뜻한다. 이 때문에 우리는 그들을 다스림의 대상으로 여기게 한 모든 관념들을 재검토할 수밖에 없다.

앞서 언급한 바 있지만, 정치철학자 한나 아렌트(Hannah Arendt)는 그리스 정치의 위대함은 정치의 영역인 폴리스(polis)와 노동의 영역인 오이코스(oikos)로 분명하게 나누었던 것에 있다고 했다(한나 아렌트, 『인간의 조건』). 고대 그리스인들에게 오이코스는 동물로서의 필요를 충족하기 위한 자연적 결사체로 가정이라는 의미를 지닌다. 아렌트가 고대 그리스인들의 오이코스와 폴리스의 나눔에서 주목하는 것은 지배와 피지배의 계급적 구분이 아니라 인간성과 동물성 영역의 분명한 구분선이다. 오이코스는 가장의 지배하에 여성과 어린이 그리고 노예가 동물로서의 삶의 필요에 복무하는 영역, 필연성에 붙잡혀 있는 영역이다. 여성은 임신과 출산 그리고 양육에 얽매인 자이고, 어린이는 자연성에서 벗어나지 못한 미성숙한 자, 당시 전쟁포로가 대부분을 차지했던 노예는 삶에 대한 집착으로 목숨을 버리지 못한 자들이기에 부자유한 자들로 규정되었다. '사적인'(private)이라는 단어의 그리스 어원에 '박탈된'이라는 의미가 있음을 상기시키는 아렌트는 오이코스에는 타인이 박탈되어 있다고 말한다. 오이코스에 있는 여성, 어린이, 노예 그리고 그들을 지배하는 가장은 혼자가 아니다. 그럼에도 그들은 서로에게 타인이 아니라는 것이다. 타인이란 지배와 피지배를 떠난 동등한 관계에 있는 자들이기 때문이다. 오이코스에는 삶의 필요를 채우기에 급급한 자들이 함께 있지만 그들의 관계는 힘에 의한 관계, 지배와 피지배의 관계이지 동등한 관계가 아니다.

폴리스는 동물로서의 필요를 충족한 자들이 진정한 인간성을 삶에 구현하기 위한 인위적 결사체다. 아렌트가 보기에 그리스의 위대함은 자연적 결사체의 확장으로서의 국가가 아니라 동등한 자들의 인위적 결사체인 폴리스를 따로 만든 것에 있다. 이는 필연성에 얽매이지 않는 자유로운 삶, 진정한 인간성을 삶에 구현하기 위해서다. 폴리스에 들어갈 수 있는 자들은 자신의 오이코스를 소유한 가장들이었다. 그리스인들에게 "소유를 가진다는 것은 삶의 필연성을 지배함으로써 잠재적으로 자유로운 사람, 즉 자신만의 삶을 초월해 모든 사람이 공동으로 참여하는 세계에 들어가는 사람이 된다는 의미를 가진다"(같은 책, 150쪽). 오이코스는 사적 부를 가지는 것이고, 이것은 오이코스 소유자들이 진정한 인간성을 구현하는 '좋은 삶'의 토대다. 그러나 오이코스에 속한 자들은 "모든 사람이 공동으로 참여하는 세계"의 자원일 뿐 그 세계의 구성원은 아니다. 아렌트는 "노예를 지배하는 것은 필연성을 지배하는 인간적 방식이고 따라서 자연에 반하지 않는다"(같은 책, 170쪽)라는 고대 그리스인의 말을 인용하고 고대의 노예제는 자본주의적 지배처럼 값싼 노동력을 확보하기 위해서라거나 이윤 착취의 수단이 아니었고 삶의 조건에서 노동을 몰아내기 위한 어쩔 수 없는 조치였음을 덧붙인다. 하지만 폴리스의 가장 중요한 토론 사안인 전쟁의 중요 목표가 토지와 노예라는 '부'의 획득 아니었던가? 그리스인들이 사적인 것과 공적인 것의 분리를 자명하게 여겼다면 그것은 자신들만의 좋은 삶을 위해 오이코스를 복속시키기 위한 기만술일 뿐이라고 해야 할 것이다.

"노예를 지배하는 것은 필연성을 지배하는 인간적 방식이고 따라서 자연에 반하지 않는다"라는 그리스인의 말에서 '노예' 대신 '비인간'을 쓴다면 어떻게 되는 것일까? 현대를 사는 우리가 노예제에 대한 이 정당화 논리를 순순히 수긍하기는 어렵지만, 노예가 아니라 비인간이라면 그리 낯선 논리가 아니다. 오늘날에는 노예도 없고 여성과 어린이를 착취의 대상으로 여기지 않지만, 식물, 동물, 기계에 대해서는 그렇지 않다. 그렇다면 과거에 노예와 아이, 여성이 속했던 오이코스와 그들에 대한 착취를 기반으로 '자유'를 추구하는 인간들의 폴리스 구분은 여전히 존재한다 해야 하지 않을까? 이 구분은 인간들만의 좋은 삶을 위해 인간 아닌 것들을 인간의 노예로 삼는 정치적 경계선이다. 기후 격변은 어쩌면 인간이란 이름으로 자명하다 간주되는 이러한 '기만'의 정치학이 더 이상 유지될 수 없음을 보여 주는 징표 아닐까?

자크 랑시에르(Jacques Rancière)는 이런 기만술을 정확히 파악했던 정치철학자다. 아렌트가 오이코스와 폴리스의 구분을 자명하게 여기고 정치는 그 구분을 토대로 가능한 것이라고 했다면, 랑시에르는 그러한 구분을 유지하는 것은 정치가 아니라 치안(police)일 뿐이고, 정치는 그 구분을 가로지르고 지워 버리는 것이라고 주장한다(자크 랑시에르, 『불화』). 아렌트는 정치의 조건으로 자유로운 시민들의 자격을 내세운다. 또한 폴리스/오이코스 구분의 이유를 능력의 불평등이라 말한다. 그러나 그것은 능력의 불평등이 아니라 자격의 불평등일 뿐이다. 그 자격의 불평등은 가진 자들에 의해 만들어진 것이기에 자의적이다. 그뿐만 아니라 역설적이게도 그 불평

지구의 철학

등은 능력의 평등 없이는 실현되지 않는다. 아렌트는 지배당하는 자는 열등하기에 복종한다고 하지만, 명령하는 자의 말을 이해하지 못하면 명령을 수행할 수 없기 때문이다. 즉 명령받는 자는 명령하는 자와 말-로고스의 능력을 공유하고 있어야 한다. 더구나 명령하는 자는 자신이 명령한 것이 어떻게 실행될 수 있을지 알 능력이 없어도 되지만, 명령받은 자는 그 능력이 없으면 명령을 실행할 수 없다. 따라서 명령을 실행하는 자는 명령하는 자와 동일한 로고스를 가져야 할 뿐 아니라 명령하는 자 이상의 실행능력을 가져야 한다. 요컨대 우월함과 열등함의 구분, 말(logos)과 소음(phoné)의 구분은 명령의 성공적 수행을 위해 존재 이유를 잃고 만다. 따라서 지배의 자격이란 그 평등한 능력 사이에 그어 놓은 자의적 구획이다.

그럼에도 지배와 피지배, 자격 있는 자와 자격 없는 자의 분할이 지속되는 것은 능력의 우열이 아니라 다른 어떤 것 때문이다. 치안이 그것이다. 치안이란 "행위 양식들과 존재 양식들 및 말하기 양식들 사이의 분할(partage)을 정의하는 신체들의 질서"이며, "볼 수 있는 것과 말할 수 있는 것의 질서"이다(자크 랑시에르, 『불화』, 63쪽). 쉽게 말해 발언권이 없어서 말해도 안 들리는 자들과, 발언권 덕분에 말하면 무슨 말이든지 할 수 있는 자들을 분할하고, 그들이 주어진 자리에서 벗어나지 않도록 하는 권력의 작용, 그것이 치안이다. 존재할 자격이 없기에 있어도 보이지 않으며, 보이지 않기에 목숨조차 숫자로 세어지지 않는 자들, 그리고 안 보여도 혹시나 하고 찾아내고 보아야 하는 자들, 빼놓지 않고 숫자로 세어져야 할 자들을 분할하고 그 구분을 유지하는 인위적 권력의 작용, 그것이 치안이다.

치안의 권력이 만들어 내는 질서에 따라 누구의 말은 담론이 되지만 다른 누구의 말은 소음이 된다. 그리스인들은 이러한 분할의 체계를 폴리스와 오이코스라는 영역의 분할을 통해 유지했다. 누가 말할 자격이 있는가? 폴리스에 들어갈 수 있는 자다. 폴리스에 들어가지 못하는 자들은 입이 있어도 말할 수 없는 자들이고 말해도 들리지 않는 자들이다. 그럼 누가 폴리스에 들어갈 수 있는가? 오이코스를 갖고 그것을 지배하는 자들, 가장들이다. 오이코스에 속하는 자, 가장의 소유물에 속하는 자들은 폴리스에 들어갈 수 없다. 그들은 폴리스에 들어갈 자격을 가진 자의 지배를 받고 그의 명령을 수행해야 한다. 폴리스에 속하지 않는 것들은 말해서는 안 되며 말해도 소용없다. 오이코스는 그저 명령받은 것을 묵묵히 수행해야 하는 '동물적' 생존의 영역이다. 여자와 아이, 노예의 영역이다.

아렌트뿐 아니라 서구의 정치철학자 대부분이 정치의 모범임을 의심하지 않는 그리스의 폴리스(polis)는 이런 분할의 질서를 세우고 그 권력에 통해 유지하는 치안(police)의 영역이다. 이런 폴리스를 모델로 하는 '정치'가 있다면 그것은 사실상 정치 아닌 치안의 영역이다. 치안의 권력만을 가동시키는 영역이다. 거기에서는 이미 권리를 가진 자들의 권리를 수호하고 보장하는 권력이 작동한다. 치안이 만든 분할의 질서에 의해 오이코스에 속한 자들은 있어도 보이지 않고 말해도 들리지 않는 어둠의 세계에 유폐된다. 선거처럼 사람의 수를 세는 것이 그 무엇보다 중요한 일에서도 그들의 존

지구의 철학

재는 수로 세어지지 않는다. 수로 세어질 자격이 없다는 점에서 그들은 산수가 통하지 않는 늪 속에 사는 셈이다.

혁명의 프랑스가 '정치'의 장에서 여성들의 수를 세기 시작한 것은 혁명 후 150년이 지나서였다. 그 150년 동안 여성을 제외한 채 사람의 수를 세던 곳은 폴리스(polis)였을지는 몰라도 정치(politics)의 장이라고 할 수는 없었다. 그렇게 숫자로 세어지는 자들이 세어지지 않는 자들의 삶이나 운명을 결정한다. 아이들의 수는 아직도 '정치'의 장에서 셈해지지 않는다. 폴리스는 아이들에게 여전히 치안(police)의 장일 뿐이다. 어디 이들뿐일까? 노예의 운명을 대신하는 이주노동자들, 혹은 생존의 장을 잃고 쫓기다 '보호구역'의 철창 안에 갇힌 운명을 사는 야생동물들, 죽이기 위해 살려지는 가축들, 개발을 위해 목재를 위해 잘려 나가는 숲의 나무들, 토양의 역동적 다양성이 봉쇄된 플랜테이션의 작물 등은 수를 세는 '정치'의 장에서 배제되어 있다. '자격'을 가진 자들이 자격 있는 자들을 위해 자격 있는 자들만을 셈하여 권력을 나누어 갖고, 일반명사를 주어로 자신들을 위한 법을 만드는 장인 폴리스(polis)는 가진 자들끼리 자신들의 몫을 적당히 분배하기 위한 치안의 장일 뿐이다.

정치는 치안이 아니다. 그것은 치안에 반하는 활동의 장이자 활동 방식이다. 자격을 근거 삼아 공동체의 몫을 정하거나 몫이 없음을 정하는 활동이 치안이라면, 정치는 몫을 가지지 못한 자들이 몫을 달라고 주장하고 숫자로 세어지지 않는 것들의 숫자를 세는 것이다. 자격 없는 자들이 자격을 주장하는 활동이고, 보이지 않는 자들을 보이게 만드는 활동이다. 정치는 폴리스가 아니라 차라리 오이코스에 인접해 있다. 그때 오이코스는 폴리스와 분리되어 거기 접근할 권리를 갖지 못한 그리스적 오이코스가 아니라 폴리스 안으로 밀고 들어가 말할 권리를 주장하고 주어지지 않은 몫을 달라고 주장하는 침입의 지대를 뜻한다. 자신들을 보지 않을 수 없게 하고 셈하도록 함으로써 보이는 자와 보이지 않는 자의 분할, 폴리스와 오이코스의 분할을 횡단하고 교란하는 신체와 목소리가 살아 움직이는 곳, 그것이 치안 아닌 정치의 장이다. 정치란 폴리스를 뚫고 들어가는 오이코스의 예리한 첨점이다. 그렇게 뚫고 들어가 경계를 지우고 분할을 교란하는 힘들에 의해 재수립되는 어떤 배치다. 끊임없이 깨지며 재수립되길 반복할 배치들의 연속체다.

3. 로고스의 정치와 포네의 정치

랑시에르에게 정치는 공동의 몫을 재분배할 것을 요청하는 활동도 아니고 권력투쟁도 아니다. 그에게 정치는 아예 몫이 셈해지지 않은 자들, 그래서 나눠 받을 몫도 자격도 없는 자들이 몫이 있고 자격도 있는 자들의 조화로운 질서에 밀고 들어가 그들이 만든 코스모스적 질서를 교란하고 문제화하는 것이다. 랑시에르는 이를 데모스(demos), 즉 대중의 지배를 뜻하는 민주주의(democracy)라고 했다. 데모스는 "중요하지 않은 자들, 아르케의 힘을 행사할 자격이 없는 자들, 셈해질 자격이 없는 자들을 가리킨다"(자크 랑시에르, 『정치적인 것의 가장자리』, 215쪽). 가령 프랑스혁명에서 여성들이 그랬다.

1793년 프랑스 국민공회에서 인간의 권리선언이 낭독되었지만, 혁명에 열성적으로 참여했던 여성들에게 권리를 가진 인간의 자격이 주어지지 않았다. 이에 올랭프 드 구즈(Olympe de Gouges)는 여성이 단두대에서 죽을 권리가 있다면 단상에서 말할 권리도 가져야 한다고 주장했다. 노예해방 혁명에 나섰던 흑인들이 요구한 것 또한 이와 다르지 않다.

이러한 정치와 치안의 개념은 정치나 폴리스, 민주주의에 대한 통념을 뒤집는다. 그럼에도 랑시에르의 이러한 정치 개념조차 여전히 인간을 벗어나지 못하고 있다. 열등한 자의 열등하지 않은 능력은 끝내 로고스로서의 '말'을 통해 사유되기에, 말을 알아듣지 못하는 동물이나 식물, 사물들은 열등한 자에 들어가지조차 못한다. 그들의 소리는 말이 아니다. 그들의 소리에는 로고스가 없기 때문이다. 로고스가 없는 소리는 알아들을 수 없다. 그들은 그저 소리를 낼 뿐 말하지 못한다. 말이 되지 못한 소리는 소음이다. 동물의 목에서 나오는 것은 말이 아니라 소음이다. 식물들의 소리, 사물들의 소리 또한 소음이다. 알아들을 필요가 없는 소리, 그렇기에 들리지 않는 소리다. 그들에게서 무슨 소리를 듣는다면 그것은 잘못 들은 것이거나 의인화된 사고법에 속은 착각이다. 그렇기에 그들의 소리는 아무리 시끄러워도 들리지 않고, 그들의 존재는 있어도 보이지 않는다.

랑시에르가 인간들 사이에서 발견했던 보이는 자와 보이지 않는 자, 자격 있는 자와 없는 자의 분할이 이렇게 다시 돌아온다. 배제의 칼날과 함께 되돌아온다. 로고스와 로고스가 되지 못한 말 사이의 분할, 인간 안에서의 분할을 랑시에르의 정치 개념이 횡단하며 지워 버린 뒤꼍에서, 인간과 비인간, 로고스와 로고스를 가질 수 없는 포네, 말과 소음 사이의 분할로 치환되어 재등장한다. 안타깝게도 랑시에르는 이러한 분할을 다시 정치의 장으로 끌어들이지 않는다. 그는 인간 세계 안에서의 치안과 정치, 로고스 안에서 '말'과 '말이 되지 못한 말'의 분할을 문제화하는 데 머물고 만다. 이러한 정치 개념은 인간도 되지 못한 것, 비인간들의 문제를 담아내지 못한다. 랑시에르의 정치 개념에는 비인간이 들어설 자리가 없다. 비인간을 어떤 활동의 주어로, 주체로 다시 쓸 수 없다.

랑시에르 정치 개념의 유효성을 잘 보여 주는 동시에 비인간과 포네를 배제하는 난점 또한 명확히 드러내는 이야기를 랑시에르 자신에게서 들을 수 있다. 그는 전쟁을 거부하고 아벤티누스 언덕에 모인 평민군의 우화와 원정을 나갔다가 자신들의 성으로 돌아오는 귀족들과 한판 전쟁을 벌이는 스키타이 노예의 이야기를 비교한다.

스키타이 노예들은 어릴 때 그들의 주인에 의해 장님이 된다. 고분고분 잘 복종하게 하기 위해서다. 그런데 그 주인들이 원정 전쟁을 나갔다가 오랫동안 성으로 돌아오지 못하자 노예의 자식들은 장님이 되는 것을 면한다. 멀쩡한 눈을 갖게 된 그들은 성을 독차지하고 해자를 파서 원정 나간 귀족들이 성으로 들어오려 하자 무력으로 막았다. 노예들의 이런 평등시위에 당황한 귀족들은 물러났다. 그러나 물러났던 귀족들이 이번에는 그들을 군대로 대하지 않고 채찍을 휘두르며 성으로 진격하자 노예들이 굴복했다. 반면 전쟁을 거부하고 아벤티누스 언덕으로 몰려간 평민군은 귀족들을 향해 협상을 요구했다. 그것은 귀족들이 보기에 애초에 불가능한 일이었다. 협상은 로고스를 가진 자들끼리 하는 정치 행위이기 때문이다. 하지만 로고스가 없는 자들인 평민들은 귀족들에게 협상을 요구하면서 스스로를 "말하는 존재자들"로 만들었고, 귀족들은 그들과 협상하지 않을 수 없었다.

그들은 스키타이 노예들로서는 생각할 수도 없었던 일을 했다. 곧 그들은 자신들을 다른 전사와 동등한 전사로서가 아니라 그들이 (그러한 속성을) 갖고 있다는 사실을 부인했던 이들과 동일한 속성을 나누어 가진 말하는 존재자들로 구성하면서 다른 질서를 설립했다. (…) 요컨대 그들은 마치 이름을 가진 사람들인 양 처신했다. 그들은 일종의 위반의 방식에 따라 자신들이 말하는 존재자라는 것, 곧 단순히 욕구와 고통, 두려움만 표현하는 것이 아니라 지능을 명시하는 말을 지닌 존재자라는 것을 발견했다(자크 랑시에르,『불화』, 56쪽).

이 이야기를 두고 랑시에르는 스키타이 노예들은 군사적 평등을 만들었지만, 그것을 정치적 자유로 전환하는 일을 하지 못했다고 평한다. 반면 아벤티누스 언덕으로 몰려간 평민들의 협상 요구는 귀족과 평민들을 가르는 분할의 질서, 의심되지 않았던 코스모스를 무효화시킬 수 있는 전복적 행위라는 것이다. 랑시에르는 고대 우화 속 로고스의 특권적 위치를 비판하기보다 인간의 말을 로고스와 소음으로 분할하는 것이 모순임을, 그리고 그 모순을 드러내는 것이 정치임을 말하는 것에 그친다. 분할의 역설을 드러내는 것, 셈하지 않는 셈의 잘못을 드러내는 것이 전적으로 로고스의 활동으로 귀속되는 것이다. 그는 치안과 정치를 대비함으로써 아렌트를 비판했지만, 말하는 능력의 행위를 정치의 본성과 짝지었던 아렌트로부터 그리 멀리 가지 못한 것이다.

제인 베넷(Jane Bennett)은 랑시에르의 정치론이 가진 언어적 특질을 비켜 가면서 그의 정치론에 함축된 신체성을 강조한다. "랑시에르에게 정치적 행위의 핵심은, 감응적 신체들이 이전까지 존재했던 공중(public)에 진입할 때, 혹은 그러한 신체들이 자신들이 여태까지 설명되지 않은 부분으로서 그곳에 존재해 왔다는 점을 드러낼 때 나타나는 신체들의 감탄사에 있다"(제인 베넷, 『생동하는 물질』). 여기서 감탄사는 언어적 기호들의 의미작용에 들어가기 이전의 소리다. 신체적 반응이나 감응이 만들어 내는 소리다. 언어적 기호로 표시될 때조차 실은 충분히 언어화되지 않은 소리다. 그렇게 언어화되지 않아도 이해되고 감지되는 소리다. 가령 깔끔하게 포장된 고기는 우리 눈에 맛있는 음식의 재료로 보일 뿐 살해된 동물의 신체로는 보이지 않는다. 하지만 고통에 찬 동물의 소리가 거기 더해지면 그 신체의 감탄사는 포장된 고기를 더 이상 음식의 재료로 보지 못하게 만든다. 그것은 살해당한 동물의 신체다. 이처럼 보이지 않았던 것을 보이게 만드는 감각의 재분할은 모든 것을 바꾸는 정치다.

신체들의 소리가 감탄사로 들리는 것은 분절되지 않아 충분히 언어화되지 않은 소리가 포착되기 때문이다. 그러나 그것이 감탄사로만 들리는 것은 그들이 그것으로 하려는 말이 충분히 들리지 않고, 그들이 전하려는 뜻을 인간이 포착하지 못해서다. 그것은 그저 감탄사 같은 소리로만 온다. 그래도 그것이 감탄사로 들렸다면 '많이' 들은 것이다. 거기에 실린 어떤 감응이나 의사가 들린다는 말이니 말이다. 사실 우리는 대개 그 소리를 제대로 듣지 못한다. 감탄사로 듣지 못한다. 고통의 비명조차 조용히 시켜야 할 시끄러운 소음으로만 들을 뿐이다.

알아들을 수 없는 소음, 포네(phoné)가 로고스를 덮어 버릴 때, 포네의 정치가 시작된다. 알아들을 필요가 없어서 들리지 않던 소리, 포네가 강력한 데시벨로 우리의 사고를 멈추게 할 때, 그리하여 그 소리를 포착하려 하지 않을 수 없을 때 포네의 정치가 시작된다. 비인간의 소리, 포네는 그런 점에서 정치의 새로운 출발점이다. 인간 아닌 것들이 인간의 세계에서 가동시키는 정치의 시작이고, 이들의 포네가 인간 동맹자를 만든다. 정말 많은 이들이 비인간의 포네에 휘말려서 동물권운동을 하고 있다. 만약 이들의 활동을 행위 능력이 없는 비인간을 긍휼히 여긴 인간의 구제 활동이라 여긴다면 그것이야말로 치안의 발상이다. 그들을 움직이게 한 것은 비인간의 포네이지 그 반대가 아니기 때문이다. 그렇기에 비인간의 포네를 인간의 인정과 허락, 수용 같은 것으로 이해하는 한 그것은 다시 그 정치를 권력을 가진 통치자의 눈으로 되돌리는 것이다. 로고스의 자격을 따내야만 가능한 정치에는 포네의 자리가 없다. 그러한 정치는 그 자체로 포네를 배제하는 또 하나의 치안이 될 뿐이다.

그렇기에 폴리스에 대항하는 오이코스의 정치는 로고스의 정치에 머물러서는 안 된다. 또 하나의 치안이 되고 마는 로고스에 멈추어서는 안 된다. 그것은 로고스의 치안이고 말의 치안이며 인간의 치안이다. 이제 우리는 또 하나의 문을 열어야 한다. 로고스 안을 비집고 들어가는 것이 아니라 그 바깥으로 향한 문을. 로고스가 아닌 소리를 듣고, 이해할 수 없는 그 감탄사 같은 소리를 포착하기 위해 인간의 자리에서 이탈하는 법을 찾아야 한다. 로고스의 치안과 대결하는 포네의 정치로 나아가야 한다.

4. 인간의 정치에서 비인간의 정치로

치안하는 인간이 사라진 세계는 어떤 모습일까? 약육강식이 지배하는 자연? 혹은 조화로운 공동체로서의 자연? 이렇게 치안과 정치가 사라진 자리에는 어김없이 대문자 "자연"(Nature)이라는 오래된 신화가 등장한다. 조화로운 섭리, 냉정한 필연성, 혹은 불가지의 신성함으로 끝없이 재현되어 온 그 문제적 형상이 다시 등장하는 것이다. 인간과 비인간, 혹은 비인간들 사이의 불평등한 권력은 그저 '자연'이라는 말로 다 양해가 되는 것일까? 이 또한 인간의 로고스가 만들어 낸 '이데올로기' 아닐까? 로고스를 통해 작동하는 또다른 치안의 형식 아닐까?

그렇기에 로고스의 치안과 포네의 정치 간 대비는 분명 유효하고 중요하다. 하지만 바로 그렇기에 다시 물어야 한다. 포네의 정

지구의 철학

치는 비인간의 정치를 사고하기에 충분한가? 그렇지 않은 것 같다. 포네를 듣는 자로서의 인간, 포네를 로고스의 영역으로 끌어들이는 자로서의 인간이 전제되어 있기 때문이다. 로고스의 치안에 대항하는 포네의 정치에도 인간의 자리가 여전히 특권적 위치를 갖고 있는 것이다. 우리는 비인간의 정치를 말하기 위해 치안과 정치를 분리한 랑시에르를 경유해서 포네의 정치로까지 나아갔지만, 포네의 정치를 가능하게 하는 것이 바로 로고스의 치안이라는 궁지에 부딪히게 된다. 인간의 자리가 사라지면, 다시 말해 로고스가 사라지면 포네의 정치 또한 사라지는 것이다.

포네의 정치는 역설적이게도 치안의 로고스를 요구한다. 포네를 통해 비인간을 정치의 장으로 끌어들여도 인간의 특권적 지위는 여전히 사라지지 않는 것이다. 정치에 비인간을 주어로 끌어들여도 치안의 주어를 인간만의 것이라 여기는 한 정치 또한 인간을 벗어나기는 어려워 보인다. 그렇다면 치안의 영역에 비인간을 끌어들이면 어떨까? 다시 말하자면, 특권적인 존재로서의 인간 없는 정치뿐 아니라 그런 인간을 전제하지 않는 치안을 생각할 수는 없을까? 인간 없이, 혹은 인간이 끼어들긴 하지만 인간이 치안과 정치의 특권적 존재이기를 그치고 다른 존재자들 중 하나로 존재하는 장에서 정치를 생각할 수는 없을까? 인간의 특권적 자리가 없는 폴리스 이전의 오이코스에서의 정치를 생각할 수는 없을까? 인간과 인간 아닌 것의 구획을 넘어서, 필멸의 신체를 부인할 수 없는 자들, 다른 자에게 신체의 짐을 떠맡길 수 없는 자들 사이에서 치안과 정치를 생각할 수는 없을까?

생존의 장 자체인 오이코스에서 작동하는 이러한 치안과 정치의 장을, 인간의 세계를 넘어서 치안과 정치가 대결하는 이 '정치적인 것'의 장을 우리는 "오이코폴리틱스"(oikopolitics)라고 부르고자 한다. 오이코스는 필멸의 신체를 부인할 수 없는 자들의 영역이고, 자신의 신체가 지는 짐을 다른 자에게 떠맡길 수 없는 자들의 부자유한 영역이다. 자유란 이 짐을 남들에게 떠넘기는 방식으로 얻어지는 게 아니라 서로의 짐을 나누어 지고 부자유를 헤쳐 나가면서 얻어지는 것이다. 오이코폴리틱스는 이 부자유를 조건으로 '정치적인 것'을 사유하는 장의 이름이다.

오이코스는 "생태계"(ecosystem)라 불리는 물리적 시스템으로 환원되지 않는다. 시스템이라는 물리학적 용어는 전체를 상정하고, 물리학적 상호작용으로 그 전체의 메커니즘을 모두 파악하고 통제할 수 있다는 전능감을 내포한다(후지하라 다쓰시, 『분해의 철학』). 이 전능감에 도취된 것이 근대과학의 진보 담론이다. 이 담론은 예측할 수 있는 안정적 미래를 약속했지만, 오이코스는 그렇게 인간이 파악하고 통제할 수 있는 시스템이 아니다. 오이코스는 안정적 토대에 기댈 수 없는 불안정성(precarity, 애나 로웬하웁트 칭, 『세계 끝의 버섯』)과 불확정성(Karen Barad, *Meeting the Universe Halfway*)이 조건인 영역이다. 필멸의 신체를 가진 자들의 영역인 오이코스는 상호의존적 관계가 기초인 장이지만, 모든 것이 연결된 하나의 전체는 아니다. 이질적 관계들과 부분적 순환계, 상이한 회로들이 종착되고 교차되며 중첩된 장이다.

모두가 누군가의 먹이가 될 수밖에 없다(발 플럼우드, 『악어의 눈』)는 것은 궁극적 진실이지만, 그것만으로는 비인간의 정치를 향해 한 발자국도 나가지 못한다. 우리가 물어야 할 것은 모두가 누군가의 먹이라는 총체적 사실이 아니라 어떤 먹이고 어떤 이용하기인가, 그것의 결과는 무엇인가와 같은 것이다. 전체 관계를 생각하면 먹이사슬은 "놀랍도록 급진적 평등의 세계"(『악어의 눈』)이지만 그것은 정치적 사유를 막는 방식으로 작동하기 쉽다. 우리가 주목해야 할 것은 부분적 연결(메릴린 스트래선, 『부분적 연결들』)이고, 부분적 관계에서 오이코스는 불평등한 세계다. 그러나 "관계 이전에 관계 항이 미리 결정되어 있지 않다"(*Meeting the Universe Halfway*). 인간이건 아니건 오이코스에 사는 자들의 당면한 문제는 어떤 조건에서 누가 먹게 되고 무엇이 먹히는가, 그리고 그것은 언제 성공하고 언제 실패하는가와 같은 현실적이고 세속적 물음들이다.

오이코스에는 두 가지 상이한 방향의 힘이 작동한다. 그러나 그것은 흔히들 생각하듯이 죽(이)기와 살(리)기가 아니다. 필멸의 신체에게 살기란 언제나 죽이기에 빚져 있고, 죽기를 긍정하지 않으면서 살리기를 찬양하는 것은 필시 살려야 하는 자와 그러지 않아도 되는 자를 나누게 되는 것이다(도나 해러웨이, 『종과 종이 만날 때』). 그러므로 삶과 죽음은 얽혀 있는 것이지 반대방향이 아니다. 오이코스에 작동하는 상이한 방향의 두 힘은 회복(resurgence)과 증식(proliferation)이다.[33] 회복과 증식 모두 이용하기와 죽이기와 관련

---

33 애나 칭은 홀로세의 회복과 인류세의 증식을 비교하는 논문을 썼다. Anna Tsing, "A Threat to Holocene Resurgence Is a Threat to Livability", *The Anthropology of Sustainability*, Palgrave Studies in Anthropology of Sustainability, 2017, pp. 51~65.

되어 있지만, 살(리)기를 위한 것이다.

회복이란 이미 다 끝났다고 잊어버리고 있던 것이 다시 활력을 되찾는 것이다. 그러나 망가진 것이 원래대로 되돌아가는 것이 아니라 **방향을 바꾸는(回) 것**이고, 상황의 변화에 응답-능력을 확장해 **다시(復) 탄력성(resilience)을 복구하는 것**이다. 반면 증식은 단지 수가 늘어나는 것이 아니라 한 방향으로 늘어나는 것이고, 특정한 것이 과도하게 늘어나는 것이다. 그 일방성과 과도함으로 인해 방향을 바꾸는 힘이 극소화되는 것이고 그 결과 변화하는 상황에 대한 응답-능력이 축소되는 것이며, 그리하여 탄력성을 잃는 것이다. 회복은 함께-먹기를 향해 가지만, 증식은 독식을 향해 간다. 회복이 계속성을 살리는 방향이라면 증식은 계속성을 죽이는 방향이다. 가령 세포의 수준에서 대비하자면, 회복의 벡터는 줄기세포를 향해 있고, 증식의 벡터는 암세포를 향해 있다. 줄기세포는 모든 방향을 향해 방향을 틀 수 있으며, 상황의 변화에 대한 응답능력에서 최대 탄력성을 갖는다. 반면 암세포는 증식의 방향을 따라서 가며, 최소치의 탄력성을 갖는다. 통상의 세포들은 노화나 호르몬, 바이러스, 방사선 등 다양한 영향으로 문제가 생기면 스스로를 죽이는 아포토시스(apoptosis)를 가동한다. 그 덕분에 매일 암세포가 발생하지만 우리는 암에 걸리지 않는다. 그러나 세포가 아포토시스를 감행하지 못할 때 암세포는 유기체가 죽을 때까지 일방적으로 증식해서 결국은 자신의 계속성마저 죽인다.

증식은 먹는 자와 먹히는 자, 이용하는 자와 이용되는 자의 **자리를 고정하려는** 것이란 점에서 치안의 벡터를 요체로 한다. 증식은 자신을 먹는 자로만 고정하기에 다른 모든 것을 먹이로 만들려는 치안이고, 자신과 다른 것을 오직 도구나 먹이의 자격만을 부여한다는 점에서 치안이다. 혼자만 먹으려는 독식의 치안이다. 증식의 치안에는 먹는 자는 오직 먹는 자일 뿐이고, 먹히는 자는 오직 먹히는 자일 뿐이다. 그러나 먹는 자의 증식과 먹히는 자의 유한성은 증식의 치안이 필경 부딪치게 될 한계 지점을 함축한다. 증식의 치안은 결국 자신마저 죽이게 되는 무능이 된다. 반면 회복은 증식의 치안이 고정하려는 자리를 이탈하는 정치다. 회복은 먹힘으로써 먹는 방식으로 **포식과 피식의 고정된 경계를 허무는** 정치다. 회복은 증식의 치안에 구멍을 뚫는 정치다. 먹을 자격이 없다고 간주되는 것들이 먹는 자들을 먹는 것이다. 먹는 자의 자리는 따로 정해져 있지 않다. 정해진 자리는 보이지 않는 포식에 의해 잠식당한다. 회복은 어떤 특권도 없는, 수없이 서로 다른 존재들이 함께 지배하기에 가능해진다. 그러므로 회복의 정치는 진정한 의미의 민주주의(democracy), 자격 없는 자(demos)들의 지배체제다.

4.1 포식의 정치

오이코스를 자연의 필연성이 관통하는 곳이라고 여기는 이유 중 하나는 힘의 논리가 강하게 작용하는 포식 때문일 것이다. 오스트레일리아의 생태학자 발 플럼우드(Val Plumwood)는 1985년 어느 날 호주 카카두국립공원에서 홀로 카누를 타다가 먹이를 노리고 있던 거대한 악어에게 물속으로 끌려 들어갔다. 악어의 포식습관은 먹이를 물속으로 끌고 들어가 가두어 익사시키는 것이다. 악어에게 무려 세 번이나 물속으로 끌려 들어갔던 플럼우드는 사투 끝에 악어의 거대한 턱에서 가까스로 풀려났다. 이 끔찍하고 놀라운 경험에 대해 플럼우드는 이렇게 쓴다.

> 저는 악어의 눈을 통해 평행우주처럼 보이는 곳으로 뛰어들었습니다. 이곳은 '보통의 우주'와는 전혀 다른 규칙을 가진 우주입니다. 이 가혹하고 생소한 영토가 바로 모든 것이 흐르며, 우리가 다른 존재의 죽음으로 살아가고, 다른 존재의 생명으로 죽는 헤라클레이토스적 우주입니다. 이 우주는 먹이사슬로 나타납니다. 저는 이 평행우주에서 갑자기 몸집이 작고 먹힐 수 있는 동물의 형태로 바뀌었습니다. 이 동물의 죽음은 한낱 쥐의 죽음보다 결코 더 중요하지 않습니다. (…) 우리는 다른 존재의 잔치를 육신이 없는 눈으로 담아내는 구경꾼이 아니라 그 잔치의 일부라는 점을 마주하게 됩니다 (발 플럼우드, 『악어의 눈』, 41쪽).

플럼우드는 먹이사슬에 관한 생태학을 이미 알고 있지만 자신이 그 속에 포함된다고는 생각하지 않았음을 깨닫는다. 언제나 최상위 포식자의 시선으로 먹이사슬을 보고 경험하기 때문이다. 인간에게 먹이사슬은 암울한 필연성의 세계이고, 그 속에 인간이 포함되는 것 같은 일은 일어나서 안 되는 사고다. 한순간에 먹이로 전락한 경험을 한 플럼우드는 이렇게 묻는다. "어째서 저는 자신을 먹이로 볼 수 없었을까요? 왜 그것이 그토록 잘못된 것처럼 보였을까요? 도대체 어떤 의미에서 잘못된 것처럼 보였을까요? 먹이가 된

지구의 철학

다는 것은 왜 그토록 충격적이었을까요?"(같은 책, 43쪽).

플럼우드가 포식의 세계로 끌려 들어갔을 때, 그는 "세계가 끔찍한 부당함과 무관심 그리고 암울한 필연성의 일면을 드러냈다고 생각했습니다"라고 고백한다. 필연성의 세계이자 야만의 세계로 끌려 들어간 인간의 탄식이다. 그러나 그는 곧 먹이사슬에 대한 이해를 바꾼다. 필멸의 신체를 가진 자는 먹이에 의존하지 않을 수 없다는 점에서, 아무리 최상위 포식자일지라도 반드시 죽어 미생물의 먹이가 된다는 점에서 먹이사슬은 "놀랍도록 급진적 평등의 세계"(같은 책, 97쪽)이자 "모든 생명종이 궁극적으로 다른 존재의 먹이로 참여해 생명을 교환하고 공유하는 성체"(같은 책, 234쪽)이다. 하지만 포식에 작동하는 정치를 말하기 위해서는 모든 존재의 먹이로서의 평등성이 아니라 먹히기로 되어 있는 자가 어떻게 먹이의 자리를 이탈하는지 포착해야 할 것이다. 그래야 인간만 먹이 이상의 존재라는 관념에서 벗어나, 먹이사슬의 모든 존재가 "먹이 '그 이상'"(같은 책, 234쪽)이라는 사유로까지 나아갈 수 있다.

아마존 저지대의 아빌라 사람들은 사냥으로 살아간다. 이들은 재규어는 물론이고, 그들의 개, 그들의 주된 사냥감인 아구티까지도 모두 혼을 가진 자들로 여긴다. 혼을 가진다는 것은 이들이 단지 먹이가 아니라 다른 부류의 존재들을 의식하고 판단하는 능력이 있음을 의미한다. 아빌라 사람들은 아마존 숲의 풍성한 자원 속에 있는 것이 아니라 자신들 못지않게 생각하고 판단하는 "자기"들의 생태계 속에 있다(에두아르도 콘, 『숲은 생각한다』). 그래서 아빌라 사람들에게 사냥은 포식자가 그저 먹이를 덮치는 것으로 충분한 쉬운 과정이 아니라 어떻게든 살려는 상대 포식자를 있는 힘껏 먹이로 만드는 지난한 과정이다. 먹이로 만드는 과정이라는 의미는 상대가 먹이가 되지 않을 수도 있다는 말이다. 또한 아빌라 사람들은 심지어 총을 쏘아 사냥감을 죽였을 때조차 상대가 완전히 먹이가 된 것은 아니라고 여긴다. 그래서 사냥한 동물을 푹 삶는 과정을 거친 후에야 그 고기를 먹고, 날것이 남아 있을 수 있는 굽는 조리법을 사용하지 않는다. 날것이 남아 있으면 죽인 사냥감이 아직 완전히 먹이가 되지 않았다고 여기기 때문이다.

이런 아빌라 사람들이라면 인간은 언제나 포식자의 위치에 고정되어 있다고 여기는 사람들을 혼맹(昏盲)에 빠졌다고 할 것이다. 혼맹에 빠진다는 것은 다른 존재를 독자적 주어인 '자기'로 의식하고 판단하는 능력을 상실하는 것이다. 혼맹에 빠진 자들은 쉽게 사냥감이 된다. 아빌라에서는 처가 임신한 젊은 남자들이 곧잘 혼맹에 빠진다. 동물들은 혼맹에 빠진 자를 알아보고, 그들을 한낱 먹잇감으로 대하고 심지어 초식동물들조차 그를 업신여긴다. 그래서 아빌라 사람들은 혼맹에 빠진 자를 사냥 미끼로 사용하기도 한다. 동물은 이 먹잇감-희생자를 더 이상 상대 포식자로 여기지 않고 어떤 경계도 없이 맹렬하게 달려든다. 미끼 때문에 동물도 혼맹에 빠진 것이다. 숨어 있던 사냥꾼들은 이 기회를 놓치지 않는다.

사냥은 누군가를 먹잇감으로 만드는 것이다. 사냥꾼의 눈에 그 누군가는 반드시 먹이로 만들어야 하는 무엇이다. 하지만 먹이의 자리는 미리 정해진 것이 아니라 만들어 내어야 하는 것이기에 사냥하는 자는 자신이 힘의 우위에 있다는 확신이 섰을 때 비로소 덤

지구의 철학

벼들 수 있다. 사냥은 상대를 반드시 먹이로 만들어야 성공하는 것이다. 그것은 상대에게 먹이의 자리를 강요하는 것이고, 먹이의 자리를 벗어나지 못하게 하는 치안이다. 주어가 인간이든 동물이든, 포식자의 치안이다. 그러나 사냥은 힘의 우위가 분명해 보이는 상태에서조차 실패하기 일쑤다. 콘은 사냥에 실패하고 예전의 사냥감에게 오히려 먹이가 되어 버린 재규어의 사례를 든다. 어떤 재규어 한 마리가 큰 육지거북을 습격했다. 날카로운 이빨을 가진 재규어가 거북의 포식자임을 부정하기는 어렵다. 하지만 재규어의 송곳니가 거북의 등껍질에 박혀 버리고 말았다. 도망가려는 육지거북과 이빨을 빼내려는 재규어의 힘이 합쳐져서 재규어의 이빨은 부러지고 거북은 도망갔다. 이빨이 부러진 재규어는 더 이상 사냥을 할 수 없어 굶주렸고 재규어가 숨을 거두자, 사체 먹기를 즐기는 육지거북이 유유히 나타나 죽은 재규어의 살을 물어뜯기 시작했다. 그 거북의 등껍질에는 재규어의 송곳니가 박혀 있었다.

이렇게 사냥은 걸핏하면 실패한다. 피식자의 자리에서 이탈하려는 힘, 포식의 치안에 저항하고 거역하려는 힘에 의해 실패하기 일쑤다. 포식의 치안과 나란히 포식의 정치가 있는 것이다. 포식의 정치는 사냥의 치안에 구멍을 낸다. 아빌라 사람들이 강조했던 것이 바로 이 점이다. 그래서 그들은 사냥한 동물의 고기를 다루는 것조차 신중했다. 먹이사슬이 위로 올라갈수록 좁아지는 피라미드 구조인 것은 누구도 호락호락 먹잇감이 되지 않기 때문이다. 먹잇감의 자리에서 이탈하려는 포식의 정치가 포식자의 폭을 축소시키고 있는 때문이다. 사냥이 매번 성공하기만 한다면, 사냥의 치안만 작동하고 거기서 벗어나려는 정치가 없다면 증식의 치안에 포획되어 동물의 계속성이 중단되었을 것이다. 사냥을 실패로 이끄는 포식의 정치가 동물의 생존에 계속성을 열어 준다. 회복의 문을 열어 준다. 포식의 정치는 회복을 위한 정치다.

4.2 증여의 정치

동물이 사냥을 통해 살아간다면 식물은 선물을 통해 살아간다. 가령 속씨식물의 번식은 수분으로 시작해서 열매를 맺고 그 열매 속의 씨를 멀리까지 퍼뜨리는 것으로 완성된다. 속씨식물은 번식의 전 과정을 동물에게 의존한다. 열매를 맺기 위해 곤충과 새 그리고 포유류를 불러들여 자신이 에너지를 쏟아부은 꽃물을 증여하고, 그렇게 열린 열매를 동물들에게 증여해서 비로소 번식을 완수한다. 이렇게 식물들은 자신을 동물의 먹이로 만들기 위해 향기와 냄새와 색깔을 총동원한다. 이로써 식물은 생존을 지속하고 번식한다. 속씨식물의 이러한 번식은 다른 종을 이용하기 위해 자신을 먹이로 만든다는 점에서 피식/포식의 분할, 적대/동맹의 분할을 깬다. 먹는 것과 먹히는 것이 분할 불가능한 하나가 되고, 먹고 먹히는 적대와 살고 살리는 동맹이 식별 불가능한 하나가 된다. 자신을 포식 대상으로 내어 줌으로써 포식 대상의 자리를 이탈한다. 증여를 통해 치안의 분할을 벗어나는 증여의 정치가 여기에 있다.

　호주의 속씨식물인 유칼립투스, 코림비아, 미나리아재빗과 식물 등은 순차적으로 개화하면서 향기를 날려 보내 동물들을 불러들인다. 이들 식물의 중요한 수분 매개자는 날여우박쥐인데, 이 박쥐들은 수백 킬로미터 바깥에 있어도 이 냄새를 감지하고 집단적으로 이동한다. 식물들이 주최하는 연회가 시작되는 것이다. 이 식물들은 밤에 대부분의 화분과 꽃물을 만들어 멀리서 날아온 날여우박쥐들에게 대접한다. 박쥐들이 꽃물을 마시기 위해 혀를 길게 뻗으면서 꽃에 얼굴을 박으면 그들의 털투성이 얼굴과 수염에는 꽃가루가 흠뻑 묻는다. 박쥐들은 이 나무에서 저 나무로 옮겨 다니며 꽃들의 선물을 받기 바쁘다. 식물들에게 그것은 최상의 답례다. 식물들은 자신이 만든 화분이 가능한 한 많은 파트너에게 배달되기를 바라기 때문이다. 이렇게 한밤중의 파티가 끝나고 날여우박쥐들이 떠나면, 아침에는 새와 곤충들이 찾아와 박쥐가 남기고 간 것들을 먹는다. 넘치도록 많은 선물 덕에 다른 생물들에게까지 선물이 연쇄적으로 퍼져 나간다. 인류학자 데보라 로즈는 이를 "복수종의 포틀래치"34라고 말한다(Rose, "Shimmer"). 식물들은 자신을 내어줌으로써 자신의 생존을 가능하게 하는 증여의 정치에 능란하다. 이것이 그들의 계속성을 만든다.

동물의 사냥에도 증여가 있다. 후지하라 다쓰시는 동물들의 포식을 장례의 프로세스로 포착한다. 사자가 기린을 포식하고 나면,

---

34 "식사를 대접하다" 혹은 "소비하다"라는 뜻을 가진 포틀래치는 북서아메리카 해안지역의 선주민들이 겨울 축제 기간에 서로에게 존경을 표하면서 경쟁적으로 음식과 선물을 주는 일종의 선물 게임이다. 포틀래치는 상대를 압도하기 위해 더 많은 선물을 주거나 소중한 것을 파괴해 버리는 경쟁적 행위이기도 했고, 권력과 부의 집중을 막기 위한 정치적 장치이기도 했다. 포틀래치에는 세 가지의 의무가 내포되어 있는데, 주기-받기-답례가 그것이다. 출생이나 장례, 성인식 등 중요한 행사의 주최자는 참여자들에게 후한 선물을 줄 의무가 있고 참여자들은 그것을 받을 의무가 있으며 선물을 받은 자들은 일정 기간 내에 그것에 답례할 의무도 있다.

그 고기를 먹으러 하이에나가 끼어들고, 독수리와 자칼도 어느 틈엔가 나타난다. 그래서 하루만 지나도 뼈와 털과 가죽밖에 남지 않는다. 뼈에 들러붙은 고기에는 파리가 알을 슬어 구더기가 꼬물거리고, 딱정벌레류도 잔반 처리를 거든다. 그러나 이게 끝이 아니다. 포식자들이 먹은 기린의 몸은 똥으로 배설되고, 소똥구리는 그것을 둥글게 만들어 운반한다. 소똥구리 암컷은 수컷이 운반해 온 똥구슬에 알을 낳고, 똥은 소똥구리 새끼들의 양분이 되고, 평원의 풀도 양분을 나눠 먹는다(후지하라 다쓰시,『분해의 철학』). 뜻한 것은 아니지만 최상위 포식자인 사자가 그 아래의 포식자들을 먹인 것이고, 먹힌 기린이 자신이 먹을 풀에게 자신을 먹인 것이, 선물한다는 생각 없이 만들어진 연쇄적 증여가 포식자와 피식자의 자리를 흐릿하게 만들면서, 모두를 먹이는 것으로 나아간다. 이로부터 회복이 만들어진다.

하지만 증여는 생존과 번성을 위한 정치이지 무조건적 베풂이 아니다. 미국 남서부 건조지대에 자생하는 야생 담배는 벼락 맞은 나무가 타는 연기에 일제히 발아를 시작한다. 마른하늘에 벼락 치는 일은 좀체 없으니 야생 담배에게 연기 냄새는 곧 비가 온다는 신호이기 때문이다. 꽃을 피운 야생 담배는 화학물질을 날려 보내 담배박각시나방을 부르고 멀리서 날아온 나방은 꽃물을 양껏 빨아들이고는 담뱃잎에 알까지 슬어 놓고 날아간다. 야생 담배가 제공하는 영양분이 미래세대도 만든 셈이다. 하지만 야생 담배가 담배박각시나방의 새끼에게 베푸는 선물은 알까지만이다. 나방의 알들이 부화하면 애벌레들은 담배 줄기를 기어오르면서 잎사귀를 갉아먹는다. 하지만 야생 담배는 애벌레가 자신을 갉아먹는 것을 허용하지 않는다. 야생 담배는 애벌레의 신경계와 소화기를 손상시키는 화학물질을 만들어 애벌레를 응징하고, 화학물질을 바람에 날려 애벌레의 포식자를 부르기까지 한다. 증여는 이용되는 자가 됨으로써 이용하는 자가 되는 것이고, 이용하기와 이용되기의 경계를 허물어서 생존과 번성을 도모하는 정치이지 아낌없이 베푸는 시혜가 아니다. 증여의 정치는 계속성을 위한 정치다.

4.3 회복의 정치와 증식의 치안

투구게의 번식지로 유명한 미국 델러웨어만에는 매년 봄과 여름 초승달과 보름달이 뜨는 날, 만조가 최고조에 달하면 투구게들이 일제히 해변으로 모여들어 짝짓기와 산란을 한다(Peter Funch, "Synchronies at Risk"). 암컷 투구게들이 해변의 모래밭을 얕게 판 둥지에 알을 낳으면, 암컷에게 올라탄 수컷만이 아니라 다른 수컷들도 떼로 몰려와 정자를 뿌린다. 암컷은 한 마리당 8만여 개의 알을 낳는다. 얕은 둥지 때문에 알의 상당수는 파도에 쓸려 가고, 경쟁적 집짓기로 알이 파헤쳐져 모래 위로 노출된다. 파도에 쓸려 가는 알들은 해양생물을 살찌우고, 노출된 알들은 남미에서 캐나다 극지방으로 한 번에 수천 킬로미터를 이동하는 철새인 붉은가슴도요새의 중요한 한 끼 식사가 된다. 붉은가슴도요새는 투구게의 산란기에 맞추어서 이동할 만큼 투구게의 알에 의존적이다. 해마다 투구게의 번식기가 되면 수만 마리의 붉은가슴도요새가 델라웨어만에 내려앉아 투구게의 알을 먹는다.

수만 마리의 배고픈 새가 먹이를 찾아 내려앉아도 투구게의 계속성은 중단되지 않았다. 동시 번식으로 조율된 그들의 번식이 포식자가 다 먹지 못할 만큼의 알로 사냥에 응수했기 때문이다. 모래 속에는 포식자가 다 먹어 치우지 못한 수많은 알이 있고, 그들은 곧 부화해서 바다로 향한다. 포식자의 먹성을 능가하는 피식자의 과잉이 먹혀도 다 먹히지는 않는 회복의 정치를 가동한다. 포식에 취약한 작은 동물들이 많은 새끼를 낳는 것은 이 때문이다. 한번에 먼 거리를 날아야 하는 붉은가슴도요새 또한 한차례 배불리 먹고는 그것으로 끝이다. 그들은 식사를 마치고 서둘러 목적지로 날아간다. 만약 이들이 몇 날이고 죽치고 앉아서 알을 남김없이 먹어 버렸다면, 투구게와 붉은가슴도요새의 계속성은 이어지지 않았을 것이다. 먹혀도 다 먹히지는 않는 먹이의 잉여성이 투구게의 계속성을 가능하게 했고, 한차례 먹은 후 포식을 중단하는 방향 바꾸기가 붉은가슴도요새의 계속성을 가능하게 했다.

그러나 지금 투구게와 붉은가슴도요새는 계속성을 위협받고 있다. 인간의 독식 때문이다. 독식은 한 종의 증식을 위해 다른 모든 것의 계속성을 죽이는 증식의 치안이다. 투구게는 4억 5000만 년 전 지구에 출현했고 그들과 동시대에 출현했던 암모나이트와 삼엽충이 모두 멸종하는 동안에도 옛날의 모습을 거의 그대로 유지한 채 계속성을 이어오고 있었다. 하지만 19세기에 투구게는 비료산업의 원료가 되었고 엄청난 양이 포획되었다. 이는 곡물과 자본의 증식을 위한 것이었고 인간의 증식을 위한 것이었다. 또한 20세기에는 낚시산업의 장어잡이 미끼로 알을 가득 품은 투구게 암컷이 대량으로 포획되었다. 레저라는 이름으로 행해지는 제국주의적 삶의 양식을 증식시키기 위한 것이었다. 이것으로 끝이 아니다. 살아 있는 투구게의 푸른 피는 제약산업에서 병원균 검출 여부를 체크하는 공정에 일상적으로 쓰이고 있다. 병원균 검출 테스트를 하지 않는 약은 없기에 엄청난 양의 투구게가 포획되고 있다. 미국에서만 연간 50만 마리의 투구게가 산 채로 포획되어 30퍼센트의 혈액을 뽑힌다. 혈액을 뽑은 뒤 다시 포획된 장소로 보내지지만 이들의 생존율은 10~30퍼센트에 불과하다(Funch, "Synchronies at Risk"). 박테리아 검출용 시약은 이미 인공적인 것이 개발되어 있지만 제약회사들은 여전히 투구게를 이용한다. 일시에 뭍으로 올라오는 투구게를 포획하는 데는 비용이 거의 들지 않기 때문이다.

자본 증식의 치안이 투구게의 계속성을 죽이고, 투구게에게 조율되어 있던 붉은가슴도요새의 계속성을 죽이고, 이들에 기대 사는 다른 종들을 연쇄적으로 죽인다. 제이슨 무어 등이 지금의 파괴를 지칭하는 이름은 인류세가 아니라 자본세(Capitalocene)여야 한다고 주장하는 이유는 이 때문이다(라즈 파텔·제이슨 무어, 『저렴한 것들의 세계사』). 자본세는 자본을 위한 증식의 치안이 전 지구적으로 작동하는 시대다. 여섯 번째 대멸종은 이 증식의 치안이 야기한 대량 학살이라 불러야 할 것이다.

행성 지구에서 파괴와 교란이 없었던 적은 없다. 하지만 복수종의 오이코스가 거듭 출현할 수 있었던 것은 회복의 정치에 능한 식물들이 있었기 때문이다. 애나 칭은 파괴된 땅에서 번성하는 송이버섯을 탐구하면서 인류세의 폐허에서 살기 위해 송이버섯으로부터 배울 것을 제안한다(『세계 끝의 버섯』). 송이버섯은 일본 농촌의 마을 숲에서 자생한다. 빙하기 때 일본열도의 중앙 섬인 혼슈는 춥고 건조한 날씨였고 침엽수가 울창했다. 그러나 빙하기 말, 날씨가 따뜻해지자 활엽수가 숲을 독차지했고 침엽수들은 산꼭대기로 밀려났다. 넓은 잎을 가진 키 큰 활엽수가 햇빛을 가리기 때문이다. 계곡과 언덕에는 활엽수 틈에 흩어져 자랄 수 있는 스기와 히노키 같은 침엽수만 드문드문 남았다. 그런데 지금부터 수천 년 전에 일본의 농민들이 언덕과 계곡의 나무를 벌채하고 마을과 농경지를 만들자, 소나무가 계곡과 언덕으로 돌아왔다.

소나무는 황폐해진 무기질의 땅에서 햇빛을 받아 싹을 틔운다. 농민들의 벌채가 활엽수의 증식을 막고 소나무가 회복될 기회를 준 셈이다. 하지만 황폐해진 땅에서 소나무가 생장하기 위해서는 경쟁자가 없다는 것으로는 부족하고 영양이 필요하다. 이를 도와준 것이 송이버섯이다. 곰팡이의 일종인 송이버섯은 광합성을 하지 않는 종속영양생물이다. 다른 생물에게서 영양분을 취해야만 살아갈 수 있는 기생생물이다. 송이버섯은 소나무의 뿌리에 기생하며 광합성의 결과물인 탄수화물을 빨아들인다. 그러나 송이버섯은 단지 기생자로만 있지 않았다. 송이버섯은 척박한 무기질의 땅에서 영양분을 만들어 소나무에 공급하고, 그 덕택으로 소나무는 척박한 땅에서도 군락을 이룰 수 있다. 이때 송이버섯은 기생생물이 아니라 탁월한 농사꾼이다. 기생은 일방적 먹기이지만 송이는 자신도 소나무를 먹임으로써 양방향의 먹기로 방향을 바꾸어 낸다. 이러한 방향 바꾸기 능력이 동맹을 만든다. 회복의 힘이 식물과 곰팡이의 공생지대를 만든다.

그런데 송이버섯이 소나무에게 영양분을 공급하면 땅은 점점 유기질의 비옥한 땅으로 변한다. 활엽수들은 그 기회를 놓치지 않고 다시 치고 들어와 넓은 잎사귀로 햇빛을 독식한다. 독식은 자본에 의해서만이 아니다. 광합성에 탁월한 활엽수의 능력이 침엽수에 대해 일방적 증식의 권력으로 작용한다. 인위적이든 자연적이든 교란이 없었다면 전 세계 대부분의 숲은 활엽수로 꽉 들어차 있을 것이다. 일방적 증식은 다른 생물종의 회복력을 잠식한다. 지나치게 빽빽해진 숲에서 햇빛을 받지 못한 소나무는 병들고 송이도 더 이상 살지 못한다. 마을 숲의 농부들은 주기적인 벌채를 통해 활엽수의 증식을 막았다. 애초의 벌채가 의도치 않게 송이-소나무의 동맹에 길을 내주었다면, 마을 숲의 벌채는 농부들이 송이버섯과 땔감을 위해 송이-소나무의 동맹에 적극적으로 가담한 결과다. 송이버섯은 8세기 일본 시가에도 그 향기를 칭송하는 구절이 나올 만큼 일본인들에게 널리 사랑받는 식재료다. 송이가 향기로운 냄새로 농민들을 유혹하고 자신의 몸 일부를 내어 줌으로써 농부들을 종횡단적인 동맹으로 끌어들였다.

소나무와 송이버섯이 인간의 개입으로 회복의 기회를 잡았다면, 바다의 해파리는 인간의 개입으로 무서운 증식의 선을 그리고 있다. 흑해에서 해파리는 자기 무게의 10배에 달하는 양의 작은 물고기를 매일 먹어 치우면서 남획과 오염으로 비어 가는 바다를 채우고 있다. 해파리는 오래전부터 있었던 생물이지만 옛날에는 지금처럼 괴물이 아니었고 그저 바다의 수많은 생물종 중 하나였다. 그런데 바다 생물을 대상으로 하는 인간의 과도한 포식이 해파리의 포식자까지 깡그리 먹어 치웠고, 오염과 해수온 상승이 해파리의 경쟁자들을 물리쳐 거대한 해파리 떼를 만들었다. 인간 떼의 과도한 포식이 해파리 떼의 과도한 포식으로 이어지며 바다를 회복할 수 없는 상태로 밀어 넣고 있는 것이다. 증식의 치안이 또 따른 증식의 치안을 불러들여 회복의 정치가 가동될 수 있는 문턱을 넘어서 버리는 것이다. 이처럼 동일한 것만 끝없이 증식하다가 결국은 같은 것들만 남고 파국에 이르게 된다. 증식의 치안이 무섭고도 무능한 것은 이 때문이다.

증식의 치안이 가장 강하게 작동하는 곳은 플랜테이션이다. 플랜테이션은 값싼 노동력을 이용해서 단일작물을 대규모로 재배하는 농산업의 형태다. 플랜테이션은 처음부터 가장 극단적 노예 노동의 장이었고, 노예제가 철폐된 이후에도 가장 가혹한 노예적 노동의 장이었다. 플랜테이션 자본가들은 인간만 노예로 만든 게 아니다. 이들은 환금성이 높은 작물을 키우기 위해 식물이 오랫동안 관계했던 복수종의 그물망을 제거하고 그들을 고립시켰다. 식물의 생존방식은 포식과 피식, 이용하기와 이용되기의 경계를 흐리면서 만들어진 종횡단적 동맹에 의존하지만 플랜테이션은 식물을 고립시킴으로써 그 동맹의 능력을 빼앗는다. 생식과 생장 모두 자본의 명령에 훈육된 신체로 만든다.

특정 작물을 애호한다는 면에서 홀로세의 농경과 인류세의 플랜테이션은 공통점이 있다. 어떤 형태의 농사든 농사는 작물과 잡초의 구분선을 만들며 증식의 치안을 가동한다. 농부들은 잡초를 뽑아 작물이 생장에 필요한 영양분을 독점하게 했다. 하지만 이 독식체제는 오래가지 못한다. 식물이 열매를 맺고 생장하기 위해서는 땅속 미생물들이 만드는 질산염이나 암모늄염 같은 무기염들이 필요한데, 미생물들이 곡물이 무기염을 빨아들이는 속도에 맞추어서 일하지는 않기 때문이다. 그래서 농부들은 주기적으로 휴경하거나 영양분의 소모가 덜한 콩과 식물을 번갈아 심는 식으로 윤작하지 않을 수 없었다. 질소비료와 농약이 일반화되기 전까지 홀로세의 땅속은 치안의 권력이 미치지 못하는 "훈육되지 않는 가장자리"(Tsing, "Unruly Edges")였고, 그곳이 회복의 첨점이 되어 증식의 치안을 멈춰 세웠다.

그러나 플랜테이션은 회복의 첨점을 파괴한다. 플랜테이션에서 뿌려대는 강력한 제초제는 그 제초제에 내성을 가지도록 유전자가 변형된 작물만을 남기고 곤충과 토양 미생물 등 모든 것을 죽인다. 또 엄청난 규모의 작물에 물을 대기 위한 과도한 관개가 주변 지역을 모두 사막으로 만들어 버리기에 회복의 정치를 가동시킬 생명들의 씨를 말려 버린다. 지금의 파괴적 상황을 인류세가 아니라 플랜테이션세(Plantationocene)라고 불러야 한다는 것은 이 때문이다(도나 해러웨이, 『트러블과 함께하기』).

인도네시아는 농지의 40퍼센트가 팜 플랜테이션인데, 이 플랜테이션들은 밀림의 숲을 불태우는 방식으로 만들어진다. 매년 엄청난 규모의 숲이 팜 플랜테이션을 위해 불타고 그 여파로 숲에 사는 생물들이 거주지를 잃고 떼죽음을 당한다. 팜유는 전 세계에서 가장 많이 사용되는 식용유이고, 화장품과 세제의 중요 원료일 뿐만 아니라 바이오 연료이기도 하다. 한국의 몇몇 대기업들도 인도네시아에 팜농장을 보유하고 바이오 연료를 유럽에 수출한다. 팜 플랜테이션이 경제적으로 유망한 사업이기에 인도네시아의 경관은 하루가 다르게 바뀌는 중이다. 예전의 숲이 팜나무를 비롯한 복수종 생물들의 떠들썩한 경쟁과 협동이 공존하는 정치의 장소였다면, 지금의 숲은 상품으로 농약과 제초제로 규율된 팜나무만 끝없이 늘어서 있는 치안의 장이 되었다. "플랜테이션은 숲이 아니다."[35]

플랜테이션에서도 증식의 치안은 또 다른 증식의 치안을 불러들인다. 플랜테이션은 병원균의 배양지이자 확산지로 악명이 높다. 동일한 종만 끝없이 늘어선 플랜테이션은 그들을 먹이로 하는 병원균들이 증식하기에 최상의 환경이다. 통상 병원균은 먹이의 개체수에 따라 자신을 변모시키는 생존전략을 가진다. 코로나19로 경험한 것처럼 병원균은 자신이 기생하는 숙주의 개체수가 감소하면 살아남기 위해 독성을 약화하는 방식으로 그에 적응한다. 그러나 플랜테이션에서는 독성을 약화할 이유가 전혀 없다. 똑같은 먹이가 끊임없이 제공되기 때문이다. 오히려 독성이 강화되는 쪽으로 변형되는 경우가 많다.

유럽 전역으로 퍼지고 있는 물푸레나무의 고사는 증식의 치안이 또 다른 증식의 치안을 부른 경우다. 오늘날 숲과 공원을 조성하는 데 사용되는 묘목 대부분은 종묘 플랜테이션의 생산품이다.

---

35 2009년 9월 21일 단일재배나무 플랜테이션에 반대하는 국제행동의 날을 맞아 환경운동연합이 내건 슬로건이다.

　　　　　　　　　　　　　　　　지구의 철학

40~50년 전까지만 해도 묘목 거래는 지역 단위였지만 지금은 글로벌 플랜테이션 종묘장이 그 중심지다. 가격 경쟁력에 따라 종묘 플랜테이션은 동유럽에서 아시아로 옮겨 갔다. 물푸레나무는 민담에도 나올 정도로 유럽인에게 친근한 나무이기에 공공과 민간의 조림사업 수종으로 많이 선택된다. 묘목들은 미생물이 가득한 흙과 함께 작은 비닐포트에 담겨서 컨테이너를 통해 유럽으로 들어간다. 거기에는 당연하게도 다양한 종류의 미생물들이 함께한다. 이렇게 아시아 종묘 플랜테이션에서 넘어온 곰팡이가 바로 유럽물푸레나무 고사의 원인임이 밝혀졌다. '병원균'이 된 이 곰팡이는 아시아의 자생 물푸레나무에는 잎에 머무는 정도로 크게 해를 미치지 않았다. 아시아 자생 물푸레나무에 사는 각종 미생물의 풍성한 홀로바이옴(holobiome, 한 생물 안에 존재하는 미생물군)이 병원균의 독성을 막아 주고 있기 때문이다. 하지만 플랜테이션에서 자란 물푸레나무는 제초제와 비료에 길들여져 있어서 자생 나무만큼의 내성이 없다. 이들을 따라 들어간 곰팡이의 무서운 증식이 유럽물푸레나무를 다시 죽음으로 몰고 가고 있다. 이러한 증식은 같은 먹이가 계속 제공되는 한 멈추지 않을 것이다.

코로나19는 인간이 가동한 증식의 치안이 또 다른 증식의 치안을 불러들여 인간 자신이 고스란히 되돌려받은 경우다. 코로나19의 전염 경로는 박쥐로부터 야생동물 중간 숙주를 거쳐서 인간에게 전해진 것으로 알려져 있다. 박쥐에게는 수많은 병원균이 박쥐에게 별다른 해를 끼치지 않으면서 서식한다. 그러나 플랜테이션 건설과 개발로 숲이 파괴되면서 박쥐의 서식지가 급속하게 줄어들었다. 플랜테이션을 통한 증식의 치안이 박쥐의 서식지를 빼앗았고 난민이 된 박쥐는 대개의 난민들이 그렇듯이 스트레스를 받고 취약해지거나 죽었다. 그러자 박쥐에 기생하던 병원균들이 새로운 숙주를 찾아 나섰다. 코로나19의 경우 그것은 야생동물인 천산갑이었고 바이러스는 이 중간 숙주를 거쳐서 인간에게 급속히 전염되었다. 도시의 인간들은 플랜테이션의 작물처럼 빽빽하게 밀집된 환경에서 살기에 바이러스는 같은 먹이를 물리게 제공받았다.

사실 이런 식의 사태는 코로나19가 처음이 아니다. 사스와 메르스, 에볼라, 지카 등등의 감염병이 인간이 밀고 들어간 숲에서 발생했다. 감염병 학자들은 생물다양성의 수준이 높을수록 감염병의 위험은 낮아진다고 말한다. 생물종이 다양해지면 바이러스가 끝없이 같은 먹이를 먹어 대면서 증식되는 일은 훨씬 줄어들 것이기 때문이다. 이웃한 다른 미생물이나 바이러스의 경쟁이 증식에 브레이크를 거는 것이다. 생물종이 다양하면 증식의 치안이 발동되더라도 금세 가로막힌다. 서로 다른 종들의 수많은 차이가 힘이 한 방향으로만 흐르는 것을 방해하기 때문이다. 이들의 차이가 회복을 만든다. 회복의 정치가 민주주의 — 자격 따위와 무관한 상이한 힘들의 지배 — 인 것은 이 때문이다.

5. 네크로폴리스와 조에폴리틱스

2006년 5월 인도네시아 동(東)자바에서 대규모 진흙화산이 폭발했다. 황화수소와 이산화황이 섞인 메탄가스와 물과 진흙이 분출되어 12개 마을이 진흙 속으로 사라졌다. 이 일로 약 3만 9,700명의 이재민이 발생했고, 헤아릴 수 없는 수많은 비인간이 죽었다. 이 폭발은 세계에서 가장 큰 진흙화산 폭발이었고, 가장 논란이 많은 재난이기도 하다. 인간이 유발한 폭발인가 아니면 자연재해인가로 두 진영이 나뉘어 날카롭게 대립하고 있기 때문이다.

인류학자 닐스 부반트는 진흙화산 폭발에 얽혀 있는 자본과 이재민, 석유 그리고 지역 사람들의 믿음을 연구한 바 있다(Nils Bubandt, "Haunted Geologies"). 진흙화산 폭발은 인도네시아의 석유회사 PT 라핀도 브랜타스(PT Lapindo Brantas)가 화산 폭발 지점에서 불과 150미터 떨어진 곳에서 시추 작업을 한 직후에 일어났다. 시추 작업으로 고압의 대수층이 파괴되는 바람에 지층의 유체와 가스가 시추공으로 빠르게 유입되면서 연쇄 폭발이 일어났다는 연구들이 발표되었다. 시추가 화산 폭발의 도화선이 되었다는 것이다. 이재민들과 그들을 돕는 활동가 그룹은 이 연구를 지지한다. 그러나 다른 쪽에서는 이 폭발이 지진과 연관된 자연재해라고 주장한다. 화산 폭발이 있기 약 48시간 전에 욕야카르타 근처에서 진도 6.3의 강진이 일어나 5,749명의 사람이 목숨을 잃었다. 이 지진과 화산 폭발이 인과적으로 연결되어 있다는 꽤 중립적 기관의 연구도 있다. 인도네시아의 유력한 정치인이 대주주인 시추회사는 물론 지진이 원인이라는 연구를 적극 지지했다.

진흙화산 폭발의 원인은 이처럼 결정 불가능한 상태다. 이 때문에 이재민들은 제대로 보상받지 못하고 여전히 유독가스가 자욱한 재난지에서 화산 폭발이 만든 희귀한 돌을 줍거나 재난 관광의 안내자 등으로 일하면서 살아간다. 부반트는 이러한 결정 불가능성이 인류세 파괴의 전형적 성질임을 지적한다. 자연적 요인의 힘만큼이나 인간이 강하게 개입되어 있기에 어느 쪽이 결정적인지 결정할 수 없을 만큼 뒤섞여 작용한다는 뜻이다. 우리의 잘 구획된 카테고리는 이런 결정 불가능성 앞에 여지없이 무너진다. 인류세에 인간과 관련되지 않은 자연재해가 과연 있을까? 이처럼 인간과 자연은 강하게 얽혀 있다.

빙하학자 제마 워덤이 탐사한 페루의 사얍 빙하는 금속이 풍부한 치카마 암석 위에서 후퇴 중이다(제마 워덤, 『빙하여 안녕』). 단단한 암석 저반(底盤) 위에 황철석과 다른 광물들이 가득한 무른 성질의 치카마 암석이 있고 그 위를 얼음이 덮고 있는 것이 사얍 빙하의 구조다. 빙하가 후퇴하면서 얼음이 감싸고 있던 암석이 공기 중에 노출되었다. 암석에 있는 강한 반응성의 황철석은 공기 중의 산소와 작용해 황산과 산화철을 만든다. 피부를 태울 만큼 강한 산도를 가진 황산은 빙하가 녹은 물에 녹아들어 강으로 흘러가고 황산의 높은 산도는 비소와 납 같은 다른 금속의 용해도를 높여 그 독성 금속을 강으로 흘려보낸다. 광산회사의 채굴은 이를 더 악화시키고 있다. 가루가 된 암석은 더욱 반응성이 높기 때문이다. 사얍 빙하가 녹아내리면서 만들어진 호수는 고농도의 독성 광물이 녹아 탁한 초록색을 띤다. 관광객들에게 그 물은 그저 아름다운 초록물이다. 하지만 하천의 오염 때문에 안데스 고지대에 사는 부족들의 식수원이 고갈되고, 다른 생물은 살기 힘들게 되었다. 이로 인해 아무것도 살지 않는 강이 점점 늘어나고 있다.

사얍 빙하만이 아니다. 극지방의 빙하와 산꼭대기의 설괴빙하는 지구의 거대한 얼음 물탱크다. 이 물탱크로부터 지구 담수의 60퍼센트가 공급되고 있는데, 지구가 뜨거워지면서 급격히 줄어들고 있다. 빙하수가 흐르는 소리, 그것은 인간을 비롯한 지구 생물들의 생존 조건이 쓸려 내려가는 소리다. 카메룬의 정치철학자 아킬레 음벰베(Achille Mbembe)는 전쟁과 테러 그리고 대량살상무기를 작동시키는 죽음의 권력에 인간의 생명이 굴복하게 되는 것을 네크로폴리틱스(necropolitics)라고 명명했다(Mbembe, "Necropolitics"). 죽음의 정치라는 의미다. 부반트는 인류세의 파괴와 멸종이 비인간과 인간의 삶과 죽음에 미치는 영향을 말하기 위해 음벰베의 네크로폴리틱스를 비인간으로까지 확장한다. 네크로폴리틱스는 인간에게만 작동하는 것이 아니다. 비록 의도하지는 않았더라도 수많은 비인간들이 죽기 때문이다. 이처럼 인간 활동이 만든 변화 때문에 살고 죽는 것이 결정되는 동물과 식물, 곰팡이와 박테리아에게 작동하는 것 또한 네크로폴리틱스다.

치안과 정치를 구분하고 정치란 치안이 강요하는 자리를 이탈하려는 힘이라는 사실이 중요함을 안다면 부반트가 말하는 네크로폴리틱스는 네크로폴리스(necropolice)로 바꾸어 써야 한다. 수많은 비인간의 죽음은 인간과 다른 생명체 간의 분할, 먹는 자와 먹히는 자, 이용하는 자와 이용당하는 자의 분할을 유지하려는 치안의 결과라는 점에서 그것은 죽음의 정치가 아니라 죽음의 치안이다. 네크로폴리스다. 이 점에서 네크로폴리스는 증식의 치안과 상응한다. 하지만 이 개념이 제시된 맥락에서나 증식의 치안에 대한 비판적 관점에서나 네크로폴리스는 증식의 치안을 명명하는 또 하나의 동일한 개념에 머물지 않는다. 네크로폴리스란 증식의 치안이 진행되며 넘게 되는 어떤 문턱을 표현하는 개념으로 재정의되어야 한다. 즉 증식의 치안이 과도하게 진행되어 힘으로 강제되는 자리의 분배가 돌이킬 수 없는 방향성을 갖게 되고, 그렇게 분배된 자리에서 이탈하는 힘이 가동시키는 회복의 가능성이 극소화되어 증식이 우회하거나 돌아갈 수 없는 문턱이 될 때, 증식의 치안은 네크로폴리스가 된다. 증식의 치안이 회복의 벡터를 극소화해 암적 죽음의 선을 그리게 될 때, 그것은 네크로폴리스의 문턱을 넘는 것이다.

인류세는 **인간의 이름으로 이루어진 증식의 치안이 지구적 수준에서 네크로폴리스의 문턱을 넘은 시대**다. 이런 의미에서 인류세는 네크로폴리스의 시대다. 인간에 의한 증식의 치안이 지구적 수준에서 돌이킬 수 없는 죽음의 장을 만들어 낸 시대다. 네크로폴리스라는 개념이 표현하는 인류세의 치명적 역설은 증식의 주어인 우리 인간이 그 거대한 네크로폴리스의 장을 만들어 냈지만 그것을 통제할 능력을 상실했다는 점이다. 네크로폴리스가 인간 자신을 향하고 있다는 뜻이다. 인간이란 인간 아닌 것들을 수단으로 삼을 뿐 결코 수단이 되어서는 안 되는 특권적 권력을 가진 자라는 인간학적 자명성 속에 있는 한, 자신이 통제할 수 없는 문턱을 넘어선 네크로폴리스의 권력이 자신 또한 겨누고 있다는 것은 잘 보지 못한다. 최근까지 그랬던 것 같다. 이제 '인간'이란 관념이 문제화됨에 따라, 인간 아닌 것의 눈으로 인간 자신을 보게 됨에 따라 그러한 사태가 비로소 보이기 시작한 것 같다. 우리가 이미 돌이킬 수 없는 상태의 문턱을 넘은 것을 확인하는 방식으로 그것을 보게 된 것이다. 기후위기의 원인도 알고 해결책도 알지만, 우리는 결코 그것을 해결할 수 없으리라는 것을 안다. 네크로폴리스의 힘은 이미 우리 인간의 손을 벗어나 있는 것이다. 그렇게 우리는 우리 자신이 만들고 가속시킨 네크로폴리스의 장 안에 있는 것이다.

인간을 위해 인간 아닌 것을 수단으로 이용하고 착취하며 대대적인 죽음을 생산한 인간의 능력이 결국은 인간 자신을 그런 죽음의 장에 끌고 들어갔다는 것, 이것이 인류세에 우리가 목도하고 있는 근본적 역설이다. 뒤집어 생각해 보면, 이 네크로폴리스의 역설은 수단으로서 착취당하고 죽음으로 내몰리던 비인간들이 '목적'인 인간을 '수단'이나 '도구'인 자신과 동일한 운명 속으로 끌고 들어갔다는 점에서 어떤 전복의 지점을 함축한다. 즉 목적인 인간이 가동시키는 증식의 치안을 수단인 비인간들이 그저 수동적으로 받아들이고 있으리라는 생각의 일방성은 자신의 우월한 위치에서 말고는 세상을 볼 줄 모르는 시선의 일면성에 지나지 않는다. 그들은 그렇게 인간이 하자는 대로 끌려가고 죽어가면서, 인간을 그 죽음의 궁지로 끌고 가는 유머의 정치를 실행하고 있었던 것이다. 인간의 증식에 함축된 죽음의 극으로, 그들의 치안이 산출한 네크로폴리스 속으로 인간을 끌어들이며 치안의 권력에 저항하고 있었던 것이다.

　비인간에게 저항한다는 관념이 있는가 없는가를 따지려는 것은 여전히 '인간적인, 너무나 인간적인' 생각이다. 그들의 행동을 그들이 설정한 목적성에서 찾으려는 발상도 그와 다르지 않다. 그들의 '목적 없는 합목적성'이 인간학적 목적성을 꼬리부터 잡아먹고 있었던 것이다. 이러한 저항의 양상이 보이지 않는 것은 어디서나 치안의 권력은 가시적이고 과시적이지만, 이탈의 정치적 능력은 보이지 않는 것들에 의해 보이지 않는 방식으로 작동한다는 점에 기인한다. 그래도 목적의 자리를 독점한 특권적 존재자인 인간이라는 환영에 덜 사로잡힌 사람들은 이를 감지하는 것 같다. 진흙 화산 폭발이 일어난 동자바 사람들은 이 화산 폭발을 쿠알라트 룸푸르(Kualat Lumpur)라고 뼈 있는 농담을 한다. 도시화와 진보를 상징하는 말레이시아의 수도 쿠알라룸푸르를 빗댄 말이다. 쿠알라룸푸르는 "진흙의 하구"라는 뜻이지만 쿠알라트 룸푸르는 "저주받은 진흙"이라는 뜻이다. 화려한 도시 '쿠알라룸푸르'가 하천 하구에 건설된 문명이라는 진보의 사다리를 떠올리게 한다면, '쿠알라트 룸푸르'는 그 진보의 사다리를 밟고 선 자들이 스스로 그 사다리를 걷어차 버렸음을 포착한 말이다. 그렇게 우리 인간은 스스로 죽음의 허공 속으로 질주하고 있었던 것이다.

　네크로폴리스가 스스로에게 막혀 버린 이 궁지에서 비로소 새로운 정치가 시작될 수 있다. 네크로폴리스가 회복 불가능한 문턱을 만드는 것이라면, 그 문턱을 와해시키는 것은 조에(zöé)의 정치, 조에폴리틱스(zöepolitics)다. 증식의 치안이 네크로폴리스와 이어진다면, 그와 반대로 회복의 정치는 그 치안의 권력이 죽음의 문턱을 넘은 뒤에도, 다른 방향으로 이탈하는 선을 그리는 조에폴리틱스를 가동시킨다. 조에란 생명이다. 서구인들이 걸핏하면 끌어들이는 그리스어에서 생명을 뜻하는 말이다. 그러나 그들이 좋아하는 생명은 아니다. 인간적인 삶을 뜻하는 말이 아니라 그것과 대비시켜 멸시하던 생명이다. 아리스토텔레스는 생명을 '조에'와 '비오스'(bios)로 나누었는데, 비오스가 어떤 개인이나 집단의 특유한 삶의 형태나 방식, 다시 말해 '인간적'이고 정신적인 삶, 폴리스의 삶을 가리키는 말이라면, 조에는 모든 생명체에 공통적인 '살아 있음'이라는 단순한 사실, 그러니까 인간과 대비되는 의미에서 '동물적인' 생명, 오이코스의 삶이다.

아리스토텔레스와 하이데거를 잇는 강력한 철학적 전통 속에서, 결코 동물과 같을 수 없는 인간의 비오스를 동물적 조에와 다름없는 통치 대상으로 삼았다는 이유로 근대 정치를 비난했던 조르조 아감벤(『호모 사케르』) 같은 이들이라면 조에폴리틱스라는 말을 긍정적으로 사용하려는 우리의 시도에 화들짝 놀랄 수도 있을 것이다. 그러나 인간이 동물의 처지로 전락하는 사태에 대한 비판을 요지로 하는 이 고상한 비오스의 상투적 관념에서 우리가 주목해야 할 것은 동물과 인간의 위계화된 자리를 전제하고 그 분할을 유지하려는 치안의 발상이다. '인간을 동물처럼 가두고 죽이다니…'라는 익숙한 인간적 통념은, 동물화된 인간, 죽여도 죄가 되지 않는 인간들('호모 사케르')에 대한 동정과 연민에 호소하는 비판적 정신 속에서도 의연해, 동물과 인간의 고정된 자리를 환기시키며 치안의 권력을 가동시키고 있었던 것이다.

인간임을 자긍하는 그런 분들에게, 인간적 비판의 정신을 가진 분들에게, 우리는 인간적 비오스가 아닌 동물적 조에를 들이밀고 싶다. 동물뿐 아니라 식물, 미생물로 확장된 온갖 삶들로 가득 채워 그들에게 되돌려주고 싶다. '조에'라는 말로 명명될 정치의 개념을 통해서, 길게는 찬란하신 그리스의 고대 이래, 짧게는 석탄과 과학을 통해 증폭된 힘으로 정복자의 꿈을 실현했던 산업혁명 이래, 비오스의 빛에 가려 살아 있어도 존중받지 못했던 것들이, 죽음마저 극복한 인간의 영생과 불멸의 꿈속에서 집요하게 지속된 증식의 치안을 거슬러, 그렇게 증식된 인간들이 산출해 온 네크로폴리스의 장을 거슬러, 회복의 힘을 보이지 않게 가동시키고 있었음을 상기시키고 싶다.

조에의 정치는 인간의 정치가 아니다. 지금 그것은 차라리 인간의 권력을 겨냥한 비인간들의 정치다. 비인간 중에서도 인간의 눈에 잘 보이지 않는 생명체들의 정치다. 인간의 눈에 보이지 않기에 치안의 권력에서 벗어나 있고, 치안의 권력 틈새로 흘러 다니는 보이지 않는 생명체들의 정치다. 인간의 권력이 걸핏하면 겨냥하지만, 그리고 종종 '멸종선언'을 하기도 하지만, 결코 끝내 멸종시키지 못했고, 대개는 제대로 겨냥도 하지 못하는 미생물들의 정치다. 이들은 대멸종의 시대에도 결코 멸종하지 않고 살아남아 새로운 오이코스의 역사를 다시 시작할 것이다. 그들은 인류세의 대멸종이라는 네크로폴리스를 거슬러 새로운 살고 죽기의 흐름을 회복하여 지속해 갈 조에폴리틱스를 언제나 가동시킨다.

지구의 철학

인류세만은 아니다. 45억 년 지구의 역사에서 다섯 번의 대멸종 사건이 생명의 단절을 야기했지만 조에는 어김없이 모습을 달리하면서 되돌아왔다. 가령 2억 5000만 년 전에 있었던 페름기-트라이아스기의 대멸종은 고생대와 중생대를 나누는 가장 치명적 사건이었고 지구상의 90퍼센트 이상의 종들이 멸종했다. 다시는 생명이 살 수 없을 만큼 지표면의 온도는 상승했고 바다는 산성화되었다. 그러나 결코 돌이킬 수 없을 것 같은 상황에서도 생명의 흐름은 끊어지지 않았다. 대멸종이라 불리는 죽음의 문턱을 거슬러 새로운 살고 죽기의 장을 회복했다. 단 10퍼센트 남은 조에들이 다시는 되돌릴 수 없을 것 같은 문턱을 부수고 되돌아왔다.

지구라는 행성이 이 미시적 조에들의 적극적 활동으로 만들어지고 있음을 가장 먼저 포착한 사람은 제임스 러브록(James Lovelock)과 린 마굴리스(Lynn Magulis)다. 이들은 지구는 생명이 적응해서 살아가야 할 무생물적 세계가 아니라 생명 활동의 결과이자 그들이 살아갈 환경이라는 가설을 제기했다.

어떻게 대기 중의 산소와 질소가 식물들과 미생물들에 의해서 만들어질 수 있으며, 어떻게 백악과 석회암이 한때는 바다에 있던 미생물들의 껍질에서 만들어질 수 있었는지를 한번 생각해 보라. 생물은 결코 화학과 물리학의 무정한 손길로 인도되는 그러한 불활성의 세계에서 그저 적응하고 있는 것이 아니다. 우리는 태곳적이나 지금이나를 막론하고 우리 조상들에 의해서 다듬어졌으며, 또한 오늘날 모든 살아 있는 존재들에 의해서 끊임없이 유지되는 그러한 세계에 살고 있다. 생물들은 그들의 이웃의 활동에 의해서 만들어진 물질들로 조성되는 그러한 세계에 적응하고 있는 것이다(러브록, 『가이아』).

마굴리스와 러브록은 지구가 생명체에 의해서 만들어지는 안정적 자율 조절 시스템이라고 생각했다. 이러한 항상성을 가장 잘 보여 주는 것은 대기의 비율이었다. 그들의 물음은 지구 대기에서 산소 비율이 오랫동안 안정적인 이유는 무엇일까였다. 산소는 반응성이 커서 분자 단독으로 존재하기 어려운데도 불구하고 대기의 조성에서 21퍼센트를 차지하고 있다는 사실은 무언가에 의해 산소가 계속 보충되고 있다는 말이 된다. 산소의 지속적 공급이 없다면 다 반응해 버리고 분자 상태로 남아 있는 것이 거의 없을 것이다. 화성과 금성의 대기가 그러하다. 그러나 지구에서는 식물, 동물, 미생물들의 호흡 활동이 지속적으로 이산화탄소와 산소를 공급하기에 대기의 조성은 비평형적 항상성을 이룬다. 러브록과 마굴리스는 "고립계에서 엔트로피는 감소하지 않는다"는 열역학 제2법칙에 '반하여' 대기 조성이 비평형적 항상성을 이룬다는 점에서 지구는 그 자체로 생명체라고 주장했고 이를 소설가 윌리엄 골딩의 조언을 받아들여 대지의 여신인 '가이아'로 명명했다.

그러나 이 가설은 일종의 목적론으로 받아들여졌다. 비판자들은 어떻게 생명체들이 산소 농도와 기온을 알맞게 유지하기 위해 회의를 개최할 수 있겠는가라고 비난했다. 이에 러브록은 생명체들 사이의 협조를 전제하지 않고도 물리적 메커니즘으로 항상성이

가능함을 "데이지 세계"라는 시뮬레이션으로 보여 준 바 있다. 데이지 세계는 지구와 똑같은 크기의 행성이 있고 이 행성은 태양과 똑같은 질량과 광도를 가진 한 별의 주위를 공전한다고 가정한다. 이 시뮬레이션은 환경의 변수는 온도 하나이고 행성에 사는 생물은 빛의 흡수와 반사의 비에 따라 가장 짙은 것, 중간 것, 가장 밝은 색을 가진 종의 데이지가 있는 것으로 변수를 최대한 단순화한 모델이다. 데이지의 생육조건은 섭씨 20도에서 가장 잘 자라고 5도 이하에서는 생장을 멈추고, 40도를 넘으면 시들어 말라 죽는 것으로 설정되었다. 적도 부근에만 겨우 섭씨 5도 정도를 유지해 다른 곳에는 데이지가 없고 적도 부근에만 3종의 데이지 모두 겨우 발아할 수 있는 상태에서 시뮬레이션은 출발한다. 첫 여름이 되었을 때 더 많은 빛을 흡수할 수 있는 가장 짙은 색의 데이지가 성장에 가장 유리했고 나머지는 빛의 흡수보다 반사가 더 많아서 생육에 취약했다. 이듬해에는 많이 살아남은 짙은 색의 꽃이 더욱 번성했다. 짙은 색의 데이지가 많아지자 주변의 공기와 토양의 온도는 올라갔고 이 온도가 적도 바깥으로 퍼져 나가기 시작하면서 행성의 온도가 높아지기 시작한다. 그러자 발아가 불가능했던 옅은 색의 데이지도 아주 적은 수이지만 발아할 수 있게 된다. 짙은 색의 데이지는 자신의 생육에 유리한 환경을 만들면서 더욱 증식한다. 그러나 이것이 지표면의 온도를 너무 상승하게 만들자 오히려 자신의 생육을 저해하게 되고, 밝은색 데이지에게 유리한 환경이 조정된다. 이에 밝은색 데이지가 행성을 뒤덮어 행성의 온도는 내려가고 다시 짙은 색 데이지에 유리한 환경이 조성된다. 이런 식으로 데이지 세계는 데이지의 생명 활동의 결과이자 그들이 살아가는 환경이다. 데이지 세계의 온도는 밝은색 데이지가 하한을 결정하고 짙은 색 데이지가 상한을 결정하는 식으로 두 온도 사이에서 안정적으로 진동하게 된다.

데이지 세계가 안정적으로 온도를 회복할 수 있었던 것은 생명의 신비로운 힘이 비생물적 환경을 자신에 맞추어 변형했기 때문이 아니다. 여기서 결정적인 것은 증식의 힘과 그에 반하는 방향의 힘이 공존하며 동적 균형을 이루고 있다는 점이다. 한 가지 색깔의 데이지가 증식을 멈추지 않았다면 전체는 자멸하고 말았을 것이다. 서로 다른 방향을 향한 힘들의 공존으로 인해 데이지 세계는 증식의 힘을 거슬러 회복의 힘을 가동시킬 수 있었다. 공존하는 힘의 차이들이 증식의 폭주를 통해 자멸하지 않도록 막아 준 것이다. 그처럼 서로 상이한 힘을 갖는 생물들의 공존과 경합, 그것이 지구라는 거대한 규모의 공동체가 창발적 생명력을 지속할 수 있는 이유다.

지금 지구의 온도를 결정하는 중요한 요인인 온실가스에 대한 연구를 시작한 사람은 19세기 말 스웨덴 물리학자 스반테 아레니우스였다. 그는 당시 기온보다 4도 정도 상승할 것으로 예측했는데, 아이러니하게도 이 연구는 온도 증가가 더 추운 지역의 곡물 수확량 증가를 가져오리라는 희망 속에서 이루어졌다(젬 벤델·루퍼트 리드, 『심층적응』, 32~33쪽). 온난화의 우려 속에서 온실가스 배출량에 진지한 관심을 갖고 지속적으로 측정했던 것은 화학자 찰스 데이비드 킬링(Chales David Keeling)이었다. 그는 1958년부터 남극과 하와

지구의 철학

이의 마우나로아에서 이산화탄소 농도를 꾸준히 측정했고 그 결과는 '킬링 곡선'으로 요약된다. 킬링의 관측에 따르면 이산화탄소 농도는 계절적 변동과 무관하게 지속적으로 증가해 왔다. 그의 선구적 작업은 이후 관측 데이터와 컴퓨터 등 처리기술의 비약적 발전에 따라 기후 연구의 본격적 장을 열었다. 지속적으로 상승하는 킬링 곡선은 대기시스템의 컴퓨터 시뮬레이션을 통해 지구적 규모의 기후를 예측하게 해주었다. 그런데 이러한 예측은 온실가스의 증가가 지구의 비평형적 항상성을 교란할 것이며, 이것이 일정한 한계를 넘으면 기후가 변해 생존 환경이 파국에 이를 수도 있다는 사실을 함축하고 있는 것이었다.

러브록의 데이지 세계에서는 어떤 문턱을 넘기 전에 그것을 회복으로 돌리는 회복의 벡터가 작동했지만, 현대 비평형 물리학이 보여 주는 지금의 지구 상태에서는 그 벡터를 찾기 힘들다. 이제는 이미 회복의 힘이 작동할 수 있는 상태의 문턱을 넘어가 버린 것 같다. 킬링 이후 많은 과학자들이 관심을 갖고 측정하고 예측한 사실들은 지구란 자식을 걱정하는 대지의 여신, 신화적 어머니로서의 "가이아"가 아니라 오래 지속되던 항상성마저 '별것 아닌 것'처럼 보이던 기체들의 증식만으로도 파국에 이를 수 있는 역동적 비선형 시스템임을 보여 준다. 다시 말해 하나의 전체로서의 지구란 안정적 유기체나 신화적 존재가 아니라 "임계값, 갑작스러운 변화, 티핑 포인트, 자체 증폭적인 폭주 진화와 같은 비선형 시스템의 전형적인 가능성을 가진 존재"(Stengers, "Gaia, the Urgency to Think（and Feel）")인 것이다.

드넓은 대기 중에 얼마 되지 않는 가스들을 배출한 것이었지만, 그 배출이 유용성과 편의를 제공하는 개발의 경제학을 따라 일방적으로 증식됨에 따라, 지구는 회복 불가능해 보이는 네크로폴리스의 장이 된 것이다. 대기 아닌 바다를 향해 배출되기 시작한 방사능 또한, 지금이야 농도의 희석으로 '별것 아닌 것'으로 보이겠지만, 방사성 원소들을 바꾸거나 되돌리는 회복의 벡터가 없는 한, 이산화탄소가 대기를 채워 버린 것과 같은 식의 증식의 길을 가게 될지도 모른다. 그러나 이사벨 스텡제르스(Isabelle Stengers)는 이 네크로폴리스의 장에서조차 끝내 소멸하지 않는 어떤 정치적 힘의 벡터들을 감지한다. 그가 아이러니하게도 가이아 앞에 "침입하는"이라는 수식어를 붙이는 이유는 이 때문이다(Stengers, *In Catastrophic Times*). '침입하는 가이아'란 유기적 전체, 어머니 대지로 간주되는 가이아에서는 생각지도 못한 어떤 힘들의 존재를 표현한다. 침입하는 가이아는 인간 문명의 뿌리라 칭송되는 올림포스 신들의 가부장적 질서에 가차없이 침입해 가부장적 혈연의 세계를, 혈연적 증식의 세계를 교란한다.

이 위협적인 가이아는 그저 지구의 또 다른 이름이 아니다. 이용되어야 할 자원으로 여겨지든, 또는 존중되어야 할 취약하고 독특한 경이로 여겨지든. 그것은 새로운 과학 분야가 관심을 두는 무언가의 이름, 그것의 현재와 미래의 행위를 배우기 위해 그것의 과거가 재구성되는 존재의 이름이다. 우리를 위협하는 것은 얼굴이 없고 상호연관된 복잡한 모델과 데이터 세트뿐이다(Stengers, "Gaia, the Urgency to Think (and Feel)").[36]

근대과학에서 통제와 예측은 언제나 한 쌍이었다. 그러나 최고의 과학 중 하나인 비선형 물리학이 통제와 예측의 단단한 결속을 허물어 버린다. 어머니 대지의 신화적 통념과 달리 가이아는 인간이 꿈꾸는 힘의 상징도, 그 힘을 통해 통제되는 대지도 아니다. 생명을 생산한 어떤 증식하는 힘만큼이나 그에 반하는 힘들이 공존하는 세계다. 어떤 증식의 힘이 강해지면, 바로 그 증식의 힘 자체를 통해 그에 반하는 힘들이 작동하게 하는 거대한 다양체다. 자신을 자원으로 채굴하고 착취하려 하면, 그렇게 하도록 그대로 두지만, 정확히 그로 인해 더는 채굴이나 착취가 지속 불가능해지는 문턱을 넘어가 그 채굴과 착취의 시도들 스스로 궁지에 도달하게 하는 역설적 장이다. 지구적 네크로폴리스는 어쩌면 그 자체로 증식의 권력을 따라가 그것을 궁지로 몬다는 점에서 조에폴리틱스가 작동하는 역설적 방식인지도 모른다.

그러나 이런 상황에서도 가이아를 순치시키고 통제하는 방식으로 출구를 찾으려는 시도들이 있다. 기후 격변에 대한 지구공학적 해법이 그것이다. 이산화탄소를 포집·저장하는 기술이 그중 하나다. 화력발전소 등 이산화탄소 발생지에서 가스를 흡착해 탄산염

---

36 이 글은 브라질 리오 데 자네이로에서 열린 "천 개의 이름을 가진 가이아" 콘퍼런스에서 발표되었다.

의 형태로 고형화해 땅속 깊이 보관하는 것이 이 기술의 핵심이다. 이를 위한 막대한 비용은 일단 경제성을 따지는 이들을 실제로 움직이게 할 것 같지 않다. 언젠가는 가능할 것이라는 낙관적 기술 전망은 지금 당장 해야 할 일을 미루는 가장 좋은 이유가 되어 준다. 다행이라 해야 할까? 기술의 경제성보다 더 근본적 문제는 보관된 탄소를 반영구적으로 관리할 방법이 생각보다 쉽지 않을 것이라는 점이다. 막대한 규모를 생각하면, 이산화탄소 폐기물 처리 문제는 핵폐기물 처리 문제 이상으로 무거운 문제로 빠르게 되돌아올 것이다. 회복의 벡터가 없는 한, "억압된 모든 것은 되돌아온다."

또 다른 방안은 아예 태양 빛을 차단해서 온도를 낮추는 해법이다. 태양복사관리(SRM)라고 불리는 이 해법은 우주에 대형 거울을 띄워 빛을 반사하거나, 낮은 고도의 층적운에 소금 입자를 주입해서 구름의 색깔을 더욱 희게 만들거나, 태양 빛을 차단하기 위해 성층권 같은 고층 대기에 황산염 혹은 탄산칼륨 에어로졸을 투입하는 방법들이다. 기후시스템에 직접 조작을 가하겠다는 발상이다. 그러나 기후시스템에 국지적 조작을 가했을 때 그것이 어떤 방식으로 되돌아올지는 아무도 모른다. 나비 날갯짓의 효과도 제대로 예측할 수 없는, 상호작용하는 수천의 변수들이 미묘하게 얽혀 있는 복잡계를 빛에 관한 변수 몇 개를 통해 통제할 수 있으리라는 발상은 대단히 '과학적'이고 대단히 근대적이다! 더욱 놀라운 것은 실험이란 다른 조건들 속에서 변수들의 관계를 반복하여 확인하는 절차임에도, 하나뿐인 지구를 실험체로 삼아 실험하겠다는 발상이다. 이건 실험이 아니라 '실행'이다. 실험 없이 행해지는 무모한 실

지구의 철학

행이다. 하나뿐인 목숨을 약물실험에 바치겠다는 이 용기를 과학의 이름으로 상찬해야 할까? 그럼에도 이런 발상이 생각보다 쉽게 용인되는 것은 대기화학의 용어들이 내뿜는 과학적 분위기 때문일까? 혹시라도 그들의 제안이 궁지에 몰린 인류에 의해 기후위기의 출구로 선택된다면, 우리는 그 결과가 어떻든 그들이 실험한 곳에서 살아야 한다. 하긴 그것은 과학이 선택한 모든 실험체들의 운명이다. 스스로를 대상으로 실험하는 것, 이 얼마나 무모하고도 대단한 용기인지…. '인류'는 역시 '대단한' 자들이다.

여섯 번째 대멸종이 진행 중이다. 이는 인류가 목격하는 첫 번째 대멸종이 될 것이다. 여태까지의 멸종과 여섯 번째 대멸종이 다른 것은, 이전의 멸종이 혜성 충돌이나 대륙판 이동, 화산 폭발 등 생명 외적인 것을 변인으로 했다면, 지금의 멸종은 멈출 줄 모르는 인간의 증식, 이익의 증식이 불러들인 파국이라는 점이다. 다섯 번째까지의 멸종들과 그 외 크고 작은 멸종들이 시사하는 것은 엄청난 죽음이 진행되어도 약간의 종들이 살아남아 있을 수만 있다면 회복의 프로세스가 가동된다는 점이다. 아무리 폭력적 재해가 있어도 그것이 전 지구를 남김없이 장악하는 일은 없었기 때문이다. 네크로폴리스가 아무리 강력해도 그 치안이 순치하지 못하는 구멍들이 있기 때문이다. 그 구멍들 속에 웅크리고 있던 결코 하나일 수 없는 각이한 특성을 가진 조에들이 그 문턱을 거슬러 넘어가고, 언젠가는 그 문턱을 낮추거나 와해시킨다.

생명이 반드시 죽음을 이긴다는 섭리 같은 것은 없다. 생명의 정치란 데이지 세계가 보여 주듯 하나의 방향을 이탈해 다른 방향으로 밀고 가는 조에들의 정치이지 생명 지구의 본성이나 법칙 같은 게 아니다. 항상성은 언제나 '아무것도 아닌' 생명체들이 생명과 죽음을 뒤섞으며 각축하는 끊임없는 비평형적 과정의 결과물이다. 상대가 강요하는 세계를 이탈할 수 있는 것은 상대와 다른 자들이 있기 때문이지 생명의 신비한 본성 때문이 아니다. 증식의 벡터로 대지를 채우며 네크로폴리스를 가동시키는 자들을 막아설 수 있는 무수히 다른 자들이 살아남아야 그 문턱을 와해하는 조에폴리틱스가 가동될 수 있다. 그렇기에 전 지구적 전 우주적 데모크라시, 자격 없는 자들의 정치가 중요하다. 네크로폴리스가 온 지구를 뒤덮어 버린 것 같은 시대, 이 시대를 살아 내는 것은 조에의 씨를 뿌리는 일과 함께해야 할 것이다. 발아될 때를 기다리는 온갖 색깔의 씨를 뿌리는 일이 필요하다. 그 방식이 한 가지일 리 없다.

제 5 장

오이코페미니즘 혹은 마녀들의 정치학

1. 오이코스와 가부장

오이코스는 대지에 속한 '것'들을 둘러싼 치안과 정치의 장이다. 생존을 위해 어떤 것을 먹고 이를 위해 누군가를 이용하며 때론 길들이거나 죽이는 투쟁의 장이며, 동시에 이를 위해 다양한 종류의 이웃에게 무언가를 해 주며 공동체를 구성하는 동맹의 장이다. 오이코스에서 발생하는 모든 사건에는 증식과 회복의 벡터가 작동된다. 증식은 자신의 생존과 번식에 필요한 조건을 유지하기 위해 자신과 상대의 자리를 고정시키는 치안(police)을 가동하는 반면 회복은 증식의 일방성에서 이탈하는 힘들의 발산을 통해 정치(politics)를 가동한다. 증식이 약육강식의 일방적 먹기를 지향하는 치안의 권력을 함축한다면, 먹는 것이 먹히는 것과 자리를 바꾸는 회복은 먹는 자와 먹히는 자의 경계를 지우며 각자의 자리를 바꾸는 정치적 능력을 요구한다. 조건과 상황에 따라 각자의 위치를 바꾸는 이러한 정치는 **끝을 갖게 마련인** 치안의 권력과 달리, 끝이 자리 잡은 방향을 끝없이 바꿈으로써 **끝이 도래하는 사태로부터 반복해 멀어진다**. 생명세계가 흔히 말하듯 '지속가능성'을 갖는다면, 이는 바로 이처럼 일방적 증식을 '거슬러' 먹고 먹히는 관계의 방향을 바꾸는 회복의 정치가 작동하기 때문이다.

    오이코스는 살기 위해 먹는 장이지만, 약육강식의 자명한 생존 논리가 지배적인 듯 보일 때조차 독식으로 치달리는 일방성에서 이탈하는 수많은 흐름들이 공존하는 정치의 장이다. 먹는 자에서 먹히는 자로 이용하는 자에서 이용되는 자로 **자리를 바꿈으로써**

계속성이 유지되는, 함께 일하고 함께 먹고 함께 노는 동맹의 장이다. 따라서 정치란 폴리스가 따로 존재하기 이전부터, 오이코스 그 자체 안에서 시작된다. 폴리스는 오이코스에서 발생하는 이러한 정치를 '가장'이라 불리는 자들의 권리로 국한함으로써 자리와 자격의 형식으로 포식의 방향을 제한하려는 치안의 장이다. 소유자와 소유물, 결정권을 가진 자와 그 결정에 복속된 자의 자리를 고정함으로써 증식의 일방성을 확보하려는 것이란 점에서 반정치적 장이다. 정치는 그 폴리스를 점유한 자들 사이에서 자유를 논하는 토론과 더불어 시작되는 게 아니라 자신을 둘러싼 것을 자신의 생존에 필요한 소유물로 확보하려는 시도가 실패하는 지점, 그런 관계의 일방성이 전복되는 지점에서 시작된다. 가령 계몽되어야 할 '미개'나 정복되어야 할 '야만'에 의해 이성이나 문명의 권력이 정지하거나 실패하는 지점이 그것이다.

15세기 말 서양인들이 발견한 아마존의 숲은 인간을 포함한 복수종이 살고 죽고 함께 일하고 노는 생존의 장으로서의 오이코스이지, 그들이 말하듯이 "온실 속의 에덴"도 아니고, "자연 그대로"의 숲도 아니다. 그 문구 속에서 자연은 인간의 문명과 대립되는 것이고 에덴이란 인간 이전의 자연을 뜻하는 것임을 안다면, "온실 속의 에덴", "자연 그대로"라는 말은 인간 없는 숲을 지칭하는 말이었을 것이 분명하다. 그들의 이런 말 속에서 우리가 실상 보아야 하는 것은 인간 이전의 숲이 아니라 그들 서양의 식민자들에 의한 침략과 살육, 그들의 몸에 붙어 온 병원균에 의해 아마존의 선주민들이 90퍼센트 가까이 죽은 이후의 텅 비어 버린 숲일 뿐이다. 아마존 숲의 그 풍부한 수종은 자연 그대로가 아니라 그 지역의 선주민들이 필요에 의해 불을 놓아 땅을 정리하고 하늘을 가리는 나뭇가지를 제거했기 때문에 생겨난 것이다. 그렇게 불탄 빈터에 다른 동물들이 날라다 준 열매들의 씨앗이 싹을 틔우고, 그 나무들이 풍성한 열매를 맺을 수 있도록 땅속의 곰팡이들이 영양분을 만들어 주었기에 탄생한 것이다. 따라서 아마존 숲의 야자나무, 과실나무, 브라질너트, 대나무 군락은, 비록 명시적인 악수가 있었던 것은 아니지만, 선주민들과 동물들, 균류 등의 수많은 종들 간 동맹의 결과인 셈이다. 북아메리카 대륙의 상당 부분 또한 그러하다. 미합중국 '건국의 아버지'들은 "쓸모없이 버려진 땅"을 자신들이 비로소 그 쓸모를 만들었다고 했지만, 그건 그들의 '쓸모'라는 것이 그 땅을 차지하기에는 지나치게 빈약하고 협소한 것이었음을 뜻할 뿐이다. 오랫동안 그 땅의 선주민들은 숲에 불을 놓아 초식동물의 먹이가 되는 풀과 베리류의 관목을 조성했고, 그곳에서 사냥하고 열매들을 채취했다. 또한 그곳은 들소들의 서식지였고, 그렇기에 들소에 기대어 사는 이들의 서식지이기도 했다. 풀과 관목, 들소, 인간 등이 먹고 먹히는 복잡한 관계들의 장이었다. 그렇게 남북아메리카 대륙은 이용하는 자가 이용되는 자가 되면서 서로에게 쓸모를 제공하는 오이코스였지 누군가의 편협한 쓸모를 기다리고 있던 땅이 아니었다.

수단 남부 나일강 유역의 목축민인 누에르족은 자신들이 돌보는 소를 먹고 팔고 가죽을 무두질하지만, 소들을 위해 야영지를 옮기고 소들을 야생동물로부터 보호하고 소의 장신구를 만든다. 이에 대해 한 인류학자는 이렇게 말한다. "누에르족은 소에 붙어사는 기생생물이라는 이야기가 있다. 그러나 이와 마찬가지로 소가 누에르족의 기생생물이라고 말할 수도 있다. 소의 안녕을 보장하느라 누에르족의 삶이 소진되기 때문이다…. 이런 누에르족의 헌신 덕분에 소는 온화하고 게으르고 느릿느릿한 삶을 산다"(제임스 스콧, 『농경의 배신』, 125쪽). 오이코스의 동맹, 이용하며 이용되는 관계란 이런 것이다.

동물들을 판매할 상품으로 생산할 뿐인 현대의 목축산업에서는 더 이상 가축과 인간의 동맹관계를 찾아보기 어렵다고 여기기 쉽다. 하지만 마츠마라 타모츠의 다큐멘터리 〈피폭소와 살다〉[37]는 가축을 길들이는 목축에서도 아직 살아 있는 오이코스의 동맹을 보여 준다. 영화는 후쿠시마의 핵발전소 사고 이후 피폭 지역에 살아남은 소들과 그들을 돌보는 목축인들을 다룬다. 쌀농사와 목축으로 살던 일본의 시골 마을이 핵발전소 사고로 쑥대밭이 되었고 대부분의 소들은 거리와 축사에서 백골이 되었다. 그러나 죽지 않고 살아남은 소들이 있었다. 사고 당시 허겁지겁 몸만 빠져나왔던 지역의 목축인들은 이 살아남은 자신들의 소를 돌보기 위해 건초를 싣고 정기적으로 피폭 지역에 들어간다. 피폭당한 소들은 더 이상 상품이 될 수 없지만 목축인들은 소 돌보기를 멈추지 않는다. 일본 정부는 이들에게 살처분을 종용하고, 다른 지역에서 목축업을 재개하면 지원하겠다고 꼬드긴다. 이 사고를 하루빨리 없었던

---

37 이 다큐멘터리는 후쿠시마현 후타바군 나마에마치를 비롯한 인근 세 지역에서 대대로 목축을 해 온 농부들의 이야기다.

일로 만들고 싶은 정부에게 이들 소는 빨리 치워 버려야 할 폐기물이지만 목축인들에게 소는 얼굴과 얼굴을 마주하고 서로를 돌보고 먹어 온 동맹자들이고, 소들에게 목축인도 마찬가지다. 오이코스의 동맹, 함께-먹기란 이처럼 살(리)기와 죽(이)기의 경계를 넘나드는 것이다.

　오래전부터 인간과 결부된 오이코스는 가부장을 정점으로 하는 부계 혈족의 치안이 작동하는 장이었고 국가와 가부장의 강력한 동맹이 이런 증식의 치안을 더욱 공고히 해 왔다. 2장에서 살펴본 것처럼 전쟁은 가족들의 '보호'를 책임지는 자로서의 가장[38]이 출현하는 첫 번째 계기였을 것이다. 원시사회는 잠재적 전쟁 상태와 이를 피하기 위한 선물과 교역이 함께 있는 사회(살린스, 『석기시대의 경제학』)였고, 여기서 여성은 타 부족과의 동맹을 위해 선물로 교환되었다. 레비스트로스는 『친족의 기본 구조』에서 '친족 체계'의 핵심에 "여성 교환"이 있으며, "근친상간 금기"는 여성 교환을 가능하게 하기 위한 장치라고 보았다. 레비스트로스의 "여성 교환"으로부터 여성 억압 생산장치를 포착한 게일 루빈(Gayle S. Rubin)은 선물로 교환되는 여성은 동맹의 파트너가 아니라 "길들여진 여성"을 생산하기 위한 원자재일 뿐이라고 주장한다. 여성의 생물학

---

38 게일 루빈이 지적하듯 "가부장적이라는 말로는 적절하게 묘사될 수 없는 젠더 계층화 체계들이 존재한다. 뉴기니 사회는 많은 경우에 여성들에게 지독히 억압적이다. 그러나 이러한 집단에서 남성들의 권력은 아버지 또는 가부장으로 해야 할 역할에서 비롯되는 것이 아니라 밀교의식, 남성의 집, 전쟁, 교환망, 제의에 관한 지식, 다양한 통과의례 절차 등으로 구현되는 집단적 성인 남성성에서 연유하는 것이다. 가부장제는 남성 지배의 한 형태"이다(게일 루빈, 『일탈』, 현실문화, 2015.).

적 섹슈얼리티가 근친상간 금기와 같은 사회적 통제를 통해 의무적 이성애라는 인간적 행위로 변형되었음을 지적한 루빈은 이렇게 변형된 성적 욕구를 충족시키는 일련의 사회관계 체계를 "섹스-젠더 체계"라고 불렀다. 생물학적 몸이 아니라 이성애를 강요하는 문화, 친족 체계가 가부장을 출현시켰다는 것이다. 루빈이 말하길, "젠더가 없어진다면, 오이디푸스 드라마는 모두 유물이 될 것이다. 간단히 말해 페미니즘은 친족 체계의 혁명을 요구해야 한다"(게일 루빈, 『일탈』).

페미니즘에서 섹스와 젠더를 분리해서 생각하려 한 것은 여성의 지배 이유를 자연적 성질에서 찾는 생물학적 결정론에 맞서기 위함이었다. 이에 대해 슐라미스 파이어스톤은 아주 다른 방식의 접근을 했다. 마르크스주의가 잉여가 발생하기 이전의 원시 공산사회를 상정하는 것에 대해 파이어스톤은 "경제적 계급과 달리 성적 계급은 생물학적 현실로부터 직접 발생했다"(『성의 변증법』)라고 주장한다. 생산의 역사유물론이 아니라 재생산의 역사유물론을 제시한 것이다. 파이어스톤은 기존의 섹스/젠더 이론과 달리 생물학적 몸들의 차이를 주목했다. 하지만 그것을 곧바로 계급으로 환원함으로써 여성들이 자신의 몸과 적대적 관계에 놓이는 난감한 문제를 만들었다. "권력의 성적 불균형이 생물학적 근거를 가진 것임을 인정하는 것이 우리가 패배하는 것을 인정하는 것은 아니다. 우리는 더 이상 한낱 동물이 아니기 때문"이라는 파이어스톤의 해결책은 "성적 계급의 철폐를 보장하기 위하여는 피지배계급(여성)의 봉기와 생식 조절에 대한 점유가 요구된다…. 페미니스트 혁명의 최종 목적은 … 남성 **특권**의 철폐뿐 아니라 성 **구분** 그 자체를 철폐하는 것"(같은 책)이다.

　여성 억압의 기원을 말하는 이상의 페미니즘 논의에서, 한쪽은 여성의 생물학적 몸에 대해서 침묵하고, 다른 한쪽은 열등한 몸을 인정한다. 한쪽은 가부장은 문화에 의해 만들어진 것이기에 그 문화를 철폐하는 것이 목표라고 주장이고 다른 한쪽은 가부장은 처음부터 지배계급으로 있었지만 기술의 전유를 통해 혁명이 가능하다 주장한다. 두 구도는 자연에 대한 두 가지 대칭적 통념, 즉 인간이 없는 한 자연은 조화롭다는 통념과 자연은 약육강식의 필연성이 관통하는 곳이라는 통념과 정확히 동형적이다. 이런 통념들이 자연과 신체를 정치의 장소로 보지 못하게 만든다. '오이코폴리틱스'에서 우리가 시도한 것은 불평등을 가능하게 하는 몸들 간의 차이를 지배 질서로 자연화하지 않으면서 그 불평등을 우회하며 빠져나가고, 동맹을 형성해서 대결하는 역동적 몸들의 움직임을 "정치"로 포착하려는 것이었다. 이 장에서 우리는 그 신체적 차이가 성적 차이일 때, 한 성의 일방적 지배에 다른 성이 어떻게 대처해 왔는가를 "정치"로 포착하고, 이 정치가 어떻게 대지와의 동맹을 위한 첨점을 만들어 낼 수 있을지 모색하려 한다. 이를 위해 우리는 오이코스의 특권적인 신체, 가부장에 관해 생물학이 말하는 기원 이야기에서 시작한다.

　영장류 연구는 신체에 기반한 인간의 본성에 관한 논쟁적 기원 이야기를 제공해 왔다.[39] 영장류학이 인간을 비추는 거울로 여겨졌기 때문이다. 이때 핵심 주제는 영장류의 '성'과 '경제'였는데 동물 군집에서 인간 사회로의 이행 그리고 자연경제에서 정치경제로의 이행을 설명하기 위해서였다. 영장류학과 형질인류학(physical anthropology)이 말하는 인간 문화에 대한 기원 이야기의 주류 판본은 수렵 적응 가설이다. 근대 인간학은 동물과 인간 사이의 깊은 심연을 설정하지만, 신체를 다루는 사람들인 생물학자들은 대체로 동물과 인간의 연속성을 주장한다. 그렇지 않으면 진화를 설명할 수 없기 때문이다. 솔리 주커맨(Solly Zuckerman)도 그중 한 사람이다.

주커맨은 암컷의 성욕이 영장류 사회의 기원이라고 설명한다. 암컷의 계절적 발정기가 월경주기로 바뀜에 따라 영장류 사회에 혁명적 변화가 일어났다는 것이다. 암컷의 "성적 수용성"이라는 용어로 설명되는 이 가설에 따르면, 암컷들의 영속적인 성욕은 수컷들 사이의 치명적 경쟁을 유발하는 무질서의 위협을 유발한다. 암컷에 대한 수컷의 통제는 생존을 위한 선택압으로 작동하고 수컷들의 투쟁은 유전적 진화의 자산을 증대시킨다. 주커맨의 논의가 암컷의 통제되지 않는 성욕으로 출발한다고 그것을 긍정하는 것은 아니다. 영장류 암컷의 성욕은 통제되지 않으면 선택압을 견딜 수 없기에 우두머리 수컷의 통제를 통해 진화적 생산수단이자 잉여가치의 근원으로 바뀐다. 주커맨은 영장류 군집에서 인간 사회로의 이행은 수렵 적응에 의해서라고 설명한다. 호미니드들의 식사 패턴이 육식 취향으로 변화함에 따라 성에 따른 노동 분화가 발생했다

---

39 도나 해러웨이는 『영장류, 사이보그 그리고 여자』에서 영장류 연구의 역사를 추적한다. 이 장에서 기술하는 영장류 연구에 관한 이야기는 『영장류, 사이보그 그리고 여자』의 1, 2, 3장을 참조했다.

는 것이다. 남성들의 생산(수렵)과 여성들의 재생산(임신/출산/양육)의 뚜렷한 노동 분화는 식량의 보급과 공유가 가능한 인간 가족의 형태를 만들도록 선택압으로 작동했다. 요컨대 영장목의 독특한 사회성의 핵심에는 성적 기반인 가족이 있는데, 인간은 친족관계의 범주를 통해 이 위험하고 불가피한 성적 본능을 지배하는 존재다. 여기서 우리는 통제되지 않는 성적 본능이라는 대단히 익숙한 서사가 생리학과 단단히 결합되어 지배의 근거로 쓰이고 있음을 볼 수 있다.

페미니스트 과학의 기획 중 하나는 남성 과학자들이 말하는 신체와는 다른 신체를 발견하는 것이다. 영장류학자 셀마 로웰은 생리학을 사회로 외삽한 주커맨의 착상과 연구 방법에 반대하는 논문을 썼다. 이 논문에서 로웰은 암컷의 행동과 능동적 사회 역할을 강조했고, 지배는 일련의 학습 반응일 뿐이라는 것을 제시했다. 지배와 번식의 성공은 무관하다는 자료를 제시함으로써 지배가 선택압이라는 주커맨의 논리를 논파한 것이다. 로웰이 보기에 주커맨이 말하는 위계는 관찰 방법의 인공물이고, 관찰된 지배 행동이 진화와 관련이 있다는 근거는 부족하다.

주커맨의 가설이 재생산에 기반한 가설이라면, 생리학에서 사회생물학으로 생물학의 주도권이 변화함에 따라 다른 가설이 제기되었다. 셔우드 워시번(Sherwood Washburn)과 그의 제자들이 제기한 또 다른 수렵 적응 가설이 그것인데, 이 가설은 재생산이 아니라 생산에 주목한다. 1958년 「인간 행동의 진화」라는 논문에서 출발해 그 이후로 이어진 일련의 논문에서 워시번이 중시하는 것은 수컷의 공격성이다. 영장류 동물의 공격성은 진화적 보상이 따른다는 것이다. 가령 집단 간의 경쟁 덕분에 종이 넓은 지역으로 확산될 수 있고, 지역 개체군의 통제를 가능하게 한다. 워시번이 보기에 인간의 경우에도 공격성을 요구하는 선택압이 약해지지는 않았다. 왜냐하면 공격성을 요구하는 기능, 가령 무리를 보호하거나 치안을 유지하고 수렵으로 먹을거리를 마련해야 하는 등은 계속 요구되었기 때문이다. 하지만 인간 남성은 더 이상 몸으로 싸우는 것이 아니라 말과 무기를 사용한다. 스탠리 큐브릭 감독의 〈2001 오디세이〉는 워시번의 가설에 충실한 영화다. 최초의 도구를 살인 무기로 사용한 유인원이 살인의 기쁨으로 포효하고 그가 하늘을 향해 던져 올린 뾰족한 무기는 어느새 우주선이 되어 칠흑 같은 어둠 속의 우주를 선회하는 그 장면 말이다.

낸시 테너와 에드리언 질먼은 워시번의 가설에 대한 대항 가설로서 무기로서의 도구가 아니라 생산과정에 초점을 맞춘다. 이들은 초기 인류가 생활했던 사바나라는 생활 조건에 특수한 식이로 인해 채집이 주된 활동이었다고 주장한다. 채집 활동이 적절한 도구 사용과 이족보행에 대한 자연선택을 촉진했다는 가설이다. 이들이 모델 시스템으로 삼은 것은 침팬지인데, 침팬지 무리에서 사냥할 준비가 되어 있는 것은 수컷으로 보이지만, 도구를 더 자주 만들고 사용하는 것은 암컷이고, 이들의 사회구조는 위계적이기보다는 유연하며, 암컷과 새끼 그리고 동료들 간의 계속적 교제가 사회의 연속성을 만든다. 테너와 질먼이 보기에 초기 인류의 사바나 생활에서 도구 사용은 음식의 선택을 확대했으며 이로 인한 해부학

지구의 철학

적 변화가 일어났다. 여성은 별 쓸모가 없는 싸움에 특화된 신체를 가진 남성과 짝짓기를 하기보다 친절하고 위협적이지 않은 남성을 짝짓기 상대로 더 선호했을 것이다. 여기서 우리가 주목해야 할 것은 주커맨이 말했던 암컷의 성적 수용성이 테너와 질먼에 와서는 암컷의 성선택으로 바뀌었다는 점이다.

이처럼 과학이 말하는 몸은 하나가 아니다. 생물학적 몸을 강조한 파이어스톤도 생물학이 말하는 몸에 침묵했던 다른 페미니스트들도 생물학의 몸은 하나라고 여겼다. 몸을 과학 바깥의 자연적 실체로 두는 실수를 범한 것이다. 생물학의 몸이 하나일 수 없는 것은 각각의 가설에는 그것을 제기한 과학자가 가진 이데올로기가 묻어 있기 때문이다. 과학자들 또한 특정한 사회적 집단 속의 존재들이다. 짐작하듯 남성 과학자들이 제기한 수렵 적응 가설에는 그들이 속한 집단의 이데올로기를 충실히 반영하고 있고, 여성 과학자들의 가설에는 그들 집단의 이데올로기가 반영되어 있다. 이데올로기를 벗겨 낸 날것의 진실은 기대할 수 없고, 과학은 설명력을 갖춘 허구(fiction)이자 공적인 지식이다. 도나 해러웨이가 "과학은 신화다"(『영장류, 사이보그 그리고 여자』)라고 하는 것은 이 때문이다. 물론 우리가 선호하는 신화는 분명히 있지만 그렇다고 한쪽이 전적으로 날조이고 다른 한쪽이 전적으로 사실인 것이 아니다. 경합하는 과학의 서사들로부터 우리는 경합하는 다양한 몸들을 발견할 수 있다. 이 몸들은 부분적 진실들이다.

그러므로 오이코스의 가부장이라는 위치는 자연적 조건에 의해 미리 결정되어 있는 것이 아니다. 또한 임신하고 출산하는 신체가 반드시 자원이 되는 것도 아니고, 통제되지 않는 성적 본능은 과학 바깥의 실체가 아니다. 또한 과학이 말하는 성적 차이가 불평등과 아무 관련이 없다고 말할 수는 없다. 그것은 불평등을 반드시 야기하는 것은 아니지만 적어도 가능하게는 한다. 성적 차이만이 아니다. 신체적 차이가 불평등이 될 가능성은 언제나 있다. 그러나 그것을 항구적 지배로 환원하는 것은 다양한 방식으로 살고 죽기를 반복하면서 계속성을 유지해 온 신체들의 많은 활동을 놓치는 것이다. 인간의 계속성이 경각에 달린 지금, 우리에게 필요한 것은 성차를 포함한 서로 다른 신체들이 불평등한 조건 속에서도 그것을 어떻게 우회하고 넘어갔는지, 어떻게 계속성을 이어 왔는지를 제대로 포착하는 것이다. 우리가 여성이라 명명되는 특정한 신체들의 활동을 정치로 파악하려는 것은 이 때문이다.

2. 국가와 가부장의 동맹

유라시아에서 국가는 곡물의 집중 경작과 더불어 탄생했다. 경작이 채집보다 더 나은 것이어서가 아니다. 채집과 수렵은 짧은 시간에 이루어지는 집중적인 활동이기에 많은 노동시간을 필요로 하지 않는다. 채집과 수렵은 생존을 위한 '경제'이기에 생존에 필요한 것 이상을 생산할 이유가 없다. 그러나 경작은 다르다. 먹어 버려서는 안 되는 씨앗의 비축이 필요하기 때문이다. 경작은 생존 수단을 초과하는 잉여의 생산을 전제하지만 그것이 곧바로 집중 경작으로 이어지지는 않았다. 토지를 개간하거나 퇴비를 뿌리고 잡초를 제거하는 등의 엄청난 노동시간을 요하는 집중 농경 이전에, 채취한 씨앗을 비옥한 지역에 다시 뿌리고 그냥 내버려두는 방식의 "유희경작"이 오랫동안 지속되었다(Graeber · Wengrow, *The Dawn of Everything*).

제임스 스콧은 국가의 발생은 곡물의 경작과 긴밀하게 연결되어 있음을 지적한다(『농경의 배신』). 국가의 조세는 수확량을 '정확히' 확인하고 계산할 것을 전제한다. 따라서 국가는 수확량의 파악이 쉬운 한두 가지 곡물 중심의 배타적 경작을 강제하게 된다. 벼나 밀, 보리 등의 작물이 경작의 일차적 대상이 된 것은 이 때문이다. 이렇게 생산의 장을 몇몇 곡물들이 채우는 증식의 치안이 가동되기 시작한다. 이때 국가는 경작의 '기술'을 제공한 대가로 잉여를 포획한다. 국가의 출현과 함께 오이코스는 곡물 경작의 장으로 변했다.

국가는 효과적 조세를 위해서, 또한 전쟁이나 부역을 위해서 오이코스 내에 동맹자가 필요했다. 때로는 목숨마저 요구되는 이런 요구를 위해 국가는 자신들의 이 동맹자들에게 오이코스를 소유하고 지배할 권리를 부여했다. 이제 오이코스는 세금과 부역의 책임을 갖게 된 이 '가부장'의 처분 아래 들어갔다. 처분권을 갖게 된다는 것은 처분 대상에 대한 소유권을 갖게 됨을 뜻한다. 함께 일하고 함께 먹던 가족들이 가부장의 소유물이 되는, 생각해 보면 정말 기이하기 짝이 없는 이러한 전환은 이것 없이는 발생할 수 없다. 국가와 짝을 이루는 경작의 체제가 오이코스 내부에 국가와 동형적인 권력의 체제를 이식한 것이다.

오이코스가 가부장의 소유물이 됨에 따라 수확량은 세금을 거두는 국가뿐 아니라 가부장 자신의 권력이 된다. 더 많은 곡물은 더 많은 권리, 더 많은 권력이 된다. 따라서 더 많은 생산을 위해서 더 많은 노동력이 필요하게 된다. 이제 여성의 임신·출산은 노동력을 '재생산'하고 소유물을 상속해 줄 수 있는 혈족의 증식을 위한 것으로 확고하게 자리 잡는다. 아이의 출산, 특히 남자아이의 출산은 여성의 의무가 된다. 권리와 권력을 독점한 가부장들의 폴리스를 떠받치는 고대 그리스의 오이코스는 노예와 여성과 어린이가 가부장의 소유물로 착취된 장이자 노동자를 재생산하고 가부장의 혈족을 증식시키는 장이었다.

국가와 가부장의 동맹으로 오이코스가 증식의 치안에 장악되었다고는 해도 그것에 저항하는 정치의 장이기를 멈춘 적은 없다. 고대 그리스의 주변부에는 그리스인들이 야만인(barbarian)이라 부르는, 그리스어를 쓰지 않고 길들여지지 않는 집단들이 있었다. 야만인들이 사냥하고 채취하는 것은 말할 것도 없고, 이들이 동물이나 식물을 키우는 경우에도, 그들에게 세금을 걷기는 쉽지 않았다. 수확되는 것이 무엇인지도 제대로 알 수 없었고, 수확량이 얼마나 되는지는 더더욱 알 수 없었기 때문이다. 사실 이들은 굳이 곡물 경작을 하지 않아도 생존에 필요한 먹을거리가 풍부했기에 국가에 포섭될 이유가 많지 않았다. 이들은 곡물이 아니어도 수렵이나 화전, 조개류 수집, 채집, 목축 등의 다양한 방식으로 생계를 영위했다. 국가가 주민의 보호라는 명분으로 만든 성벽들은 그 이상으로 주민들의 탈출을 막기 위한 장치였다(제임스 스콧, 『농경의 배신』). 국가의 '보호'는 그처럼 설득력을 갖지 못했고, 국가의 포섭은 그처럼 취약한 것이었다. 이들이 국가에 포섭되지 않을 수 있었던 이유는 생계를 위한 동맹의 그물망이 단순하지 않았기 때문이라고 다시 쓸 수 있을 것이다.

국가의 권력이 강성했던 경우에도 가부장의 지배는 그다지 확고하지 않았다. 오이코스의 가부장인 고대 로마인들은 노예의 생사여탈권을 가지고 있었지만 노예들의 손에 죽임을 당할까 봐 말 못할 두려움을 느끼고 살았다(조르주 뒤비, 『사생활의 역사』). 로마시대에 이탈리아 인구의 상당 부분은 자신의 의지에 반해 억류된 노예들이었고 로마인들은 노예들의 빈번한 반란에 시달렸다. 4세기경, 로마제국의 변방 숲에는 탈주한 노예들의 공동체가 여기저기 널리 형성되어 있었다. 이 때문에 로마제국의 지주들은 노예들이 그리로 달아나는 것을 막기 위해 한 뙈기의 땅을 제공하고 그들이 가정을 꾸리는 것을 허용할 수밖에 없었다. 이것이 나중에 농노제의 기초가 되었다. 농노제하에서 농노들은 부역을 제공하는 대가로 약간의 땅을 제공받았고 공유지를 이용할 수 있었다(실비아 페데리치, 『캘리번과 마녀』).

잉글랜드 장원 재판소 기록에 따르면 중세의 장원은 일상적 전쟁 상태에 있었다. 영주들은 농노에 대해 지속적으로 관리 감독을 하려 했지만, 농노들은 자신의 노동에 대한 통제권을 지키고 법률적 권리를 확대하기 위해 싸웠을 뿐 아니라 추수기의 태업을 통해서 영주에 저항했다. 영주와 농노의 권력관계에서는 날씨와 질병 같은 비인간적 요소도 중요했다. 950~1250년의 유럽은 유례없이 온난한 날씨가 지속되었다. 이때 유럽의 인구는 무려 3배가 증가했다. 풍부한 노동력과 좋은 날씨가 영토를 가진 영주에게 권력을 주었다. 영주는 농노의 삶을 일일이 통제하려 했고 높은 지대를 받았으며 말을 듣지 않는 농노는 영지에서 추방할 수 있었다. 그러나 1250년 이후 기후는 더 이상 영주에게 우호적이지 않았다. 19세기까지도 이어진 소빙하기가 시작된 것이다. 기후는 차고 습해졌다. 1322년까지 곡물 생산은 급격히 감소하고 인구가 줄었으며 유럽 전체가 대기근에서 벗어나지 못했다. 이때 유럽 총인구의 5분의 1이 비농업 인구로 전환되었고 잉글랜드의 경우 1270년에 이미 농노제 몰락의 징후가 뚜렷해졌다. 유럽 인구의 거의 절반이 목숨을 잃었던 1347년의 흑사병은 농노제에 마지막 일격을 가했다. 농사를 지을 사람이 절대적으로 부족했던 이 시절에는 영주의 추방 위협이 더 이상 효력을 발휘할 수 없었다. 농노들은 과도한 부역에 대해 의도적 게으름으로 응수했고, 과도한 지대에 대해서는 인근 마을로 이사하겠다고 위협할 수 있었다. 이처럼 농노제가 종식되는 데는 춥고 건조한 기후와 흑사병의 역할이 적지 않았다. 오이코스의 치안과 정치는 인간의 힘만으로 작동하는 것이 아니었다.

특권적 가부장인 국가는 오이코스에 증식의 치안을 가동하지만, 그들의 치안은 늘 구멍이 뚫린다. 대지에는 결코 소유될 수 없는 것들이 가득하고, 살고 죽기를 반복하는 대지에 속한 '것'들이 만들어 내는 뜻하지 않은 동맹이 그 치안을 저지하는 정치로 작동하기 때문이다. 가령 20세기 중반, 미국 태평양 연안 북서부는 숲을 목재 플랜테이션으로 바꾸기 위해 부단히 노력했지만 결국 실패했

지구의 철학

다. 그곳은 북아메리카 선주민들이 주기적으로 불을 놓아 조성한, 키가 큰 폰테로사소나무가 주를 이루었던 숲이다. 목재회사는 훌륭한 목재가 되는 폰테로사소나무를 벌채함으로써 엄청난 부를 쌓았다. 이들의 벌채는 다 자란 나무를 어린 것으로 교체한다는 명분이었다. 그들이 벌채한 자리에는 정부와 민간 합동으로 '과학적' 산림관리로서 단일종 동령림이 조성되었고, 원치 않는 수종은 독약을 살포하거나 솎아 내어 제거했다. 산림관리에 대단한 기술과 엄청난 비용을 퍼부었지만 산림청과 목재회사가 기대한 키 큰 목재용 나무는 제대로 자라지 못했고 결국 목재회사는 다른 숲을 찾아 떠나 버렸다.

지금 그곳은 목재용으로는 부적합한 키 작은 전나무와 로지폴소나무의 덤불이 무성한 숲이다. 그런데 목재로도 사용할 수 없고 관광용 경관도 별로인 그곳에 송이버섯이 찾아왔다. 곰팡이의 자실체인 송이버섯이 수령 40~50년 된 로지폴소나무와 동맹을 맺은 것이다. 그러자 동남아시아의 난민들인 미엔인과 몽족이 숲으로 모여들었다. 미엔인은 중국인이면서 중국인이 아니고, 라오인·태국인이 되었으나 태국인·라오인이 아니고 미국인이 되는 법을 배웠으나 미국인이 아닌, 말 그대로 경계를 넘나드는 사람들이다(『세계 끝의 버섯』). 남벌로 황폐해진 땅에 로지폴소나무가 자라나고, 그들의 뿌리가 송이버섯의 균사에 자신들을 내어 준 덕분에 새로운 활력이 찾아온 것이다. 잦은 파괴와 교란에도 인간을 포함한 복수종의 오이코스가 반복해서 출현할 수 있는 것은 종을 횡단하는 동맹, 회복의 정치가 작동하기 때문이다.

3. 혈족의 치안과 마녀의 정치

영주가 강력한 지배자였던 중세 장원에서도 여성 농노들은 어느 정도의 권력을 가질 수 있었다. 농노에게 교부되었던 토지는 남성 농노가 아니라 가족 단위로 지급되었고 여성들은 그 토지에서 나는 산물을 남성의 허락 없이도 처분할 수 있었다. 여성들의 일은 세탁과 바느질, 음식 만들기, 맥주 발효하기, 약초 구하기, 가축 돌보기, 땔감 구하기 등이었다. 성별 분업이 있었지만 여성의 일들은 평가절하되지 않았고 오히려 다양한 동맹의 고리였다. 여성들이 개별 가정에 고립되어 있었던 것이 아니라 장원의 다른 여성들과 함께 일했기 때문이다. 그들은 함께 일하기를 통해 유대를 공고히 했으며 가축과 약초 그리고 임신·출산에 관한 지식을 나누고 계승했다. 그래서 중세 장원에서 "여성 농노는 후일 자본주의 사회의 자유로운 여성보다 남성 친족에게 덜 의존했고, 육체적, 사회적, 정신적으로 덜 차별받았으며, 남성의 필요에도 덜 종속되었다"(『캘리번과 마녀』, 51쪽).

남성 농노들이 부역을 위한 일을 했다면 여성들은 공유지에서 가축들을 돌보고 임산물을 채취하고 약초들에 관한 지식을 쌓았으며 맥주를 발효시켰다. 영주의 지배력 강화 노력에도 불구하고 여성들이 만드는 술과 음식 그리고 그들의 치유능력은 촌락공동체의 유대를 강화해 영주의 치안에 맞서는 회복의 정치를 가동시켰다. 남성에 비해 제도적 권력이 약했던 여성들이 취약해지지 않을 수 있었던 것은 그들이 다른 여성들과 오이코스를 공유하고 있었기

지구의 철학

때문이다.

　이와 관련해 "가십"(gossip)이란 단어의 변천은 주목할 만하다. 지금은 뒷담화, 험담의 의미로 쓰이는 가십은 신(god)과 혈족(ssib)이 합쳐진 고대 영어(godssib)에서 온 말로, 세례를 받은 아이와 영적 관계를 맺는 대부모(godparent)를 의미했다. 근대 초 잉글랜드에서 가십은 산파에 국한되지 않는 출산의 순간을 함께하고 도와주는 조력자이거나 여성 친구를 일컫는 말이었다. 옥스퍼드 영어사전에서 1361년부터 1873년까지 이와 관련된 용례를 찾을 수 있는데, 이 시기에 강한 유대감을 뜻하는 가십과 관련된 순회 신비극과 가요들이 잉글랜드와 프랑스에서 다수 발견된다. 이 신비극에서 여성들은 걸핏하면 가십끼리 선술집에 모여서 술을 마시고 남편에게는 교회에 하루 종일 있었다고 거짓말하고 좋은 와인을 찾아 몰려다니는 것으로 묘사된다. 가령, '노아의 방주'에 관한 신비극에서 노아는 아내에게 어서 방주에 타라고 재촉하지만, 노아의 아내는 물이 차오르는 선술집에서 가십들과 함께 앉아 술을 마시면서 이렇게 응수한다. "나의 가십들이 단 한 명도 빠짐없이 함께할 수 없다면/ 단 한 발짝도 움직이지 않아/ 성 요한에게 맹세컨대 그들은 익사하지 않을 것이고/ 그들의 목숨은 내가 구하겠어!"(실비아 페데리치, 『우리는 당신들이 불태우지 못한 마녀의 후손들이다』). 선술집은 중하층의 여성들이 친구와 함께 술을 마시고 이야기를 나누며 휴식을 취하는 장소였다. 15~16세기 프랑스와 잉글랜드에서는 선술집에서 가십을 만나는 여성들에 관한 노래가 유행했을 정도다. 기독교 가부장의 대표적 형상인 노아에게 대거리를 해 대는 아내를 묘사하는 연극이 순회공연 되었다는 것은 당시 여성들이 가진 권력이 만만치 않았음을 보여 주는 대목인 동시에 가십과의 돈독한 관계가 과장된 풍자를 통해 비난되고 있음을 알 수 있는 대목이다.

장원경제는 영주에게 지불하는 지대가 현물에서 화폐로 바뀌자 변하기 시작했다. 농노들 간의 빈부격차가 심해졌고 더 이상 지대를 지불할 수 없게 된 농노들은 부랑자가 되었다. 이 시기에 여성의 도시 유입이 급증했다. 혼자서 생계를 책임져야 하는 과부나 독신자가 많았던 도시의 여성들은 길드에서 남성 직공의 대안이 됨으로써 그들의 견제를 받았다. 초기 수공업 길드는 남성들로만 이루어진 결사체였지만, 아마포, 베일, 금사 직공 등에 여성이 진출했고 14세기경에는 여성들만으로 이루어진 길드도 있었다. 도시의 여성들은 세공인, 푸주한, 양조업자, 소매상 등으로 수완을 발휘했고 자신들의 가십과 유대를 이어 갔다. 마을을 돌며 공연되는 순회 신비극은 주로 길드의 조합원들이 창작하고 공연했는데, 이 공연에서 가십은 비난과 풍자의 대상이었다. 길드의 남성 조합원들이 강하고 독립적인 여성들을 자신들의 경쟁자로 여기고 비판적으로 보았기 때문이다.

길드가 지원하는 이런 연극들의 과장된 풍자는 점점 더 심해졌는데, 남성의 등에 걸터앉아 채찍을 휘두르는 마나님을 등장시켜 남성의 수치심을 자극했다. 순회 신비극에 나타나는 여성 혐오적 표현들에 의해 가십이라는 용어는 점차 쓸데없는 험담을 늘어놓는 여성을 지칭하는 말로 변화한다. 전통적 의미에서 가십은 여성들이 강한 유대를 통해 그들만의 사회적 공간을 만들었고 그것으로부터 남성의 권위에 맞서는 힘을 얻었음을 의미했지만, 가십을 둔 여성들이 마녀로 몰리면서 이 말이 경멸적 의미로 바뀌게 된 것이다. 또한 이때 '가십의 굴레'라 불리는, 잔소리꾼을 처벌하는 고문 기구도 도입되었다. 이 고문 기구를 쓰면 촘촘하게 박힌 징이 혀를 짓눌러서 말을 하지 못하게 한다. 이와 같은 일련의 일들은 가족 내 남성의 가부장적 권위가 강화되고 여성들이 길드에서 배제되는 것과 맞물려 진행되었다. 16세기 말이 되면 순회공연에 남편과 대거리를 하는 여성은 더 이상 등장하지 않는다.

가부장 혈족 증식의 치안에 대항하는 여성들의 전통적 정치 중 하나는 피임과 낙태를 통한 출산 통제였다. 가부장적 질서의 수호자였던 중세 유럽의 교회는 동성애와 피임, 성교를 비난했다. 7세기 유럽의 고해 안내서에는 성행위 중 허용된 체위들, 성행위가 허용되는 날짜, 성행위의 대상으로 허용되는 자와 금지되는 자를 세세하게 규정함으로써 혈족 증식의 목적 이외의 성행위를 일탈로 규정했다. 하지만 여성들은 세대를 이어 출산 통제의 기술을 계승했고, 때로는 노동, 소유, 출산, 여성의 지위 등 일상의 모든 면에서 급진적 대안을 제시했던 이단의 종파에 열성적으로 가입해 여성들만의 공동체를 만들기도 했다. 특히 하층의 여성들이 해방적 이단 운동에 적극적이었다. 마녀사냥은 이런 여성들을 겨냥했다.

아메리카 대륙의 사탕수수 플랜테이션은 유럽의 부를 만든 중요한 축이었다. 사탕수수는 고대에 뉴기니에서 처음 재배되었고 유럽에 들어온 것은 아랍인들에 의해서다. 17세기까지만 해도 유럽에서 설탕은 일상용품이 아니라 약용이나 부유층의 호사품이었다. 영국을 중심으로 북유럽 자본가들이 카리브 지역의 식민지에서 설탕을 대량생산하는 체제인 플랜테이션을 갖춤으로써 생필품의 하나가 되었다. 사탕수수 플랜테이션의 중심에는 노예무역이 있었다. 영국의 공산품이 아프리카로 팔려 나가고 아프리카의 노예들이 카리브 등의 아메리카로 갔으며, 이들이 생산한 설탕이 다시 영국으로 갔다. 이런 방식의 삼각무역에 의해 영국은 막대한 부를 축적했다. 이때 노예는 쓰고 버리는 일회용이었다. 사탕수수 플랜테이션의 일을 농사라고 생각하면 큰 착각이다. "그 일은 지속적인 소음과 분주함에 시달리며 사는 것이며, 사람들을 화나게 하고 폭군처럼 만든다"(시드니 민츠, 『설탕과 권력』). 사탕수수 플랜테이션의 일은 사탕수수액을 졸이고 설탕을 제분하는 스케줄에 맞추어서 숨 가쁘게 돌아가는 공업적 노동이었다.

설탕의 증식, 이윤의 증식을 목표로 하는 사탕수수 플랜테이션은 전 과정이 '소외의 체제'에 기대어 있었다(『세계 끝의 버섯』). 단물을 함유한 각종 식물들로부터 자당을 뽑아내는 기술을 가지고 있었던 아랍인들에게 설탕은 단일작물로부터 나오는 것이 아니었지만, 유럽인들은 꺾꽂이를 이용해 단일작물에 의해 얻을 수 있는 것으로 바꾸었다. 씨를 뿌리고 꽃을 피우는 유성생식은, 번식에서도 꽃을 피우는 생장과정에서도 그 지역의 수분 매개자와 토양 그리고 땅속 미생물에 영향을 받지 않을 수 없다. 반면 꺾꽂이를 통한 복제기법으로 번식하는 사탕수수는 외부에 의한 영향을 거의 받지 않았고, 그 점에서 이는 자신을 둘러싼 이웃들로부터 '소외된' 식물이었다. 외부와 소통하지 않은 채 오직 자기-증식만 하는 식물이었다(우리는 이런 세포가 암세포가 됨을 알고 있다).

　유럽인들이 카리브로 가지고 들어간 사탕수수는 줄기에 싹눈이 하나만 붙어 있어도 땅에 그 줄기를 심으면 무섭게 자라면서 퍼져 나가 9개월에서 18개월이면 자당이 가득 든 수확기에 이른다. 유럽에서 수입된 단 한 종의 아버지 수수에서 모든 자식 수수가 나왔고 지역의 곤충, 박테리아, 미생물들과의 관계는 최소화되었다. 이런 고립으로부터 사탕수수는 가공공장의 시간표에 맞추어 자랐고 수확되어 상품으로 팔려 나갔다. 아프리카에서 수입된 노예들 또한 지역에는 아무 연고가 없는 고립된 자들이다. 도망쳐도 받아 줄 곳이 없었기에 그들은 살인적 노동 강도에도 도망칠 수 없었다. 사탕수수 플랜테이션은 소외된 식물과 소외된 인간을 강제로 통합해 이윤으로 귀착될 생산을 향해 일방적 증식만을 가속하는 '소외의 체제'를 통해 가동된 것이다.

　1807년 노예무역이 폐지되고 노예 값이 비싸지자 카리브 지역의 농장주들은 "노예 번식 정책"을 통해 노동력을 충당하려고 했다. 이전까지는 여성과 남성 노예의 거주지는 엄격히 분리되어 있었다. 행여 여성 노예가 임신하면 노동생산성이 떨어질 수 있기 때문이었다. 하지만 상황이 달라지자 농장주들은 노예들의 혼인을 강제했고 여성 노예들은 더 많은 성폭행에 시달렸다. 하지만 "자연적 재생산"을 통해 노예 수를 증가시키려는 농장주들의 의도는 대부분 실패했다. 출산율을 증진시키기 위해 농장주들은 온갖 편익을 제공했지만 카리브의 흑인 노예 출산율은 비정상적으로 낮았다. 이들은 낙태를 위해 약을 마시고, 낳은 아이를 몰래 살해하기도 했다.

여기서도 우리는 증식의 치안에 대항하는 저항의 정치를 본다.

    카리브의 농장주들은 노예들에게 스스로 먹을 양식을 조달하도록 자족농지를 제공했다. 노예들에게 들어가는 식량비용을 줄이고, 그들의 출산을 촉진하기 위해서였다. 노예들은 플랜테이션의 노동 외에도 텃밭을 직접 일구어 생계를 해결해야 했다. 그런데 노예들의 생계를 그들 자신에게 떠넘기려던 계산적 탐욕의 산물이었던 노예들의 텃밭은 농장주들의 의도와는 달리 노예 여성들에게 힘을 실어 주었다. 여성 노예들은 노예들의 텃밭에서 나오는 신선한 농산물로 부족한 영양분을 보충했고 남는 것은 시장에도 내다 팔았다. 나중에는 섬의 식료품 대부분이 노예들의 자족농지에서 조달된 것으로 채워졌다. 사탕수수 플랜테이션에는 오직 사탕수수만 있었을 뿐이지만 이들의 텃밭에는 온갖 채소와 약초가 있었다. 나아가 여기서 나온 약초를 다루는 기술 덕분에 여성 노예는 치료사, 예언자, 마법 전문가로 활동하면서, 주인들의 부엌과 침실마저 지배했다. 약초에 대한 그들의 지식이 그 여성들을 마법사로 만들었고, 그들은 남편을 길들이는 법, 성적 유혹을 위해 벌새를 활용하는 법 등을 백인 여성들에게 가르쳤다(『캘리번과 마녀』). 노예 여성들은 볼 것도 없이 노예로 귀착될 자식의 증식을 거부하는 대신, 자족농지에서 텃밭의 비인간들과 동맹했고, 또한 계약노동자로 카리브에 흘러든 하층의 백인 여성들과도 동맹해 농장주들의 손에서 벗어난 지대에서 힘을 키웠다. 증식의 치안을 우회하는 다양한 경로들을 창안하며 플랜테이션 외부에 다양한 치안의 구멍들을 만들어낼 수 있었던 카리브 지역의 노예들은 노예해방 전에 이미 노예제를 실질적으로 종식시켰다. 이러한 과정을 주도한 것은 대지와, 즉 플랜테이션의 외부자들과 동맹한 여성들이었다.

카리브 여성 노예들의 출산파업과 관련해 100년 이상 지속된 끔찍한 노예제가 여성들이 반모성적 태도를 내면화하도록 내몰았음을 지적하면서, 이를 지배계급의 폭력적 이데올로기를 내면화한 사례라고 보는 분석도 있다(마리아 미즈, 『가부장제와 자본주의』). 하지만 이런 분석은 노예제가 폐지되자, 카리브의 흑인공동체 규모가 크게 늘어난 이유를 설명하지 못한다. 반모성적 흑인들이 갑자기 적극적 출산에 나섰다는 게 되니 말이다. 내면화되어 버린 폭력적 이데올로기가 갑자기 사라지기라도 했던 것일까? 유럽에서 진행된 마녀사냥의 가장 흔한 죄목 또한 영아살해였음을 우리는 안다. 죄를 덮어씌운 것을 그대로 믿을 수 없다고 해도, 이는 여성들의 영아살해가 상당히 광범하게 존재했음을 시사한다. 노예였던 흑인 여성에게나, 평민이었던 백인 여성에게나 영아살해는 모성과 다른 이유에서 행해진 것이다.

이는 모성에 대한 무조건적 찬양이야말로 마녀사냥의 관념적 동반자이며, 혈족 증식의 치안에 속하는 '이데올로기'가 아닌가라고 의심할 만한 이유를 보여 준다. 유전자의 확산이 생명체의 본성이며, 아이를 낳는 것이 그러한 본성의 발현이라는 널리 알려진 이론적 관념 또한 마찬가지다. 사실 여성의 적극적 행위로서의 임신중단은 비단 인간에게 국한된 일이 아니다. "암컷 포유류는 그들의 번식에 대해 비범한 통제권을 소유하고 있다"(버지니아 헤이슨·테리 오어, 『포유류의 번식─암컷 관점』). 포유류의 수태를 암컷의 관점에서 다시 기술하는 수태과학은 유산(流産, miscarriage)이라는 용어의 남성 중심성을 지적한다. 이 용어는 임신이 중단된 사태를 모체의 실패(mis-)로 간주하는 관점을 전제하기 때문이다. 여기에는 임신한 암컷 포유류의 신체는 반드시 출산으로, 양육하는 '어머니'로 향해야 한다는 의무를 부과하는 가부장적 치안의 칼날이 함축되어 있다.

임신기간이 길고 젖을 먹여야 하는 포유류 암컷에게 임신과 출산은 스스로를 대단히 취약하게 만드는 일이다. 그래서 포유류 암컷들의 신체는 수태 후 임신을 지속할지 하지 않을지에 대단히 신중하게 조율되어 있다. 임신 지속 여부는 수많은 세포들의 집합체인 여성의 신체와, 그에 못지않게 수많은 세포들의 집합체인 배아가 세포 수준에서 서로 동맹관계를 만들 것인가 아닌가에 달린 정치적 문제다. 암컷 포유류는 수태의 순간에 난자의 눈으로 적합한 정자를 고를 뿐 아니라[40], 착상의 시기와 자식의 성까지도 결정하는 경우가 있고[41], 임신의 여러 단계에서 배아를 거부할 수 있다. 카리브 노예들의 낮은 출산율은 인위적 출산 통제가 아니라 그들이 처한 가혹한 노동환경 때문이었다는 분석도 있지만, 이는 여성

---

40 "암컷 생식로의 오르가슴적 수축과 그 밖의 수축이 정자를 적절히 추진하거나 저지한다. 암컷의 분비물들이 적당한 정자에 영양분을 공급하고, 정자를 저장하고, 정자를 생화학적으로 변화시킴으로써 수태를 가능케 한다."(버지니아 헤이슨·테리 오어, 『포유류의 번식—암컷 관점』, 26쪽)

41 암컷 포유류의 신체는 자신의 수태 산물로부터 화학적 신호를 받음으로써 자신의 임신을 인식한다. 이 신호가 자식의 성별에 따라 다른 경우가 있는데, 붉은 사슴의 경우가 그렇다. 이 사실이 암컷이 적당한 성별의 배반포만 받아들임으로써 아들 또는 딸을 '선택'할 수 있는 기제를 제공한다(버지니아 헤이슨·테리 오어, 『포유류의 번식—암컷 관점』, 145쪽).

들의 의식적 출산 통제와 별개의 일이 아니다. 카리브의 낮은 출산율은 여성들과 그들의 신체가 혼신을 다해 증식의 치안에 맞서며 자신의 혈연적 증식마저 포기하며 치안의 권력에 대항한 회복 정치의 결과다. 그렇기 때문에 노예제가 폐지되자마자 이렇게 힘을 얻은 여성들은 많은 자식들을 낳아 공동체를 번성시켰던 것이다.

4. 네크로폴리스, 마녀재판

약 200년간 유럽에 휘몰아쳤던 마녀재판은 흔히 아는 것과 달리 중세의 독단적이고 편협한 종교적 신념의 폭력만은 아니었다. 근대 유럽인들이 암흑의 시기라 불렀던 중세에도 여성들을 화형대에 세우는 일은 흔치 않았다. 7세기와 8세기에 마법에 능통한 것으로 알려진 사라센인들에 대한 두려움으로 신생 게르만 제국의 법규에 "사악함"이라는 범죄가 도입되었지만, 사람과 사물에 해를 입힌 경우에만 처벌되었다. 10세기에 만들어진 주교법령집 『캐논 에피스코피』에는 밤에 짐승을 타고 하늘을 날아 마녀 집회에 참석한다는 등을 사람들이 믿는 것은 "올바른 신앙에서 이탈하여 이교도의 잘못된 언동에 휩쓸리는 짓"이므로 성직자는 이런 식의 믿음은 환상임을 교회를 통해 있는 힘껏 설파해야 한다고 쓰고 있다. 이는 적어도 12세기 무렵까지 가톨릭교회의 정통적 견해였다. 이때까지 교회는 마녀와 이단을 동일시하지 않았고, 마녀의 주술은 사람과 사물에 확실한 피해를 입힌 경우에 한해서 교회의 이단 심문관이 아니라 세속 법정인 주교의 법정에서 다루었다(모리시마 쓰네오, 『마녀 사냥』).

그런데 15세기 중반이 되자 상황이 일변한다. 마녀가 이단임을 논증하는 논문이 쏟아졌고 이를 다루는 전문 서적이 15세기 말까지 50년간 무려 15권이 출간되었고, 1500년대에는 약 30권이 출간되었다. 이런 책의 저자들은 이단 심문관, 대학교수, 법학자, 세속 재판관, 의사 등이었다. 그중 가장 대표적인 책이 두 명의 이단 심문관이 쓴 『마녀를 심판하는 망치』였고 1486년에 출판되었다. 이 책은 그간 신학적으로 문제시되어 온 마법과 이단의 관계에 대한 질문을 던지면서 마법과 악마의 실재성과 마법의 수단과 퇴치법 그리고 심문법을 다룬다. 3부의 심문법은 마녀재판의 이론과 실천이 모두 기록되어 재판관이 휴대하기 쉽도록 18번 접는 포켓판으로 만들어졌으며, 1699년까지 총 29번의 중판이 이루어졌을 정도로 마녀재판의 교본이었다. 이 책에서 마녀재판은 교회와 세속 법정이 함께 다루어야 하는 이유를 기술한다.

영국에서 마법이 사형으로 다스려지게 된 것은 1532년에 제정된 제국법규 〈캐롤라이나〉부터이고 그 이후 일련의 법규로부터 마녀 박해가 성문화되었다. 그리고 비슷한 시기에 스코틀랜드, 스위스, 프랑스, 스페인령의 네덜란드에서도 마법 그 자체를 중대 범죄로 규정하는 법이 만들어졌다. 잉글랜드에서 마녀재판이 급증한 시기는 16세기 초부터 중반까지다. 이때는 공유지에 담장을 치고 농민들을 쫓아내는 1차 인클로저가 있었던 시기이고 가십이란 말이 경멸적인 의미로 변한 시기이기도 하다. 당시의 정치가이자 학자

지구의 철학

들 또한 마녀사냥을 적극적으로 옹호했다. 가령 『리바이어던』을 쓴 정치학자 홉스는 마법의 존재에 대해서는 회의적이었지만 사회통제를 위한 박해에 대해 지지했고, 프랑스에서 신중상주의 경제이론가이자 정치가인 보댕은 마녀 박해의 고문관으로 마녀재판에 수차례 참석해 마녀에 대한 고문과 화형을 옹호했다. 보댕이 보기에 마녀와 산파는 사술을 통해 인구 증대를 막는 주범이었다. 16, 17세기는 중상주의의 전성기였고 인구에 대한 기록과 인구조사가 시작된 때이기도 하다. 마녀사냥은 단지 종교적 이단심판이기만 했던 것이 아니라 근대로 넘어가는 시기의 중요한 정치적 기획이기도 했던 것이다.

영국의 경우 인클로저가 극심했던 곳과 마녀재판이 벌어진 곳이 일치하는 경우가 많았다. 특히 대규모 인클로저가 있었던 엑세스 지역에서 마녀사냥이 가장 많이 발생한 반면, 토지 사유화가 진행된 적이 없는 아일랜드와 스코틀랜드 서부 고원지역에는 마녀 박해에 관한 재판 기록이 없다(『캘리번과 마녀』). 인클로저는 농노들의 생계 터전이었던 공유지에 담장을 둘러치고 지주들의 영토로 사유화하는 조치들을 지칭한다. 농노라는 형태로 토지에 매여 있던 이들은, 역으로 그런 만큼 토지를 경작할 권리를 갖고 있었다. 그래서 그 시기에는 경작자를 지주 맘대로 바꾸는 것도 쉽지 않았다. 그러나 양모산업으로 양값이 오르자 지주들은 양을 키워 돈을 벌고 싶었고, 그래서 농노들을 토지로부터 강제로 축출했다. 그뿐만 아니라 직접 경작지는 아니지만 농노들이 생존에 필요한 자원을 얻고 있던 공유지를 사유화했다.

숙명처럼 신체에 달라붙어 있던 토지와 공유지들은 농노 신분 인간들의 공동체를 떠받치고 있었으며, 엄격하게 말하면 그들과 하나의 공동체를 이루고 있었다. **토지뿐 아니라 그 토지에 서식하는 식물과 동물, 미생물 모두가 그 공동체에 속해 있었다.** 그들이 농노 신분 인간들의 생존을 떠받치고 있었고, 인간 또한 생존에 필요한 '수단'으로서 그들과 동맹하고 있었다. 이로 인해 기근이 발생할 때도 생존을 유지할 수 있었다. 그런 공동체가 있는 곳에서는 자본이 애써 공장을 만들어도 공장에 갈 이유가 없었다. 아프리카의 식민주의자들이 공유지를 자신들의 적이라고 판단한 것은 이 때문이었다. 그래서 그들은 소유지 신고를 강제하면서 '주인 없는' 토지를 빼앗아 동인도회사 등의 식민 회사들에게 넘겨주었다. 자본가들이 공유지를 게으름과 혼란의 원인으로 지목했던 것도 동일한 이유에서였다. 공유지가 있고, 거기서 생존이 해결되는 한, 하루 종일 노동을 할 이유가 없었기 때문이다.

인클로저로 공유지에 담장이 쳐지며 사유화되고 주민들이 이용할 수 없게 되자 사태는 일변한다. 농노에게 달라붙어 있던 토지가 분리되며 토지에 대한 경작권이 사라지자 소작료가 폭등했고 토지에서 쫓겨나 부랑하는 무산의 프롤레타리아들이 양산되며, 농민들도 양극화되었다. 토지를 가진 귀족뿐 아니라 같은 농노였지만 경작지를 대량으로 확보할 수 있었던 대농들도 그렇게 번 돈으로 토지를 매입해 인클로저에 가담했고(법을 이용한 공유지 사유화인 2차 인클로저가 그것이다) 양극화의 갈등은 최고조에 이르게 된다.

각자가 '생존을 위한 투쟁'에 내몰린 상황에서 한때는 이웃이었던 사람들이 이제는 생존 투쟁의 경쟁자가 된다. 이는 서로에 대한 적대감을 최대한으로 증폭시켰다. 각자도생의 생존경쟁은 잘 아는 사이에서마저 적개심을 조성했고, 이는 언제 해코지를 당할지 모른다는 공포를 부추겼을 터이다. 인클로저는 여성들, 특히 토지 없이 혼자 사는 늙은 여성에게 훨씬 가혹했다. 갈 곳이 없고 생존할 수단이 적었기에 집과 토지를 떠날 수 없었던 이 노인 여성들은 인클로저에 끝까지 저항했고, 지주들은 이들을 내쫓기 위해 그들의 농사를 망쳐 놓았고, 그들이 사는 집에 불을 지르기까지 했다(『자본론』 1). 반인클로저 투쟁에서 가난한 여성들이 중심적 역할을 했던 것은 바로 이런 이유 때문이다. 17세기 초, 20년간 반인클로저 투쟁에 여성의 참여가 비약적으로 늘었으며 여성만으로 이루어진 저항운동도 있었다.

장원경제에서는 땔감과 식량을 제공받을 권리가 보장되었던 과부들은 인클로저 후에는 구걸에 의지해야 할 정도의 나락으로 내몰렸다. 마녀로 기소된 여성 대다수가 이들 빈민 여성이었다. 그러나 이들이 단지 빈민이었기 때문에 기소된 게 아니다. 가혹한 생계환경에 내몰린 빈민 여성들은 그것을 순순히 받아들이려 하지 않았다. 가난은 언제나 질병과 분란을 동반한다. 생존의 절벽에 내몰린 여성들은 아마도 도움을 주지 않는 이웃들에 대해 원망했을 것이고, 역으로 그 이웃은 그런 이들이 자신들을 저주하거나 자신들의 재산을 훔쳐가고 공격하지 않을까 불안했을 것이다. 그러니 이전이면 쉽게 넘어갔을 작은 일로도 이웃 간의 분란이 빈발했을 것이다. 절벽에 내몰린 이들은 자신들의 가난한 처지에 대해 격렬한 분노를 표출하기도 했을 것이다. 그리고 인클로저 이후 급증한 떠돌이 부랑자들의 거대한 흐름은 정착해서 사는 이들에게 타자에 대한 공포를 부추기고 증폭시킨 또 하나의 이유였다. 이러한 공포는 가난한 이웃이나 떠돌이로 흘러든 사람들을 제거되어야 할 적으로 여기게 만들었을 터이다.

재판 기록에 의하면 기소된 여성들이 동물에게 주술을 걸고, 동물을 죽였다는 내용이 다수를 차지하고 맥주 발효를 망치고 아이를 급사시켰다는 내용도 있다(『우리는 당신들이 불태우지 못한 마녀의 후손들이다』). 그러니까 마녀는 내 삶을 위협하는 빈민이었을 뿐만 아니라 무슨 짓을 할지 알 수 없는 자들이었고, 그런 만큼 내가 알 수 없는 어떤 힘을 가졌을 것으로 상상되는 두려운 존재였다. 그렇게 사람들이 두려워하는 어떤 힘이 있었던 건 분명하다. 그건 필경 '대지'라고 불릴 법한, 인간의 눈에서 벗어나 잘 보이지 않는 어떤 것과의 동맹능력이었을 것이다. 농노적 조건 속에서도 여성들로 하여금 생존하게 만들고, 그 생존의 장으로서 오이코스를 지속하게 하는 힘이었을 것이다. 그러나 인클로저를 통해 여성들이 그 '대지'와 인위적으로 분리되고 그런 조건에서 생존을 지속하기 위해 금지의 선들을 거스르고 이탈하게 되었을 때, 그 대지의 잠재적 힘도, 여성들의 동맹능력도 치안의 선 안에서 편안했던 이들에겐 두려움의 대상이 된다. 그렇게 그것은 인클로저라는 조건 속에서 제거의 칼날을 겨누어야 할 적이 되었던 것이다.

마녀로 기소된 또 하나의 요인은 통제되지 않는 섹슈얼리티였다. 『마녀를 심판하는 망치』는 마녀들이 사용하는 7가지 방법에 대해 이렇게 서술한다. "첫째, 남성들의 마음을 과도한 열정에 기울게 만든다. 둘째, 이들의 생식력을 저해한다. 셋째, 그 행위에 적합한 구성원을 제거한다. 넷째, 마술을 이용해 남성을 동물로 바꾼다. 다섯째, 여성의 생식력을 파괴한다. 여섯째, 낙태술을 시행한다. 일곱째, 어린아이들을 악마에게 바친다." 이런 비난은 남성들을 마녀 고발자로 동원하는 효과를 낳았다. 심지어 못마땅한 여성 친척들과 의절하기 위해 마녀로 고발하는 경우도 비일비재했다. 간통, 혼외자, 매춘이 모두 마녀의 징표였다. 결혼이나 출산과 무관한 섹슈얼리티는 악마적인 것으로 간주했다. 마녀 고문의 성적 가학성은 상상을 초월할 정도였다. 마녀재판과 함께 섹슈얼리티를 길들이려는 제도적 정비도 진행되었는데 서유럽 전역에서 간통한 여성들은 사형에 처하는 법률이 제정되었고, 매춘과 혼외 출산이 불법이 되었으며 영아살해는 중대 범죄가 되었고 가십은 의심과 비난의 대상이 되었다.

이전에 공동체의 늙은 여성들은 산파이자 '주술사'였고 치유자로서 존경받는 존재였다. 그러나 마녀재판이 그리는 늙은 여성은 수간을 일삼는 난잡한 여자였고 독을 만드는 악마의 하수인이었다. 공동체의 늙은 여성들은 남성들이 알지 못하는 출산 통제 능력과 이성이 통제하지 못하는 주술적 능력을 가지고 있었는데, 치안의 권력은 자신들이 알 수 없는 것, 다시 말해 치안이 미치지 못하는 영역이 있다는 사실을 강박적으로 두려워했다. 마녀사냥은 치안이 미치지 못하는 영역을 불로 태우고 물에 처넣어 말살하려는 기획이었다. 이를 위해 여성들이 전통적으로 해 오던 출산 통제를 극형에 처할 범죄로 만들었다. 치유의 수단이자 만물과 교감하는 방법이었던 마술은 척결해야 할 악마성의 증거가 되었다. 13세기에 제왕절개술이 등장하자 여의사들이 수술을 집도했지만 마녀재판이 가장 극심하던 17세기 초, 금남의 영역이던 산파술에 최초의 남성 산파가 등장했고 그 이후 산파술은 전적으로 국가의 통제하에 놓이게 된다.

마녀재판으로 동물과 여성의 일상적 관계도 급격하게 변한다. 마녀의 고전적 형상에는 곁에 항상 그녀를 돕는 동물들이 있었다. 17세기 이전, 그러니까 공유지에서 여성들이 쫓겨나기 이전에는 동물의 세계와 인간의 세계는 단절되지 않았다. 동물이 재판에 회부되거나 목격자로 채택되기도 했다. 동물을 인간만큼이나 책임 있는 존재로 여겼기 때문이다. 그러나 마녀재판이 최고조에 이르렀던 17세기경부터 동물을 돌보고 동물과 더불어 살아가는 농촌의 평범한 행위가 위험한 일로 간주되기 시작했고, 동물과의 교감은 마녀의 징표가 되었다. 이와 더불어 동물은 완전히 길들여진 노예 아니면 억제되지 않는 본능의 소유자로 악마화되었다(『우리는 당신들이 불태우지 못한 마녀의 후손들이다』).

마녀재판에 회부된 여성들은 인클로저로 쫓겨난 가난한 여성만이 아니다. 도시에서 상업으로 경제력을 갖춘 여성들도 마녀재판의 표적이 되었는데, 이는 여성들의 재산을 몰수하기 위해서였다. 가령 쾰른의 여성 우체국장이었던 헤르넛은 수 세대 동안 집안의 가업인 우체국을 운영하고 있었는데 경쟁 가문이 헤르넛을 마녀로 고발했고 결국 그는 마녀로서 화형을 당했다(『가부장제와 자본주의』). 종교 지도자, 세속 정부, 봉건 지배층, 도시 유력자 법관 등이 마녀 재산의 몰수를 통해 부를 축적했고, 마녀 화형을 통해 생계를 이어가는 자들도 있었다. 마녀재판의 광기를 목격한 한 신학자는 "마녀재판은 인간의 피로부터 금은을 만들어 내는 새로운 연금술"이라고 비판하는 책을 출판하려다가 원고를 압수당하고 수도원에 감금되었다(주경철, 『주경철의 유럽인 이야기』 2). 유럽 전역에서 마녀사냥은 편집증이 되어 퍼져 나갔고, 재판에서 무죄로 방면된 이는 하나도 없었다. 마녀재판은 계몽되지 못한 교회권력의 무지막지한 폭력이 아니라 수많은 재판 기록이 보여 주는 것처럼, 용의주도하게 준비되고 진행된 법적 절차였다. 그들은 법적 절차에 따라 마녀임을 자백할 때까지 고문했고, 모든 것을 마녀 입증의 법적 증거로 사용했다.

16세기 말 독일 트리어 지역의 마녀재판은 그것이 만든 죽음의 행렬이 결국 그것을 주도했던 지배 세력에게로 향했음을 보여 주는 사례다. 디트리히 플라데는 귀족 출신의 법률가로 트리어대학 학장이었고, 트리어 대주교구의 초기 마녀재판을 주도한 인물이다. 그는 마녀재판이 점차 끔찍한 고문을 통한 자백받기로 흐르자, 고문을 비판했다가 오히려 그 자신이 마녀로 몰렸다. 마녀재판에서는 자주 상상력이 풍부한 아이들이 증인으로 채택되었고 아이들이 떠벌리는 이야기가 재판에서 모두 인정되었다. 아이들은 마녀들이 야밤에 벌인다는 집회인 사바트에 자신이 끌려갔고, 거기서 마을의 이 사람 저 사람을 보았다고 진술했다. 그들은 모두 마녀로 기소되었다. 플라데의 경우도 한 아이가 사바트에서 플라데와 비슷한 사람을 보았다고 진술하자, 무려 23명의 사람들이 그를 보았다고 했고 심지어 그가 사바트를 주도했다는 증언도 나왔다. 재판 기록에는 플라데가 마녀재판의 고문을 비판한 것이 중요한 마녀의 징표로 되어 있다. 트리어 마녀재판을 비판적으로 진술한 당시의 기록에 의하면 이런 식으로 "판사, 시장 두 명, 참사회위원 여러 명, 보조 판사, 고위 사제들, 시골 성당 사제들이 모두 이때 제거"되었고 "공증인, 대서사(代書士) 등은 부자가 되었다"(『주경철의 유럽인 이야기』 2)고 한다.

중세 유럽에서 로마가톨릭은 적극 동조하는 흐름만큼이나 그로부터 이탈하는 흐름 또한 강했다(『마녀』). 기독교와는 다른 민간신앙이 끈질기게 존속했고 이와 관련된 귀신이나 혼령, 요정, 괴물, 지방마다의 특징적 신들이 혼재했다. 주경철은 『치즈와 구더기』를 쓴 긴즈부르그와 다른 역사가들을 참조하면서 마녀들이 밤에 동물을 타고 날아가서 마녀들의 회합에 참여한다는 식의 믿음은 유럽 민간신앙의 흔적이라고 설명한다(주경철, 『마녀』). 베난단티라 불리는 선한 마술사들이 악한 마술사인 말란단티와 '밤의 전투'를 벌이는데 베난단티가 이기면 그 해는 풍년이 든다는 믿음이다(카를로 긴즈부르그, 『마녀와 베난단티의 밤의 전투』). 『치즈와 구더기』의 주인공인 프리울리의 방앗간 주인 메노키오도 베난단티와 유사한 경우다. 마녀들의 집회에 참여한다고 고발된 마녀들은 대지에 속한 것들을 지키는 무당이었던 셈이다. 르네상스기까지 마법은 단지 악으로 환원되지 않는 신비한 힘이었지만, 근대과학의 탄생 이후 이처럼 이성의 계산능력이 포착할 수 없는 것은 모두 이성의 바깥(out of reason)이었고, 허용될 수 없는 악이었다.

민간신앙에서 악마는 여러 사악한 힘의 화신 중 하나였지만 중심은 아니었다. 중세의 악마는 소금을 뿌려서 내쫓을 수도 있고 인간에게 속을 만큼 어리숙한 존재였지만, 악마론이 확산된 후 강력한 힘을 가진 존재로 변형된다(『마녀』). 마법사와 악마의 관계가 역전된 것이다. 이전에는 마법사가 여러 명의 악마를 거느렸지만, 마녀재판 기록에서 악마는 마녀가 부리는 수단이 아니라 마녀의 주인이자 남편이 된다. 여성이 돈이 없다고 가난을 호소하면 악마가 나타나 호소하는 여성에게 고기와 옷과 돈을 제공하고, 여성의 몸에 악마의 노예임을 표시하는 징표를 새겨 넣는다. 악마와 여성 사이의 계약이 이루어지는 것이다. 이에 대해 페데리치는 이렇게 말한다. "제가 언제나 흥미롭게 생각하는 것은 악마와 마녀의 관계가 오늘날의 결혼관계의 고전적 형태라는 것입니다."[42] 결혼관계 속의 여성을 일방적 피해자로 보는 시각은 논란의 여지가 있지만, 그래도 이러한 '계약'은 비교적 가부장으로부터 벗어나 있던 마을의 여성 주술사가 마녀사냥을 통해 가부장—악마—에 속한 자가 되는 전환의 문턱이 출현했음을 보여 주는 것 같다.

한국 70년대의 민간의례를 연구한 로렐 켄달은 인류학자 I. M. 루이스가 샤머니즘과 접신에 관한 연구에서 사제는 그 사회의 사회적·도덕적 권위를 인정받는 남성인 반면 여성은 영매나 수동적

---

42 https://www.youtube.com/watch?v=qxSmkeMkU7c, Silvia Federici: "#MeToo and the New Forms of Capital Accumulation"; 실비아 페데리치, 『우리는 당신들이 불태우지 못한 마녀의 후손들이다』의 역자 주 6번 참조.

인 사람들로서 자신들을 규정하는 사회질서의 주변부에서 그 질서에 저항하는 사람들이라는 전제를 당연시했음을 지적한다(로렐 켄달,『무당, 여성, 신령들』). 이런 전제는 역사성을 삭제하는 난점이 있어서 오늘날의 인류학자에게는 낡은 견해로 평가된다. 마을의 여성 주술사들은 교회가 담아내지 못하는 하층민들의 현실적 고통을 들어주고 치유하는 존재였고, 신령을 만나는 샤먼이었지, 악마의 하수인이 의미하듯 수동적 존재가 아니었다. 그들은 마녀사냥이라는 특정한 역사적 조건에서 악마의 하수인이 된 것이다.

『무당, 여성, 신령들』에서 로렐 켄달은 여성이 대부분인 한국의 만신 또한 조선시대부터 이어진 긴 박해의 세월이 있었음에도 불구하고 유교적 사회가 기댈 수밖에 없는 중요한 구성원이었음을 논증한다. 혈족 간의 위계에 통치자와 신하의 위계를 포개고자 했던 유교 국가 조선에서는 남성들은 돌아가신 조상들에게 진수성찬을 대접하는 경건한 의례인 제사를 지내고, 여성들은 부계 혈족들의 제사를 받지 못하는 집안 곳곳에 있는 가정신들을 위무하는 의례를 주관했다. 유교의 공식적 관념 속에서 이러한 무속적 존재는 천민으로서 억압받고 무속적 의례는 허황된 미신으로 비난되었지만, 조선시대는 물론 지금에 이르기까지 무속적 관념이나 의례, 무속인의 영향력은 사라진 적 없이 지속되었음을 우리는 안다. 조선의 지배 세력들은 끊임없이 무당이 재물을 탐하고 사람을 속이며 음란하다고 비방했고 천민으로 만들어 핍박했다. 하지만 이들의 태도는 대단히 이중적이었는데 주기적으로 무당을 축출했지만, 막상 자기들이 병 들면 무당을 불러 굿을 했고, 지방의 관아에서 주관하는 마을의 안녕을 비는 굿도 많았다. 궁중에서도 무속인의 힘을 불러들이는 일이 비일비재했다. 유교적 혈족주의를 '떠받치는' 가부장-조상신의 힘이 통하지 않는 사태는 피할 수 없는 일이고, 그런 일이 발생할 때면 그들 또한 무속의 힘을 빌리곤 했다. 조선의 유교적 가부장들에게 여성들이 주관하는 굿이나 고사 같은 의례는 한편으론 기대면서도 다른 한편으론 부계 중심의 질서를 흔들 수 있는 위협적인 것이었다.

마녀사냥은 유럽에서만 일어난 것이 아니다. 유럽의 식민자들은 신대륙의 불온한 자들도 마녀재판으로 다스렸다. 식민화에 저항하는 선주민들이 그들이었다. 남아 있는 재판 기록에 의하면 1599년 7월 뉴멕시코 틀락스 칼라에 살던 치치멕 부족의 한 여성이 부족의 상징인 사슴이 자신을 치유해 주는 꿈을 꾼 후 교회의 십자가를 부수고 스페인에 저항하라고 부족민을 선동했다. 식민자들에게 동물과 교감하고 부족을 선동하는 그 여성의 특별한 능력은 두려운 것이었다. 치치멕 여인은 하루 만에 잡혔고 마녀라는 판결을 받고 교수형에 처해졌다(라즈 파텔·제이슨 W. 무어, 『저렴한 것들의 세계사』). 1692년 2월부터 1693년 5월까지 매사추세츠에서 진행된 세일럼 마녀재판도 있다. 이 재판에서 200명 넘는 사람이 기소되었고 그중 19명이 교수형을 당했는데 그중 14명이 여성이었다. 식민자들은 자신들이 "야만"(savage)이라 불렀던 것, 통치되지 않는 불온한 힘에 대한 두려움이 컸고, 이를 어떻게든 제거하고자 했다.

더욱 놀라운 것은 마녀사냥이 400~500년 전에 있었던, 오래된 과거의 이야기만도 아니라는 사실이다. 1991년부터 10년간 아프리카에서 '마녀'라는 혐의로 살해된 사람은 2만 3000명에 달하는데 이는 보수적 추정치다(『우리는 당신들이 불태우지 못한 마녀의 후손들이다』). 가나에는 '마녀 수용소'가 있을 정도인데, 수용된 여성의 수가 3000명에 달한다. 그런데 이 마녀 수용소가 마녀로 몰린 여성들의 피난처인지 아니면 마녀라고 간주되는 이들을 강제로 감금하는 수용소인지는 쉽게 판단하기 어렵다. 마녀 수용소의 여성들이 자신의 마을로 돌아가면 살해될 것임을 고려하면 피난처라 하겠지만, 가나 마녀 수용소의 여성들과 함께 음반을 만든 이언 브레넌의 인터뷰에 따르면 노동을 착취당하고 성매매를 강요하는 사례도 알려져 있기 때문이다.[43] 아프리카 각지의 마녀 사냥꾼들은 주로 젊은 남성들로 구성된 잘 조직된 집단이고, 피해 여성들은 유럽의 마녀 사냥에서처럼 주로 늙은 여성들이다.

지금 시기에 아프리카에서 마녀사냥이 급증하는 이유에 관해서는 여러 가지 연구들이 있지만 한 가지로 설명하기는 어렵다. 가나의 경우는 1950년대에 마술 행위에 대한 퇴마 사원이 증가했고, 마녀 색출 작업이 나이지리아의 요루바 지역으로 확산되었는데 여기에는 코코아 산업의 발달이 긴밀하게 연계되어 있다는 연구도 있고, 코코아의 가격 인상이 잘 조직된 여성 상인들을 마녀로 몰았다는 연구도 있으며, 토지분쟁과 마녀사냥이 관련되어 있다는 연구

---

43 『우리는 당신들이 불태우지 못한 마녀의 후손들이다』의 역자들이 제공하는 이언 브레넌의 인터뷰 참조. 브레넌은 가나 마녀 수용소의 여성들과 함께 음반을 제작해 발표했다. 그는 인터뷰에서 이렇게 말한다. "여성들이 캠프에서 도움을 받고 보호를 받는 경우가 많이 있습니다만, 슬프게도 밭에서 노동을 착취당하거나 성매매를 강제당한 사례도 알려져 있습니다"(같은 책, 121쪽).

도 여럿이다. 농업인구가 절반 이상인 사하라 이남 지역은 전통적으로 농지를 사고팔지 않았고 전매를 제한하는 관습법들이 있었다. 이들에게 농지는 생계의 장이지 재산이 아니었기 때문이다. 하지만 세계은행을 앞세운 토지개혁은 공유지와 같았던 토지를 제도적 사유지로 만들었고 다국적 투자자들이 몰려들었다. 이 때문에 사냥산업이나 관광사업 등으로 토지를 개발하려는 지역에서 토지를 팔지 않으려는 늙은 여성들을 대상으로 마녀사냥이 급증했다. 토지와 자원을 팔아서 부를 축적하려는 젊은 세대의 남성들과 부족의 족장들에게 토지를 팔지 않으려는 늙은 여성들은 치워 버리고 싶은 걸림돌이다. 이는 '늙은 여성들'을 폭력적으로 대지와 분리해 내려는 시도라는 점에서 자본주의 초기 인클로저 때와 흡사하다.

많은 연구자들이 지적하듯, 마녀재판의 원인은 하나가 아니다. 주경철이 정리하듯 고대의 풍요제와 같은 하층문화에 대한 국가 주도의 상층문화의 대대적 공격이라는 연구들과 공동체의 상호부조 전통의 붕괴를 주목하는 연구들도 있고, 페데리치와 미즈처럼 자본주의적 가부장제의 확립과 출산 통제 권력의 탈취와 마녀사냥이 밀접하게 연관되어 있다는 주장도 있다. 이 연구들 모두 광범위한 자료들로 자신들의 논거를 뒷받침하고 있다. 마녀재판의 형태는 전 유럽에서 유사한 절차로 진행되었지만, 많은 연구가 보여 주듯 그것의 원인과 전개 양상은 지역별로 시기별로 대단히 복합적이다. 우리가 여기서 마녀들의 정치와 관련해 주목하려는 것은 마녀사냥을 설명하는 하나의 확실한 원인이 아니라 그것이 야기한 결과들이고 그로 인해 말살된 것들이다.

마녀사냥이 야기한 것은 '마녀'라 불리는 여성들과 대지의 절연이다. 봉건 영주의 장원경제 시절에도 여성들이 힘을 가질 수 있었던 것은 인간 및 비인간들과의 동맹 덕분이었다. 이때 비인간들이란 동물이나 식물, 숲의 대기, 토지의 힘 등 당시 '평범한' 인간의 눈에는 활동의 '주어'로 보이지 않았던, 그저 인간의 손안에 든 '도구'나 인간의 눈이 겨냥한 '대상'들이다. '주어'로 보이지 않기에 그 힘을 포착하고 긍정하는 이들에게조차 대상으로서의 '자연'에 속한 것들이다. 영혼을 뜻하는 아니마(anima)란 말은 그런 존재자들에 깃든 힘을 표현하는 말이었고, '마녀'나 '주술사', '무당'이란 그런 힘들을 불러내고 동맹하는 능력과 관련된 말이었다. 통상적인 여성과는 다른, 평범한 눈으로는 두려움마저 동반하는 놀라움 없이는 마주할 수 없는 증폭된 동맹능력을 겨냥한 말이었다.

　　인간들이 종종 자신이 기대고 있는 '어머니'인 듯 언명하는 '대지'란 때로는 자신들을 생존할 수 있게 해 주는 그 능력, 종종 자신들이 알지 못했던 힘마저 제공하는 그 긍정적 능력을 하나로 묶어 부르는 이름이었다. 즉 대지란 재산이 아니라 살(리)기와 죽(이)기, 이용하기와 돌보기가 함께 있는 복잡하고 거대한 동맹의 장인 오이코스의 다른 이름이었고, 거기에서 여성들은 여러 방향으로 열린 잠재적 동맹의 손들이었다. 문어처럼, 괴물처럼 여러 방향으로 뻗어 나간 손들, 대지와 동맹하는 능력, 어쩌면 그것이 '마녀'라는 말로 단죄할 때조차 그 뒤에 숨은 놀라움과 두려움의 이유였을 것이다. 바로 그것이 오이코스를 인간들이 살아갈 생명의 장으로 만드는 힘이었다. 대지에 깃들어 있는 힘들을 불러내고, 신령스러운 것들을 존중하게 하며, 죽은 자들의 영혼을 불러내 위무하고 때로는 못된 악신들과 힘겨루기를 하는 주술적 능력, 그것은 자연에 존재하는 힘과 능력을 불러내고 동맹하는 능력의 증폭된 표현이다. 마녀사냥은 그 증폭된 힘을 인간의 시야에서 추방하려는 악신의 제의였고, 대지와의 동맹능력을 악의 무덤에 매장하려는 눈먼 폭력이었다. 이로써 그 많은 아니마들과의 오래된 결연이 절단되었다. 인간의 눈에 보이지 않던 것을 보고자 했고, 그로써 인간 아닌 것들의 눈으로 인간을 보고자 했던 대지적 동맹능력이 잘려 나갔다.

이로써 단죄의 언어인 '마녀'나 폄하의 의미를 담은 '무당'이라는 말은 그 대지적 동맹능력을 지우기 위한 저주의 징표가 되었다. '마녀', 그들은 출산을 조절하는 비법을 가지고 있었고 새 생명을 받고 산부를 돌보는 산파였지만, 마녀사냥으로 출산에 관한 전통적 지식이 단절되었고 출산을 통한 오랜 돌봄의 연대도 절연되었다. 그들은 술과 음식을 만드는 마을 축제의 구심점이었지만 서로를 고발하게 만든 마녀사냥은 마을 공동체의 오랜 결속을 무너뜨렸다. 대지에 속한 많은 것들은 서로를 이용하고 먹지만, 또한 서로 이용되고 서로를 돌보는 오랜 동맹자들이었다. 하지만 마녀사냥과 더불어 진행된 인클로저의 참혹한 사유화는 이제 공업적 대량생산과 손잡고 그 오랜 동맹자들을 쉽게 대체할 수 있는 대상으로, 상품으로, "저렴한 자연"(『저렴한 것들의 세계사』)으로 만들었다. 이런 절연의 과정들이 있었기에 대지에 속했던 오이코스는 그저 가족적 동맹의 장인 근대적 가정으로 축소될 수 있었다.

마녀사냥의 원인은 지역마다 시기마다 각기 상이했을 터이고 여러 가지가 복합적으로 얽혀 있는 것일 터이지만 마녀사냥이 야기한 것은 대지에 속한 것들의 살고 죽기를 만들어 온 오랜 연대의 절연이었다. 그리고 산업혁명의 엔진을 장착한 자본주의가 본격적으로 가속되기 시작했다. '자연'을 정복하고 지배하는 힘의 증식, 인간의 손에 처분권을 전적으로 넘겨준 도구나 대상들의 대대적 증식, 대지적 동맹 속에서 모든 방향으로 열려 있던 동맹의 손들이 잘려 나가고 증식의 방향을 바꾸려는 모든 시도는 시대착오적 공상으로 조롱받는 거대한 전환, 돈이 되는 것이면 어떤 것도 증식되어 마땅하고 돈 안 되는 것은 어떤 것도 소멸되어 마땅하다는 법칙이 시장의 이름으로 시대정신의 왕관을 쓴 세계, 이 모두는 오직 하나의 방향으로 수렴되는 증식의 벡터를 가속하며 회복의 벡터들이 넘기 힘든 높은 문턱을 만들어 냈다. 다들 상품의 소비자가 되어 풍요를 향유하는 이 풍요의 시대는 유례없는 증식의 벡터가 방향을 바꾸는 회복의 힘을 무력화하는 네크로폴리스의 장이다. 자본주의가 '본원적 축적'이라 불리는 인클로저로 거슬러 올라가듯, 상품화된 것과 돈이 되는 것만을 일방적으로 증식시키는 이 네크로폴리스는 인클로저로 본격화된 마녀사냥으로 거슬러 올라간다 하겠다.

그러나 마녀사냥이 마녀들의 동맹의 정치를 완전히 말살할 수 있었던 것은 아니다. 마녀사냥이 정점을 찍었던 17세기로부터 100년이 지난 후 여성들은 프랑스혁명의 중요한 동맹자가 되었다. 1849년 잔 드루앙은 여성은 나설 수 없는 의원 선거에 나섬으로써 "프랑스의 주권적인 인민 속에 필연적으로 포함된 '여성들'이라는 주체를 보여 주었다"(자크 랑시에르, 『불화』). 피식민자이자 유색

지구의 철학

인이자 여성인 북미의 유색 여성들은 하나의 정체성이 아니라 마치 자동차의 기어를 변환하는 것처럼 정체성의 자리를 옮겨 가면서 반인종·반식민·페미니즘 운동을 위한 유연그룹을 만들어 내었다. 남북아메리카 대륙에서 강제 이주를 당하고, 가축을 빼앗기고, 물을 빼앗겼던 선주민 여성들도 다시 동맹 만들기에 나서고 있다. 가령 석탄광산 개발로 물을 빼앗겼던 블랙메사의 선주민 여성들은 블랙메사물연대(BMWC)를 만들고 지역의 강 유역 복원과 자립경제를 위한 실험을 하고 있으며 국제적 단체인 '기후정의연대'와 연합하고 있다. 장애인과 동물의 연대도 주목할 만하다. 선천성 장애를 가진 수나우라 테일러는 장애를 가진 사람들과 동물들의 우정연대를 위해『짐을 끄는 짐승들』을 썼다. 제주 해군기지에서 크루즈 입항을 위해 바닷속 연산호 군락을 암초라고 제거하려 했을 때, 해군기지 건설 반대운동을 했던 최혜영을 비롯한 활동가들은 바닷속의 연산호 군락 사진을 찍어서 크루즈를 막아 냈다(최혜영,『코랄블루』). 크고 작은 이런 동맹의 물결이 캐스케이드처럼 번져 가고 있다. 마녀들이 되살아나고 있는 것이다. 아니, 그 참혹한 억압 속에서도 마녀들로 표상되는 대지와의 동맹능력은 결코 죽은 적이 없었던 것이다. 기후위기라는 대지적 네크로폴리스의 시대는 필경 대지와 동맹하는 마녀들의 시대가 될 것이다.

5. 오이코페미니즘, 혹은 대지-되기

파이어스톤이 파악했듯이 생애주기의 많은 시간이 임신·출산·수유에 바쳐지는 포유류 여성에게 번식은 취약성으로 작동하기 쉽지만, 포유류 여성들의 신체는 주변환경과의 조응과 다른 여성들과의 동맹을 통해 이런 취약성에서 헤쳐 나오는 방식으로 진화했다. 포유류 여성들은 젖분비를 동기화해서 다른 여성들과 육아를 분담했으며, 배아거부를 통해 자신의 신체가 무조건적으로 전용되는 것을 허용하지 않았다. 번식학자들이 "대행수유"라 일컫는 공동수유는 인간을 포함한 포유류 여성에게는 흔한 일이고, 배란은폐는 수컷의 영아살해를 방지하고 육아의 협조를 이끌어 내는 포유류 여성의 탁월한 신체능력이다(『포유류의 번식―암컷 관점』). 또한 포유류 여성의 신체는 이왕에 몸속에 만들어진 생명체를 적으로 간주하지 않고, 영양분을 나누어 주는 방식으로 진화했다. 생물학에서는 이를 유전자복제라는 궁극의 목적을 달성하기 위한 신체들의 고투로 묘사하지만, 그것은 특정한 조건에 따라 발생한 결과를 목적으로 바꾸고, 그 목적을 원인으로 간주하는 흔하디흔한 목적론적 전도(顚倒)고, 일어난 일을 반드시 일어나야만 했던 일로 기술하는 결과론의 간계(奸計)다. 세대를 이어 생존을 지속하게 한 것은 필멸의 신체들이 변화되는 조건 속에서 발휘한 동맹능력이지 유전자복제의 사명을 다하기 위한 목적론적 사명이 아니다. 인간 여성이 속해 있는 포유류 여성의 신체는 미리 결정된 무엇이 아니라 그 자체로 치열한 신체들의 정치 산물이다. 어디 포유류의 신체만 그렇겠는가? 인간의 비오스와 대비되어 폄하되는 동물적 조에는 살기 위해 먹지만, 그저 먹지만은 않는 회복의 능력, 먹는 자의 자리를 이탈하고 먹고 먹히는 것의 경계를 흐리는 횡단적 동맹능력 덕분에 세대를 이어 올 수 있었다.

진핵생물은 세포 수준에서도 오랜 동맹의 역사를 가지고 있다. 세포에게 에너지를 공급하는 세포의 발전소인 미토콘드리아는 고세균에게 잡아먹힌 프로테오박테리아가 세포내공생을 통해 진화한 것으로 알려져 있다. 1960년대에 공생생물학자 린 마굴리스(Lynn Magulis)는 고세균과 박테리아의 세포내공생이 진핵세포로의 진화를 이끌었다는 공생물발생(symbiogenesis) 가설을 제안했다(린 마굴리스,『공생자 행성』). 원시지구에 덩치 큰 고세균과 날쌘 박테리아가 살았다. 덩치 큰 고세균은 몸이 무거워서 먹이 활동을 잘하지 못했고, 박테리아는 너무 많이 움직여서 덩치가 작았기에 원시지구는 그럭저럭 균형을 맞추고 있었다. 어느 날 덩치 큰 고세균이 날쌘 박테리아를 삼켰다. 그러나 박테리아는 소화되지 않고 배 속에 그대로 남았다. 소화불량 덕분에 고세균의 몸속에서 살아남은 박테리아는 고세균이 먹는 것을 함께 먹게 되었고 자신의 대사 부산물을 고세균의 몸속에 방출했다. 그런데 산소호흡을 하는 알파프로테오박테리아의 배설물은 고세균에게 전에 없이 강력한 에너지를 주었다.

이처럼 두 신체의 수동적인 용출 과정이 에너지와 영양분을 주고받는 것이 되자, 이는 점차 적극적인 수송 과정으로 바뀌게 된다. 잡아먹힌 박테리아가 잡아먹은 신체 안에서 미토콘드리아라는 '기관'으로로 존재하게 된 것이다. 섭식의 실패 내지 '소화불량'

이 새로운 방식의 미시적 동맹체의 탄생으로 귀결된 것이다. 먹힌 자였던 미토콘드리아는 세포핵과는 별개의 DNA를 가진 세포 속의 외부다. 포유류의 수태 시에 난모세포에는 미토콘드리아가 다량 포함되어 있지만 수컷의 생식세포에는 정자의 꼬리 부분에 소량 있을 뿐이어서 자식에게 전달되지 않는다. 복수종의 오이코스에서 대지적 동맹의 첨점이었던 여성의 체세포로만 오랜 미시적 동맹의 역사를 가진 미토콘드리아가 유전된다는 것은 의미심장한 일이다.

"우리는 당신들이 불태우지 못한 마녀의 후손들이다"는 페미니스트 시위에 자주 등장하는 슬로건이다. 이는 진행 중인 여성혐오에 맞서며 세계 각지에서 여성들과 생존을 위협받고 있는 모든 여성들에게 연대를 표하는 슬로건이다. 트럼프 정권의 반이민정책에 반대하는 시위에서도 여성의 날을 기념하는 시위에서도 여성들은 이 피켓을 들었다. 하지만 세계 각지에서 진행된 마녀사냥이 여성의 정체성에 대한 것이 아니라 공동체를 구성하는 능력에 대한 것임을 안다면, "우리는 당신들이 불태우지 못한 마녀의 후손들이다"라는 슬로건의 의미는 단지 **여성들의** 연대를 다짐하는 것 이상이어야 한다. 마녀의 후손임을 자처한다는 것은 다시 동맹의 손들을 '사방으로', **대지라는 이름 속의 수많은 것들을 향해** 뻗치겠다는 것이다. 한때 자신과 더불어 국가의 에이전트인 가부장의 소유물이었던 **오이코스의 다른 소수자에게** 눈을 돌리고 귀를 기울여 다시 동맹자가 되겠다는 선언이다. 바로 이것이 오이코페미니즘의 선언이다.

오이코페미니즘이란 수직적 동원의 장, 증식의 장이 되어 버린 오이코스를 다시 '수평적' 동맹의 장으로 되돌리고, 우리가 "대지"라고 부르는 것에 속한 것들을 현행적 생존의 장으로 불러내 증식의 벡터를 거스르는 회복의 정치를 가동시키는 작업이다. 기후위기, 아마도 출구를 찾기 쉽지 않을 이 지구적 위기는 분명 인간은 물론 대지에 속한, 인간 아닌 것들의 생존의 대대적 위기이고, 자본과 '인간'의 동맹이 가속시킨 증식의 폭주가 만들어 낸 죽음의 문턱이다. 엔간해서는 누구도 넘기 힘들고 되돌리기 쉽지 않을 장이 열렸다는 점에서 이는 유례없는 네크로폴리스의 부인할 수 없는 증거다. 네크로폴리스가 아무리 회복 불가능한 문턱을 만들었다고 해도 대지 깊숙한 곳에는 치안이 장악하지 못한 영역이 있기 마련이다. 지질학자들은 이를 "레퓨지아"(refugia)라고 부른다. 끝을 향해 치달리는 네크로폴리스가 어떤 이유에 의해 정지되는 그 자리에서, "레퓨지아"라는 대지의 틈새에서 조에의 정치는 회복의 벡터를 가동시킨다. 더 정확히 말하자면, 네크로폴리스가 대지를 휩쓰는 와중에도 실은 멈춘 적 없는 활동을 '다시' 시작한다.

오이코페미니즘은 이들과 더불어 대지 곳곳에 레퓨지아를 만들고자 한다. 레퓨지아는 단지 특정 개체가 재난으로부터 피난하는 곳이 아니라 자본과 인간의 일방적 증식을 거스르는 회복의 벡터를 재가동시키는 곳이다. 레퓨지아는 오이코페미니즘의 대지다. 살아 있어도 생명으로 세어지지 않고 활동해도 주어가 되지 못하는 것들, '아무것도 아닌 것들', 인간도 되지 못한 것들과의 새로운 동맹의 씨가 뿌려지고 싹을 틔우는 곳이다. 오이코페미니즘은 가부장-남성들이 독점한 치안의 장에서 그들과 권리와 권력을 다투는 것이 아니라 이 오이코스의 대지에서 수많은 레퓨지아의 구멍을 파서 치안의 권력을 함몰시키고, 인간이란 이름으로 세워진 역사의 성 안에 누수의 지대를 만드는 것이다. 대지에 속한 모든 소수자들과 동맹해, 크고 작은 장애물들을 '역사의 철로'에 끼워 넣어 미쳐 치달리는 증식의 기관차를 정지시키는 것이다.

대지는 일부 에코페미니스트들이 말하듯이 자식을 낳고 돌봐주는 자, "어머니"가 아니다. 에코페미니스트들은 분명 대지에 속한 것들과의 동맹능력이 여성성의 핵심임을 일찍이 파악했던 선구자들이다. 하지만 그 동맹능력이 "어머니"의 형상에 가두어지거나 조화로운 자연이라는 총체성으로 환원되어서는 안 될 것이다. 대지는 어머니가 아니라고 하는 것은 대지와 어머니를 포갰던 나치즘의 환영이 두려워서도 아니고, 선거 때만 되면 아이를 안고 올라와 어머니란 이름으로 여성들을 호명하는 정치인들의 낡은 수법을 비판하기 위해서도 아니다.

약간 부연하자면, 어머니는 나치 이전에 부르주아 가족모델, 그리고 박애주의자들과 위생권력의 정치적 기획에 의해 프롤레타리아로 확장된 근대적 가정모델을 구성하는 핵심적 축으로 발명된 이미지였다(『근대적 주거공간의 탄생』).

연애와 결혼이 연속성을 갖게 된 지금과 달리 19세기 이전에는 서구에서도 연애와 결혼은 별개였다. 친구와의 결혼은 우정을 망칠 우려가 있다는 것이 오래된 가르침이었고, '부부'라는 말과 '사랑'이란 말이 결합되어 사용하기 시작한 것은 19세기 직전이었다(장-루이 플랑드렝, 『성의 역사』). 레비스트로스식으로 말해 결혼이 가부장이 지배하는 가문이 재산과 권력을 증식시키기 위해 다른 가문과 '여자를 교환하는' 것이었다면, 연애란 그 수직적 혈연의 권력을 수평으로 가로지르는 동맹의 힘을 따라가는 것이었다. 프랑스 궁정 귀족들의 '문란함'이란 혈연을 따라 집적된 귀족 가문들의 부가 증식되는 것과 비례해, 그것을 가로지르는 횡단적 벡터의 범람 또한 가속되었음을 보여 주는 것 아니었을까? 『성의 역사』 1에서 푸코는 그 귀족들의 권력이 와해된 혁명 이후의 부르주아지는 귀족들의 '피'와 대비해 자신들의 지위를 보증해 줄 징표를 육체와 도덕의 건강에서 찾고자 했음을 지적한 바 있다. 가족 밖에서 벌어지는 연애나 성을 비난하며 사랑과 성을 가족과 포개어 가두는 새로운 습속은 이러한 조건을 발생 이유 중 하나로 가진다. 가족의 공간에 내밀성의 두터운 장막이 둘러쳐지게 된다.

또 하나 아이들의 양육방식에서 발생한 변화가 여기에 중첩된다. 아리에스는 17세기에 들어와 '작은 어른'과 구별되는 '어린이'란 개념이 탄생했음을 지적한 바 있지만(필리프 아리에스, 『아동의 탄생』), 집이 사교의 장이기도 했던 귀족들의 생활에서 유모 양육의 오랜 관습은 달라질 수 없었다. 반면 19세기의 새로운 지배계급인 부르주아지로선 집이 아무리 넓어도 귀족과 달리 클라이언트들이 모여드는 사교의 장이 될 수는 없었고, 산업혁명으로 인한 공장제 생산은 집과 작업장의 분리를 낳는다. 이로써 집은 사교나 일로부터 분리된 가족만의 성소가 된다. 이 새로운 성소에서 아이들은 어른들의 세계로부터 분리되어 보호 양육되어야 할 순결하고 어여쁜 감성적 존재의 자리를 확보하게 되고, 이 아이들의 양육은 이제

유모의 손을 떠나 어머니에게 맡겨진다. 연애로서의 사랑이 집중되어야 할 배타적 중심, 그렇게 생겨난 사랑의 산물인 아이를 사랑으로 키우는 중첩된 사랑의 거점, 그것이 19세기 부르주아 가정에서 어머니라는 개념이 차지한 새로운 자리다. 이렇게 어머니는 사랑의 중심이자 아이 양육의 거점으로서 가족만의 성소의 새로운 중심으로 부상한다. 나폴레옹 이후 정치인들의 입에서 '위대한 어머니'에 대한 예찬이 반복되었던 것은 바로 이런 역사적 변화의 산물이다. 이 성스러운 가정을 위협하는 창녀가 사회를 위협하는 프롤레타리아트와 하나로 포개져, 이 예찬의 중심과 대립되는 '질병'의 거점이 된 것(알랭 코르뱅,『창부』)은 정확히 이와 짝을 이루는 대칭적 변화였다.

　나치가 내세운 모성 이데올로기 또한 바로 이러한 근대 가정의 배치, 근대가 발명한 가족주의에 기반하고 있다. 나치에게 새로운 것이 있다면, 이 어머니를 이제는 자연 자체에 투사하기 시작했다는 점이다. 어머니 자연을 내세우고 인간은 생명의 순환을 따라야 한다는 "생명법칙"을 설파한 나치는 1935년 "제국자연보호법"을 제정해 인간과 자연의 풍요로운 관계를 국가가 건설하겠노라고 선언했다. 1차 세계대전에서 76만 명이라는 아사자를 낸 독일에서 인민을 절대 굶기지 않겠다는 방침을 내건 나치는 인민들의 열광적 지지를 얻었다. 나치의 강력한 선전 포스터 중의 하나는 손에 빵을 든 어린이가 "우리를 절대 굶기지 마"라고 외치는 것이다. 후지하라 다쓰시는 나치의 일상적 메시지는 "당신들을 살리겠습니다", "살아 있어 주세요"였지만 이는 곧 "살아 있지 않으면 좋을 인종"을 공격하는 것으로 모순 없이 연결되었음을 지적한다.[44] 나치 포스터에 등장하는, 장애인을 시설에 가둘 것을 촉구하는 아이 업은 엄마의 모습은 가정의 수호자라는, 근대가 발명한 어머니의 전형적 형상이다.

에코페미니스트들이 내세웠던 어머니 대지는 나치의 어머니가 아니라 세계 각지에 산재한 원시신화 속 대지의 여신임을 우리는 모르지 않는다. 그러나 자연성을 강조하고 기술을 자연의 파괴자로 규정하는 태도에서 가정을 지키려는 근대적 어머니의 표상을 발견하지 않기는 어렵다. 근대적 가정에서 여성은 억압받는 위치에만 있었던 것이 아니다. 여성은 어머니의 이름으로 아내의 이름으로, 남편과 아이의 발산하는 욕망을 가정으로 영토화하는 어트랙터여야 했고, 가정의 안정과 평화를 위협하는 것들을 미연에 방지해야 하는 수호자였다. "이러한 욕망의 배치를 형성하는 가족주의 전략에 대한 투쟁 없이, 혹은 이미 충분히 우리의 삶과 무의식을 장악하고 있는 가족주의적 욕망의 배치에 대한 변환 없이 어떻게 혁명이 가능하리라 믿을 수 있을까?"(『근대적 주거공간의 탄생』, 431쪽).

오늘날은 비혼 인구와 1인 가구가 급증하고 있어서 가정과 어머니가 사라진 것일까? 비혼 인구와 1인 가구의 급증은 '프라이버시'라는 말로 표상되는 내밀성의 장막을 통해 근대적 가정이 자신이 만든 치안의 권력에 의해 스스로 붕괴되는 징후인 듯이 보인다.

---

44 『현대사상』 2015년 6월호의 '새로운 유물론 특집'에 실린 후지하라 다쓰시의 대담 「생활의 분해를 위하여」 일부가 다쓰시의 『분해의 철학』, 박성관 옮김, 사월의 책 (2022) 역자 후기에 번역되어 있다.

외부로부터 분리된 장으로 가정을 분리할 권리를 뜻하던 프라이버시가 다시 그 가정 안에서 '개인'으로 귀착되는 것은 어쩌면 당연해 보인다. 하지만 여기에서 선을 긋고 '넘지 마'라며 자리의 분할과 고정을 강제하려는 치안의 권력을 보지 못한다면 가장 중요한 것을 놓친 것이다. 가정이 되었든 가부장이나 '어머니'가 되었든 혹은 각자의 개인을 지칭하게 되었든 독립성과 자유로 표상되는 그 프라이버시의 권력은, 비혼의 형태로든 1인 가구의 형태로든 아니면 여전히 '스위트 홈'의 가정적 형태로든 '넘지 마'의 명령어를 발성하는 권력의 치안이 동형적으로 작동하고 있기 때문이다.

지금 우리가 사는 이 근대 세계에서 '어머니'는 부르주아지의 가정을 초월적 모델로 승격시킨 이 가정의 이미지와 구별할 수 없을 만큼 사로잡혀 있다. 그렇기에 이 가족주의 전략에 포섭된 어머니라는 용어는 오이코스에서 여성들이 주도하는 동맹의 의미를 왜곡한다. 더구나 동맹이란 공동의 목표를 위해 하나가 되는 것, 전체의 안녕을 위해 부분들이 복무하는 것이 아니다. 동맹은 정해진 자리에서 이탈하는 수평적, 아니 좀 더 정확히 말하면 횡단적 정치로부터 나오는 것이지 전체를 위해 복종하라는 명령으로부터 나오지 않는다. 구석기와 신석기시대의 조각상으로 추정되는 로셀과 레스퓌그의 여신은 하나같이 불룩한 배와 큰 유방으로 '다산'을 상징한다고들 하는데, 그때에도 그 불룩한 배 속에 유기체만 들어 있다고 상상하는 것은 지나치게 편협한 생각일 것이다. 불타 죽은 마녀들은 합리성의 바깥에 있는 자들, 로고스를 갖지 않기에 폴리스 바깥으로 쫓겨난 소수자들에게 손을 내미는 그들의 좋은 동맹자였다.

따라서 오이코페미니즘의 입지점은 수직적-혈연적 지위를 가진 '어머니'가 아니라 대지의 친구이고 대지로서의 친구여야 한다.

　전 세계의 많은 어머니들이, 특히 자식이 억울한 죽음을 당한 어머니들이 자식을 죽게 한 권력과 맞서는 투쟁에 앞장서고 있음을 우리는 안다. 그러나 이들이 그 투쟁의 대열에 나서기 위해 가장 먼저 결별한 것은 **내 자식의 안녕만을 걱정하는 가족주의적 어머니**였다. 전사로서의 어머니, 그들은 자기 자식의 이름에, 고유명사의 인칭성에 매인 어머니가 아니라 '자신의 자식과 같은 처지에 몰린 사람이라면 누구든'이라는 비인칭성에 열린 어머니다. 그런 이들이라면 누구든 손을 잡고 동맹하는 소수자의 친구다. 자연은 단순한 원료 저장고가 아님을 아는 많은 선주민들이 '어머니 자연'이라는 메타포를 사용하고 있고, 모든 것에 영혼이 깃들어 있다고 생각하고 있음을 우리는 안다. 그러나 그들이 사용하는 은유, 그들이 말하는 여신으로서의 대지는 생명 지상주의와는 아무런 관련이 없다. 전 세계에는 삶만이 아니라 죽음을 주재하는 너무도 다양한 이름, 그 이름만큼이나 독특한 신화를 가진 수많은 대지의 여신들이 있다. 하지만 이 여신들은 너무도 쉽게 그리스 신화 속의 "가이아"와 동일시되는 것 같다. 하늘과 바다, 산의 신들을 낳은 다음, 그 자식들에 의해 우주의 지배력을 빼앗기고 땅의 신 자리만 갖게 된 가이아 말이다(도나 해러웨이, 『트러블과 함께하기』). 대지가 어머니라면 해러웨이가 말하듯이 그 대지는 괴물들을 잉태한 어머니이기도 한 것이다. 인간의 범위를 넘어 '대지' 전체로 확장된, '~라면 누구든'이라는 비인칭적 존재자 모두를 잉태한 어머니다.

지금은 살아 있는 것과 살아 있지 않은 것 모두가 저렴한 자원으로 동원되는 시대다. 이익을 증식하고 인간을 증식하기 위한 일방적 증식의 치안이 회복 가능성을, 동맹의 장인 대지를 잠식하는 시대다. 그 증식의 힘에 의해 지표면의 온도는 날로 뜨거워지고 기후는 붕괴 일로에 있으며, 여섯 번째 대멸종이라 불릴 만큼 엄청난 죽음의 행렬이 이어지고 있는 시대다. 지구가 되돌릴 수 없는 변화의 지점으로 빠르게 돌진하고 있는 시대, 회복 불가능한 죽음의 치안이 전 지구적 규모로 작동하는 시대다. 정복과 승리의 영웅서사에 취한 자들이 '지구 정복'을 달성했다고 "인류세"라는 이름으로 팡파르를 울리는 시대다. 그러나 다른 한편으로 지금은 이 엄청난 규모의 죽음의 행진들이 거꾸로 네크로폴리스의 문턱들을 허물고 있는 시대, 결코 통제되지 않는 대지의 조에들이 저렴한 자원이기를 거부하는 시대, 그 거부가 캐스케이드처럼 전 대지로 번져 나가는 시대, '대지'라는 말로 묶여서 명명되는 비인간들의 저항이 '기후 격변'으로 드러나는 시대다. 여전히 인간만이 행위성이 있다고 여기는 사람들에게 이 격변이 저항으로 감지되지 않겠지만 오이코스의 마녀들이라면, 종을 횡단하는 옛 동료들의 움직임을, 그 수평적 연대로 드러나는 오이코스의 여성성을 온몸으로 감지할 것이다.

오이코스의 여성성이란 생물학적 여성성을 의미하지 않는다. 알다시피 생물학적 여성성조차 하나가 아니다. 오이코스의 여성성은 억압받는 자, 피지배자의 위치에 여성을 두는 것이 아니라 대지의 소수자들에 눈을 돌리고 그들과 함께하는 것이다. 노파심에서 하는 말이지만 여성은 누구나 오이코스의 여성성을 갖추고 있다는 말이 아니다. 오이코스의 여성성은 대지의 동맹자가 되기 위해 양육해야 할 것이지 가지고 태어나는 것이 아니다. 도나 해러웨이는 새로운 동맹의 시대를 열기 위해 "자식이 아니라 친척을 만들자"는 슬로건을 내걸었다(『트러블과 함께하기』). 여기서 친척은 익숙한 어법과 달리 혈연과는 아무 관련이 없고 인간에 국한되지도 않는다. 그것은 오이코스로서의 대지 속에서 때론 먹기 위해 죽이고 때론 먹이로서 자신의 몸을 내주는 지점까지 동맹의 폭을 확장한 동료들이다. 자연이라는 함축을 갖는 대지에서 튕겨 나가는 것들 또한 우리는 이 오이코스의 대지 속으로, 조에폴리틱스의 동맹자로 불러들여야 한다. '나의 어머니는 컴퓨터였다'는 케서린 헤일즈의 말처럼(『나의 어머니는 컴퓨터였다』), 남성들이 지배하는 세상에서 그들의 명령을 그저 묵묵히 수행하며 계산하던 자리에서 우리는 기계와 만난다. 내 어머니만큼이나 그들 역시 페미니즘의 주어이고, 오이코페미니즘의 동맹자들이다. 일찍이 페미니스트들이 사이보그와 컴퓨터, 기계조차 새로운 동맹자로 불러들였던 것(도나 해러웨이, 『해러웨이 선언문』)은 바로 이 때문이었을 터이다. 동물들, 장애인들도 다르지 않다. 페미니스트들이 장애인이나 가축과 만나 동맹을 맺는 것은 함께 일하던 오이코스에서였다(수나우라 테일러, 『짐을 끄는 짐승들』; 도나 해러웨이, 『종과 종이 만날 때』). 우리에게 동맹이란 고통받는 것에 대한 연민과 동정이 아니라 고통과 죽음의 문턱을 함께 돌파하려는 능동적 힘에 의해 추동되는 것이다. 인간 여성을 위해 축적된 많은 재생산 기술이 다른 포유류 여성의 계속성을 지키는 데 사용될 수 있음을 축하하는 것(『포유류의 번식―암컷 관점』)도 이와 다르지 않다. 오이코페미니즘은 오이코스의 대지 속으로 자신을 동맹자로 내어 주면서 다른 동맹자들을 불러들이는 정치 운동이자, 압도적인 파괴가 진행되는 속에서 대지의 것들과 삶과 죽음을 함께하려는 삶의 양식이다. 손상된 지구에서 살아 내기 위한 삶의 기술이다.

제6장

기후 특이점과 멸종의 여백

— 출구 특이점과 파국 특이점 사이에서

1. 기술 특이점? 기후 특이점!

'특이점이 온다!'는 예언으로 요란하던 때가 있었다(레이 커즈와일,『특이점이 온다』). 1.5~2년마다 반도체 집적도가 두 배로 증가한다는 '무어의 법칙'을 다른 기술 모두로 확대 적용하고, 정보기술과 생명기술과 나노기술이 융합해 본격화될 '거대한 가속'의 전망을 더하여 얻어 낸 예언이었다. 실리콘밸리의 기업가에다 기술 개발자, 컴퓨터 과학자, 미래학자 등의 이력을 바탕으로 '믿음'을 미리 확보한 이 예언에는, 인간의 뇌가 복사되고 업로드·다운로드되어 신체를 바꾸어 가며 사는 '영생'의 전망도 포함되어 있었고, 인간의 힘이 우주로 확장되어 가리라는 휴머니즘적 제국주의의 꿈도 담겨 있었다.[45] 종교가 되기에 충분한 이 예언은 이전의 '휴거'에 대한 예언과 경쟁이라도 하려는 것인지 구체적 시점도 명시되어 있었다. 2045년경, 그때 우리 인간은 영생의 꿈을 갖고 우주를 지배하는 새로운 종으로 살기 시작한다는 것이다. 그리고 놀랍게도 이 새로운 미래는 곧바로 조직화된 종교적 실체성을 갖게 된다. 당연한 것이겠지만 그 성지 같은 탄생지는 실리콘밸리였고, 중심적 성도들은 실리콘밸리 기업가들이었다.

　이 새로운 종교가 이전 종교와 다른 점은, 그 미래를 위해 신도

---

[45] 좌파적 명제들이 조금씩 달라붙지만, '완전히 자동화된 화려한 공산주의'를 표명하는 아론 바스타니의 예언 또한 이와 다른 점이 별로 없다(아론 바스타니,『완전히 자동화된 화려한 공산주의』). 기술주의는 정치적으로나 이념적으로 상반되는 이들을 이처럼 하나로 묶어 준다. 놀라운 보편성이라 하지 않을 수 없다.

들이 딱히 따로 할 것이 별로 없다는 것이다. 기도도, 헌금도 따로 하지 않아도 된다. 대신 새 기술을 사용한 상품을 열심히 사면 된다. 인터넷 기업이 인도하는 길을 따라 그저 따라가기만 하면 된다. 그러니 믿어도 딱히 손해 볼 것이 없다. 그래서인지 나오자마자 즉각적으로 전 세계의 이목을 모을 수 있었고, 신흥종교가 면하기 힘든 거부감도 탄압도 야기하지 않았다. 다만 종말론적 종교와 반대로 그 시간에 다가감에 따라 빠르게 지수적으로 관심이 식어 갔다. 그래서 이렇게 다시 이야기를 꺼내는 것도 약간의 민망함을 감내하지 않으면 안 되게 되었다.

'특이점'이란 말이 갖는 신선한 난해함과 과학적 이미지는 기술 발전에 대한 상투적 예찬에 아주 새로운 느낌을 주는 결정적 요인이었던 것 같다. 과학이나 기술을 종교적 약속으로 바꾸는 데서 야기될 모든 거부감과 저항을 멋진 개념 하나가 가볍게 씻어 준 것이다. 특이점이나 특이성이란 개념에서 찾아낸 새로운 철학적 자원(Deleuze, *Logique du sens*, 『차이와 반복』)에 매혹되었던 우리 같은 사람에게 이러한 사태는 반갑다기보다는 난감한 것이었다. 익숙한 통념에 브레이크를 걸어 가던 걸음을 멈추고 보지 않던 곳으로 눈을 돌리게 해야 할 개념이, 아주 익숙한 통념에 산뜻한 칠을 해서 가던 길에 대한 믿음을 더해 주는 깃발이 된 것이기에. 지금 특이점이란 말로 되돌아가 그걸 다시 뒤집어 사용하려는 것은, 이 작지 않은 특별한 유감의 표시인지도 모르겠다. 물론 기술 발전과 관련해 나중에 다시 언급할 것과 긴밀하다는 점에서 그저 감정적 이유만 있는 것은 아니라 해도 말이다.

수학적 의미에서 특이점이란 미분 불가능한 점이다. 미분 불가능하다 함은 미분계수가 '없다'는 뜻인데, 실은 미분계수가 너무 많아 하나로 값을 정할 수 없다는 말이다. 그래프가 꺾이는 점, 끊어지는 점 등이 그것이다. 해를 구할 수 없어서 문제만으로 해의 분포 양상을 찾는 미분방정식 이론에서는 중앙점(center), 발원점(source), 안장점(saddle), 와류점(spiral source) 등 다른 의미로 사용되기도 하지만, '특이점이 온다'는 말은 이런 특별한 의미를 전제하지 않는다. 물리학에서도 특이점은 어떤 힘이 방사되는 질점이나 블랙홀처럼 수학적으로 서술할 수 없는 점을 뜻하기도 하지만, 좀 더 평이한 수준에서는 '어는점', '끓는점'처럼 물리적 상태가 크게 달라지는 점(이 점 역시 미분 불가능한 점이다)이란 의미로 사용된다. 즉 '특이점이 온다'는 예언에서 특이점은 이제까지의 추세나 방향이 '비약'이다 싶을 만큼 크게 바뀌는 점을 뜻한다. 이제까지의 추세를 표시하던 그래프가 꺾어지는 점을.

정말 이런 기술적 특이점이 올까? 모를 일이다. 그 예언을 가장 든든하게 떠받쳐 주던 '무어의 법칙'이 2016년경 작동을 정지했다지만, 새로운 기술의 발전이 그 뒤를 이을 것이라는 예상을 덧붙이는 건 어려운 일이 아니니까. 가령 2019년 스탠퍼드대학교의 한 연구소는 인공지능의 발전 속도가 무어의 법칙보다 7배나 빠르다는 보고서(「인공지능 인덱스 2019」)를 제출했다고 한다(『한겨레신문』 2019.12.31.). 발전을 말할 때면 우리는 언제나 가장 앞서가는 것을 보기에, 자동차 엔진의 효율을 표시하는 연비가 포드의 첫 번째 자동차가 출시된 이후 100년 넘는 기간 동안 3배 정도밖에 증가하지

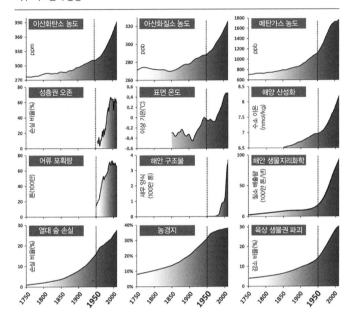

[그림 1] 대지와 기후시스템의 경향들

않았다는 사실을 들어 이를 반박하려는 건 헛된 일일 것이다. 더구나 그걸 반박하는 게 무슨 중요한 관심사일 것인가. 그보다는 다른 특이점을 주목하는 게 더 나을 듯하다. 그것은 이미 도래했고, 머지 않아 또다시 도래할 것이 분명한 특이점이 있기 때문이다. '**기술 특이점**'이 아니라 '**기후 특이점**'이 그것이다. 간단히 말하자면, 그것은 기후 상태의 변화가 꺾인 선을 그리며 비약적으로 변화하는 지점이다.

　기후학자 윌 스테판과 그의 동료들이 발표한 논문의 유명한 그래프는 이를 아주 선명하게 보여 준다. 그에 따르면, 2차 세계대

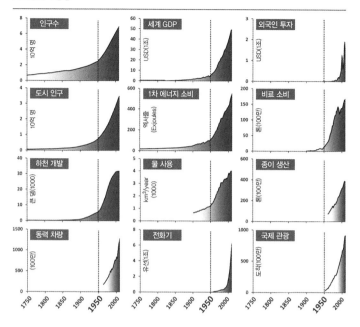

[그림 2] 사회경제적 지표, 자원과 에너지 소모량의 변화

전이 끝난 이후 대기 중에 배출된 이산화탄소, 메탄 등 온실가스의 양이 급격하게 꺾은선을 그리며 급상승한다. 더불어 지표면의 온도와 해양 산성화 정도 또한 동일한 양상을 보여 준다([그림 1]). 대기나 해양의 상태를 표시하는 지표에서 특이점과 꺾인 곡선으로 확연하게 드러나는 아주 급격한 변화가 1945년 전후한 시기에 발생한 것이다. 이처럼 곡선이 꺾이는 지점은 기후변화의 특이점이니, 기후 특이점이라 명명할 수 있을 것이다.

　그런데 동일한 논문에서 그들은 전 세계의 총인구와 도시인구, 실질 GDP를 필두로, 에너지 소비량, 물 사용량, 비료 소비량, 자동차 수 등 또한 확연하게 꺾인 선을 그리며 급상승함을 보여 준다([그림 2]). 기후 곡선과 동형적 양상을 보여 주는 특이점과 곡선을 거기서 발견할 수 있다. 그런데 그 시점은 컴퓨터와 인공지능, 사이버네틱스, 디지털기술 등이 가시화되면서 '정보통신혁명', '2차 산업혁명' 등으로 명명되던 기술혁명이 시작된 시점이기도 하다. 기술 특이점은 **이미 그때** 온 것 아니었을까? 커즈와일은 잘 몰랐던 것 같지만 말이다.

이 그래프들을 제시하면서 윌 스테판은 1950년을 전후해 뚜렷하게 가시화된 이 사태를 '거대한 가속'(Great Acceleration)이라고 명명한다(Steffen, et al., "The Trajectory of the Anthropocene: The Great Acceleration", *Anthropocene Review(2)*). 이 거대한 가속은 자원의 소모와 기후의 변화 그리고 사회경제적 변화 모두가 하나의 특이점을 통과했음을 뜻한다. 그 가속이 '거대하다' 함은 이미 그 이전에 시작된 가속과도 구별되는 특별한 가속임을 뜻한다. 다시 말해 산업혁명 이후 시작된 기후변화와 사회경제적 소모의 가속이 이 시기를 전후로 특이점을 그리며 급격하게 가속되고 있다는 말이다.

기후위기가 전 세계적으로 주목되기 시작한 것은 1990년대 중반 정도였지만, 그것이 어떤 특이점을 통과했음을 아는 데는, 그리고 또다시 새로운 특이점이 도래할 수 있다고 생각하게 되는 데는 더 많은 시간이 필요했다. 이미 하나의 특이점을 통과했다는 사실조차 최근까지도 항상 피곤한 논란의 대상이었다. 이에 비하면 기술 특이점은 믿을 수 없을 만큼 과도하게 단순화된 주장이었음에도 별다른 의심 없이 대중적 인기와 지지를 얻었다. 그러니 두 특이점을 두고 말한다면, 일단 최초의 경쟁에선 기술 특이점이 승리했다 하겠다.

하지만 이러한 승리는 기후 특이점과 기술 특이점 간 명료함의 정도나 과학성 같은 것과 별 상관이 없다. 논거나 증거, 서술방식 모두에서 굳이 비교하자면, 기후 특이점 쪽이 훨씬 더 과학적이었다. 기술 특이점에 대한 주장은 비록 함수관계라는 과학적 형식을 취했으나, 과학이 아니라 과학소설, 그것도 영화에서 흔히 보던 상투적 SF소설에 가까웠다. 그럼에도 기후에 비해 기술 특이점이 쉽게 설득력을 얻었던 것은 기술 성장의 단순성과 명료성 때문이다. 어떤 기술의 생산성 내지 효율성은 비용 때문에라도 항상 주목되며, 측정의 용이성은 그 기술의 효과를 쉽게 가시화해 준다. 이로 인해 성장곡선은 쉽게 빛나는 미래에 이르게 된다. 게다가 기술적 성장은 모두 지수적 성장을 한다는 쉽게 일반화된 단순성은 한번 들으면 잊히지 않는 선명함을 갖고 있었다.

과학적 신중함과 거리가 먼 기술 특이점의 성장 이론이 과학성을 의심받지 않은 것과 대조적으로, 기후변화에 대한 분석들은 대단히 신중하고 완화된 방식으로 표현될 때조차 과학 아닌 이데올로기이고, 그 귀결은 종교적 멘털에 기인하는 종말론이라고 비난받았음을 우리는 잘 알고 있다. 여기에는 나름의 이유가 있다. 과학은 연쇄된 변수를 분리해 독립된 것으로 다룰 때에만 계산 가능성을 획득한다. 그렇게 명확한 함수관계가 제시되면, 그것은 일단 과학적이라고 간주된다. 반면 상호관계로 인해 독립성을 가정할 수 없는 변수관계는 함수관계로 포착될 수 없고, 심지어 어떻게 수학적 형식으로 서술했을 때조차 계산할 수 없다. 그러니 그로부터 상호연관된 수많은 변수를 아우르는 어떤 전체적 변화를 말하는 건 쉽지 않은 일이고, 그로부터 미래에 도래할 사태를 예측하는 것도 쉽지 않은 일이다. 스스로도 말하고 예측하기 어려운 것을, 누군가 듣고 신뢰하는 일은 어디서도 기대하기 어렵다. 이것이 신중함의 이유였고, 이것이 비난의 이유였을 것이다.

하나하나 대입하는 무지막지한 계산을 컴퓨터가 해 주게 되어 그나마 좀 나아졌다고 해도, 변수관계는 선형적 관계로 최대한 환원되어야 계산할 수 있다. 그런데 이렇게 되면, 포착된 문제는 언제나 그 변수의 문제로만 포착될 뿐이다. 가령 오존층 파괴로 요약되는 환경문제는 아무리 심각해도 프레온 가스와 오존층의 문제로만 포착될 뿐, '기후 전체'의 문제로는 가시화되지 않는다. 기후의 문제란 독립성이 가정된 두세 개 변수의 변화를 통해서는 결코 포착될 수 없는 것이다. 그래도 기후위기의 심각성이 널리 수용되게 된 것은, 결코 부인할 수 없는 현실로, 고통을 동반하는 징후적 사태들이 덮쳐 오길 반복했기 때문이다. 독립되어 포착된 계산된 것들이, 모습을 드러낸 위기의 지표들로 모여들 수 있었기 때문일 것이다.

그래서인지 이제 전세는 역전된 것 같다. 인공지능 때문에 근심하는 사람들이 있긴 하지만, 저 티 없는 낙관주의적 기술 특이점에 대해 진지하게 말하는 사람은 이제 찾아보기 힘들다. 반면 기후 특이점이라는 말로 명명될 수 있을 기후위기 문제에 대해선, 진심이 없는 사람조차 진심으로 고심하는 태도를 보여 주어야 하게 된 것 같다. 물론 신중하게 기다리다 숙성이 지나쳐서 썩기 시작한 과

일처럼, 해결될 가능성은 돌이킬 수 없는 시간의 저편으로 넘어가 버린 듯하지만 말이다.

기후 문제란 그와 연결된 수많은 변수의 측정 불가능한 연쇄 효과로 발생한다. 이러한 연쇄효과는 두 가지 방향으로 갈라지는 분기점을 갖는다. 하나는 연쇄된 변인들이 음의 되먹임(negetive feedback)을 통해 상태를 안정화시키는 방향이다. 이때 연쇄된 변수들은 이런저런 변화를 반복해 되돌리며 안정성을 유지한다. 다른 하나는 그 변인들이 양의 되먹임(positive feedback)을 통해 서로의 효과를 순환적으로 증폭시키는 방향이다. 변수들의 연쇄가 어떤 임계치를 넘어 양의 되먹임으로 넘어가면, 연쇄된 변수들의 연쇄효과는 전 지구적 차원에서 중첩되어 서로의 변화를 가중해 가속한다.

기술적 발전에 따라 가용한 식량이나 자원, 에너지를 증가시키고, 이것이 인구의 증가로 이어지고, 이것이 투자와 생산, 유통, 시장의 경제적 규모를 확장시키고, 이는 다시 기술의 발전으로 이어지는 순환적 되먹임이 그런 것이다. 석유처럼 좀 더 사용하기 쉬운 자원으로 이동하며 자원의 채굴을 가속하고, 이를 이용한 기술의 발전은 자동차와 비행기, 선박 등의 이동 수단, 건물이나 도로, 공장이나 설비 등을 가속하고, 이는 다시 석유 등의 자원 채굴을 가속하는 순환적 연쇄에서 쉽게 발견된다. 이러한 연쇄는 다른 영역에서도 빠르게 수립된다. 지금은 경제학적 상식이 된 소비와 투자, 생산, 소비의 경제적 '선순환'은, 생태조건과 기후에 영향을 미치는 변수들로까지 아우르는 기후적 '악순환'의 다른 이름이었다.

기후변화가 '위기'라는 말로 가시화된 것은 기후의 상태가 음의 되먹임을 통해 안정되던 선과 다른 방향을 향하는 분기점을 통과했다는 말이다. 연쇄된 변수들이 서로의 변화 속도를 가속하는 되먹임이 이때 이미 시작되었음을 뜻한다. 기후 특이점이란 이런 분기점이다. 이러한 분기점은 하나만 있는 게 아니다. 기후학자들이 '티핑 포인트'라고 하는 또 다른 분기점이 예견되고 있다. 연쇄효과를 통해 가속화된 변화가 또 다른 종류의 순환적 연쇄를 끌어들이고 있는 것이다. 그것은 저 거대한 가속의 어느 지점에선가 또한 번의 비약이 될 특이점을 예비하고 있는 셈이다. 그렇다, '특이점이 온다!', 또 한 번의 특이점이 올 것이다.

2. 기술과 시장의 이인무(二人舞)

1945년을 전후한 시기는 국가적 공공투자로 소비를 창출하고 그걸 통해 투자와 생산을 확장하며, 이로써 다시 고용을 확대해 소비를 생산하는 경제적 선순환이 발명되고 본격적으로 가동된 시기다. 그것을 '선순환'이라고 했던 것은, 그것이 단지 경제적 순환이 아니라 자원과 에너지 소모의 순환적 연쇄임이, 기후위기로 이어질 연쇄적 순환임이 인식되지 않았기 때문이다. 그것이 여전히 선순환이라고 생각된다면, 그것은 '인간적인, 너무나 인간적인' 눈만을 갖고 있기 때문이다. 먹고 먹히고 생산되고 소비되는 것이 음의 되먹임을 통해 안정성을 갖던 오랜 시간을, 인간이 사용하는 자원의 풍요로운 착취의 악순환으로 파괴하고 대체했음을 여전히 보지 못하고 있기 때문이다.

그 시기 이후 20년은 흔히 '소비사회'라고 불리고, 때론 '자본의 벨 에포크'라고 불린다. 절약이 아니라 소비가 미덕이 되는 새로운 축적체제가, 2차 세계대전 이후의 대대적 재건과 더불어 본격화된다. 이러한 변화가 지구적 스케일에서 가시화되려면 일정 정도 가열의 시간이 필요했다. 즉 가속의 이유를 찾으려면 역으로 그것이 명확히 가시화된 시점으로부터 가열의 시간을 조금 거슬러 올라가야 한다. 1929년의 대공황 이후 미국에서 시작한 뉴딜이 그 가열의 결정적 이유 중 하나였다. 비슷한 시기 국가에 의한 소비의 적극적 창출을 어느 나라에서나 사용할 '보편적' 이론으로 승격시킨 케인스 경제학이 출현했다. 뉴딜의 '정치학'과 케인스 경제학이 실질적으로 함축하고 있는 것은 유사했다. 공공투자를 통한 '유효수요'의 촉발, 이것이 견인하는 생산, 투자, 고용의 순환적 증가라는 새로운 '순환'의 전략이 그것이다. 여기에 또 하나의 발생인을 추가해야 한다. '대량생산, 대량소비'의 슬로건으로 요약되는 포드주의 생산체제가 그것이다. 이는 국가 개입의 정치-경제학과 나란히 기업의 영역에서 출현한 또 하나의 동형적 전략이었다. 어셈블리 라인으로 상징되는 대량생산 체제는 사실 뉴딜이나 케인스주의보다 앞서 출현했고, 이는 대공황과 관련해서 보자면 그것의 결과라기보다는 차라리 원인이었다. 1929년 대공황은 그렇게 대량생산되는 상품을 대량으로 소비하지 않으면 대공황 같은 사태가 불가피함을 보여 준 것이었다. 그 대량소비를 위해서 헨리 포드는 이미 앞서 높은 노동강도와 고임금-고소비의 새로운 교환을 도입했던 셈이고, 루스벨

트는 공공투자를 통해 소비에 필요한 돈을 풀었던 것이며, 케인스는 그러한 정책에 상응하는 경제학적 개념을 만들어 냈던 것이다.

서로 독립적으로 출현한 세 요인의 '삼각동맹'은 이후 생산과 소비의 양상을 크게 바꾸며 자본의 새로운 축적체제를 구성하게 된다. 조절이론가들의 지적처럼, 절약과 축적의 극대화를 지향하는 '세속적 합리주의'의 금욕적 축적체제(막스 베버, 『프로테스탄트 윤리와 자본주의 정신』)가 '소비'를 생산과 축적으로 동력 삼는 새로운 축적체제로 대체된 것이다(미셸 아글리에타, 『자본주의 조절이론』). 대량소비를 전제하는 대량생산의 '지속가능성'을 위해선, 기존의 상품들을 최대 속도로 쓸모없는 것으로 만듦으로써 좀 더 빨리 새로운 상품을 구매하게 하는 새로운 생산전략이 필요했다. 이 새로운 축적체제는 가속적 파괴와 가속적 생산, 가속적 소비가 맞물린 세계를 내장하고 있었던 것이다. 소비를 미덕이자 의무로 하는 사회(장 보드리야르, 『소비의 사회』)가, 금욕 아닌 욕망의 자극이 삶의 방식을 직조하는 시대가 이렇게 시작되었다.

이 가속적 소비의 시대는 손에 들고 있고 잘 작동하고 있는 사물조차 최대 속도로 무가치하게 만드는 체제란 점에서 화폐경제가 가동시키는 허무주의가 또 하나의 새로운 문턱을 넘은 것이라 하겠다. 이와 나란히 화폐의 회전속도를 가속하고, 화폐의 초과 발행을 통해 경제를 활성화하려는 케인스주의의 전략은 물가상승을 '정상적인 것'으로 재규정한다. 과거 같으면 '낭비'라고 비난받았을 소모적 과정들이 수요를 자극하고 시장을 확장하며 투자와 생산을 추동하는 근본적인 자리를 차지하게 되는 것이다. 이제 자본주의의

지구의 철학

평화는 이처럼 최대 속도로 사물의 가치를 파괴하는 부정적 허무주의의 무시무시한 신 없이는 불가능하게 된다. 허무주의 신이 자본주의 심장부에 확고하게 자리 잡게 된 것이다. 새로운 풍요는 끝없이 생산되는 결핍을 먹고 커지는 거대한 고무풍선이다. 경제의 가면을 쓴 데코노미가 풍선을 타고 하늘을 나는 시대가 시작된 것이다.

이 허무주의 경제체제는 단지 평화로운 형식의 경제적 파괴만을 양식으로 하지 않는다. 1929년 대공황이 대량생산에 부응하지 못하는 소비와 욕망의 방향을 바꾸어 놓았다면, 2차 세계대전의 대대적 파괴는 이런 체제를 전면화하는 결정적 계기가 되었다. 출구를 찾지 못하던 자본주의 체제에서 전쟁 관련 기술의 발전이 성장의 어머니였다면, 대규모 파괴는 성장의 아버지였던 것이다. 우리는 여기에 한국전쟁과 베트남전쟁, 그리고 냉전을 축으로 한 파괴능력의 경쟁을 덧붙여야 한다. 이후에도 성장기술과 파괴기술의 이 기괴한 커플은 자본의 벨 에포크의 무대를 만들어 낸 제작자이자 연출자가 된다.

에너지나 자원의 사용, 경제적 부의 증가 그리고 인구의 증가를 표시하는 곡선이 꺾이며 가파른 기울기로 상승한 것은 바로 이러한 사태의 직접적 표현이었다. 소비의 창출을 요체로 하는 이 전략은, 비록 그걸 위한 국가의 개입을 두고 논란이 있기는 해도, '시장의 공리'가 가정하는 '자연발생적'이고 수동적인 시장을 과거의 시간 속에 묻어 버리고 좀 더 활력을 갖고 확대되는 적극적 시장의 개념을 경제학의 현실 속에 각인해 넣는다. 시장에 활력을 주는 소비의 개념은 케인스주의를 넘어 경제학 일반의 표준적 통념으로 자리 잡는다. 절약에 의한 축적이 아니라 소비를 통한 축적이 자본주의의 새로운 생존방식(modus vivendi)이 된다. 상품의 사용가치가 멀쩡해도 어느새 새로운 상품으로 바꾸도록 몰아세우는 생산의 전략과 구매한 상품을 최대한 빠르게 덧없는 것으로 만드는 유통의 전술이 그것이다. 인터넷 첨단 기업을 먹여 살리는 광고는 모든 것을 갖고 있어도 항상 새로운 것을 욕망하게 하는 이러한 체제의 전위다. 이 체제는 끊임없는 결핍의 생산 체제다. 화폐에 내장된 허무주의가 경제 자체의 영혼을 장악한 것이다. 무서운 속도로 먹어 치우고 배설하는 이 허무의 공허한 배를 메우기 위해 생산과 소모가 지수적으로 가속된다. 생산을 위해 소모를, 소모를 위해 파괴를 생산하는 허무주의의 회로가 이렇게 완성된다.

1970년대 오일쇼크 이후의 스태그플레이션으로 케인스주의 경제학이 무력화되고 정부의 재정지출 전략을 비난하는 신자유주의 경제학이 권력을 얻었지만, 그렇다 해도 소비의 증가를 통해 추동되는 시장의 개념은 기각되지 않았다. 소비의 가속을 뜻하는 성장과 시장의 확대, 그것이 경제학의 새로운 공통 공리로 자리 잡았음을 이로써 재차 확인할 수 있다. 이것이 자원의 소모와 기후의 불모화를 가속한 결정적 원인이었음은 다시 길게 말할 이유가 없을 터이다.

전 지구적 자원의 소모와 온실가스의 배출 그리고 산림 훼손이나 해양 산성화, 멸종이 가파르게 빨라지는 이 '거대한 가속' 체제는 바로 '거대한 풍요' 체제의 이면이다. 요한 록스트룀은 인간이 누리는 '풍요로움'을 GDP, 인구수, 기술특허 출원 수라는 세 가지 성분으로 구성되는 입체의 크기로 가시화해, 그것이 얼마나 빠르게 성장했는지 보여 준 바 있다(요한 록스트룀·마티아스 클룸, 『지구 한계의 경계에서』). 그 세 요인은 경제적 성장, 인구의 성장, 기술적 성장을 뜻한다. 인간들이 누리는 풍요의 이 성장이 바로 1950년 이후의 거대한 가속을 끌어온 견인차였음을 우리는 안다. 그리고 거기에 기후 특이점이 있다는 것도.

기술적 발전은 이러한 경제성장의 토대이자, 그 성장을 먹고 발전한다. 일찍이 브로델은 산업혁명이란 전국적 시장이라는 거대 시장이 없다면 불가능했다는 점에서, 결코 몇몇 기계의 발명이 산출한 '기술' 혁명이 아님을 지적한 바 있다(페르낭 브로델, 『물질문명과 자본주의』 3). 기술은 그걸 사용한 생산물을 수용할 시장으로 인해 성장한다. 즉 거대한 시장이 없다면 새로운 기술은 날개를 펴지 못한다. 역으로 기술적 발전은 과거의 상품을 새로운 상품으로 빠르게 대체하며 시장을 확장시킨다. 이렇게 되먹임되는 기술과 시장은 이 가속적 성장체제의 쌍둥이 배우이자 공동 연출자다.

기술 발전과 경제성장은 인간의 편의는 물론 생존 능력의 성장을 동반한다. 그러나 기술과 시장의 이중 성장은 동시에 생존의 기반 자체를 잠식하고 축소하며 진행된다. 그것은 동시에 자원 소모의 이중 성장이자, 기후 온난화의 주역인 배출가스의 이중 성장을 뜻하기 때문이다. 생산의 성장은 그것을 결국 잠식할 반-생산의 성장이기도 한 것이다. 그러나 이는 비용과 생산 같은 요인들과 그 결과의 함수관계만을 보는 경제학의 시야에서는 보이지 않는다. 생산은 기업에서 진행되지만, 반-생산은 지구 전체 범위에서 이루어지기 때문이다. 생산은 투입에 대해 산출이 반응하는 시간 스케일 안에서 이루어지지만, 반-생산은 그러한 반응이 누적되고 되먹임되기를 반복하는 장기지속의 시간 스케일 안에서 이루어지기 때문이다. 국가는 이자율과 환율, 성장률 등을 동원해 계산하지만, 반-생산은 그 계산 바깥에서 뜻하지 않은 사건으로 온다. 경제의 조절은 국가장치 안에서 행해지지만, 반-생산은 국가장치 바깥에서 오기 때문이다. 요컨대 생산은 비용과 이득, 투입과 효과의 함수관계 속에서 이루어지지만, 반-생산은 서로 물고 물린 수많은 변수들의 연쇄 속에서 진행된다. 비용과 이득, 생산과 소비를 통해 작동하는 세계 바깥에서 진행된다.

기술자도 경제학자도 생산성은 계산하지만, 반-생산성은 계산하지 않는다. '생산성'만을 계산하려 하는 한, 생산 자체에 함축된 '반-생산'의 계기도, 성장이 생산하는 반-성장의 포텐셜도 보이지 않는다. 편리함과 생존 능력 향상에 포함된 생존 조건의 잠식은 보이지 않는다. 경제학자도 기후 문제에 관심을 가질 수 있다. 그러나 그때에도 그것은 경제학의 문제라기보다는 그 바깥에서 발생하는 문제다. 자신의 직업이나 전공과는 무관한 문제요 '남들의 문제'다. 남들이 해결할 문제, 그들이 잘 해결하길 바라는 문제다. 복구비용으로 가치를 역산하는 환경경제학은 반-생산의 힘을 계산의 대상으로 삼았지만, 그 계산은 경제학이 신봉하는 경제성장의 변수들을 이기지 못한다. 그것은 성장의 축소에 따른 고용의 축소, 경제적 불황 등에 대한 계산에 대한 마찰이고 성공적인 생산의 계산을 위해 치러야 할 비용에 지나지 않기 때문이다. 자원이나 기후에 관련된 문제가 눈을 감아도 부정할 수 없이 분명해진 지금도, 그것은 경제학의 문제가 아니라 그것 외부에서 덮쳐 오는 어찌할 수 없는 재난에 지나지 않는다. 그것이 바로 풍요의 성장을 추동하는 힘이 산출해 내는 것임을 보지 않는다.

기술자들도 그렇다. 가령 인공지능 개발자들에게 기후위기를 들이미는 것은 어이없는 짓이다. 그걸 심각한 문제로 받아들이는 이들에게도 그것은 인공지능의 성장과 나란히 증가되는 에너지 비용의 축소 문제 정도를 크게 초과하지 않는다. 혹시 인공지능을 통해 해결해야 할 문제로 받아들여 준다면 반갑게 감사의 인사를 해야 할까? 성의는 고맙지만, 결과는 기대하지 않는 편이 낫다. 학습에 필요한 데이터 문제는 그만둔다 해도, 애써 계산해 봐야 현실화될 수 없는 해결책 아니면 지구공학자들이 좋아하는 단순하고 무모한 해결책 이상이 나올 것 같지 않기 때문이다.

기술주의적 관점에서는 예컨대 첨단산업에 필요한 희토류 또한 생산효율이나 수급의 문제일 뿐이다. 그것을 위해 잠식되는 토양이나 그것이 배출하는 거대한 양의 오염물질? '그거야 담당하는 분들이 해결해야 할 문제지.' 탄소 배출? '그 또한 기후학자 같은 이들이 알아서 할 문제지.' 자신들이 겨냥하는 기술들이 그 문제의 심각성을 야기하는 원인이며 거대한 가속의 견인차라는 사실을 지적하면? "그럼 어쩌라고? 기술 개발을 중지하자는 거야?" 그리고 어김없이 '러다이트'라는 말이 이런 문제의식을 단번에 일축하는 아주 좋은 선례로 불려 나온다. 경제학자도 그렇다. '이산화탄소 배출량 거래제'나 '그린 택소노미' 같은 것도 경제성장이나 기술 개발을 위한 변수로만 받아들인다. "그게 아니면, 대체 어쩌자고? 성장의 중단? 불황이나 실업으로 고통받는 사람들은 어쩌라고?"

반도체 기술의 발전과 컴퓨터, 정보통신기술, 인공지능 등으로 상징되는 신기술은 노동과 생산을 '탈물질화'해 주었다는 '인지자본주의'의 진단도, 인간은 자연의 더러운 신체성에서 벗어나, 정보가 원자마저 대체하는 비트의 깔끔한 우주를 유영하게 되었다는 '4차 산업혁명론'의 해석도 이러한 시야에서 벗어나지 않는다. 하늘이나 대기란 집이나 사무실 창문의 프레임 안에 있는 풍경의 일부일 뿐이다. 안전한 거처 안에서 가파르게 성장하는 기술과 경제는 세상을 바꾸어 놓는 경이로운 기술 특이점의 징후일 뿐이다. 하늘이 많이 흐리고 대기가 더럽다면 더 좋은 자재로 더 좋은 벽과 창문을 만들어야지, 그걸 이유로 연구소나 오피스를 그만 짓자고 할 일인가! 경제학자라면 얼마나 다를까? 그들에게도 그것들은 모두 그들의 계산 바깥에 있는 문제고, '외부적 요인'인 것이다. 그나마 변제해야 할 외상값으로 닥치기 전에는, '외부효과'라는 개념으로도 계산되지 않은 채 보이지 않게 소모되던 외부인 것이다.

보이지 않는 것은 더는 감당하기 힘들 만큼 누적될 때 보인다. 계산되지 않는 것은 계산할 수 없는 위기의 형태로 온다. 계산하지 않아 지수적으로 누적된 '외상값'의 형식으로 온다. '기후위기'에 대한 담론이, 그토록 부인하려는 이들의 집요한 반박에도 불구하고, 끝내 지구적 범위에서 공론화된 것은, 위기의 정도가 아무리 해도 보지 않을 수 없는 실감이 그토록 거대하기 때문일 것이다. 우리 신

지구의 철학

체의 생존을 위협하는 위험의 정도가 그처럼 무겁기 때문일 터이다. 이미 꽤나 오래전 이야기지만, 좀 더 편하게, 좀 더 효율적으로 생산하기 위해 뿌린 농약이 인간의 입으로 되돌아오기 시작했고, 기술적 탁월함이 대기에 뚫어 놓은 구멍들은 태양이 생존 가능성이 아니라 불가능성의 이유가 될 수 있음을 보게 해 주었다. 그래도 DDT와 오존으로 표상되던 문제들은 인간이 해결할 수 없는 문제는 없다는 걸 보여 주는 듯했다. 전 지구적 거버넌스를 통해 해결된 문제의 유명한 사례가 되었기에.

그러나 그런 자축의 기쁨 뒤로, 육지나 바다에서 죽어 가는 생명체들의 비명이 들리기 시작하는 데는 그리 긴 시간이 소요되지 않았다. 한없이 커서 아무리 써도 괜찮을 것 같던 바다와 대기마저 심상치 않은 징후를 드러내기 시작했다. 한없이 작지만 한없이 강력한 힘으로 희망을 주었던 원자들의 힘은, 인간으로서는 어찌해 볼 수 없는 불가능성의 지대가 있음을 실감하게 해 주었다. 전쟁의 파괴적 에너지를 위해 발명되었으나 재빨리 탄소 배출 없는 청정 에너지의 날개를 달고 원자로를 달구던 플루토늄과 그 친구들 또한 거대한 '희석'의 용량을 가진 넓은 바다를 거쳐 우리의 세포와 유전자 속으로 '인류세'를 증거할 원소들로 되돌아오고 있다. 그것 없이는 한시도 살기 어렵게 된 플라스틱은 입자화된 형태로 우리의 배와 폐 속에서마저 '인류세'를 증거할 미래의 지층으로 쌓여 가고 있다. 인간의 생존을 떠받쳐 주던 생명체들의 반란이, 인간의 안에서 도구가 되어 주던 사물들의 반란이 시작된 것이다. 이 저항과 반란은 이내 지구적 스케일의 위기로 가시화된다. 한때 철학적으로 예감되었던 '인간의 죽음'(미셸 푸코,『말과 사물』)을 이제는 자연학적 예고로 다시 만나게 된 것이다.

3. 세 개의 기후 특이점

 이산화탄소 배출량의 지속적 증가나 빙하의 감소, 동식물의 멸종, 해양오염 등에 대해 오래전부터 지속적으로 조사하고 연구한 이들이 있었다. 그러나 그들의 고독한 목소리를 듣지 못한 것은, 그들이 보이지 않았던 것은, 보지 않으려는 통념의 타성 및 부정할 수 없을 만큼 확실하지 않다면 쉽게 인정하지 않는 과학적 신중함의 이중 장막을 통과하기가 결코 쉽지 않았기 때문이다. 그래도 그들은 의심 어린 무시와 비난 어린 눈총을 견디어 냈고, 덕분에 그 미약한 소리에 귀를 기울이는 이들은 천천히나마 늘어 갔다. 반면 그들의 보고가 '사실적' 설득력을 갖게 되었을 때조차, "온난화나 해수면 상승 같은 것은 이전에도 이미 주기적으로 있었던 것"이라고, 혹은 "그 변화가 인간의 책임이라는 증거는 없다"고 하는 '과학적' 반박은 쉽게 사라지지 않았다. 주기적으로 있었던 것이니 멸종이든 붕괴는 어쩔 수 없다는 말일까? 인간의 책임이 아니니 그건 인간이 애써 바꾸려 할 필요가 없다는 말일까?

 이런 반박들에 적지 않은 이들이 고개를 끄덕이는 것은, 문제가 된 사안에 대해 '책임'을 묻는 방식으로 접근하는 법적-경찰적 사고방식이 과학의 영역에도 강력하게 스며들어 있음을 보여 준다.

지구의 철학

그래, 빈발하는 거대한 산불이나 홍수, 강력해진 허리케인이나 한파, 무더위는 인간의 '책임'이 아니니 우리가 애써 큰 비용을 감수하며 대책을 마련할 이유가 어디 있을 것인가! 다만 그렇게 말하는 이들에게 묻고 싶은 게 하나 있다. 지금의 사태가 인간의 책임 아닌 주기적 변화일 뿐이라면, 그 변화가 꺾은선그래프를 그리며 비약적으로 심각하게 가속되기 시작한 1945년경, 대체 무엇으로 인해 이 확연한 지질학적 주기가 새로이 시작된 것일까? 그때, 바로 그 시점에 태양의 흑점이 전례 없이 급증하거나 지구의 공전궤도가 갑자기 태양에 가까워지기라도 한 것일까?

그나마 예민한 감각을 갖고 앞서 조사를 지속한 이들의 경고가 **지구 전체의** 위기로 포착되기 위해선, 부분적 변수들의 관계를 보여 주는 그 모두를 수합해 '지구'라는 신체의 상태로 종합하는 작업이 필요했던 것 같다. 수합된 징후의 해석에서 보여 준 과도한 신중함을 비판하는 이들도 있지만(젬 벤델·루퍼트 리드, 『심층적응』), 세계기상기구(WMO)와 유엔환경계획(UNEP)에 의해 설립된 '기후변화에 대한 정부 간 협의체'(IPCC)가 중요한 것은 이 때문이다. 수백 명 과학자들의 공동작업으로 분석되고, 수만 명 과학자와 정책 관계자의 검토를 통해 제출되기에 그 보고서는 대단히 신중하다. 하지만 그 신중함은 무엇보다 우선 기후위기를 부정하고 그런 보고를 비난하는 이들이 세계 전체의 향방을 좌우하는 나라의 정치적 중심을 장악하고 있다는 사실과도 무관하지 않았을 터이다. 또한 이는 신중함을 진실의 요건이라고 믿는 많은 이들의 신뢰를 얻기 위해 어쩔 수 없는 것이기도 했던 듯하다. 이유가 무엇이든 이러한 신중함은 분명 위기에 대한 과소평가라는 대가를 지불해야 했음을 기억해야 한다. 보고서의 차수가 거듭됨에 따라 기후상태가 점차 심각해졌다는 사실이 이를 잘 보여 준다. 가령 2013년 제출된 IPCC 〈5차 보고서〉에서는 지구의 평균기온은 산업혁명 이전 대비 섭씨 0.78도 상승했다고 하지만, 2021년 제출된 〈6차 보고서〉는 1.09도 상승했다고 한다. 7~8년 사이에 지구 전체의 온도가 이렇게 빨리 증가했던 것일까? 그럴 리 없다.

　이 신중한 보고서를 보더라도 상태는 대단히 심각하다. 〈6차 보고서〉에 따르면, 산업혁명이 시작된 1750년대에 280피피엠(ppm)이던 이산화탄소 농도는 현재 410피피엠 이상으로 증가했다. 이는 지난 200만 년 이래 유례없는 비율이라고 한다. 이대로 계속 가면 2100년경에는 1~5.7도 상승하리라고 예상된다. 가장 적게 배출하는 시나리오일 때는 1.0~1.8도 상승, 가장 많이 배출하는 시나리오일 때는 3.3~5.7도 상승할 거라고. 최소배출 시나리오라지만 이미 1.09도 상승했다는데 저 최소치 1도는 대체 무엇일까? 온난화 대책에 온 인류가 매진해 지금보다 기온이 내려갈 가능성도 고려하고 있는 것일까? 해피엔딩을 좋아하는 할리우드 재난영화의 결말도 이렇게 낙관적인 경우는 별로 없다. 이런 계산법을 고려하면, 2100년의 상승 예상치는 두 수치의 평균값(3.35도)이 아니라 최댓값(5.7도)으로 읽는 것이 현명한 것 아닐까?

　잘 알려진 이야기지만, 이러한 기온 상승은 또 다른 비약적 사태로 이어진다. 이미 빠른 속도로 진행되고 있듯이, 기온 상승은 극지방과 시베리아, 그린란드, 히말라야 등의 빙하가 녹아 땅이 검게 드러나는 사태로 이어질 것이고, 그러면 햇빛을 반사해 온도 상승을 저지하던 대지는 반대로 햇빛을 흡수해 온도 상승을 가속하게 될 것이다. 이는 다시 빙하가 녹는 속도를 가속할 것이며, 그에 따라 햇빛을 흡수하는 검은 땅은 더 넓어질 것이고…. 이처럼 양의 되먹임이 발생해 기온 상승의 속도가 급격히 폭증하고, 이로써 음의 되먹임을 통해 기온이 안정화되던 상태가 양의 되먹임을 통해 가속적으로 상승하는 상태로 바뀐다. 그럴 경우 지구의 기온은 새로운 상태로 비약하는 '티핑 포인트'를 통과한다. 기후 곡선이 다시 꺾이며 기온이 비약적으로 가속되는 또 하나의 특이점이 도래하게 된다. 요컨대 현재 환경에 적응해 있는 생명체들의 생존이 지극히 난감해지는 상태로 넘어가는 기후 특이점이 도래하리라는 것이다.

이런 예측 속에 2015년 파리협약에서는 2100년까지 평균기온 상승을 산업혁명 이전 대비 2.0도로 제한해야 한다고 했지만, 2018년 인천에서 발표된 IPCC 〈특별보고서〉에서는 상승폭을 1.5도로 낮춰야 한다고 수정 제안했다. 이를 위해서는 2050년 이산화탄소 순배출량이 제로가 되어야 한다(이른바 '탄소 제로'). 〈특별보고서〉는 지금처럼 배출한다면 2030~2052년이면 1.5도 상승에 도달하리라고 경고했지만, 2021년의 〈6차 보고서〉는 그 시기가 2021~2040년으로 10년 당겨지리라고 보고한다. 그런데 증가율조차 줄지 않는 현재의 배출 수준을 고려할 때, 1.5도 상승 도달 시기가 그렇게 앞당겨졌다면 '탄소 제로'에 도달해야 할 시점 또한 최소한 10년 앞당겨져야 될 것이다. 〈특별보고서〉의 2050년이 아니라 2040년이다. 달성할 가능성이 있을까? 아무리 긍정적으로 생각해 보아도 가능해 보이지 않는다. 2017년, 2019년, 2020년, 2023년 지구기온의 상승폭이 1.5도를 넘은 게 한 달 이상이었고, 2023년 1.45도 상승했다(『한겨레신문』 2024.1.15.). 그리고 2023년, 세계기상기구는 기후 관련 18개 기구와 함께 2030년대 초면 1.5도 상승하리라고 발표했다(KBS 뉴스, 2023.9.18.).

문제는 대기만이 아니다. 바다는 대기 중의 이산화탄소를 흡수한다. 이산화탄소 비율이 높으면 좀 더 많은 이산화탄소를 바다가 흡수한다. 이는 대기 중 이산화탄소 비율을 줄여 주지만, 대신 바닷물이 산성화되는 대가를 치러야 한다. 이산화탄소(CO_2)는 물에 녹아 탄산(H_2CO_3)이 되기 때문이다. 탄산의 농도가 높아지면 바닷물의 이산화탄소 흡수율은 줄어드는데, 2100년경이면 더는 흡수할 수 없을 수준이 되리라는 게 IPCC 〈6차 보고서〉의 예측이다. 다른 한편 탄산은 산호나 새우 같은 해양생물의 외벽 형성을 저지한다. 지금까지 탄산의 증가와 결부된 해양 산성화는 산업혁명 이전 대비 30퍼센트 정도 증가했다고 하는데, 외벽에 의지해 사는 해양생물로선 대단히 난감한 사태라 하겠다.

하나만 더 추가하자면, 엄청난 양의 비료는 해양의 부영양화를 야기한다. 급격히 증가하는 녹조나 미생물 등으로 인해 해양 중 산소는 빠르게 줄어들고, 해수 온도 상승 또한 산소 흡수를 감소시킨다. 이에 따라 늘어나는 해양생물의 사체는 그걸 먹는 미생물을 늘리고 부영양화는 가속되며 이는 다시 해양생물을 죽음으로 몰고…, 또 하나의 양의 되먹임이 여기에 있다. 멕시코만을 비롯한 연안 해역에서 나타나는 '죽음의 해역'은 이런 사태의 징후적 사례인

지구의 철학

데, 1988년 39제곱킬로미터였던 멕시코만 죽음의 해역은 2017년 무려 2만 7730제곱킬로미터로 확장되었다.

　대기의 온난화와 해양 산성화, 부영양화에 따른 산소 부족은 흔히 멸종으로 이어지는 '죽음의 3인조'라고 한다. 앞서 간단히 요약된 사실들은 이 세 가지 모두가 되먹임됨에 따라 지구의 상태가 지금과 아주 다른 것으로 꺾어지는 티핑 포인트가 근시일 내에 도래할 가능성이 대단히 크다는 것을 보여 준다. 그것은 멸종으로 이어질 기후 특이점이 될 것이다. 기후위기는 어느 하나에서 오는 게 아니라 여러 방향에서 연쇄된 변인들이 있는 '모든 방향'에서 빠르게 다가오고 있다. 그럼에도 '온난화' 문제가 주로 언급되는 것은, 그것이 이러한 사태 전체의 지표 역할을 하는 일종의 환유이기 때문이다. 가령 온난화에 따른 해수 온도 상승은 이산화탄소는 물론 산소의 흡수율을 떨어뜨리고, 북극 등의 빙하를 녹이는 데 가담하며, 해수면 상승으로 이어진다. 또 수증기로 기화되는 정도가 증가하기에, 비와 바람의 운동을 바꾸고, 태풍이나 허리케인 등 열대성 저기압의 강도를 높이며, 그것이 발생하는 수역을 확장한다. 해양 생물은 물론 육지생물의 생존 조건이 훨씬 각박하고 가혹해진다. 따라서 기후 온난화는 단지 하나의 문제가 아니라 연쇄된 많은 문제들이 응축되어 표현되는 지표 같은 것이다. 전체 시스템으로서의 지구 변화 양상이 거기에 집약되어 있는 셈이다.

　록스트뢈은 다양한 영역, 다양한 양상으로 나타나는 이러한 사태를 '지구 한계'라는 개념으로 요약하며, 현재의 상태에 대해 다음과 같이 보고한다([그림 3]『지구 한계의 경계에서』). 이에 따르면 질

생물다양성

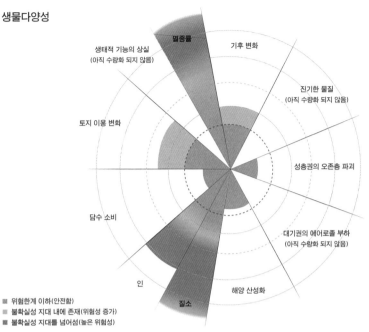

- ■ 위험한계 이하(안전함)
- ■ 불확실성 지대 내에 존재(위험성 증가)
- ■ 불확실성 지대를 넘어섬(높은 위험성)

[그림 3] 2014년 업데이트한 지구 한계

소와 인(비료)에 의한 토양과 해양의 오염문제, 그리고 생물들의 멸종 심각성에 비하면 온난화로 요약되는 기후변화는 아직 그리 심각하지 않다! 즉 온난화의 심각성에 비해 토양과 해양의 오염, 멸종의 문제는 비할 수 없이 심각하다는 말이다. 이는 경작과 목축을 중심으로 진행되는 토지이용 방식의 문제가 알려진 것보다 크게 심각함을 뜻한다. 멸종율의 증가는 이와 무관하지 않으며, 비료와 농약, 메탄가스와 이산화탄소의 증가 또한 이와 연결되어 있다. 현재 상태는 '지금처럼 계속된다면' 인간조차 생존하기 힘든 상황에 곧바로 이어져 있다.

　이로부터 벗어나려면 또 하나의 특이점을 만들어야 한다. 적어

지구의 철학

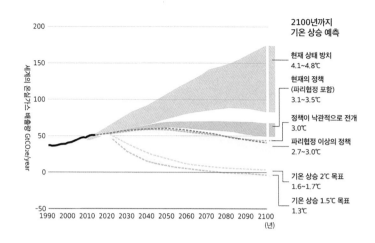

[그림 4] 대응책에 따른 지구 온난화의 진행 예상

도 1950년대 이후의 가속화 곡선이 꺾이며 다른 방향으로 전환되는 특이점을. '기후행동추적'이 2018년 발표한 자료에 의해 작성된 그래프([그림 4] 사이토 고헤이, 『지속 불가능 자본주의』에서 재인용)는 상이한 시나리오에 따른 상이한 기온 상승의 도달치에 의해 만들어졌다.[46] 이 그래프를 통해 환기시키고 싶은 것은 기후 재난을 피하기 위해서는 상승곡선을 아래로 꺾는 특이점을 만들어야 한다는 사실이다. 이는 도래할 특이점이 아니라 도래하게 해야 할 특이점이다.

　스테판이 '거대한 가속'을 보여 준 논문 이후 3년 뒤 제시한 그림은 1950년대의 특이점과 아마도 2030년 이후 언젠가 도래할 특이

---

46 〈6차 보고서〉는 가장 적게 배출하는 시나리오일 때 1.0~1.8도(℃), 가장 많이 배출하는 시나리오일 때 3.3~5.7도(℃) 상승하리라고 예측하니, 이 또한 그에 맞춰 수정되어야 할 것이다.

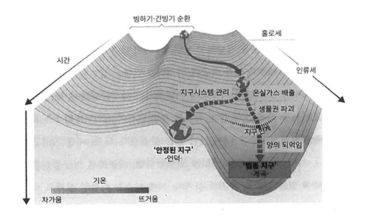

[그림 5] 특이점의 위상

점, 그리고 도래케 해야 할 특이점의 위상을 종합적으로 보여 준다
([그림 5] 조천호, 『파란 하늘, 빨간 지구』에서 재인용). 수직축은 지구
시스템 전체의 안정성을 표시하는데, 이 그림은 '인류세' 이후 기온
이 상승하면서 안정성이 약해지는 과정을, 또한 티핑 포인트를 넘
어가면 양의 되먹임에 의해 다시 급격히 곡률이 꺾이며 불안정해
지는 사태를 가시화해 준다. 특이점으로 표시되어 있진 않으나 '온
실가스 배출'이라 표시된 점 이전에 곡선이 오른쪽으로 크게 방향
을 튼 지점이 1945~1950년경 도래한 기후 특이점이라면, 지구 한계
라고 표시된 지점은 '티핑 포인트'로서, '지금 이대로 간다면' 필경
도래할 특이점을 표시한다. 이러한 궤적에서 벗어나 지구 시스템이
다시 안정성을 되찾기 위해서는 왼쪽으로 꺾이며 방향을 바꾸는
특이점을 만들어야 한다. 도래한 특이점을 **'온난화 특이점'**이라 하
고, '지금 이대로라면' 도래할 특이점을 **'파국 특이점'**이라고 한다

지구의 철학

면, 이 세 번째 특이점은 파국으로부터 출구를 만드는 특이점이란 의미에서 '**출구 특이점**'이라 해도 좋을 것이다. 우리는 지금 이 세 개의 특이점 사이에 있다.

4. 기술주의의 기계-신과 악마-기계

없을 것 같은 출구를 찾아 헤매는 인간은 안타깝지만 아름답다. 출구가 보이지 않지만 출구가 저기 어딘가 있을 거라고 믿고 미련스레 자신을 밀고 가는 이들은 감동을 준다. 확실하진 않아도 저기 어딘가 출구가 있을 거라 짐작하지만, 실은 출구가 거기 있어도 자신은 그리로 나갈 수 없을 것임을 알면서도, 그로 인해 누군가 거기 가까이 갈 이들이 있을 것이라는 믿음으로 그 짐작을 향해 나아가는 이들은 멋지다. 그래서 미학은 유난히 비극을 사랑한다. 그러나 스피노자 말대로 모든 고귀한 것은 어려울 뿐 아니라 드물다. 서사 아닌 현실에서는 더욱더 그렇다. 대부분은 저기 뻔히 보이는 출구가 있건만 눈앞의 이권이나 짧은 욕망에서 눈 돌릴 줄 몰라 나가지 못하고 뱅뱅 돈다. 그걸 보며 우리는 웃는다. 그게 반복되면 혀를 찬다. 그 반복이 계속 되풀이되면 관심을 끄고 외면한다. 열린 창문을 두고 엄한 곳을 날아다니는 파리를 볼 때, 우리가 그렇게 한다. 지구적 위기의 출구가 저기 뻔히 보이는데, 그리 나가야 한다고들 하면서 그리 가지 못하고 엄한 곳을 맴돌고 있는 인간들을 볼 때, 인간 아닌 생명체들이 그렇게 할 것이다.

파국으로 치닫는 지구적 위기의 이유는 이제 잘 알려져 있다. 그걸 벗어날 해결책도 그렇다. 답은 간단하고 명료하다. 탄소 배출량을 최대한 빨리 줄이는 것이다. 그러나 사실 답이 간단명료하다고 쉬운 건 결코 아니며, 모두 알고 있다고 쉽게 해결할 수 있는 것도 아니다. 그래서인지 우리는 출구가 보이지만 나가지 못한 채 계속 대기를 달구며 하던 걸 하고 있다. 나가야 한다는 걸 알지만 하던 걸 계속하고 있다. 아니 하던 걸 좀 더 열심히 하고 있다. 좀 더 빨리, 대기를 달구고 있다.

답답하고 한심하고 혀를 찰 일이지만 사실 탄소 배출량을 신속히 그리고 급격히 줄이는 것, 이는 지금의 탄소 기반 '문명' 안에서는 거의 불가능해 보인다. 생산도, 유통도, 우리의 소비생활도, 모든 경제활동이 탄소를 동력으로 하기에, '탄소 제로'는 적어도 당분간은 그 모든 활동의 **성장이** 정지되는 것을 뜻한다. 그나마 '활동의 정지'가 아니라 '성장의 정지'라 다행이지만, 이것조차 아주 어렵다. 성장의 정지란 단순화해서 말하자면 더 많이 생산하지 않는 것, 즉 동일한 양의 생산물을 생산함을 뜻하는데, 기술 발전에 따른 생산성 증가를 고려하면, 이는 분모인 투자를 감소시켜야 함을 뜻한다. 투자의 감소는 기계나 원료 구매는 물론 고용의 감소를 함축한다. 이는 기계나 원료 생산자가 판매할 수 있는 상품의 감소와 노동자들의 구매력 감소를 뜻한다. 케인스가 생각했던 '선순환'과 반대로 투자, 생산, 유통, 소비 모두가 감소하는 '악순환'이 그 뒤에 기다리고 있다. 핸드폰이나 자동차처럼 이미 충분히 갖고 있는 상품조차 어떻게든 다시 사게 하지 않으면 안 되는 지금의 축적체제에

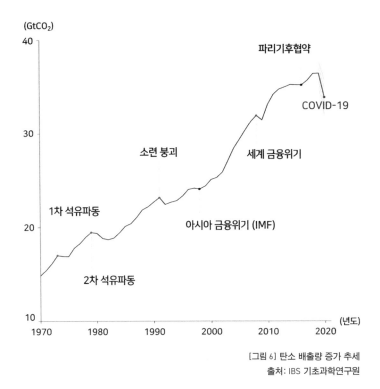

(GtCO₂)

파리기후협약

COVID-19

소련 붕괴

세계 금융위기

1차 석유파동

아시아 금융위기 (IMF)

2차 석유파동

(년도)

[그림 6] 탄소 배출량 증가 추세
출처: IBS 기초과학연구원

서 성장의 정지란, 적어도 자본의 시선으로 보면, 지금 상태의 유지가 아니라 몰락의 시작을 의미한다. 투자처를 찾지 못한 자본의 과잉은 더욱 늘어갈 것이다. 이윤을 위한 투자가 유일한 목적인 자본이, 투자할 수 없어 허공을 떠도는 사태가 일상이 될 것이다. 이를 자본가들이 받아들일 리 없다.

1988년 IPCC가 출범하고, 1990년대 중반부터 기후위기에 대한 국제회의가 시작되었으며, 이후 '기후변화에 관한 유엔 기후협약'(COP) 등 정부 간 협의나 협정이 반복되며 종종 '교토의정서' 같은 합의마저 도출되었지만 탄소 배출량의 증가 추세는 전혀 줄지 않았다. 2008년 경제 위기 직후 잠시 근소하게 줄었지만 즉각 '회복' 되었고, 2020년 코로나로 인해 전 세계 경제가 거의 정지 상태에 들어감으로써 6~7퍼센트 정도 감소된 적이 있지만, 이 또한 일 년 만에 다시 증가세로 되돌아갔다. 경제적 위기가 닥치면 그때 잠시 아주 잠시 멈칫했다가 다시 증가한다. 코로나 직후에도 이는 다르지 않았다. 출구 특이점을 만든다는 것은 최소한 두드러진 경제 위기나 경제적 불황과 근접한 상태를 일상적인 것으로 받아들일 때에만 가능한 일이란 뜻이다.

재생에너지 기술이 해결해 줄까? 기술주의자들이 기후 문제에 관해서 쉽게 낙관주의자가 될 수 있는 것은, 신기술에 함축된 해결 능력의 탁월성보다는 기술 발전에 관여하는 함수관계의 단순성 덕분이다. 가령 에너지 재생 기술에 대해 사고할 때 이들은 태양에너지를 전기에너지로 전환시키는 효율이나 비용만을 보고, 석유 자동차와 전기자동차의 이산화탄소 배출량의 차이, 전기자동차 개발 속도와 비용 감소 속도만을 본다. 어느 것도 비교되는 대상들의 독립변수와 종속변수 두 개의 변수 간 선형적 관계만을 다룬다. 그리고 그 변수 간의 상호작용은 없다고 가정한다. 그러나 새로운 기술에 의한 생산에 동반되는 폐기물의 양만 고려해도 사태는 생각보다 훨씬 어려움이 드러난다. 폐기되는 쓰레기의 양은 새 기술의 효율성에 비례하며, 기술 혁신이 빨라지면 그 또한 가속적으로 증가하기 때문이다. 예를 들어 태양광 처리기술이 지수적으로 성장한다면, 신기술을 채용한 태양광 패널 등을 만들고 다시 만들 때 사용되는 탄소에너지도 증가할 뿐 아니라 효율 좋은 패널로 대체할 때마다 폐기되는 낡은 패널도 증가한다. 에너지야 효율성이 관여하지만, 폐기되는 쓰레기의 증가 또한 지수적일 것이다. 전기자동차도 그렇다. 화석연료 자동차를 전기자동차로 대체함으로써 이산화탄소 배출량이 줄 거라 하지만, 전기자동차를 생산하면서 발생하는 탄소 배출량과 폐기물의 양은 그와 비례해 늘어날 것이다.[47] 하지만 이는 계산되는 함수관계 속에 들어가지 않는다. 작아서 큰 문제가 안 될 것 같은 반도체 칩도 그렇다. "2그램짜리 반도체 칩 하나를 제조할 때마다 2킬로그램의 쓰레기가 발생"한다(기욤 피트롱, 『프로메테우스의 금속』, 68~69쪽). 재생에너지 기술은 재생되지 않는 쓰레기의 생산기술인 것이다.

에너지에 관한 한 사실 정보통신기술은 효율이 올라가도 새로운 기술은 대개 그걸 위해 사용하는 에너지 소모량의 증가를 동반한다. 새로운 프로세서나 반도체 기술이 전력 소모량을 줄이려고 하지만, 이는 신기술의 개발에 비해 부차적 관심사일 뿐이다. 가령 알파고나 챗GPT를 비롯한 인공지능이 '전기 먹는 하마'라는 것은 잘 알려진 사실이다. 지금 인공지능 등 첨단기술이 처리 속도를 빠르게 하기 위해 가장 흔히 사용하는 것은 병렬처리인데, 이는 사용되는 연산장치의 수를 늘리는 것이기에, 기술적 능력은 에너지 소

---

47 전기자동차의 시대가 시작되고 있으며, 이것이 탄소 배출 문제를 해결해 주리라 말하지만, 그러려면 자동차만이 아니라 비행기, 화물차, 화물선 등 화석 기반 설비나 운송수단 또한 전기화되어야 한다. 전기화물선이나 전기비행기가 2050년 안에 요구되는 이산화탄소 감축에 얼마나 기여할까? 전기화물선 이야기는 아직 들은 바 없지만, 2021년에 롤스로이스는 전기비행기 시험 비행에 성공했다고 한다. 그러나 비행시간이 15분이었으며, 탑승 인원이 1명이었음을 안다면, 2050년까지 아니 2100년까지 그게 지금 날아다니는 비행기를 얼마나 대체해 줄지는 알 수 없는 일이다. 잘해도 새로운 단거리 이동 수단의 '추가'가 될 것이다.

모 능력과 나란히 가게 마련이다. 또 신경망 인공지능이 제대로 작동하게 하려면 엄청난 양의 데이터로 오랜 기간 학습을 시켜야 한다. 인공지능은 실제 사용되기 이전에 이미 엄청난 양의 에너지를 소비하는 것이다.

탁월한 기술은 사람들을 탁월하게 불러들이고 탄소를 탁월하게 배설한다. 즉 기술이 뛰어날수록 그 기술을 사용하는 이들 또한 아주 빠른 속도로 증가한다. 그들이 사용하는 탄소 또한 그와 나란히 증가한다. 빠르게 확대일로를 걷고 있는 음악이나 영화, 드라마, 데이터 등의 스트리밍 서비스, 코로나 이후 일상이 된 화상회의, 검색엔진을 대체한 유튜브 같은 동영상 사용 등은 신기술의 확대가 얼마나 빠르게 에너지 소모량을 증가시키는지 잘 보여 주는 익숙한 사례들이다. 이미 오래전부터 사용되며 새로운 투기의 장이 된 블록체인 기술은 말 그대로 에너지와 돈을 교환하는 기술이다. 증권투자의 새로운 주체가 된 인공지능의 가속을 위해서 증권회사는 발전소에 가까운 곳으로 회사를 옮긴다. 요컨대 탁월한 기술은 탁월한 에너지 소모 기술이다.

빛이 있는 곳에는 그늘이 있다. 강한 빛 뒤의 그늘은 더욱 짙다. 빛이 강할수록 그 뒤의 그늘은 더욱더 보이지 않는다. 스포트라이트는 그것이 비추는 것만 보이게 하고 다른 모든 것을 보이지 않게 한다. 기술이 그렇다. 기술이란 언제나 앞서가는 것, 기술의 영광을 상찬하는 빛은 첨단을 달리는 것만 비추게 마련인지라, 그 주위에 있는 것은 시야에서 사라지고, 그것을 밑에서 떠받치고 있는 것은 더욱 짙은 어둠 속에 묻힌다. 이는 기술적 낙관주의의 또 다른 존재 조건이다. 예컨대 '비물질적 노동'이나 '인지자본주의' 같은 개념이 쉽게 설득력을 갖는 것은, 정보기술을 비추는 스포트라이트에 가려 그것을 떠받치고 있는 물질성이 보이지 않기 때문이다. 인터넷상에서 손가락을 조금 움직이는 것으로 세상이 돌아간다고 믿는 것은, 거기 맞추어 택배기사가 트럭을 몰고 돌아다녀야 하며, 그들이 배송할 상품을 생산하는 공장이 돌아가야 하고, 그 공장에 물자를 대는 공장이, 일하는 노동자들이 노동해야 한다는 것을 잊기 때문이다. 손가락 움직이는 게 편해짐에 따라 그 속도는 빨라질 것이며, 그 속도들에 맞추어 물질을 생산하고 이동시키는 에너지가 증가한다는 사실도, 사용의 편의성으로 인해 소비가 증가한다는 점도 모두 생각하지 않기 때문이다. 생산이 탈물질화된다고 하던 시대에, 이산화탄소 배출량의 증가 속도가 이전보다 오히려 증가하면 증가했지 결코 줄지 않았음은 이를 잘 보여 준다. 미래에는 달라질까? 팩스나 이메일로 배추와 고기를 보내고 그걸 수신해 먹을 수 있는 시대가 온다면, 물자의 물리적 운송 없이 정보통신기술이 음식이나 옷을 직접 '전달'해 주는 시대가 된다면 그럴지도 모르겠다.

또한 신기술은 많은 경우 전에 쓰지 않던 자원의 새로운 소모를 동반한다. 녹색기술이나 디지털 기술에 필수적인 희소금속, 희토류의 소비 증가가 그런 경우다. 1970년대 이래 정보통신기술은 물론 이른바 '녹색기술'에서도 희소금속과 희토류는 매우 중요한 자원으로 사용되기 시작했다. 강력한 자기장의 형성, 전류의 속도 조절 등을 위해서다. 희소금속은 나라별로 약간 다르게 분류되는데, 최근 배터리 사용량이 늘면서 소비량이 크게 증가하고 있는 리

튬, 코발트, 니켈 등의 금속이 그것이다. 희토류란 통상 원소 주기율표상의 란탄 계열 15종 원소(원자번호 기준 57번~71번: 란타넘, 세륨, 프라세오디뮴, 네오디뮴…, 루테튬)와 스칸듐(Sc), 이트륨(Y) 등 총 17종 원소를 지칭한다.[48]

그런데 이 금속이나 원소들에 '희소'란 말이 붙은 것은 매장량이 적거나 암석에 포함된 비율이 아주 희소해서다. 비율이 적은 경우 그것을 채취하려면 엄청난 양의 암석을 제련해야 한다. 가령 1킬로그램의 바나듐을 얻으려면 8.5톤의 바위를 정제해야 하고, 세륨 1킬로그램을 얻으려면 15톤의 바위를, 갈륨은 50톤, 루테튬은 1200톤의 바위를 정제해야 한다(『프로메테우스의 금속』, 61쪽). 바위를 정제한다는 말은 이 희소한 성분을 암석 속의 다른 것들과 분리하기 위해 엄청난 양의 물과 화학물질을 사용해야 한다는 말이다. 이는 한편으로는 그 추출 작업이 엄청난 양의 노동력과 자원 소모를 요구하며, 막대한 양의 탄소 배출을 동반한다는 뜻이다.[49] 이를 위해 사용되는 화학물질은 인근의 환경을 치명적으로 오염시킨다. 기술의 지수적 성장은 치명적 환경오염을 야기하는 이 희소금속 채굴량의 지수적 성장을 동반한다. 실리콘밸리의 깔끔하고 반짝

---

48 가돌리늄이나 어븀은 미량만 첨가해도 빛의 손실이 일반 광섬유의 1퍼센트까지 낮아진다. 터븀을 사용한 합금은 열을 가하면 자성을 잃고 냉각시키면 자성을 회복하는 특성을 이용해 정보를 입력·기록할 수 있는 음악용 MD나 광자기디스크를 만드는 데 이용된다. 희토류 중에서 지금 가장 많이 쓰이는 것은 네오디뮴(Nd)으로 전체 희토류 소비의 40퍼센트를 차지한다. 네오디뮴을 넣어 자석을 만들면 자력이 10배 정도 강해진다.

49 이로 인해 애초 1960년대 중반 이래 희토류 시장을 주도하던 미국(마운틴 패스)이 생산을 포기하고 중국이 독점적 지위를 확보하게 된다. 내몽골의 바오터우가 그 중심지다.

지구의 철학

이는 표면은 내몽골 바오터우의 살을 갈아 만들어진 것이다. 이런 점에서 보면, 첨단기술이란 미련할 만큼 노동집약적인 전통 기술의 근육을 뚫고 솟아나는 첨탑들이고, 녹색기술이란 대지 깊숙이 숨어 있던 금속들을 끄집어내 만든, 화학약품으로 갈고닦아 곱게 단장한 녹색 마스크다.

기술주의자의 낙관주의 뒤에는 만능의 해결사인 기계-신(deus ex machina)이 있다. '기술의 지수적 성장'이 그것이다. 무얼 집어넣든 똑같은 모습으로 바꾸어 줌으로써 세상에 확고한 통일성을 부여하는 탁월한 신이다. 다만 문제는 어떤 선한 신도 악마 없이는 존재하지 않는 것처럼, 이 기계-신도 자신의 악마-기계를 짝으로 갖고 있다는 사실이다. 새 기술의 성장에 고스란히 동반되는 쓰레기의 성장 그리고 자원이나 설비, 소비의 지수적 증가가 그것이다. 이 악마적 사태는 기계-신의 손길이 닿는 곳이면 어디서나 기계적으로 발생한다. 이런 점에서 기계-신은 자신이 해결해야 할 문제를 끊임없이 만들어 내는 아이러니한 해결사라 하겠다. 문제가 심각해질수록 해결사의 능력은 화려하게 빛나지만, 그것 이상으로 난감한 문제를 동시에 만들어 낸다. 그것이 해결사 기계-신의 존재 이유처럼 보이기도 한다. 신의 능력을 증명하기 위해 악마가 있는 것일까, 악마의 존재 이유를 만들기 위해 신의 능력이 있는 것일까?

기술주의자의 이 기계-신은 서투른 마술사다. 그 마술은 최고 점수를 받은 학생의 성적이 자기 학생 전체의 성적이라고 믿는 교사에게 배운 것이다. 잘나가는 기술 하나를 들어 모든 것이 그렇게 되리라는 식의 과장과 과잉-일반화가 그들이 사용하는 마술의 주된 기법이다. 사실 지수적 성장이라는 기계-신은 한때 반도체 집적 기술에서 나타난 것인데, 별다른 확인도 없이 어느새 기술이라면, 더욱이 첨단기술이라면 어떤 것이든 해당된다는 믿음 덕에 온 세 상을 지배하게 되었다. 이는 특이점이 온다며 기계-신의 사제를 자 처한 커즈와일뿐 아니라 '한계비용 제로 사회'와 '글로벌 그린 뉴딜' 의 선도적 전도사이기도 한 제러미 리프킨 같은 이들처럼 첨단기 술의 미래를 예언하는 이들 또한 이런 경우다(제러미 리프킨, 『한계 비용 제로 사회』, 『글로벌 그린 뉴딜』).

그러나 신들이 대개 그러하듯 이 기계-신은 신도들의 믿음 속 에서만 존재하며 사제들의 설교가 그리는 멋진 스크린 위에서만 산다. 기술의 지수적 성장은 자신의 탄생지에서도 이미 신화로만 남아 있다. 이는 기술 세계 어디서나 발견되는 보편법칙이 전혀 아 니다. 반도체 기술에서도 이미 낡은 과거에 속한 것으로 판명된 허 상의 신이다. 그 뒤를 이어 새로운 기계-신의 자리를 차지하려는 '법칙'들이 나타났지만, 모두 시간의 신이 휘두르는 낫을 감당할 튼 튼한 목을 갖고 있지 못했다. 사실 그들의 목이 튼튼했다고 해도 그 들은 그저 반도체 기술이나 인공지능 기술처럼 홈그라운드를 벗어 나는 순간 사라져 버리는 환영이었다. 예컨대 자동차 기술은 20세 기의 삶이나 풍경을 크게 바꾸어 놓은 핵심 요인 중 하나지만, 거기 서도 지수적 성장의 기계-신을 본 사람은 아무도 없다. 1908년 헨리 포드 공장에서 출시된 모델T의 엔진 연비는 리터당 9킬로미터였는 데, 100년 넘게 지난 최근의 하이브리드 차량 연비는 25킬로미터 정 도다. 태양열전지도 1970년대에 태양열의 약 15퍼센트를 전기로 전환했다면, 50년 이상이 지난 지금은 25퍼센트 정도라고 한다(『빌 게이츠, 기후재앙을 피하는 법』, 68쪽). 기계-신은 대체 어디서 무얼 하고 있기에 이 중요한 사업들을 이렇게 방치하고 있는 것일까?

기술주의의 낙관주의는 기후위기 문제를 재생에너지 문제만으로 축소함으로써, 사실은 정작 중요한 문제들이 시야에서 사라지게 하는 능력에도 크게 기대고 있다. 기술 낙관론자인 빌 게이츠의 계산에 따르면, 일단 에너지산업이 전체 이산화탄소 배출량에서 차지하는 비율은 27퍼센트에 불과하다. 콘크리트, 철, 플라스틱 등의 물리적 설비의 생산이 배출하는 탄소량은 31퍼센트로 그보다 많다. 가축이나 경작과 관련된 탄소 배출이 19퍼센트, 이동 수단이 16퍼센트 그리고 냉난방 수단이 7퍼센트다. 새로운 재생에너지 시설을 건설할 때마다 증가하는 탄소 배출은 논외로 한다 해도, 기술 발전이 콘크리트나 철 등의 생산으로 인한 탄소 배출량을, 가축이나 경작 관련 탄소 배출량을 지수적으로 줄여 줄 수 있을까? 재생에너지가 약속하는 이동 수단의 탄소 배출량 감소도 말처럼 쉽지 않음은 접어 둔다 해도 말이다.

이산화탄소 포집기술로 배출되는 탄소를 제거한다면, 영역이나 산업을 가리지 않고 해결되지 않을까? 성층권에 에어로졸을 뿌려 햇빛을 차단하자는 이들에[50] 비하면, 이들의 주장은 훨씬 덜 위

---

[50] 에어로졸이라는 단 하나의 변수로, 수많은 변수들이 연쇄되어 작용하는, 나비의 날갯짓도 종종 멀리 떨어진 곳의 폭풍이 되는 기후를 조절하겠다는 단순성이나, 실험체가 오직 하나여서 실험조차 불가능한 기술을 지구에 사용해 보자는 무모함은 영화보다 과학이 더 모험적임을 보여 주는 듯하다.

험하고, 어쩌면 그럴듯해 보이기도 한다. 그래서 빌 게이츠도 그게 가능한지 계산해 본다. 그는 탄소 제로를 위해 제거해야 할 이산화탄소의 양이 510억 톤이라고 하면서, 현재 포집기술로 제거하는 비용이 가장 앞선 기술력을 가진 로디움 그룹 데이터로는 1톤당 3000달러 근방이지만 2050년경이면 기술 발전으로—이 역시 지수적 성장의 힘 덕분에 가능한 가정일 것이다—100달러로 감소하리라고 가정하고 계산한다. 그 최대치의 가정에 따라도 매년 5.1조 달러가 필요한데, 이는 지금 세계경제의 6퍼센트에 해당하는 규모. 또 그렇게 포집한 이산화탄소를 저장하는 방법도 명확하지 않고, 그렇게 포집하기 위한 공장은 5만 개 이상이 되리라고 예상한다. 그것을 지으려면 엄청난 양의 자원을 쓰고 탄소를 배출해야 한다. 그렇기에 기술 낙관주의자를 자처하는 그조차 이 방법보다는 그냥 배출량을 줄이는 게 훨씬 더 쌀 것이라고 말한다(『빌 게이츠, 기후재앙을 피하는 법』, 93~95쪽).

　기술주의는 발전된 기술의 보급과 확산을 저지하는 장치를 기술 발전의 경제적 동력으로 삼고 있다는 점에서, 또 하나의 악마-기계를 자기 안에 갖고 있다. 그들의 신 덕분에 기후위기를 해결할 기적적 기술이 개발되었을 때, 그 개발자들은 그것을 지구상의 다른 모든 이들에게 공짜로 제공하려 할까? 자신은 물론 남들에게도 그렇게 하라고 말하지 않을 것이다. 기술 개발의 대가를 충분히 주는 것이야말로 기술 발전의 경제적 동력이라는 이유로, 저작권이나 특허권, 기술사용료 등을 턱없이 확대해 왔고 그것의 수명 또한 늘려 왔음을 우리는 안다. 이는 특히 1980년대 미국 대법원의 '차크라

바티 판결' 이후 비약적으로 강화되어 왔다. 자연에 이미 존재하는 것에 대한 권리를 그것을 발견한 사람에게 줄 수 없다는 오래된 특허권 개념은 발견자에게 모든 것의 사용권을 넘겨주는 새로운 소유권 개념으로 바뀌었다. 이후 유방암의 이런저런 돌연변이 유전자 같은 '소소한' 것에 대해서까지 발견자에게 깨알같이 권리를 넘겨주는 결정들이 그때부터 본격화되었다. 털세포 백혈병의 항체에 대한 권리조차 그 항체를 생성한 환자의 몸이 아니라 그걸 분리 배양해 상품화한 의료진이 가져가는 새로운 착취의 시대가 이로부터 시작되었다(로리 앤드루스·도로시 넬킨,『인체 시장』).

이런 시대를 연 판결을 두고 '생명공학의 마그나카르타'라고 (『서울경제신문』, 2010.6.15.) 하는 걸 보면, 생명공학을 비롯해 지적 재산권에 기대어 있는 기술의 신은 생명의 능력에 속하는 것을 착취하고 소유하는 새로운 인클로저의 끔찍한 마그나카르타 없이는 생존할 수 없는 것이 분명하다. 컴퓨터 관련 업체 가운데는 빌 게이츠의 마이크로소프트가 여기서 가장 주도적 역할을 해왔고, 덕분에 세계 최고 부자 대열에 들어섰음은 잘 알려진 사실이다. 하여 '윈도즈' 같은 정보재의 한계비용은 제로에 가깝지만 그것을 공짜로 공급하는 일은 일어나지 않는다. 우리는 법적 강제에 의해 '독점 지대'를 덧붙인 가격에 그것을 구매해야 한다.

사실 기후 문제는 지구적이기에, 기술 개발을 선도하고 신기술을 보급할 경제적 능력이 있는 일부 국가나 기업에서 그런 기술을 사용하는 것만으로는 출구 특이점을 향해 방향을 틀 수 없다. 그러나 마그나카르타마저 확보한 저 기술의 악마-기계가 있는 한 지구 전체의 문제란 이유로 경제적 능력 없는 나라에 무상으로 그 기술을 줄 가능성은 없다. 코로나로 지구 전체가 재난 상황에 빠져들어 갔을 때, 바이러스 백신을 만든 제약회사들이 '생명의 소중함'을 위해 목숨을 담보로 유례없는 돈을 벌어들이는 것을 우리는 보았다. 약값을 지불할 수 없는 나라라고 해도 그들은 가차 없다. 돈 없는 나라에까지 제공하기에는 '약품이 부족'한 것이다. 사실 이미 오래전에 에이즈(AIDS) 치료제 제약회사들은 생명의 고귀함이란 대의도, 죽어 가는 인간에 대한 연민도 기술의 신이 지배하는 세상에는 없다는 사실을 충분히 보여 주었다. 제약회사 아닌 에너지 기술 기업이 이와 다를까? "그렇다면 누가 그 기술을 자기 돈을 투자해 개발한단 말인가!"

탄소 문명의 힘을 주도했고, 그것을 이용해 오랫동안 착취와 개발, 성장의 이력을 갖는 서구의 국가들이 그것만큼 탄소 배출에 대해 책임이 있다는 것은 이젠 널리 공인된 이야기다. 지금 이른바 '선진국'에서의 탄소 배출 감소는 그들이 소비하는 상품을 남반구 국가에서 생산해 싼값으로 사용할 수 있기 때문임도 잘 알려진 사실이다. 반면 기후 남반구에 속하는 국가들은 식민지적 착취의 대상이었고 성장의 기회도 갖지 못했기에 탄소를 배출할 기회마저 많지 않았다. 불행히도 이들로선 탄소 소비에 기반한 현재의 생산, 유통체제를 폐기하고 새로운 기술로 전환할 경제적 여력이 없다. 이들 국가는 사실 인민의 생존을 위해 개발이나 경제성장이 아쉽기도 하다. 그래서 아직은 말뿐인 '선언'에 '석탄 퇴출'이란 말을 넣는 것조차 반대하기도 했다. 재생에너지 기술을 가진 '선진국'의 국가나 자본가들이 이들을 위해 기후 관련 기술을 공짜로 제공할 가능성이 있을까? 지금까지 50년의 기후 관련 '거버넌스' 역사는 그런 건 믿지 않는 게 현명함을 알려 준다.

기술은 언제나 이런 사회적 조건 안에서 발전한다. 조건이 달라지면 효과도 크게 달라진다. 기계기술은 원래 사람의 노동량을 줄여 주는 것이라 하지만, 자본주의적 관계에서 그것은 노동시간의 대폭 증가로 귀결되었음을 영국의 산업혁명은 잘 보여 준 바 있다. 지금 사회에서도 기술은 자본 없이는 개발되기 어렵고, 자본의 논리를 벗어나서는 성장하지 못하며, 자본주의적 이윤 없이는 지속하지 못한다. 자본주의에서 지속 가능한 기술이란 자본에 포섭된 기술뿐이다. 이런 점에서 기술은 대부분 그 자체로 이미 자본이고, 기술주의는 자본주의의 기술적 판본이다. 이윤 없는 기술은 없다. 이런 기술이 경제 논리 자체를 등진 기후위기를 해결해 주리라는 약속은 돈을 지불할 생각 없이 발행하는 부도수표에 지나지 않는다.

녹색뉴딜이 이 고르디우스의 매듭을 끊어 줄까? 녹색뉴딜의 요체는 재생에너지 개발이나 자원효율성 증가 기술, 생태계를 복원하는 '환경사업' 등에 공동 지출을 적극적으로 함으로써 일자리를 창출하고 경제를 활성화하겠다는 전략이다(팀 잭슨, 『성장 없는 번영』, 143~147쪽). 생태 관련 지출과 투자를 통해 소비 지출과 기후위기 극복이라는 이율배반적인 과제를 동시에 해결하겠다는 것이다. 그러나 재생에너지 기술 자체가 기후 문제의 출구가 되기에는 크게 부족함을 고려하면, 그건 녹색 깃발을 걸고 가속페달을 밟는 성장 경제학이 될 공산이 크다. 더구나 1950년대의 거대한 가속과 이후의 소비자본주의가 정확하게 대공황 이후의 뉴딜로부터 시작되었음을 안다면, 그건 사실 출구 특이점보다는 파국 특이점과 가깝지 않은지 의심해야 한다. '성장 없는 번영'을 주장하며 녹색뉴딜을 지지하는 유명한 경제학자가 이명박 정부의 '생태 관련 사업'(4대강 사업!)을 녹색뉴딜의 가장 앞선 사례로 언급한 것은 이 점에서 놀랄 만큼 시사적이다(팀 잭슨, 『성장 없는 번영』, 148쪽).

5. 필경 도래할 특이점

특이점 이후에는 어떻게 될까? IPCC의 〈6차 보고서〉는 지금처럼 배출량이 줄지 않으면('대량 배출 시나리오') 2100년 3.3~5.7도 상승하리라 하지만, 그 신중함을 고려하면 그 가운데 최댓값에 가까울 것으로 예상해야 할 것이다. 평균기온 1.5도 상승 시 산업혁명 이전에는 50년에 한 번 발생하던 수준의 극한 고온은 8.6배 증가하고 강도는 2.0도 강해지리라고 예상한다. 사실 폭염으로 많은 이들이 죽는 사태는 이미 매년 국제면을 장식하는 뉴스가 되었다. 온난화로 인해 극지방의 찬 기온이 이동하며 발생하는 극단적 한파도 이젠 익숙해졌고, 미국, 캐나다, 호주, 하와이 등에서 계속 이어지는 걷잡을 수 없는 거대 산불은 대기를 불길함으로 달구고 있다.

이렇게 기온이 상승할 때 벌어질 일들에 대해서는 수많은 예측이 이루어지고 있다. 이러한 연구들을 수집해 정리한 마크 라이너스(『최종 경고: 6도의 멸종』)에 따르면, 2100년경 3도 상승할 경우

지구의 철학

300만 년 전 플라이오세의 기온과 비슷해진다. 이 경우 북극해에서는 빙하가 사라지고 남극 서부 빙상이 녹을 것이며 그린란드 빙하의 4분의 1에서 2분의 1이 사라질 것이다(같은 책, 188~190쪽). 〈6차 보고서〉는 지금 수준으로 배출하면 해수면이 지금보다 0.28~1.02미터 상승하리라고 예상하지만, 플라이오세 당시 해수면은 지금보다 8~14미터 높았다고 추정된다. 아마도 그 사이 어디일 것이다. 해수면 상승치가 0.5미터일 때 지금 5000만 명이 사는 육지가 물에 잠긴다고 한다(같은 책, 191쪽). 라이너스는 2018년 『사이언스』에 실린 논문을 인용해, 3도 상승 시 포유류의 4분의 1, 식물의 44퍼센트, 새의 5분의 1이 원래 서식지에서 살 수 없게 된다고 한다(같은 책, 219쪽). 수많은 동식물이 난민처럼 새로운 서식지를 찾아 이동하는 난민이 되리라는 말인데, 인간이 만든 '장벽'으로 인해 인간보다 이동이 결코 쉽지 않음을 안다면, 이들 '난민'의 생존은 인간 난민보다 훨씬 더 심각한 문제가 될 가능성이 크다.

4도 상승할 경우 기온은 올리고세, 마이오세와 비슷해질 터인데, 더 난감한 것은 온도의 상승 속도가 그때와는 비교할 수 없이 빠르다는 사실이다. 생명체에겐 온도의 상승 못지않게 상승 속도도 중요한데, 이동이나 천이(遷移) 등으로 생명체가 적응하는 속도를 크게 초과하면 멸종이 발생하기 때문이다. 지난 빙하기에서 지금 간빙기로 변화되는 1만 년 동안 온도가 4~5도 정도 상승했는데, 지난 100년 동안 1도 상승했으니 지금의 온난화 속도는 그때보다 20~25배 빠른 셈이다(조천호, 『파란 하늘, 빨간 지구』, 30쪽). 간빙기 온난화에 적응하기 위해 북으로 매일 10킬로미터를 이동해야 했다면, 지금은 200~250킬로미터를 이동해야 한다. 만약 금세기 말 4도 상승한다면, 그때보다 온난화 속도는 40~50배 빠른 게 될 것이다. 라이너스는 이런 변화로 인해 현재 서식지에서 생존하던 생명체의 3분의 1 내지 3분의 2가 사라지리라 예상한다. 해수 온도도 오르기에 해류와 대기의 운동 양상이 크게 변해, 엘니뇨는 지금보다 두 배 더 발생할 것이며, 남극의 수많은 빙상들은 대거 녹아 녹색이 된 남극 해안을 보게 되리라 한다. 해수면은 약 1미터 정도 상승할 것이며(IPCC만큼 신중한 예측이다), 극지대를 포함해 영구동토층이 녹으며 기온이 되먹임되며 폭발적으로 상승한다. 전 세계 밀 생산지의 3분의 2가 가뭄에 시달리고 채소와 콩의 수확은 3분의 1로 감소하며, 미국의 옥수수 생산량은 반으로 줄 것이라 한다.

기온이 5도 상승할 경우 기온은 팔레오세와 에오세 사이의 최대온난기(PETM)와 가까워진다. 남극 대륙에서는 얼음이 사라질 것이고, 해수면은 3미터 정도 올라가기에 해안 도시들은 해안선 전체를 네덜란드처럼 두툼한 방어벽으로 둘러야 한다. 극지방에서 활엽수를 보는 것은 일상이 될 것이고, 열대우림을 보게 될 수도 있다. 바다의 산소 농도는 더욱 줄어들고 산성화는 더 이상 탄소를 수용할 수 없을 만큼 높아지기에 어류는 물론 플랑크톤의 생존마저 쉽지 않게 된다. 해수 온도가 36도를 넘으면 오늘날 바닷속에 사는 대부분의 '고등동물'은 살 수 없게 되는데, 이는 지금 최고 해수 온도보다 7도 높은 것이다. 인간의 경우 위도가 아주 높은 곳이나 고도가 아주 높은 곳만이 생존 가능 지역이 되기에, 지금 거주 공간의 90퍼센트를 상실하게 되리라 추정된다. 그리하여 "5도 상승한 세계에서는 우리가 알고 있는 지구 생명의 종말이 가까워진다"(『최종 경고: 6도의 멸종』, 333쪽).

"탄소 제로!"의 외침이 강력한 것은 돈과 권력을 가진 자들이 쏟아내는 기후위기 부정의 목소리로도 이런 사태에 대한 우려를 지우기 힘들 만큼 기후가 급변하고 있기 때문이다. 매년 경험하는 재난성 기후뿐 아니라 인간들이 실감하는 온난화는 매년 가속되고 있다. 기술의 지수적 성장을 순진하게 가정한다 해도 그것이 20~30년 안에 탄소 제로에 이를 기술을 제공할 가능성은 전혀 없어 보인다. 성장을 전제하는 경제학은 그만두고, 심지어 '탈성장'의 경제 노선이 널리 받아들여진다고 해도 이 시간 안에 곡선의 궤적을 바꾸는 출구 특이점을 만들긴 쉽지 않을 것이다. 성장의 경제학은 지구적 확장과 손잡고 작동하지만 탈성장은 반대 방향으로 작동하기에 감속과 축소는 물론 정지조차 지구적 스케일에서 변화를 만들려면 훨씬 많은 시간이 필요할 것이다. 갈수록 더 빠른 속도로 전 세계의 부를 독점해 가고 있는 자본가들(이 독점의 속도 또한 '거대한 가속'의 궤적을 그리고 있다)은 이런 시도들조차 재차 무시하고 무력화할 것이다. 경제학자들에게 이득의 경쟁은 바꾸기 힘든 '이론적' 전제였지만, 이들에게 그것은 벗어날 수 없는 생존의 '실천적' 근거이고 '현실적' 존재 이유이기 때문이다.

'전 지구적 거버넌스'의 실질적 주역인 정치가들 또한 다를 것 같지 않다. 그들의 시야에는 선거권을 갖고 있는 자국의 인간들만이 있을 뿐이고, 그 대중들은 성장 없는 경제에 대해 직접적인 반감을 표시할 터이니, 그 반감을 감수하며 성장 대신 기후 문제를 선택할 정치가는 기대하기 어렵다. 사실 정치가들이 말하는 '기후위기 해결'조차 그들의 표를 당기기 위한 여러 미끼 중 하나일 뿐이다. 그리고 지구를 가장 많이 착취했으며 그만큼 기후위기에 가장 책임이 큰 '선진국'들은 그 위기의 피해로부터 멀리 떨어져 있고, 개발과 성장의 이득은커녕 지구와 더불어 수탈당했고 그만큼 위기에 책임이 적은 '후진국'들은 그 위기로 인한 피해에 가까이 있다. 이러한 아이러니는 전 지구적 거버넌스의 근본적 장애다. 게다가 '선진국'은 위기로부터 멀기에 아직은 다급할 게 없다며 후일로 미루고, '후진국'은 기후위기보다 급한 문제가 산적하다고 믿기에 후일의 문제로 미루고 있다. 책임질 이유와 해결할 능력이 있는 이들이 나서서 처리해야 한다는 이들의 말 또한 반박하기 쉽지 않다. 지금은 '후진국'의 이런 반대마저도 상당히 약화되었지만 사태가 달라질 가능성은 보이지 않는다.

유럽연합에서 앞서 도입하고 있는 '녹색분류'나 '재생에너지 사용의무' 같은 규제들이 그럴 수 있을까? 없는 것보다야 낫겠지만 아마도 한참 못 미칠 것이다. 그나마 우크라이니 전쟁은 에너지 비용의 증가나 인플레이션 같은 경제적 요소 한둘만으로도 기후 문제는 어느새 뒷전으로 밀려날 수 있음을 보여 주었다. 문제의 원인은 산업혁명기의 자본주의 그리고 대량생산 대량소비의 자본주의이기에, 기후 문제의 해결을 위해서는 자본주의를 극복해야 한다는 주장(사이토 고헤이, 『지속 불가능 자본주의』)이 전에 없이 설득력을 갖기도 한다. 코로나에 대한 대처를 보면서 레닌주의적인 전시 공산주의에서 새로운 희망을 보기도 한다(안드레아스 말름, 『코로나,

기후, 오래된 비상사태』). 전권을 쥔 국가가 기후 문제를 위해 경제
성장을 정지시키고 에너지전환을 추동하며, 풍요로운 소비에 길든
삶을 바꾸는 '혁명의 정치학'이 팬데믹과 온난화의 그늘에서 다시
부활하는 것 같다. 마르크스주의의 전통적 예상과 달리 경제 위기
가 아닌 기후위기가 혁명의 이유가 되어 주고 있는 셈이다.

　　사회주의나 공산주의가 얼마나 '녹색'이었는가 하는 문제는
접어 둔다고 해도, 전시 공산주의 같은 강력한 체제를 가동시키려
면 먼저 혁명을 해야 할 터인데, 어떤 혁명도 그냥 오지 않는다. 기
후 문제가 아무리 심각하고 중요하다 해도 부르주아지들이 반자본
주의적 혁명을 그냥 두고 볼 가능성은 없을 것이다. 구미의 '선진
국'뿐 아니라 다른 국가의 정치가들 또한 그럴 것이다. 선거가 이런
혁명의 길을 열어 줄까? 앞서 말했듯, 성장의 정지가 야기할 불황
의 정치적 부담을 생각하면, 선거는 그 반대편으로 가는 길이라 해
야 한다. 이미 '선진국'이 잘 보여 주듯이, 위기로부터 자신을 보호
하기 위해 국경의 배타성을 강화하는 극우적 반동을 예상하는 게
더 '과학적'이다. 폭력혁명? 기후위기가 심각해도 지구를 위해 숲
을 위해 전 세계 민중이 총을 드는 장면을 상상하기는 결코 쉽지
않다. 총을 든다고 국가적 폭력과의 전쟁에서 승리할 가능성도 크
지 않지만 말이다. 2030년, 아니 2050년 이전에 전 지구적 혁명이 일
어나 '혁명정부'가 수립되어 전면적 해결의 길을 열 가능성이 있을
까? 2100년까지 연장해 주면 혹시 가능할까? 아니면 코로나 이상으
로 전 세계 정부가 경악할 심각한 기후위기가 도래한다면 그리 될
까? 그러나 이제까지 본 것처럼 기후위기는 아무리 커도 언제나 일

시적이고 국지적 사건으로 오며, 코로나처럼 이동으로 인한 확산 같은 것도 동반하지 않으니 그럴 일은 기대하기 쉽지 않을 것 같다. 게다가 우크라이나 전쟁 같은 사건 하나만으로도 '녹색지대'를 향해 가던 그간의 노력들이 물거품이 되는 것을 우리는 이미 보았다.

상상은 어려운 일이 아니니 혁명이 일어나 전 지구적 전시 공산주의 체제가 수립되는 것도 상상해 볼 수는 있겠다. 그러나 그게 정말 좋은 일인지는 접어 둔다 해도, 레닌의 전시 공산주의가 아주 짧은 시간 뒤에 자본가들에 대한 대대적 '양보'를 뜻하는 신경제정책(NEP)으로 바뀐 역사를 반복하지 않을 수 있는지는 반드시 물어야 한다. 코로나로 인한 '봉쇄'에 대해서조차 대중들의 반발이 만만치 않았음을 우리는 모르지 않는다. 기후위기 해결을 위한 봉쇄는 이보다 훨씬 더 강력하고 장기적이어야 할 터인데, 정치나 자본가, 혹은 대중들이 정말 받아들일 수 있을까? 소설로 써도 별로 설득력은 없을 것 같다. 글을 쓰는 우리도 오랜 시간 혁명의 꿈속에서 살았지만, 아무리 생각해도 이 제한된 시간 안에 사회주의 혁명과 전시 공산주의로 기후 문제를 해결하자는 제안은, 전 세계적 거버넌스와 부르주아들의 협조를 얻어 해결하자는 이야기 이상으로 공상적으로 들린다. 코로나로 인한 글로벌 경제의 '비상정지'와 그에 따른 탄소 배출량의 실질적 감소가 교훈적이었다면, 차라리 새로운 바이러스를 찾아 동맹을 시도하는 게 낫지 않을까?

6. 멸종, 혹은 장기 지속적 종말

아무리 긍정적 가능성을 찾으려 해도 출구 특이점을 만들며 곡선을 꺾을 가능성은 잘 보이지 않는다. 원인을 알면 해결책을 찾을 수 있다고 하는 분들도 있지만 사실은 그렇지 않다. 후쿠시마 제1원전의 붕괴된 원자로처럼 원인을 알아도 해결책이 없는 일이 있고, 기후 문제처럼 해결책을 알아도 해결하지 못하는 일이 있다. 종종 말하듯, 로마의 몰락은 많은 이들이 예상하고 우려한 것이었지만 끝내 막지 못했다. 로마뿐 아니라 다른 거대 국가들의 몰락도 그러했다. 인정하고 싶지 않지만, 아마도 우리는 필경 '멸종'으로 귀착될 파국을 면하기 힘들 것 같다. 그러나 이는 사실 이미 꽤 오래전에 시작된 멸종의 연장이라 해야 하지 않을까? 이른바 '여섯 번째의 대멸종'(엘리자베스 콜버트,『여섯 번째 대멸종』; 피터 브래넌,『대멸종 연대기』) 말이다. 바로 그 멸종이, 멸종의 원인이었던 **인간 자신의 멸종으로** 확장되고 있는 것이다. 인간의 생존이 기대고 있는 것들의 멸종이 인간 자신의 멸종으로 되돌아오는 것은 사실 자연스러운 일이다. 여섯 번째의 대멸종에서 인간은 면제받을 것이란 생각이야말로 휴머니즘적 나르시시즘의 가장 멍청한 버전이다. 차라리 대멸종의 원인인 인간의 멸종이 빠를수록 대멸종 과정의 감속과 중단도 빠를 것이라는 냉소가 이보다는 나을 것 같다.

이미 수많은 생명체들이 끌려 들어간 이 멸종은 인간의 역사 안에서 보자면 자연을 정복하며 세운 인간이 구축해 온 '문명'의 붕괴고 인간이란 종의 종말 가능성을 뜻한다. 그것은 분명 인간 세계의 종말로 이어질 수 있을 것이다. 그러나 그 경우에도 그것은 지구의 종말은 결코 아닐 것이며, 생명의 종말 또한 결코 아닐 것이다. 인간을 포함한 대단히 많은 생명체들의 멸종일 뿐일 것이다. 다른 생명체들이 새로이 진화의 역사를 시작할 하나의 문턱일 것이다. 대멸종은 생명의 종말이 아니라 그것의 경신이다. 단절을 통해 구도를 바꾸는 역사적 비약의 문턱이다.

인간의 행위가 지구라는 순환계에 영향력을 갖는다는 것은 분명하지만, 그것으로 지구를 살리거나 죽게 할 수 있다는 생각은 오만하기보다는 차라리 가소로운 것이다. 그동안 인간이 지구를 '소외시켰다'는 식의 생각(시노하라 마사타케,『인류세의 철학』, 15쪽)도 그렇다. '소외' 같은 게 있다면 그건 차라리 **지구가 이젠 인간에 대한 그간의 배려를 중지하고 소외시킨 것**이라고 하는 게 더 적절할 것이다. 지구는 인간의 외면에 고통스러워하고 인간의 보호 없이는 견디지 못하는 반려동물 같은 게 아니다. 비교하자면 코로나 사태는 단지 한 종류의 바이러스만으로도 인산의 운명을 좌우할 수 있음을 보여 준 셈이니, '인류세'에 환호하는 휴머니스트들의 입을 막기 충분하다 할 것이다.

지구는 지금 예상하는 온난화의 귀착점보다 더 극심한 환경을 통과해 왔다. 훨씬 더 온도가 높은 시절도 있었고 더 극심한 빙하기, 멸종기를 거쳤다. 지금 멸종이 문제가 되는 것은 무엇보다 우선 인간이 그 조건을 견뎌 낼 수 없다는 사실 때문이다. 인간과 함께 같은 시대를 살던 많은 생물들이 생존할 수 없게 되었다는 사실 때문이다. 약한 것은 지구가 아니라 인간과 그의 '환경'에 속하는 것들, 인간의 문명이 발명한 '자연'이다. 지구는 그 모두의 외부에 있다. 파괴되고 망가져 간다고 할 때조차 우리 인간을 둘러싼 환경이, 불행히도 거기 포함된 것들이 그리될 뿐이다. 지구는 그처럼 한때 번성했다 끝내 망가지고 사라져 가는 것들 모두를 오는 그대로 받아들이고 가는 그대로 지켜볼 뿐이다. 그것들이 자신의 표면에 달라붙어 사는 것을 허용한 채. 지구는 그 모두의 외부, 자신의 표면에 사는 것에 의해 영향을 받지만, 그 어떤 것의 뜻대로 되지 않는 절대적 외부인 것이다.

인간의 착취에게 그대로 자신을 내주고, 그 착취의 과정을 곱게 따라감으로써 도달하게 된 귀착점, 그것은 지구의 표면을 '강도 제로'의 상태로 되돌리는 '반-생산'(anti-production)이다. 지구가 이미 누차 반복해 온 반-생산이다. 이러한 반-생산은 인간의 생산, 인간화된 생산조건의 무화(無化)지, 지구적 생존 조건의 무화는 아니다. 박테리아나 고세균, 균류 등 미생물들이 생존하는 한 대멸종으로 우리가 아는 동식물들이 모두 죽어 간다 해도 생명의 역사는 끝나지 않는다. 미생물들의 다른 군체들을 통해 비약된 새로운 역사가 시작될 것이다. 멸종의 시간을 견디며 새로운 역사를 시작할 희망 같은 게 있다면 그건 아마 이들일 것이다.

사실 어디서나 생명체의 최대 난적은 인간이었다. 인간들이 빠져나간 뒤 몇십 년 만에 되살아난 체르노빌의 숲과 생태계는, 인간보다는 차라리 방사능이 훨씬 더 극복하기 쉬운 상대임을 보여 준다. 그러니 인간 생존 조건의 종언을 뜻하는 반-생산은 새로운 생명의 생산이 시작되는 출발점이 될 것이다. 물론 그것을 넘어서 생명의 불모지인 '텅 빈 기관 없는 신체'(질 들뢰즈·펠릭스 가타리, 『천의 고원』 1, 169쪽)에 이르는 길도 없다 할 수는 없겠지만, 그것은 인간이 지구에 미치는 영향력에 대한 지나친 과대평가 위에서나 가능할 것이다. 지금의 세균이나 고세균은 생명체의 85퍼센트 이상이 멸종했던 오르도비스기 말 멸종기, 90퍼센트 이상이 멸종했던 페름기 말의 멸종기를 견디며 생존해 왔으니 말이다.

하지만 멸종은 '종말'이란 말에서 흔히 표상되는 전격적 사건이 아니다. '신의 심판'처럼 오는 그런 장렬한 멸종은 없다. 심지어 모든 개체가 '사건의 시간' 안에서 죽는 그런 일도 없을 것이다. 생물학이나 지질학에서 대멸종은 모든 개체의 전적인 멸절의 순간으로 규정하지 않는다. 지질학상의 대멸종이란 100만 년 이내에 종의 절반 이상이 멸종하는 사태로 정의된다(『대멸종 연대기』, 14쪽). 이를 빌려 인간이란 종의 멸종에 대해서 정의할 수 있지 않을까? 즉 인간의 50퍼센트 이상이 역사적 시간 안에서, 즉 수백 년 내지 수천 년 동안 죽는 사태가 발생한다면, 이는 인간의 멸종이라 해야 한다고. 50퍼센트 정도면 재생 가능성이 있으니 너무 적다고 지적한다면, 가령 80퍼센트 이상으로 수정해도 될 것이다. 사실 인간의 죽음에 대해 우리가 갖고 있는 기준은 훨씬 엄격하다. 재난 연구자들은 '지구적 파국 위험'(GCR, Global Catastrophic Risk)이라는 특별위험 등급을 전 세계 인구의 최소 10퍼센트 정도가 죽는 사태로 규정한다(Bostrom·Cirkovic, *Global Catastrophic Risks*, Servine et al. 「사회 붕괴가 예상되는 이유들」). 그러니 종 전체가 단기간에 절멸하는 식의 비장하고 극적인 종말은 오지 않을 것이다.

지구의 철학

페름기 말 대멸종은 "6만 년도 안 되는 숨이 멎을 만큼 짧은 기간에 걸쳐" 일어났다(『대멸종 연대기』, 165쪽). 트라이아스기의 대멸종은 "2만 년 안짝—지질학적 한순간—에 일어났"다(『대멸종 연대기』, 228쪽). 소행성 충돌이라는 극적 사건에 의한 백악기 말의 대멸종은, 아직 논란이 끝나진 않았지만, 충돌의 직접적 결과라기보다는 그로 인해 데칸트랩 등 수많은 지역에서 발생한 용암 분출과 그에 따른 기후변화의 결과로 보인다. 이를 강조하는 이는 충돌과 멸종 사이에 누구는 3만 년, 누구는 10만 년 정도의 시간이 흘렀다고 주장한다(『대멸종 연대기』, 300쪽).[5] 반면 인간이 자랑하는 자신의 역사란 기껏해야 '만 년'도 안 된다. 다행일까?

물론 종의 절반 이상이 죽는 대멸종과 특정 종의 멸종은 같지 않다. 대멸종의 시간은 상이한 종들의 멸종의 시간 전체를 합친 기간일 것이다. 그러니 어떤 종의 멸종이 대멸종의 시간만큼 길 수는 없다. 이미 앞서 종결된 종들의 시간이 있고, 인간에 의한 대멸종이라곤 해도 아마 인간의 멸종 이후까지 살아서 대멸종의 남은 시간을 견디는 종들도 있을 것이다. 인간의 멸종이란 그 대멸종의 시간 속에 있는 아주 짧은 일부분일 것이다. 비록 인간이 그 대멸종의 시간이 시작되는 키를 가동시킨 존재라 하지만, 그것이 우리가 그 시간의 끝을 볼 이유가 되지는 못한다.

---

[5] 최근 발표된 것으로, 유카탄반도 칙술루브에 떨어진 지름 200킬로미터의 충돌구를 남긴 소행성의 충격에서 벗어나다가 65만 년 뒤 우크라이나에 떨어진 지름 20킬로미터 충돌구의 작은 행성의 충격에 의해 치명상을 입었다는 연구도 있다("소행성 대충돌로 공룡 멸종한 지구, 채 회복되기 전 2차 충돌,"『한겨레신문』 2021.6.19.).

물론 인간은 온난화를 비롯한 환경변화에 대처할 수 있는 수단들을 다양하게 동원할 수 있고, 국경이 있다고는 해도 동식물에 비해 이동 가능성이나 이동속도가 매우 큰 편이기에, 비슷한 시기를 사는 다른 유사한 종들보다 좀 더 오래 버틸 가능성이 크다. 자원이나 방어 수단의 동원 능력, 이동 경로 확보 능력에 따라 큰 편차를 갖기에, 부와 권력을 가진 자들이 가장 오래 버틸 것이다. 그러니 인간이란 종으로서의 생존 기간은 이처럼 가장 늦게까지 버티는 이들에 의해 결정될 것이다. 이들은 '심판의 날'을 상상케 하는 강력한 재난이 닥칠 때조차 피하고 숨으며 살아남아 멸종의 시간을 최대한 늦추어 줄 것이다. 이분들 덕분에 인간이란 종은 희망만큼은 아니어도 나름 긴 멸종의 시간을 가질 수도 있을 것이다. 멸종의 시간을 연장하며 버티어 줄, 인간이란 종의 희망이라 하겠다.

　　그러니 자신의 운이나 생존 능력, 자신이 가진 부가 충분하다고 믿는 분들은 안심해도 좋을 것이다. 파국의 특이점을 지난 뒤에도 인간의 멸종은 수백 년, 혹은 수천 년이 지난 뒤에 도래할 것이다. 동물원 정도가 아니라 어떤 기후에도 견딜 수 있는 잘 만들어진 벙커 같은 시설을 갖고 있다면, 그 안에 꼭꼭 숨어서 유전자의 가열찬 번식을 최대 속도로 밀어붙이며 불멸을 향해 존재를 지속하는 꿈은 멸종의 현실적 위협 앞에서도 쉽게 사라지지 않을 것이다. 다만 그 벙커나 보호장치가 동물원이나 '인디언 보호구역'보다 나을지는 묻지 않는 게 편안한 생존에 유리할 것이다. 그보다는 멸종의 해일을 견디며 살아남은 생존의 기쁨을 종종 자축할 수 있도록 와인이나 샴페인을 저장고에 최대한 가득 채워 두는 게 나을 것이다. 그렇게 '호모사피엔스사피엔스'의 유전자가 불멸의 생존을 지속하고 있음을 축하하는 진화생물학자들의 축전이 도착할 수 있도록 이메일 주소라도 공개해 두는 것이 좋겠다. 나도 할 수만 있다면, 나로선 결코 선택하고 싶지 않은, '인류의 보존을 위한' 그 힘겨운 삶의 노고에 저승에서라도 감사의 인사를 보내고 싶다. 그리고 향후 그들의 유전자가 언젠가 지층을 다시 헤집고 다닐 어떤 생물체들의 눈에 다시 발견되길 기도할 것이다. 이왕이면 맘모스나 공룡과 달리, 산 채로 그리 되면 더욱더 좋을 것이다.

멸종을 상상할 때면 가장 앞서 표상되는, 졸지에 모두가 사라지는 장대한 비극은 없을 것이다. 인간의 멸종은 영화에서 흔히 보는 고전적 비극의 장렬함도 장대함도 없이, 지루한 고통을 견디어 내는 **'장기 지속적' 종말**이 될 것이다. 그렇다 해도 그것은 멸종이고 종말이다. **특별한 설비를 갖춘 제한된 공간 아니면 살 수 없다면**, 살아남은 개체의 숫자가 0이 아님을 들어 멸종이란 말을 모면할 수는 없다. 가령 지금 동물원의 야생동물들처럼 특별히 조성된 '수용시설' 아니고는 더 이상 생존할 수 없게 되었다면, 생존하는 개체들이 아직 남아 있다고 해도 그것은 사실 멸종이라 해야 한다. 인간도 그렇다. 종이란 '결국'이란 부사를 사용하지 않는 한, 어떤 종에 속하는 개체의 전적인 절멸로 오지 않는다. 이는 역으로 멸종이란 개체의 전적인 절멸 이전에 오는 사건임을 뜻한다. 어떤 식으로든 누군가 살아남아, '아직도!'라고 외치며 생존의 증거를 남기고 있다고 해도, 인간은 이미 멸종의 시간 속에 들어간 것이다.

7. 살의(殺意) 없는 대량 살상과 멸종의 특이점들

모두가 죽는 절멸이 아님에도 그걸 굳이 '멸종'이나 '종말'이라 말하는 것은 무엇 때문인가? 모두가 죽는 것이 아님에도 사용되는 '붕괴'니 '종말'이니 하는 말은 대체 무엇을 뜻하는가? 그것은 출구 특이점을 만드는, 즉 현재의 궤적을 바꾸는 대대적 변화가 없는 한, 지금의 체제는 어떤 길이의 시간에 걸쳐서 어떤 속도도 **멸종 내지 종말이라 명명할 지점을 향해 나아가고 있음**을 뜻한다. 즉 멸종이나 종말은 모든 개체의 멸절로 규정되는 어떤 상태가 아니라 그 개체들의 삶이 나아가는 **극한값**을 뜻한다. 모든 개체의 절멸이 아님에도 굳이 '멸종'을 말하는 것은, 출구 특이점을 만들지 못하는 한, 그렇게 우리는 종말이라는 극한값을 향해 다가갈 수밖에 없다는 말이다. 끝내 포기되지 않을 것 같은 '성장' 내지 '발전'이란 그 극한값을 향한 가속페달이다.

인간의 눈에는 결코 짧지 않은 시간을; 어쩌면 이제까지 살아온 것보다도 긴 시간을 수많은 개체들의 생존이 지속될 수 있음에도 지금 굳이 '멸종'이나 '종말'이란 표현을 사용하는 또 다른 이유는, 그것이 현재의 위기에 대한 **거의 모든 답들이 무효임**을 표현한다는 점 때문이다. 즉 '종말'이란 습관적 희망, 관성적 사고가 이제까지 제시해 온 모든 답들의 무효성을 뜻한다. '탄소 배출 감소'처럼 알아도 실현될 수 없는 답이거나, '탈성장'처럼 누군가 실현하려 해도 지구적 범위에서는 별로 소용없을 답, 기술주의적 해결처럼 함수적 단순성 속에 갇힌 허황된 답, '그린 뉴딜'처럼 어쩌면 그 추세를 가속할 수 있는 뒤집힌 답 등의 무효성을.

　모두가 죽는 절멸도 아니고 모든 생명체가 죽는 것도 아닌 종말, 아주 특별한 전변이 없는 한 계속 다가갈 수밖에 없는 극한으로서의 종말을, 절멸 이전에 닥쳐 장렬함도 없이 장기 지속될 그 멸종의 시간을, 그 시작과 끝을 잇는 멸종의 곡선을 하나의 그림으로 그려 볼 수 있을 것이다. 먼저, 언제가 인간에 의해 시작된 멸종의 시간이 있었을 것이다. 언제라고 해야 할지는 논란이 있겠지만, 여섯 번째 멸종이라 불리는 시간이 자연발생적인 것일 리 없는 한, 인간의 역사와 관련된 어떤 시점이 어딘가 있음에는 틀림없다.

　누구는 어딜 가든 큰 동물들을 잡아 멸종에 이르게 했던 호모사피엔스의 조상이 거기 있다고 할 것이고(유발 하라리, 『사피엔스』), 누구는 불의 사용이, 누구는 사냥의 도구들을 본격적으로 제작하기 시작한 석기시대가, 혹은 역사와 문명이 시작된 청동기시대가 거기 있다고 할 것이다. 그러나 그건 동물, 그것도 **포유류와 인접한 육상동물의 생명을 특권화한다**는 비판을 피하기 힘들 것 같다. 멸종의 이유를 원시인의 사냥이나 낚시질에서 찾는 것도 대단히 소박한 발상이다. 사냥이나 낚시질로 멸종된 동물들이 있겠지만, 그래봐야 그것은 특정 종들의 멸종일 뿐이다. 대멸종은 사냥 같은 것으로는 결코 일어날 수 없다. 멸종으로 몰고 간 인간의 야만성을 좀 더 많이 거슬러 올라간 기원에서 찾으려는 이 '비판적' 시도는 **인간학적으로는** 흥미로운 것일 수 있겠지만, 특정 생명체들의 멸종이 아니라 지질학적 멸종이라는 거대 사건을 설명하기에는 턱없이 부족한 것이다. 먼 시간으로 거슬러 올라간다고, 인간의 잔혹한 본성을 강조한다고 제대로 된 기원이 나오는 것은 아니다.

대멸종이라는 말에 부합하려면 포유류나 유대류 같은 동물뿐 아니라 어류나 파충류, 양서류, 조류 등은 물론 곤충이나 식물 등 인간과 같은 시간대를 살았던 생명체 전체로 시야를 확대해야 한다. 그럴 때 비로소 사냥이나 고기잡이처럼 죽일 대상이나 목적이 명확히 특정화된 가시적 살상이 아니라 **비가시적 대상 전반을** 겨냥하거나, **겨냥하지도 않은 채** 대대적으로 죽이는 그런 살상이 오히려 문제임이 드러난다. 가령 살충제는 특정되지 않은 포괄적 대상을 겨냥한 무기다. 이는 그것이 직접 겨냥하지 않는 개구리나 미꾸라지 같은 인근의 수생생물들 또한 살상한다. 제초제는 경작 작물 이외의 모든 식물들을 겨냥하는데, 이 또한 겨냥되지 않은 인근의 다른 생물들을 대거 살상한다. 화약전이 아니라 화학전이 훨씬 더 빠르고 광범위한 멸종을 야기하는 것이다. 질소 합성 기술 덕에 대량생산을 시작한 비료는 목숨 아닌 '영양'을 겨냥한 것이었지만, 잔류물로서 바다에 흘러 들어가 그것을 먹는 미생물을 증식시켜 해양생물들의 대대적인 질식사를 야기한다. 생화학전은 살상 목적과 무관하게 무수한 생물들을 죽인다.

그러나 대멸종의 좀 더 중요한 이유는 '**살의 없는 살상**'이다. 살상의 의도나 목적을 전혀 갖지 않은 채 행해진 대량 살상이었다. 살의가 없었기에 죽인다는 생각도 없었고, 죽인다는 생각이 없기에 죽어 가는 것을 알지 못했고, 죽어 가는 줄 알지 못했기에 죽어 가는 것의 수를 세지 않았던 살상, 그렇기에 더할 수 없이 대대적으로 행해진 살상이었다. 그 살의 없는 살상을 인간은 '생산'과 '개발'

이라 명명한다. 벼, 밀, 옥수수 등 '인간을 위한 작물'이 식물이 사는 육지 면적의 3분의 1 이상을 차지하게 되었다는 것은 이전에 거기 있었을 수많은 다른 식물들이 생존할 자리를 잃었음을 뜻한다.[52] 또한 그 식물들에 기대어 살던 수많은 동물들, 그것들이 서로 물고 물려 '먹이그물'을 이루던 생명체들 대부분이 그 경작에 의해 죽음으로 밀려갔을 것이다. 나무를 베어 내고 숲을 불사르고 땅을 깎아 주거지를 만들고 도시를 확장하는 개발들 또한 다르지 않았을 터이다. 바퀴를 단 이동 수단을 위해 아스팔트와 콘크리트로 대지를 덮을 때마다 땅속에서 사는 것들은 물과 공기와 출구를 잃었고, 물길을 고체화하기 위해 강 언저리마다 콘크리트를 발라 댈 때마다 물에 사는 것, 물가에 사는 것들은 생존의 파국을 겪었을 것이다.

이런 살상은 개체를 죽이는 게 아니라 개체들의 서식지를 파괴해 개체군 전체를, 아니 수많은 개체군들을 죽이는 대량 살상이다. 이에 비하면 직접 동물들을 향해 총탄을 쏘아 대는 무기와 화약은 무참하기는 해도 소박하다 해야 한다. 전혀 살상의 목적 없이, 죽인다는 생각 없이 행해지기에, 자신이 무언가를 죽인다는 것을 알지 못하기에 더욱 쉽게 행해지는 이 대대적인 살상에 비하면, 사냥이란 활 들고 하는 것이든 총 들고 하는 것이든 정말 아무것도 아닌 것이다. 대멸종은 지구적(global) 스케일에서 발생한 이 대대적 살상 없이는, 생명체 하나하나가 아니라 **생존지대 자체를 제거하는**

---

52 농사를 짓는 것은, 생명을 가꾸는 것이라는 통념과 다르게, 자신의 목적인 작물을 위해 인근의 생물들을 죽이는 것이다. 대규모 농사든 소농적인 것이든, 약을 치든, 낫으로 김을 매든, 이는 다르지 않다.

이 포괄적(global) 살상 아니면 생각하기 힘든 것이다.

　이러한 '살상'이 산업혁명 이후 인간의 신체와는 비교할 수 없는 힘으로 인간의 목적에 따라 세상을 바꾸었던 거대 기계들, 그리고 그것을 움직이게 해 준 동력기관과 석탄, 석유 등의 에너지자원에 기대고 있다는 것은 분명하다. 생태적 지형의 이 대대적인 변경은 인간의 근육을 기계장치로 대체했던 본격적인 기술혁명 없이는 불가능했다. 불도저와 포클레인 등 땅을 파고 갈아엎고 고르는 기계들, 인간의 목적, 자본의 목적에 따라 바다를 가르고 하늘을 날며 물자들을 운송하는 기계들은, 근대 이후 비약적으로 발전한 전쟁무기들 이상으로 대멸종에 기여했을 것이다. 물론 이러한 대량 살상 기술의 기저에는 그런 기술의 물리적, 화학적, 생물학적 기반이 된 근대과학이 있었다. 기술혁명이 대멸종으로 밀고 간 힘을 제공했다면, 비용과 이득의 효율을 재는 계산의 경제는 그 힘을 불러내고 이용하고 확장하도록 한 욕망과 동력을 제공했다. '인간'이란 이름은, '인간은 언제나 목적으로 다루어져야 한다'며 '인간을 위하여' 행해지는 모든 것을 정당화했던 인간학적 휴머니즘은, 이러한 살상을 눈앞에 있어도 보이지 않게 함으로써 과학과 기술, 경제가 주도한 이 동맹에 또 하나의 동맹자로 참여했다.

　이 점에서 대멸종의 이유는 기후위기의 이유와 다르지 않음이 분명하다. 기계적 힘에 의한 대지의 착취를 본격화했던 **산업혁명이야말로** 사냥꾼에 의한 제한적 멸종을 인간 대중 전체에 의한 포괄적(global) 대멸종으로 비약케 한 사건이었다. 그러한 기술적 비약과 결합된 경제적 동력이 '대량생산 대량소비'의 비약을 시작했을 때,

대멸종 또한 '**대량개발 대량멸종**'의 시대로 다시 한번 비약했을 것이다. 즉 경제적 팽창의 비약적 특이점이 있었던 시기에 기술 발전의 특이점이 있었던 것과 마찬가지로, 그 시기에 생명체 멸종 속도가 비약하는 특이점들이 있었다고 해야 하지 않을까? 그리고 기후 상태가 생명체의 생존 조건 자체임을 안다면, 그 기후 상태가 티핑 포인트를 넘는 지점 또한 멸종의 역사에서 또 하나의 비약적 특이점이 되리라고 해야 하지 않을까?

8. 멸종의 여백에서

멸종하는 종이나 개체는 특이점마다 비약하는 곡선을 따라 상승해 갔을 것이다. 물론 인간이나 벼와 밀, 옥수수 같은 작물처럼 그것을 대가로 번성하는 종도 있지만, 그러한 번성조차 아직 죽지 않은 다른 생명체들에 기대어 있는 한 이들 역시 '종말'이라는 극한을 향해 가는 멸종의 시간 속에 있음은 부정할 수 없을 것이다. 악화되는 기후가 경작되는 작물의 생존을 교란해 인간의 생존 조건을 위협하리라는 전망은 이미 흔히 듣고 있는 것이니 말이다. 그것들은 멸종의 시간 한쪽에 있는 멸종의 여백에서, 필경 축소되어 사라져 갈 '아직'이라는 부사 속에서 여백의 시간을 살고 있는 것이다.

인류세의 예찬자들 말대로 인간은 지구의 역사, 생명의 역사를 바꾼 위대한 주체임이 틀림없다. '여섯 번째 대멸종'이라는 지질학적 사건의 주역이고 주체이기에. 대멸종도, 작은 멸종 혹은 대량 살상도 **자신의 직접적 목적으로 한 적이 없었으나, 그랬기에 오히려 그것의 효과적 주체가 될 수 있었다**는 역설. 이러한 역설은 요나의 오래된 사례부터 헤겔의 '이성의 간계'까지 이미 오래전에 관찰된 것이다. 다만 불행한 것은 자신들로 인해 시작된 그 역사를 바꿀 능력이 없다는 사실이다.

물론 인간의 개입이 야기했던 멸종이고, 그 개입의 양상에 따라 '멸종압'(滅種壓)은 달라질 것이다. 즉 개입의 양상에 따라 멸종의 곡선을 국소적으로 바꿀 수는 있을 것이다. 그러나 이미 지질학적 시간 속에서 종말이라는 극한을 향해 나아가는 그 **곡선의 추세 자체를** 바꿀 가능성은 사실상 없다고 해야 한다. 왜냐하면 죽어 간 것들을 살려 낼 길도 없고, '인류'가 야생동물처럼 서식지를 잃은 것들에게 인간의 땅을 되돌려주며 새로운 생존의 길을 열어 줄 가능성도 없기 때문이다. 경작을 포기한 채 '자연'에 생명체의 생존을 넘겨주는 것이나, 도시를 뒤덮은 아스팔트와 콘크리트를 제거해 생명체들에게 되돌려 주는 것은 상상조차 하기 힘든 일이다. 대멸종의 이유가 된 것들을 되돌리는 이런 '격변'이 없다면, 대멸종의 추세는 바뀔 수 없다. 가파른 기울기로 상승해 가며 멸종의 여백을 축소시키고 있는 멸종 곡선의 추세를 꺾어 하강하게 하는 것은, 대기의 온도를 바꾸기 위해 탄소 배출량을 줄여 기후 곡선의 특이점을 만드는 것보다 훨씬 어려운 일이다. 그러니 '인류'가 만들어 온 세상의 종말은 피할 수 없을 것이다.

그나마 다행인 것은 박테리아와 고세균, 바이러스, 균류 등의 미생물이 종말의 멸종 곡선을 따라가고 있는 것 같지는 않다는 사실이다. 그들은 자신을 직접 겨냥한 약품들의 공격에도 살아나 되돌아오지 않았던가! 다만 그들이 서식지와 먹이로 삼는 생명체가 멸종 곡선을 따라 줄어들겠지만, 물을 분해해 에너지를 얻고 햇빛과 이산화탄소로 에너지를 만드는 방법을 발명하며 새로운 생존의 길을 닦아 온 게 그들 아닌가. 그들이 있는 한 우리가 상상하는 시간 안에서 생명의 역사에 종말은 없을 것이다.

식물 또한 동물들보다는 나을 것이다. 남의 신체를 먹어야 사는 동물과는 달리 물과 햇빛, 이산화탄소만 있으면 생존할 수 있기에 멸종압은 필경 동물과 다를 것이다. 게다가 이산화탄소 농도 증가는 역으로 식물에게는 좀 더 나은 생존 조건일 수 있다. 열대우림일수록 식물들이 번성해 왔음을 안다면, 온난화가 위도가 높은 지역으로 식물들의 서식지를 확대할 수 있음을 안다면, 기후 온난화가 식물에게 재난이 될 거라고 쉽게 말하기는 어렵지 않을까? 거꾸로 체르노빌의 숲은 인간의 멸종과 더불어 식물들의 천국이 도래하는 건 아닌가 상상하게 한다. 온난화에 따라 거대한 숲을 태우는 화재가 빈발하고 있지만, 인간에 의한 '개발'에 비하면 이런 화재는 사소한 불행에 지나지 않는다. 그렇게 인간에게 잡아먹힌 숲은 화재로 사라진 숲보다 복구 가능성이 훨씬 더 작다. 도시가 숲이 되는 일이란 화재로 폐허가 된 대지가 숲이 되는 것보다 훨씬 어려운 일일 것이다.

기후위기 속에서 식물의 멸종에 대한 우려 또한 있지만 대부분은 인간이 경작하는 식물에 대한 것이다. 그것은 식량 위기를 근심하는 것이지 식물들의 위기를 근심하는 게 아니다. 인간과 비슷한 조건에서 생존해 온 식물들은 확실히 인간과 함께 멸종의 길을 갈 가능성이 크다. 그러나 동맹자 인간 덕에 너무도 과도한 서식지를 차지한 그 식물들의 운명이 식물 전체의 운명은 결코 아니다. 오히려 경작 작물들의 몰락은 다른 식물들에겐 나쁜 소식이 아니라 좋은 소식 아닐까? 물론 멸종한 것이 부활하지는 않겠지만, 그 서식지는 거기를 채우던 것 아닌 다른 식물들이 소생해 살아가는 대지가 되어 줄 것이다. 새로운 혼종들이 생겨나는 토양이 될 것이다. 희망 찾기를 좋아하는 분들에게 식물들은 멸종의 시간을 사는 또 하나의 희망이 되어 줄 것이다.

멸종의 시간은 '종말'이라 부를 어떤 시점을 향해 점증하는, 죽어 가는 생명체들의 수와 사라지는 종들의 수가 그리는 멸종의 검은 면으로 점차 넓게 채색되어 간다. 그것은 살아 있는 것들이 생존할 수 있는 여백이 점차 축소되어 가는 과정이기도 하다. 우리의 시야에서 벗어났을 뿐 아니라 독자적 생명력을 갖는 미생물들의 미시적 생존지대가 멸종지대의 한편에 있고, 우리가 보려고만 하면 볼 수 있는 생물들의 거시적 생존지대가 다른 한편에 있다. 미생물의 멸종 곡선은, 확실하진 않으나 누차 반복되는 대멸종을 견디어 온 역사를 보면 지금 여섯 번째 멸종의 시간 속에서도 멸종의 폭이 확대되는 양상으로 그려지진 않을 것이다. 반면 거시적 생물들의 곡선은 산업혁명과 1945년 전후 시점 그리고 기후학자들이 티핑 포인트라고 부르는 어떤 시점을 계기로 비약하는 양상을 취할 것이다. 멸종 특이점들이 있는 것이다. 그걸 지날 때마다 멸종의 여백은 비약적으로 줄어들 것이다.

종말이란 이 두 개의 멸종 곡선 사이에 있는 멸종 지대가 되돌릴 수 없도록 확대됨을 뜻한다. 그 폭은 미생물 말고는 빠져나갈 틈이 없어진 지점을 최댓값으로 갖는다. 하지만 현실에서의 종말은 미시적 생명체뿐 아니라 거시적 생명체가 빠져나갈 구멍을 열어 두고 있을 터이다. 종말의 구멍을. 오르도비스기의 대멸종은 생존하는 종의 14퍼센트에 대해, 데본기는 25퍼센트, 트라이아스기는 20퍼센트, 백악기는 24퍼센트, 그리고 그 구멍이 가장 좁았던 페름기조차 5퍼센트 정도에 대해 열려 있었다. 인간을 원인으로 하는 인류세의 대멸종은 30퍼센트 정도의 크기로 구멍이 열려 있을 것이라고들 한다. 30퍼센트나 살아남는다니 다행이다 싶지만, 전체 종의 70퍼센트가 사라지는 것이라고 바꿔 쓰면 그런 말이 새삼 민망해진다. 그 30퍼센트에 인간이 들어갈 수 있을까? 모를 일이다. 그래도 그 모면할 길 없는 멸종의 시간에 그런 **구멍**이 있다는 것은 얼마나 다행한 일인가.

　　이제 우리는 어차피 면할 수 없는 종말이라면 무얼 하려 애쓰는 게 무슨 소용인가를 묻는 질문에 대해 좀 더 쉽게 대답할 수 있다. 먼저 멸종이나 종말이 피할 수 없다면, 그런 말은 무언가 해 보려는 노력이나 시도 자체를 무력화할 텐데 그게 무슨 도움이 되겠느냐는 뻔한 질문에 대해서는 진지한 대답보다는 그 질문을 다른 방식으로 돌려주는 게 더 낫다. 치유 가능성이 없는 말기 암 환자에게 그 사실을 알려 주는 것은 그를 절망하게 하고 무기력하게 할 뿐인데, 대체 그걸 알려 주는 게 무슨 도움이 되겠느냐는 말과 너무 비슷하지 않느냐고. '진실'에 관한 단순한 도덕적 정언명령을 그저 우직하게 따라가야 한다는 말은 아니다. 암도, 방사능 오염도, 멸종도, 알고서 고통스레 죽어 가느니 모르는 채 눈감는 게, 가능하다면 즐겁게 살며 죽어 가는 게 더 낫다는 말을 '거짓'이나 '속임수'란 말로 일축할 수는 없다는 생각이다. 솔직히 말해 어차피 죽을 테지만 모르는 채 죽을 수 있다면 살아 있는 기간 동안 즐겁게 사는 게 더 낫다고 우리는 믿는다.

문제는 암처럼 어찌할 수 없는 어떤 치명적 질병도, 방사능이나 기후위기, 멸종 같은 난감한 사태도, 애써 감추어 모르는 채 통과하고 싶어도 그게 **불가능하다**는 사실이다. 아무리 질끈 눈 감고 귀를 틀어막아도, 신체에 번져 가는 고통을 지울 수는 없는 일이다. 삶을 조여 오는 고통의 대기를 벗어날 수는 없는 일이다. 요컨대 다가오는 개인의 죽음도, 종의 죽음도, 모면할 길 없는 종말도, 애써 모르는 채 그저 무엇이든 열심히 해 가며 살자고 해 봐야 그게 불가능하다는 것이다. 기후위기의 징후로 겪는 고통은 해마다 계절마다 피할 수 없는 것이 되지 않았는가?

이미 확인한 것처럼 멸종이나 붕괴라고 하지만 모든 이가 단번에, 또한 '쉽게' 죽지 못한다. 사실 개인의 경우에도 죽음보다 더 어려운 것이 출구 없는 삶이다. **죽음보다 고통스러운 삶을 견디고 지속해야 한다**는 사실이다. 그에 비하면 죽는 게 차라리 쉬웠을 것이라는 말을, 많은 일본군 '위안부'들의 증언에서 읽을 수 있다. 생존의 경계 지대에서 하루하루를 간신히 버티는 분들 또한 이런 생각을 일 년이면 몇 번씩 해 보았을 것이다. 따라서 종말이 정말 올 것인지보다 더 중요한 것은 그것이 '**어떤** 종말인가'이다. '**어떻게** 몰

지구의 철학

락할 것인가'이다. '**어떤** 종말을 살아 낼 것인가'이다. 점점 축소되어 갈 멸종의 여백에서 살아남은 이들이, 그 종말이라는 귀착점에 이르는 점증하는 고통의 길을 어떻게 살 것인가이다. 그 종말의 시간을 살아 내기 위해서, 그게 결국 모면할 수 없는 것일 때조차, 그 종말을 면할 방법, 그 붕괴의 파괴력을 최소화하는 방법을 찾는 방식을 우리는 질문하게 될 것이다. 불가능해 보일 때조차 출구 특이점을 찾으려는 시도를 반복할 때, 우리는 몰락의 과정을 다르게 살게 될 것이다.

그렇다고 그것이 종말을 향한 대멸종의 추세를 바꾸어 놓긴 힘들 것이다. 심지어 기후위기에서 빠져나가는 '출구 특이점'을 만들었다 해도, 대멸종의 추세는 필경 바뀌지 않을 것이다. 그래도 멸종의 시간을 어떻게 사는가에 따라, 멸종의 여백에서 무엇을 하는가에 따라, 멸종의 과정을 좀 더 쉽게 통과하게 될 것이고, 어쩌면 멸종 곡선에 약간의 변형을 가할 수도 있을 것이다. 멸종압을 줄여 곡선의 기울기를 부분적으로 완화시킬 수도 있을 것이다. 추세를 결코 바꾸지는 못하겠지만, 혹시라도 전체적인 기울기를 조금이나마 완화시킬 수 있을지도 모른다. 그리하여 혹시라도 멸종의 폭을 줄이고 종말의 구멍을 약간이나마 확대할 수 있다면, 그것은 분명 우리가 종말을 사는 가장 그럴듯한 길이 될 것이다.

그 종말의 구멍으로 누가 빠져나갈 것인가? 모를 일이다. 인간이 빠져나갈 수 있을까? 아마도 쉽지 않을 것이다. **누가 빠져나가든** 그렇게 빠져나가는 것이 늘어나는 만큼 다른 종말이 다가올 것이다. 종말에 이르는 다른 길이 만들어질 것이다. 아마도 그럴 수 있다면 지구의 역사에 감히 '인류세'라는 이름을 붙인 것에 대해서, 인간이 지구의 역사를 바꾸어 놓은 주체였다는 민망한 자부심에 대해서, 작은 미소 정도는 허용될 수 있을 것이다.

제 7 장

유물론적 종말론과
미토콘드리아의 철학

─ 종말의 이중 긍정을 위하여

1. 구멍은 있어도 구원은 없는 종말

기후의 역사는 물론 생명체의 역사도 종말의 운명을 모면할 수 없을 것이다. 그것은 역사 자체의 종말이 아니라 지금 역사의 종말일 것이다. 그리고 새로운 역사가 시작될 것이다. '종말'이란 그처럼 모면할 수 없을 때조차 그저 끝이 아니다. 종말이란 끝이라 불리는 **극한**이고, 그 극한을 향해 나아가는 **과정**이다. 과정임에도 '끝'이라 함은 그것이 어떻게 해도 모면할 길 없는 과정이기 때문이다. 종말이란 어찌할 수 없는 **절대적 외부의 이름**이다.

종말은 종결이 아니라 **물음**이다. 그것은 파국으로 끝나는 결말이 아니라 해피엔딩을 약속하는 모든 답들이 지워지는 어둠이고, 그 어둠 속에서 탄생하는 물음들의 집합이다. **속 편한 가정들이 제공하는 모든 출구가 침수되는 심연**이고, **결코 풀릴 것 같지 않은 물음과 문제가 탄생하는 대지의 어둠**이다. 종말이란 출구 없는 현실을 애써 지우려는 헛된 희망들의 묘지고, 출구를 찾으려는 절실한 물음들이 헤매어야 할 깊은 바다다. 그것은 모든 이탈이나 실패조차 '이성의 간계'로 간주하는 속 편한 관념론자의 정신이 추락하는 불가능성의 허공이다. 인간의 이성이나 정신이 찾아낸 모든 답들이 가라앉는 깊은 어둠이다.

유물론이 우리의 '정신'이나 관념, 의지의 뜻대로 되지 않는 모든 종류의 외부를 통해 사유하는 방법이라면, 한마디로 '외부에 의한 사유'라면, 종말 또한 하나의 유물론적 사유가 시작되는 외부의 어떤 이름이라 해야 할 것이다. 이러한 유물론적 사유는 인간이나 이성의 이름으로 행해진 모든 것들이 애초의 목적이나 의도에서 벗어나 뜻밖의 지점에 이르리라는 사실을 수긍하는 것에서 시작한다. 그것은 자신의 의지나 지식에 맞추어 세상을 접어 넣으려는 관념론적 사유의 무능력 지대지만, 그렇기에 뜻대로 되지 않는 외부와 대면하며 시작하는 유물론적 사유의 대지이다. 유물론자에게 종말의 불가피성이란, 그 황무지를 수긍하고, 거기서 살아가는 길을 찾는 것이다. 쉬운 출구에 대한 미련을 모두 버리고, 그럴듯해 보이는 답들을 전부 지우는 것이다. 그리고 물음을 던지길 시작하는 것이다. 출구 없는 세계에서 출구를 찾는 것이다.

그러나 '대멸종'이니 '종말'이니 하는 말에 기겁하여 '종말론'이라고 비난하는 분들이 적지 않다. 종말을 말하지 않는 환경운동가들마저 '종말론적 환경주의'라고 비판하는 이들도 있으니 말이다 (마이클 셸런버거, 『지구를 위한다는 착각』; 패트릭 무어, 『종말론적 환경주의』). 이들은 대체로 한때 환경운동에 참여했던 이력을 내세워, "내가 해 봐서 아는데…" 풍으로 설교하려 든다는 공통점을 갖고 있다. 그런 분들을 그나마 위로해 주는 것은, 어떻게 읽어도 결코 낙관할 이유를 찾기 힘든 IPCC 보고서가 어디서도 명시적으로 '종말'에 대해 말하지 않는다는 사실인 듯하다. 다행이라 해야 할까? '종말'의 뉘앙스만 풍겨도 히스테리를 일으키는 인간들을 설득하는 데 그것만큼 어리석은 일은 없을 테니 말이다. 그러나 아무리 다시 읽어도 '지금 이대로라면' 도래하리라는 '티핑 포인트'를 종말의 예고로 읽지 않기는 불가능해 보인다. 어떤 해결의 기미도 보이지 않는 지금, 그 티핑 포인트가 몇 년 앞으로(2030년대 초!) 다가왔다는 말을 종말의 예고로 보지 않기는 정말 어려워 보인다.

'종말', 그렇다! 우리는 지금 종말에 대해 말하고 있다. 그리고 계속해서 종말에 대해 말해야 한다. 우리는 종말론자다. 아니, 종말론자가 되어야 한다. 하지만 제대로 된 종말론자가 되어야 한다. '종말'이란 무엇인지에 대해 다시 생각해야 하고, 종말론은 무언지 진지하게 따져 보아야 한다. '종말론'이란 말로 무언가를 비웃거나 밀쳐 내기 전에, 종말이 면하기 힘든 것으로 보임에도 '종말론'이라는 딱지 하나면 어떤 사실을 반박하거나 모든 주장을 일축하기에 충분한 것인지 따져 보아야 한다. 사실 그 이전에 물어야 한다. 이제까지 진정한 종말론이 있기는 했던가? 진정 종말을 주장한 이들이 있었던가? 내가 아는 한 그런 종말론은 없었다. 지금까지 있었던 모든 종말론은 **출구가 있는** 종말론이었다. 따로 찾을 것도 없이 정면 한가운데 자리 잡은 출구를 빛내 주기 위한 검은 배경, 그것이 종말론이었다. 거기서 종말은 구원의 약속을 주인공으로 부각시키기 위한 조연이었다. 종말의 위협을 통해 그 구원의 약속을 부각시키고, 그 약속의 대가로 복종을 요구하기 위해 두려움과 공포의 감정으로 최대한 검게 채색된 종말론이었다.

구원의 약속을 위한 배경으로서의 종말론, 거기에는 종말이 없다. 약속된 구원의 출구가 따로 있는데 종말이 무슨 종말인가? 그렇게 종말이 없는데 무슨 종말론이 있단 말인가? 거기서 종말은 구원의 약속으로 사람들을 꾀기 위한 거짓 어둠일 뿐이다. 목적이 뻔히 보이는 이 조잡한 신학적 상상에서 종말론을 구해야 한다. 어떻게 해도 모면할 수 없는 종말을 진지하게 받아들이는 것에서 시작해야 한다. 빠져나가는 이들이 있을 때조차 피할 수 없는 것이 종말임을 말해야 한다. **구멍은 있어도 구원은 없는 종말**을 말해야 한다. 틈새와 구멍이 있다 해도 그게 얼마나 될지 누가 빠져나갈 수 있을지 예측도 약속도 불가능하다면, 그 구멍은 결코 구원이 될 수 없으니 말이다. **틈새는 있어도 출구는 없는 종말**에 대해 말해야 한다. 찾는 이들에게 열린 것이 아닌 틈새는 출구가 아니니 말이다.

제대로 된 종말론을 위해서는 희망의 강박이 만든 어설픈 희망을 모두 지워야 한다. 종말을 종말로서 받아들이고 긍정해야 한다. 종말의 문제를 '허무주의'라는 비난으로 밀쳐 내지 말고 진지하게 사유해야 한다. 희망의 강박이 만드는 출구는 신학적 구원을 대신한 인간학적 구원일 뿐이다. 그래도 희망은 있어야 하지 않는가? 그게 없다면 대체 기후를 분석하고 지구에 대해 말하는 게 무슨 의미가 있는가? 그러나 이런 생각이야말로 '있어야 할' 것을 '있다'고 착각하고, '있어야 할' 희망으로 '있는' 현실을 잊게 하는 희망-강박증의 전형적 증상이다. 자신을 속이고 세상을 속이는 질병이다. **근거 없는 희망**과 **근거 있는 절망**이 있을 때, 그래도 우리의 선택지는 희망이어야 하는가? 기후 문제가 이렇게 심각해진 것은 모두 이처럼 **근거 없는 희망을 갖고** 가던 길을 계속 갔기 때문 아닌가? 그렇다면 희망이야말로 이 심각한 위기의 공범 아닌가? 근거가 있어도 절망할 줄 모르는 것이야말로 도래할 파국의 이유 아닌가? 그렇다면 절망할 줄 모른다는 것이야말로 출구 없는 종말의 이유 아닌가? 제대로 된 절망이야말로 그나마 우리에게 남은 유일한 희망 아닌가? 종말을 어떻든 부정해야 한다는 사고는, 근거 있는 종말을 보

지구의 철학

지 않기 위해 근거 없는 희망에 미래를 맡긴다. 종말을 면하려는 마음으로 하여금 헛된 미끼를 물게 한다. 종말의 부정을 긍정적 출구로 착각하게 한다.

　종말에 대한 집단적 공포는 죽음에 대한 개체적 공포와 동형적이다. 이러한 공포는 죽음을 모면하려는 필사적 시도로 우리를 몰고 간다. 그로써 막바지에 이른 신체마저 망가뜨리고, 그나마 남은 시간을 헛된 구원의 시도 속에 쏟아붓게 한다. 말기 암 환자가 남은 시간을 가망 없는 '항암치료'로 보내는 것조차 우리는 '생명을 위한 것'으로 당연시하지 않는가. 이는 생명이란 그저 죽음의 부정을 뜻한다고 믿는 부정적 사고 덕분이다. '부정의 부정'을 긍정이라고 믿는 착각의 논리학 덕분이다. "생명이란 죽음에 저항하는 힘"이라는 사비에르 비샤(Xavier Bichat)의 잘 알려진 정의는 이런 이중부정의 사고법을 잘 보여 준다. 그러나 나쁜 일을 안 하는 게 좋은 일을 하는 것은 아니며, 죽지 않은 것이 살아 있는 것과 동일한 것은 아니다. 살아 있다는 것은 '아직 죽지 않음'이라는 이중부정의 상태가 아니라 외부와의 대사를 유지하고 그 외부에 어떤 효과를 산출하는 긍정적 능력의 활동이다.

　종말에 대한 이 강박증적 부정은 죽음의 공포에 사로잡힌 감정의 히스테리적 반응이다. 어떤 대가를 치러도 좋으니 죽음을 모면하고 싶다는 필사적 욕망으로 이어지게 마련인 이런 공포는, 위기의 해결사를 자처하는 이들에게 쉽게 자신을 맡기게 한다. 종교적 종말론이 노리는 게 바로 이것이었음을 우리는 안다. 살아남기위해서라면 어떤 대가를 치러도 좋다고 판단하게 한다. '전시 공산주의'가 출구가 되리라는 주장을 우리는 앞서 본 바 있다. "종말을 피하려는 것인데, 독재면 어떻고 파시즘이면 어떻냐"라는 주장을 우리는 필경 보게 될 것이다. "남은 방책은 기온을 낮추기 위해 성층권에 에어로졸을 뿌리는 것"이라는 지구공학자의 말에 솔깃해질 수도 있다. 공학의 '과학적' 서술 형식은 근대적 영혼의 눈을 쉽게 사로잡을 수도 있다. 덕분에 이 단순한 사고가 야기할 사태에 대한 비판이나 근심은, 종말의 공포와 비장함에 사로잡힌 이들에겐 〈설국열차〉 같은 영화의 만화적 공상으로 보일 것이다.

죽음을 긍정한다는 것은 스스로 죽음을 선택하는 자살 같은 것이 아니며, '이제 죽을 것이니 모든 게 무의미하고 소용없다'라는 자포자기를 뜻하지도 않는다. 우리는 누구든 반드시 죽는다는 걸 안다. 그러나 그걸 받아들이고 긍정한다고 해서 생존을 포기하거나 모든 게 다 소용없다며 아무렇게나 살지 않는다. 죽음을 긍정할 수 있을 때 남은 시간을 현명하게 보낼 수 있다. 지구를, '텅 빈 기관 없는 신체'나 '죽음의 선을 그리는 기관 없는 신체'가 아니라 '충만한 기관 없는 신체'로, 능산적 대지로 되돌리는 길을 상상할 수 있다. 죽음을 긍정하지 못하면 공포 속에서 어떻게든 죽음을 피할 방법을 찾아 치달리지만 죽음을 긍정하면 어떻게 살 것인지를 차분하게 생각한다. 앞을 보며 정말 해야 할 일은 무엇인지, 그게 할 만한 일인지 아니면 공연한 짓인지 생각한다. 뒤를 돌아보며 그동안 그토록 애써 얻고자 했던 게 정말 중요한 것이었는지, 삶에서 정말 중요한 게 무엇이었는지 반추하게 될 것이다. 그렇게 남은 삶을 어떻게 보내는 게 현명한 것인지 생각하게 될 것이다.

지구의 철학

노파심에 반복하건대, 죽음을 긍정한 이들은 '어떻게 죽을지'를 생각한다. 이때 '어떻게 죽을지'를 묻는다는 것은 멋지게 죽는 방법을 묻는 게 아니라 남은 시간은 '어떻게 살 것인지'를 묻는 것이다. 남은 시간 무엇을 할 것인지 묻는 것이다. 이는 죽음을 향해 가는 시간 속에서, 나는 무엇을 하고 무엇을 남기게 될지 묻는 것이기도 하다. 종말을 수긍하는 이들 또한 그럴 것이다. 우리가 종말을 향해 가며 그렇게 남기는 것들 속에서, 살아남은 것들은 살아갈 것이다. 우리가 어떻게 '죽어 가고' 무엇을 남기는가에 따라 살아남은 생명체들은 다른 조건에서 다른 삶을 살아가게 될 것이다. 분해되어 미생물이 되고, 분자가 되어 지구 속에 흩어진 나의 신체들이, 그렇게 남겨진 것들 속에서 다른 지구를 다시 살아갈 것이다.

2. 유전자의 주체철학과 미시적 혈통주의

생명을 오직 유기체의 형태로만 사고하고, '인간'이라 불리는 개체나 종의 존속을 지상목표로 삼는 것이야말로 휴머니즘이 지구적 스케일의 몰락을 만들어 온 이유다. 그것 때문만은 아니지만 그런 이유도 있어서, 지구적 위기의 시대인 지금 휴머니즘 비판이, '포스트휴머니즘'이 널리 번져 가고 있다. 그러나 휴머니즘을 벗어난다 함은 사이보그라는 기계적 형상으로 인간을 다시 그리는 것도 아니고, 인간 아닌 기계가 인간을 지배하는 시대를 상상하는 것도 아니며, 인간 아닌 생명체와 인간이 공생하는 미래의 지도를 그리는 것도 아니다. 그것은 대개 인간 아닌 것들을 통해 휴머니즘이 재생할 길을 찾는 것(클라이브 해밀턴, 『인류세』)이 되기 십상이다. 애써 휴머니즘을 벗어나선 곧바로 '인간'(human, humanity)이란 말을 '인류'(humankind)라고 바꾸어 쓰고 마는 것도 이런 경우일 것이다(티머시 모턴, 『인류』).

휴머니즘이야말로 인간으로서 벗어나기 힘든 굴레이고, 벗어버리기 힘든 옷이다. 제대로 된 종말론이 그러하듯, 제대로 된 포스트휴머니즘이라면 인간 아닌 것과의 '공생'이나 새로운 '동맹'을 통해 인간을 구원하려는, 귀에 쉽게 들어오는 모든 전망에서 벗어나야 한다. 공생이나 동맹을 말할 때조차 '인간'이나 '인류'를 재차 새로운 중심으로 세우려는 태도를 벗어나야 한다. 인간 자신을 **인간 아닌 것을 통해** 사고하는 것이어야 한다. 어떤 행동의 **주어**를 인간 아닌 다른 것들로 바꾸는 것이어야 한다. '포스트휴머니즘'이 어떤 긍정적인 것이 될 수 있다면, 그것은 사유와 행동의 주어를, '자연'과의 단절에 대해 반성하고 개과천선한 인간이나 인류로 바꿔 쓰는 것이 아니라 인간 아닌 것들, 더 정확히는 인간 아닌 것들과 인간들로 구성된 공동체로 바꾸어 쓰려는 시도를 통해서일 것이다. '포스트휴먼'이 인간에게도 어떤 긍정적 주어가 될 수 있다면 그것은 조건에 따라 달라지는 그 공동체 안에서 인간이 동맹한 친구들의 적절한 대행자(agent)가 되는 한에서일 것이다.

지구에 의한 사유, 기후위기에 의한 철학은 우리가 인간 아닌 것으로서 자신을 사유하고 인간이라는 지반을 떠나 자신을 사유할 것을 요구한다. 휴머니즘을 벗어날 것을 요구한다. 이를 위해서는 인간 자신을 **인간 이상의** 다양체로, 또한 **인간 이하의** 다양체로 보아야 한다. 인간을 비인간과 인간 공동체의 일부로 보는 것만큼이나 인간 자신을 인간 아닌 것들의 공동체로 볼 수 있어야 한다. '나'라고 말할 때, 유기체로서의 인간이 아니라 그 몸 안에 있는 세포나 미생물 같은 미시적 존재자로서 발성할 수 있어야 한다.

이를 위해서는 인간이라는 종에서 벗어나, 유기적 개체에서 벗어나, 자신을 구성하는 미시적 부분들로 스스로 선 자리를 바꿀 수 있는 감각이 필요하다. 이는 다양체나 배치를 말할 때조차 그대로 유지되던 유기체를 떠나야 하기에, 어떤 작은 용기를 필요로 할 수도 있다. 해체를 감수하며 유기체 이하로, 최소 크기로 축소되어 최대의 수로 증식되는 미시적 부분들로 흩어질 수 있는 사유의 용기를. 무엇보다 먼저 나 자신의 생존과 번식, '인간'이란 종의 존속이라는 시야에서 벗어나 '나'라고 생각하지 않았던 생명체들의 생존을, 인간이기를 그친 '나'의 존속을 '나'의 현재와 미래로 사고할 수 있어야 한다. 미생물이 되고 세포 속의 일부가 되어 어떤 놈의 배 속이나 세포질 속에서 살아갈, '나'를 구성하던 작은 것들의 수많은 미래를 나의 미래로 사유하는 것. 또한 유기체로 존속하던 내 신체 속에서 서식하던 미생물들의 생존을 통해 그리고 유기체의 해체 이후에도 존속할, 나의 신체로 모여들어 그것을 먹고 살아갈 것들의 신체를 통해 나의 미래를 사고하는 것. 그렇게 나와 남을 가르는 피부의 경계를 가로질러 먹고 먹히는 관계 속에서마저 발생하는 미시적 동맹 속에서 나의 존재를 사유하는 것. 그러한 동맹체들을 나를 대신한 주어로 삼아 판단하는 것.

사실 우리의 세포는 그렇게 먹고 먹히는 관계가 적대와 협조의 경계를 가로지르며 시작된 공생의 사건을 통해 탄생했음(린 마굴리스, 『공생자 행성』; 린 마굴리스·도리언 세이건, 『마이크로코스모스』)을 우리는 안다. 앞서 언급한 것이지만, 알파프로테오박테리아가 미토콘드리아가 되고, 시아노박테리아가 엽록체가 되어 자신을 잡아먹은 것과 공생하는 사건, 그런 새 개체들이 모이며 만들어진 생명체와 그것들이 다시 모이며 만들어진 다세포생물의 출현, 이것이야말로 진화의 역사에서 가장 큰 '역사적 사변'이었다. 진화의 일차적 성분은 작은 돌연변이들이 누적되며 갈라지는 과정이 아니라 만남과 공생이라는 이 큰 사건들에 의해 접속하고 결합되는 과정이다. 우리의 신체는 그렇게 생성된 세포들로 구성된 거대한 집합체다. 그 세포 하나하나가 미토콘드리아, 리보솜, 핵 등의 세포소기관들, 그 안의 유전자와 핵산, 단백질과 아미노산 등의 분자적 요소들로 구성된 공동체다. 우리의 신체는 60조 개에 이르는 그 세포들의 거대한 군체(colony)다. 그 수보다 많은 미생물이 사는 서식지다. '나'는 그 세포나 유전자 수 이상으로 많은 미시적 영혼들의 의사를 그때마다 하나로 바꾸어 묶으며 움직이는 거대한 공동체다.

뇌라는 중심을 통해 신체적 단일성을 가정하는 **뇌중심주의적** 통념을 벗어난다면, 유기체가 해체되는 것을 '나의 죽음'이라고 받아들이기만 했던 오래된 습관을 벗어난다면, '나'라는 대명사는 문법에 내장된 낡은 관념과 달리 항상-이미 복수임을 이해할 수 있을 것이다. 나의 신체가 수많은 세포와 '기관'들, 미생물들의 거대한 집합임을 안다면, '나'라는 말은, 유기체들의 집합을 표시하는

'우리'라는 말과 마찬가지로, **언제나 복수인 1인칭 대명사**임을 수긍해야 한다. 수많은 '먹을 것'을 자신 안에 모아 담은 '햄버거'나 '비빔밥'이란 말처럼, 수많은 '나'들을 하나의 말로 표현하는 수사학적 환유가 '나'인 것이다. '우리'가 유기체 이상의 수준에서 구성되는 이러저런 거시적 동맹체를 표시하는 1인칭 복수 대명사라면, '나'는 유기체 이하의 수준에서 구성되는 이 거대한 미시적 동맹체를 표시하는 1인칭 복수 대명사다.

'나'를 내 신체를 구성하는 미시적 성분들이나 그 안에서 사는 미생물들, 혹은 세포의 기원이 된 미생물들의 인칭대명사로 사용할 때조차, 그리하여 유기체를 이루는 '이 신체'를 미시적 생명체들이 구성한 일시적이고 가변적인 공동체로 받아들일 때조차, 우리는 또 하나의 작지 않은 장애물을 넘어야 한다. 미시적 세계에서조차 미시적 '나'의 유전적 동일성을 고집하는 완고한 미시적 주체철학이 재출현하기 때문이다. 유기체의 주어인 '나'를 유전자라는 새로운 미시적 주어로 바꾸어 쓰는 것은 아주 쉬운 일이기 때문이다.

유기체인 '나'를 대신해 유전자가 진화의 '선택 단위'가 될 수 있다는 발상(리처드 도킨스, 『이기적 유전자』)은 분명 유기체 중심주의를 벗어나 분자적 미시성의 세계로 눈을 돌리게 하는 역할을 했다. 그러나 **유전자의 보존과 확산**을 생명의 목표이자 본성이라고 하는 순간, 유전자는 자신을 보존하고 번식을 위해 씨를 뿌리는 실체적 주체의 자리를 차지하게 된다. 자신의 동일성을 영원히 지속하려는 쪼끄만 '자아'의 완고한 주체철학을 여기서 보게 된다. 자신의 생존이 기대어 있는 세포나 이웃한 유전자들, 혹은 그것들의 거시적 공동체인 유기체를 자신의 생존을 위한 도구(이른바 '생존기계')로 보는 이 당당한 이기주의에서 우리는 자신의 '오이코스', 즉 '가정'이라 불리는 공동체를 자기 뜻대로 사용하고 향유하며 훼손해도 좋은 '소유물'로 간주하는 로마법적 가부장주의의 고질적 태도를 다시 발견한다. 가족이란 대를 잇는 가장들을 관통하는 혈연적 연속체라고 믿는 **가부장적 혈통주의**와 마찬가지로, **유전적 혈통주의**는 생명의 이유를 '나'-유전자의 존속과 확장으로 사고하는 아주 상투적이고 안이한 미시적 방법이다. 이는 씨를 뿌리고 보존하려는 집요한 주체를 '나' 대신 '유전자'라고 고쳐 쓴 미시적 혈통주의의 망상이다.

그러나 사실 유전자에게 무슨 잘못이 있을 것인가. 생존과 진화의 단위가 유기체라 하든 유전자라 하든, 자기를 보존하고 자손을 퍼뜨리는 것을 생명의 본성이라고 하는 주장은, 어떤 조건에서든 '나'의 씨를 뿌려 최대치의 증식을 추구하는 가부장의 혈연주의적 강박증이 만들어 낸 것이니 말이다. 가족이란 피의 동일성에 의해 구성된 동질적 집단이라는 가부장적 혈통주의는 결혼이란 언제나 피를 달리하는 이들과의 동맹이고(근친혼 금기의 '보편성'!), 그러한 이질적 피의 혼합 없이는 가족이란 없다는 사실의 망각 위에서만 설득력을 갖는다. 가족이란 다른 피가 섞이지 않고는 시작될 수 없다. 단일한 혈통, 단일한 민족이란 근친상간만으로 번식하는 기이한 집단이다. 마찬가지로 어디든 자신의 씨를 뿌리고 번식하는 것이 유전자의 목적이라는 유전자주의의 미시적 혈통주의는 유전자란 이질적 기원을 갖는 핵산들의 다양체이며, 서로 먹고 먹히며

침투하고 뒤섞이고 재탄생하기를 반복한 미생물들의 혼합의 산물이라는 사실을 망각할 때에만 설득력을 갖는다. 의심의 여지 없는 '나'가 데카르트의 생각과는 달리 수많은 '영혼'들의 집합체라는 사실, 생각하는 행위조차 내 맘대로 하지 못하는 상충되는 의지들의 복합체라는 사실을 알지 못할 때 출현했듯이. 이 점에서 유전자주의는 '나'라는 데카르트적 주체를 '유전자'로 바꾸어 쓴 미시적 주체철학이다.

이 미시적 주체철학의 혈통주의적 이론이 깜빡 잊은 것은 "태초에 유전자들이 있었느니라!", 혹은 "신께서 세상을 창조한 첫날부터 유전자들을 만드셨느니라"라는 문장을 자신들의 창세기에 써야 했다는 사실이다. 처음부터 항상 각각의 유전자가 존재했다는 유전자의 미시-신학적 창세기를 상정하지 않는다면, '유전자의 불멸성'이란 처음부터 '인간'으로 창조된 유기체에 대한 가정만큼이나 허황된 망상이기 때문이다. 이 유전자의 창세 신화는 명시하지 않아도 다들 어느새 알아들을 만큼 서구에선 뿌리 깊은 공통의 무의식인 듯하다. 덕분에 그들은 '인간'을 '유전자'로 고쳐 쓴 이 신화의 '과학적 형식'에 스스로 대견해하고, 태초부터 존재하며 언제까지 존속하리라는 새로운 불멸성의 관념에 뿌듯해하고 있을 것이다. '기술적 특이점' 이후 몸을 바꾸어 가며 영생을 살리라는 기술적 영생주의(『특이점이 온다』)와 어깨를 나란히 하는 생물학적 영생주의를 여기서 본다.

이 **유전자의 '영생(永生) 철학'**은 유전자 자신의 철학이라기보다는, 앞서 본 것처럼 '훼손'을 요체로 하는 로마적 소유 관념을 바탕으로 서구적 가장들의 혈통주의가 유전자들에게 들씌운 자신들의 환영이다. 종교적 언어를 과학적 언어로 바꾸고 신학적 전거를 생물학적 전거로 바꾼 '과학적' 망상이다. 인간들의 창세기에 곤혹스러운 물음을 던지게 했던 진화론자들처럼, 태초부터 존재한다고 가정된 유전자의 혈연주의에 대해 유전자의 발생인을 묻는 물음을 다시 던진다면, 우리는 거기에도 유전자의 '원숭이들'이 있었음을 알게 될 것이다. 사실 인간의 지고함에 대한 환상을 깨 버렸다는 진화론의 '원숭이'조차 인간의 형상에 너무 인접한 기원이다. 여전히 '인간적인, 너무나 인간적인' 기원이다. 인간을 포함한 유기체의 유전체는 물론 '유전자'라고 불리는 핵산들의 집합체 또한, 자신의 경계를 쉽게 가로지르고 건너뛰는 박테리아나 바이러스에게서 연유하는 핵산들이 만나고 섞이며 만들어진 우연적 구성물이다.

인간의 진화론적 조상을 찾고자 한다면, 그것은 원숭이가 아니라 박테리아고 바이러스라 해야 한다. 특정 유전자의 조상이 누구인가 묻는다면 그 또한 박테리아와 바이러스라고 해야 한다. 생물들의 유전자 안에서 확인되는 박테리아나 바이러스 유전자의 수많은 흔적들은 유전자 또한 우연적 합성과 동맹의 산물이란 사실의 직접적 증거다. 유전자들 안에 있는 이 이질적 기원들은 미래의 유전자 또한 이질적 유전자들의 혼합의 연속일 것임을 함축한다. 모든 유기체의 신체가 상이한 개체들의 유전자가 혼합되며 만들어지는 것처럼, 어떤 유전자도 이런저런 생명체의 핵산들이 섞이며 만들어졌고 또한 만들어질 것이다.

3. 미토콘드리아의 철학

나의 죽음도, 인간이란 종의 죽음도, 심지어 인간이란 종을 구성하는 유전자의 멸종도, 그런 합성과 동맹을 통해 어떤 생명체가 다른 생명체로 바뀌기를 반복하는 생성의 흐름의 일부일 뿐이다. 거기에 죽음이란 없다. 개체와 종을 바꾸고, 조성과 형상을 바꾸며 반복되는 영원한 재탄생이 있을 뿐이다. 반대로 말해도 좋을 것이다. 거기에는 끝없는 죽음만이 존재한다고. 탄생이란 죽음을 머리로 하는 뱀의 꼬리라고. 이런 죽음과 탄생의 영원성, 이런 생성의 영원성이 아니라면, 어떤 것의 불멸성이나 영원성을 찾으려는 모든 시도는 실체화된 주어를 하나에서 다른 것으로 바꾸어 다시 쓴 주체철학의 변종일 뿐이다.

생성의 영원성은 죽음의 부정이 아니라 죽음의 긍정과 함께한다. 반대로 죽음의 부정은 '나'의 영원한 지속, 내 씨의 영원한 존속이라는 헛된 욕망의 이면이다. 출구가 없으니 뭘 해도 소용없다는 허무주의는 이 죽음의 공포에서 태어난다. '내'가 살아남지 못한다면 어떤 것도 의미가 없다는 생각에서 태어난다. "누가 대체 나의 죽음을 대신해 줄 수 있단 말인가!" 한때 실존주의를 가장 쉽게 정당화해 주던 이런 외침이 '맞아!' 하는 동의를 쉽게 얻을 수 있는 것도 이 죽음의 공포 때문이다. 하지만 대신해 줄 수 없는 걸 찾자면 그게 어디 나의 죽음뿐인가? 나의 두통도, 나의 변비도 대체 누가 대신해 줄 수 있을 것인가. 누가 나를 대신해 먹어 줄 것이고 누가 나를 대신해 자 줄 것인가? 여기서 문제는 죽음이나 두통, 변비나

잠이 아니라 '나'다. 나의 실체성을 떠받드는 한, 나를 대신해서 해줄 수 있는 건 아무것도 없다. 그러나 두통은 유기체의 독단에 대한 세포들의 집단적 항의고, 잠도 식사도 생존을 위한 세포들의 집단 행동이다. 누가 나를 대신해서 해 줄 수 없는 게 아니라 각각이 모두 **집단적으로 함께하고 있는 행동**인 것이다.

죽음의 긍정은 삶의 부정이 아니라 죽음마저 삶의 일부임을 받아들이는 최대치의 긍정이다. 살려는 집착이야말로 죽음의 부정적 음각화다. 때가 된 죽음을 거부하며 삶에 집착하는 세포들이 암세포가 된다. 다세포생물인 우리 신체의 생존은 때가 되면 죽어 줄 줄 아는 세포들의 지혜 덕분이다. "때가 된 모든 것은 죽음을 욕망한다"는 니체의 말은, 니체가 생각했던 것 이상으로 자연학적 진실이었던 것이다!

잡아먹혔으나 소화불량인 채 살아남아 자신을 잡아먹은 적과 공생하기를 '선택'한 알파프로테오박테리아의 지혜가, 때가 되면 죽음을 받아들일 줄 아는 미토콘드리아의 지혜와 생물학적 연속성을 갖는다는 것은 대단히 의미심장해 보인다. 세포 이하의 미시적 영역에서 작동하는, 삶과 죽음을 관통하는 이 대단한 미시적 지혜는 어쩌면 생명의 역사에서 '지혜에 대한 사랑'(philo-sophia)이, 그 말을 기원으로 하는 **'철학'이 처음 탄생한 순간**을 증언하는 게 아닐까? 출현한 지 30억 년이 지난 뒤에야 비로소 이해된, "너무 빨리 왔다" 해야 할 철학이 거기에 있다. 첫 번째 미토콘드리아가 시작한 30억 년 철학의 역사를 '우리'("너는 아직도 내가 인간으로 보이니?")는 30억 년간 몸에 간직한 채 실천해 왔던 것이다! 이성이니 언어니

의식이니 하는 것을 앞세워 자신이 생명체의 대표이고 진화의 정점이라고 자처하고, 자신의 영생과 불멸을 추구해 온 어떤 종의 똑똑한 철학과 대비되는 아주 우직하고 미련한 철학을 말이다. 자신을 고집하는 대신, 자신을 잡아먹은 것과 협조해 새로운 공생체로 자신을 변환시켰던 박테리아의 '공생의 철학'은 이렇게 죽음마저 긍정하는 미토콘드리아의 '죽음의 철학'으로 이어진다.

우리가 유기체 안의 미시적 주어가 되기로 했다면, 우리는 **이 미토콘드리아의 철학을** 좀 더 밀고 나아가야 한다. 어떤 세포의 죽음이 바로 그 이웃 세포의 생존 조건이고, 그 세포들로 구성된 신체의 생존요건이다. 뒤집어, '나'의 생존은 누군가 내 이웃의 죽음에 기대어 있다. 잠시 유기체로 비약해 보자면, 인간의 생존은 특히 그러하다. 인간은 매일 먹어 치우는 수많은 생명체들의 시체에 기대어 있고, 자신이 먹을 것을 경작하기 위해 이웃에 있는 것들을 제거하는 반복적 노동에 기대어 있지 않은가. 그렇다면 나의 생존을 위해 남의 신체를 그리 빈번히 요구하면서도, 남의 생존을 위해 나의 신체를 내줄 생각은 전혀 해 본 적 없다는 사실이야말로 놀라운 비대칭성 아닐까? 자신의 신체를 내주면서 존속하고 자신의 열매를 주는 방식으로 번식하는 식물들의 능력을 보면, 정복하고 잡아먹는 이기성이 '생명'의 본성이라는 생각(이는 경제학자와 유전자주의자의 공통된 주장이지만, 니체조차 벗어나지 못했던 것이다)은, 먹고 먹히는 것을 배타적 선택지로밖에 보지 못하는 동물적 운명의 협소함의 산물 아닐까? 그 협소함 속에 '생명' 전체의 본성을 가두는 것은 동물 아닌 인간이지만 말이다.

생성이란 탄생과 동의어가 아니라 소멸이 바로 탄생인 연속적 과정의 매 순간을 뜻한다. 죽어서 분해된다 함은 우리가 살기 위해 먹는 것들이 그러하듯 누군가의 삶 일부를 이루는 것이다. 죽음의 긍정이란 그런 생성의 과정에 대한 긍정이다. 내가 '나'의 삶을 위해 누군가의 죽음에 기대어 있듯이, 나 아닌 어떤 것의 삶을 위해 나의 죽음마저 수긍하는 것이다. 그렇게 자신의 죽음이 자신 이후 살아남을 것들에게 긍정적인 것이 되기를 욕망하는 것이다. '우리'라는 1인칭을 포위한 출구 없는 종말마저 '누군가'라는 비인칭적 생의 일부로 긍정하는 것이다. 그런 긍정 속에서 1인칭의 종말마저 오는 대로 긍정하는 것이다. 이것이 삶과 죽음에 대한 미토콘드리아의 철학이다.

이는 본성이란 이름으로 이기성을 자연적인 것으로 간주하고, '불멸'의 욕망을 유전자에게 부여하는 방식으로 정당화하는 저 '영생의 철학'과 대비된다. 유전자의 영생철학은 좀 더 명확하게 서술하면, "모든 때가 된 것은 죽음을 욕망한다"는 말과 반대로 때가 되었으나 죽음을 거부하고, 죽음의 공포 속에서 자신의 '불멸'을, 자기 생존의 지속을 유일한 목적으로 삼으며, 이를 위해 가용한 모든 자원을 최대한 이용하려 하고, 이에 유리한 지위를 고수하고 독점하려 하는 그런 욕망의 표현이다. 이러한 태도는 당연히 그와 충돌하거나 그로 인해 살기 힘든 이웃의 '호소'나 '항의', 환경과의 마찰들을 야기한다. 그러나 이런 외부의 목소리에 귀를 기울이면 손해나 양보를 감수해야 하기에, 자신의 불멸을 위한 고집스러운 욕망과 이런 식의 '본성'은 외부와의 소통을 차단하기도 한다. 이웃이나

지구의 철학

환경과의 소통을 절단해 모든 항의나 마찰을 무시하고 모든 것을 나의 목적을 위한 도구로서만 간주하는 태도, 이를 우리는 암세포에게서 발견한다. 이는 '본성'으로 합리화되는 자동적 성향이기에 '삶을 위한 지혜'를 뜻하는 철학이라 따로 말할 것도 없지만, 태도나 생각의 일관성을 '철학'으로 정의하는 관점에 서서, 미토콘드리아의 철학과 대비되는 하나의 철학으로 간주해도 좋을 것이다. 그 철학의 이름은 말하지 않아도 알 만한 것이다. '암세포의 철학'이 그것이다. 이는 지구상에서 인간이 자신의 이웃을 도구나 '자원'으로 간주하고 그것들의 비명소리에조차 귀 막고 불멸의 꿈을 추구하며 모든 것을 최대 속도로 착취하는 인간들의 '자연발생적 철학'이기도 하다.

헛된 구원의 약속을 찾지 않는다면, 도래할 파국을 막아 줄 결정적 구원자가 아니라 해도, 지금 것보다 낫다면 어떤 것도 수긍할 수 있다. 죽음의 긍정, 종말의 긍정은 모든 걸 부정하는 허무주의가 아니라 **긍정적일 수 있다면 어떤 사소한 것도 긍정할 수 있는** 이중의 긍정 철학을 낳는다. 이런 철학을 가진 영혼은 파국을 저지하기 위해 제안되는 답들이 그 자체로는 결국 답이 되지 못함을 알면서도, 그러한 답들 속에서 가능한 한 동맹자를 찾고 그와 접속할 지점을 발견하려 할 것이다. '나'나 '우리'는 빠져나가지 못해도 누군가 빠져나갈 수 있는 이들이 늘어난다면, 그 구멍을 확대하기 위해 할 수 있는 최선을 다하려 할 것이다. 죽음의 긍정은 그저 눈앞의 목적지만 보고 치달리던 삶에서는 보지 못하고 생각지 못했던 어떤 것을 향해 시선을 돌리게 할 것이다.

자신의 죽음마저 수긍하는 미토콘드리아적 긍정철학 안에서는, 성장의 경제주의보다 낫기만 하다면, 정말 낫기만 하다면, '녹색성장'도 나름대로 의미가 있을 것이다. 성장 없는 경제도, 지구 살리기도, 삶의 방식을 바꾸는 윤리학도, 생태주의 정치학도, 생물보호운동이나 생물권운동도 모두 나름의 가치가 있을 것이다. 비록 그들이 출구를 여는 해결사가 될 수는 없다 해도, 이제까지 성장과 개발, 착취와 수탈의 궤적을 이끌어 온 것들보다 낫기만 하다면, 어떤 것도 나름의 가치가 있다 할 것이다. 마찬가지 이유에서 기술주의자의 주장이 구원의 약속이 될 수는 없다 해도 지금의 소모적 기술보다 낫다면, 기술자들이 만들어 내는 재생에너지 기술들 또한 가치 있다 할 것이다. 죽음마저 긍정하는 이 이중 긍정의 철학에서는 출구를 찾으려는 시도 모두가 각자가 나름의 방법으로 종말을 사는 방법으로 보일 것이다. 멸종의 여백을 확대하는 방법이라 할 것이다. 그렇게 그들은 자신의 마지막, 그 흔적을 대지에 남길 나름의 궤적을 그리려는 것으로 수긍할 수 있을 것이다. 오히려 문제는 이런 길들을 모두 부정하고 오직 한 길만 옳다고, 종말을 피할 유일한 길이라고 주장하는 것이다. 위기가 현저해질수록 필경 이런 주장들은 강한 목소리로 나타날 것이다. 종말의 위기감을 호소하면서 종말을 피할 이 유일한 길을 따라오라고 주장할 것이다. 이제까지 존재해 온 모든 종말론이 그렇게 했다. 그러나 그것이야말로 가장 나쁜 길이 될 것이다.

　　좋은 것이든 나쁜 것이든 그 모든 것이 인간의 종말 이후 살아남을 것들에게, 또한 혹시라도 멸종의 와중에 살아남을 인간들에게 우리가 남기는 것이 될 것이다. '유산'이란 새로운 것의 출현조건 속에 스스로의 흔적을 남기며 사라지는 죽음의 방식이다. 죽음 이후 존재할 것들 속에서 자신의 삶을 지속하는 생존의 방식이다. 미토콘드리아적 죽음의 방식이다. 죽음을 수긍한 자들은 자신이 남길 유산 속에서 자신의 남은 삶을 본다. 유산이 될 것으로서 자신의 삶전체를 본다. 어떤 것으로 남은 삶을 살 것인지, 이후 살아갈 것들 속에 무엇이 되어 남을 것인지를 본다. 자식이나 유전자의 형태로 유산을 가두며 '자기'의 '불멸'을 고집하는 '유전자'의 혈통주의자들도 있을 터이다. 이들은 죽으면서도 죽음을 받아들일 줄 모르는 이들이다. 죽음의 공포, 영생의 고집 속에 갇혀서 죽어도 제대로 죽을 줄 모르는 이들이다.

모면할 수 없는 종말 앞에서 우리에게 진정 필요한 것은 이런 공포와 고집을 넘어설 수 있는 철학이다. 생명에 대한 익숙한 통념을 미시적으로 반복하는 유전자의 영생 철학이 아니라 자신의 죽음마저 자기 바깥의 생명 속에서 수긍하는 미토콘드리아의 죽음 철학이다. 미토콘드리아는 말한다. 제대로 된 유산을 남기라고, 제대로 된 유산이 되도록 살아야 한다고. 유산을 남긴다 함은 죽음을 통해 타자들 속으로 들어감이다. 내 피와도, 내 뜻과도 다른 방식으로 살아갈 '누군가'의 타자성 속에 스며드는 것이고, 그렇게 나의 타자성을, 나의 외부를 수긍하는 것이다. 미시적인 많은 나로 흩어지며 그 타자성 속으로 들어가는 것이다. 랭보가 3인칭 동사를 사용해 쓴 문장 "나는 타자다"(Je est un autre)처럼, 나를 둘러싼 3인칭의 동사들을 통해 타자가 되는 것이다. 아니 3인칭 복수의 동사로 주어 '나'를 증식시켜 수많은 타자들로 흩어지는 것이다. "나는 타자들이다"(Je *sont* autres). 그렇게 '나' 아닌 '누군가'가 되는 것이다. 혈연적이고 유전적인 형식으로조차 1인칭을 고집하길 그치고 '누군가'의 비인칭으로, 인칭마저 넘어섰다는 의미에서 비-인칭의 흐름 속으로 흘러 들어가는 것이다. 내 안에 흘러넘치는 수많은 타자들을 따라, 나를 넘어선 거대한 타자들의 흐름 속으로 흘러 들어가는 것이다.

4. 기후 원리주의와 도덕주의

종말이나 죽음을 수긍할 때 우리는 그것의 무게에서 벗어난다. 가벼워진다. 그러나 그것은 결코 쉬운 일이 아니다. 대개는 부정할 수 없는 죽음의 무게에 짓눌리게 마련이다. 공포의 감정이 거기서 배어 나온다. 공포의 감정은 죽음의 무게에 짓눌린 신체의 분비물이다. 참기 힘든 그 무게는 주어진 사태에 매몰되도록 만든다. 그렇게 매몰될 때 우리는 무거움을 진지함으로 오인한다. 그러나 진지함은 무거움이 아니다. 무거움은 진지함이 아니라 그저 무거움일 뿐이다. 진지함은 가벼울 수 있다. 사실 가벼운 진지함이야말로 어렵고도 드문 것이다. 죽음 앞에서 가벼워지기는 더더욱 어렵다. 죽음을 긍정할 때 우리는 비로소 그 앞에서 가벼워질 수 있다. 죽음 앞에서 가벼울 때 우리는 비로소 죽음을 긍정할 수 있다. 공포와 손잡은 죽음의 부정은 더할 수 없이 무거워진다. 비장하고 엄숙한 얼굴로 진지함을 독점한다. 진지함의 가면을 쓴 무거움은 감각과 사유를, 결국은 삶을 찌그러뜨린다. 짓눌린 감각은 현행의 사태 바깥을 보려는 시선에 대해서 서운함을 느끼게 하고, 사태로부터 거리를 둘 때 발생하는 웃음에 대해서 적대감을 갖게 한다. 그리하여 우리는 사태에 과도하게 몰입해 끌려간다.

환경, 생태, 기후에 대한 진지한 근심이 비장한 도덕주의나 엄격한 원리주의가 되는 것은 아주 쉬운 일이다. 거기에는 죽음이나 종말의 무게를 짐 진 무거운 감정이 있다. 죽음 앞에서 어떻게 웃을 수 있고, 죽음 앞에서 어찌 춤출 생각을 할 수 있느냐는 식의 생각이 그 감정에서 피어오른다. 죽음이나 멸종 앞에서 비장해진 감정은 좋음/나쁨(good/bad)을 가리는 행동(ethos)의 윤리(ethics)를 선악 (good/evil)의 도덕주의(moralism)에 가두고, 원리주의와 손잡고 엄격주의의 칼을 휘두른다. 기후 걱정을 하고 탄소 배출을 비판하면서 자동차를 끌고 다니고 비행기를 타고 다니냐는 비판, 멸종을 걱정하면서 동물을 먹고 사느냐는 식의 비판이 그것의 부정적 형상이라면, 탄소 배출 최소화를 위해 컴퓨터나 인터넷과도 절연한 채 산속에서 텃밭을 일구며 사는 최소주의적 '자연주의'는 그것의 '긍정적' 형상이다.

어느 쪽이든 진지함을 잡아먹고 자라는 원리주의의 꼭두각시이고, 양심을 파먹고 비대해져 가는 도덕주의의 분신이다. 그렇게 비행기와 자동차를 타지 않으려는 마음이나, 산속에서 텃밭을 일구며 살려는 생각은 충분히 이해할 수 있지만, 그렇게 한다고 온난화나 기후위기가 해결될까? 그럴 리 없다. "모두가 그렇게 하면 되지 않겠어?"라고 반문할 것인가? 수십억 인구가? 아마도 그러면 그나마 남은 숲마저 몰려드는 인간들로 망가지고 말 것이다. "각자가 자기부터 실천하자"라고 제안할 것인가? 그러면 자동차와 비행기 대신 집에 들어앉아 터치하고 클릭하는 수십억의 손가락에 맞추어 핸드폰과 인터넷이 춤을 추게 하느라 발전소가 바쁘게 돌아갈 것이다. 우리를 대신해 돌아다닐 택배기사들이 급증할 것이다. 자동차와 비행기도 다시 바빠질 것이다. 100억 명을 향해 치달리고 있는 인구가 그저 방안에서 명상이나 하고 텃밭을 가꾸며 사는 것을 상정하지 않는 한, 그러한 반문이나 제안은 의자를 바꾸어 앉는 것 이상이 되기 힘들다.

상품을 소비하고 자동차를 타는 게 탄소 배출 증가의 이유 중 하나긴 하지만, 사실상 정작 문제는 숲을 베거나 개간하고 경작을 하고 공장을 돌리고 전 세계로 상품을 유통시키는 생산의 장에서 발생한다. 자본은 자신의 지속을 위해 끊임없이 새로이 생산하고, 생산할 것을 팔기 위해 광고를 해대며, 새로운 기술과 손잡고 멀쩡한 물건을 철 지난 것으로 만들어 버린다. 우리가 사지 않으면 또다시 무언가를 만들어 사도록 유혹할 것이다. 그게 자본의 논리고, 그걸 실행하는 게 자본가의 숙명이다. 그래도 사지 않으면 자본이 더는 상품도 광고도 생산하지 않게 되지 않을까? 그러면 대부분의 사람들은 일자리를 잃을 것이다. 수십억의 인구가 먹을 것을 찾아 숲이라도 뒤지고, 나물을 캐고 사냥을 할 것이고, 텃밭을 늘려 새로운 경작의 시대가 열리게 되지 않을까? 그러면 숲이나 땅은? 많지 않은 사람들이 실천한다면 그럴듯해 보이는 일도, 수십억 인구 각자

　　　　　　　　　　　　　　　지구의 철학

가 하는 일이 되면 아주 다른 사태로 귀착된다.

도덕주의에서 모든 것은 아무리 보편적 인칭대명사를 주어로 말해도 그것은 언제나 '**나**'의 문제로 되돌아온다. 그것은 결국 각자가 해야 할 일이다. 각자는 자신이 하는 것만 선하면 그걸로 충분하다. 그러나 그 '나'가 수십억의 **인구**로 확장되면, 내가 행하던 선도 계속 선이기 힘들다. 도덕주의는 수나 스케일만으로도 사태가 달라질 수 있음을 생각하지 않기에 어떤 것도 생각하기 쉽다. 선하다 믿는 것을 하라고 하면 충분한 것이다. 더구나 도덕주의는 '나부터 실천하자'라고 하면서 시선을 '나'로 돌리기에, 정말 주목하고 정말 저지하고 정말 해결해야 할 문제가 시야에서 사라지게 한다. 기후위기든 대멸종이든 지구적 스케일에서 벌어지는 지구적 문제이고, 무엇보다 우선 자본의 투자와 성장의 경제로 추동되는 문제인데, 그것을 '나'의 문제로 돌려 정작 중요한 문제를 보이지 않게 한다. '자기' 안에, 자신의 양심 안에 지구가 있다고 착각하게 한다. 지구를 내 품 안의 왜소한 것으로 만들어 버린다. 위기를 진지하게 받아들이는 이들이 가장 경계해야 할 것이 어쩌면 이것 아닐까?

그래도 위기의 심각성을 진지하게 받아들이는 이들이 도덕주의에서 벗어나기는 어려운 듯하다. '나부터' 해야 한다는 생각, '나라도 해야 한다'는 생각, '나' 자신이 제대로 하지 못하면서 남들에게 무언가를 하라고 촉구하는 것은 **위선**이라는 생각, '나부터' 할 때 생기는 **도덕적 우월성**이 자신의 말에 설득력을 제공한다는 생각 등에 포위되어 있기 때문이다. 기후운동, 동물운동, 생태운동의 활동가들이 가장 빈번히 빠지는 함정이 바로 이것인 듯하다. 그들을 공격하는 이들이 가장 쉽게 사용하는 방법 또한 바로 이 도덕주의다. 이런 비난이 자신을 향하는 순간, 그 비난의 여지를 조금이라도 갖고 있다면 당황하고 난감해하며 반성하는 일들이 쉽게 벌어진다. 이것이 '도덕적 우월성'의 대가다. 이런 식의 논란은, 해볼 것도 없이 언제나 그런 도덕에서 '자유로운' 분들의 승리로 끝난다. 자신들은 도덕적일 생각도 없고 도덕적으로 살겠다고도 하지 않으니, 도덕주의적 비판은 그들에겐 전혀 무력하다. 반대로 도덕적으로 살려는 이들에겐 더없이 효과적이다. 약간의 빈틈만으로도 이런 이들은 치명상을 입는다. '위선'이라는 비난 하나면 이들이 해 온 모든 노력은 오물을 뒤집어쓰고, 이들의 주장은 무력화된다. 가령 기후협약을 탈퇴한 트럼프에게는 기후 관련 행동에 대한 어떤 도덕적 비판도 아무 소용없지만, 유엔에서 기후 관련 연설을 하러 가는 툰베리에게는 '너도 결국 비행기를 탈 거잖아'라는 비난 하나도 난감한 장벽이 된다.

도덕주의는 반도덕적 인간들의 무기다. 도덕적일 생각이 전혀 없는 이들의 무기란 점에서 도덕주의는 반도덕적이다. 도덕적으로 살려는 이들을 비난하기 위해서 반도덕적인 이들이 가장 쉽게 동원하는 무기가 도덕주다. 기후위기의 긴급성을 호소하고 실천적 활동을 촉구하기 위해 이동하려는 이들이 자동차나 비행기의 탄소 배출 문제로 고심하고 있다면, 적들의 함정에 빠진 건 아닌지 스스로 물어야 한다. 우리에게 필요한 것은 도덕적 우월성이나 도덕적 엄격성이 아니라 도덕주의마저 뒤집어 이용할 수 있는 현실적 판단 능력이다. 비행기를 타든 배를 타든 버스를 타든, 도덕주의적 잣

대가 아니라 기후운동에 어떤 것이 더 적절할까를 묻는 실용적/화용적(pragmatic) 물음이다. 도덕에 복종하는 도덕주의의 노예가 아니라 도덕주의마저 부릴 줄 아는 도덕의 주인이 되어야 한다. 어떤 행동에 수반될 탄소 배출량을 계산하는 것보다는 차라리 경제불황에 둔감해지고, 실업이나 가난마저 긍정하며 편해지는 것, 일 없이 노는 데 익숙해지는 것이 기후 문제 해결에 그나마 더 도움이 될 것이다. 기후위기에 정말 큰 영향을 미치는 것은 성장의 경제를 정지시키는 것이니, 성장이 정지할 때 발생할 불편과 불행을 '나부터' 좀더 쉽고 가볍게 받아들이는 감각이 있어야 성장의 정지가 쉬워질 것이기 때문이다.

원리주의나 근본주의는 이러한 1인칭과 2인칭의 도덕적 정언명령을 '모두'라는 전칭 대명사로 확대해 명령할 때 출현한다. 누가되었든, 언제 어디서나 탄소 배출량을 증가시키는 행위를 해서는 안 된다는 정언명령. 아무리 기후운동을 위한 거라 해도 탄소 배출량을 증가시킬 것이라면 차라리 안 하는 게 낫다는 생각. 우리는 혁명운동을 한다면서 자본과 타협하고 자본의 힘을 비는 것은 혁명의 정신을 등지는 것이라는 비판에서 이와 유사한 논리를 본 적이있다. 게바라 티셔츠, 동성애 영화, 혹은 동물권운동을 지지하는 동물사료 기업이나 동물병원 등등을 들어 혁명을 '소비'하고 소수성을 '소비'한다는 식의 비판을 만나는 건 그리 드문 일이 아니다. 그렇다, 자본은 돈이 된다면 혁명도 판매하고 소수성도 유통시킬 것이다. 역으로 자본주의에서 우리는 혁명이나 소수성에 대한 설득마저 자본주의적 기업의 형식으로 존재하고 활동하는 출판과 유통,

매체 등에 기대어야 한다. 인쇄업자, 출판업자나 도서 판매업자가 없다면, 우리는 『자본론』도, 기후위기에 대한 책도 구할 수 없고 보급할 수 없다. 자본주의 비판마저 자본주의에 기대어야 하는 것이다. 돈을 벌기 위한 게 아니어도, 돈을 따라 흐르는 생산과 유통의 경로를 따라 생산하고 유통할 수밖에 없다. 혁명이나 소수성을 상품화하고 소비하는 게 싫다고 다시 철필을 들고 등사기를 돌려야 할까? 나쁜 수단을 사용하지 않기 위해 이념적 목표마저 포기하는 원칙적 완벽성과 도덕적 고결함에 감동의 박수를 보내야 할까?

원리주의나 근본주의는 어떤 이념을 표방하는 것이든 우리를 해방 아닌 억압의 세계로 인도한다. 이념과 대의를 갖기에 가장 강력한 억압의 권력을 행사한다. 도덕주의적 조롱이나 원리주의적 비판에 대해서, 유물론자라면 차라리 반대되는 말로 뒤집어 돌려주어야 한다. 우리는 **자본주의를 전복하기 위해서라면 자본주의마저 이용할 줄 알아야 한다**고. 혁명을 위해서라면, 돈이 된다면 상품으로 만들어 유통시키는 자본주의마저 이용할 줄 알아야 한다고. 그것이 자본의 눈과 화폐의 손에서 벗어날 수 없는 세상에서, 자본주의를 이용하는 가장 좋은 방법이라고. 마찬가지로 **탄소 배출을 면할 수 없는 세계에서 기후위기에 대처하려면 탄소 배출마저 적절히 이용할 줄 알아야 한다.** "괴물과 싸우다 괴물을 닮는" 우(愚)는 경계해야 한다는 주석을 잊지 말아야 하지만 말이다.

자본이 생존이나 활동 조건 모두를 장악한 세계에서, 자본에 오염되지 않는 삶이 어떻게 가능할 것인가? 무엇을 하든 탄소 배출을 면할 수 없는 세계에서, 어떤 배출의 오염도 없는 활동이 어떻게 가능할 것인가? 우리는 오염을 두려워하며 거부하고 오염된 세계를 비판하는 순수하고 고결한 도덕주의가 아니라 오염된 물속으로 뛰어드는 과감한 유물론과 동맹해야 한다. 저들의 반도덕적 도덕주의에 반해 반도덕주의적 정치로 맞서야 한다. 오염된 대기 속으로 들어가지 않고는 오염과 싸울 수 없음을 수긍해야 한다. 우리는 우리를 포위한 그 오염 속에서 그것과 대결해야 한다.

5. 출구 없는 종말을 위한 유머레스크

파국 특이점을 향한 기후의 궤적을 정지시킬 수 있는 것이 아니라 해도, '풍요로운' 소비에 길든 대중의 생활방식이 바뀌어야 한다는 것은 맞는 말이다. 그러나 지금 대중의 소비를 줄여 기후위기를 해결하는 것은 어쩌면 폭력혁명으로 대량소비의 자본주의를 전복시키는 것보다도 어려울 것이다. 대다수 대중이 자동차를 이용한 이동을 포기하고, 인터넷과 핸드폰의 사용을 대폭 줄이고, 텔레비전이나 영화 보는 것도 중단하고, 먹고 마시는 걸 중단할 수 없는 한, 대중의 소비를 줄여 에너지 절약으로 기후위기에 대처하자는 주장은 아무리 힘주어 말해도 충분히 실행될 수 없다. 비행기를 타는 것이 문제라면 차라리 쉽다. 절약하는 것으로 해결될 문제였다면 아마 기후변화는 위기에 이르지 않았을 것이다. 문제는 우리가 사용하는 것과는 비교할 수 없는 양의 에너지나 탄소를 지구 전역에서 자본이 사용하고 있다는 사실이다. 우리가 사용하는 모든 것이 그들의 기획과 발명, 생산과 유통, 광고와 홍보가 짜 놓은 구도 위에 있다는 사실이다. 그게 달라져야 대중의 생활방식도 달라진다. 대중의 생활방식이란 생활의 인프라를 만들고 가동시키는 자본과 국가, 매체와 통신 등이 만들어 내는 것이기 때문이다.

지금 우리가 사는 세계는 모든 것이 탄소 배출에 기대어 있다. 기후위기에 대한 글을 쓰기 위해 컴퓨터를 사용하고, 멸종에 대한 글을 읽기 위해 구글링을 할 때조차, 혹은 기후 문제 회의나 집회에 참석하고 탄소 배출 저지를 호소하기 위해 이동을 할 때조차, 우리는 탄소 배출을 피할 길이 없다. 배출과 오염을 면할 수 없다. 이것이 **그들이 만들어 놓은 세계**다. 우리는 우리가 선택하지 않은 이런 세계 속에 태어났고, 좋든 싫든 그런 세계 속에서 살아가야 하고, 그런 세계와 대결해야 한다. 거기서 탄소 배출 없이 살거나 행동한다는 것은 애당초 불가능하다. 그 세계와 대결하기 위한 행동조차 결코 모면할 길 없는 것이 바로 탄소 배출이다. 그게 어쩌면 출구 특이점이 불가능성의 지대에 있는 이유일 것이다.

생명체의 멸종이 안타까워도 우리는 그들(동물만이 아니다!) 중 일부를 먹어야 살고, 탄소 배출을 아무리 피하고 싶어도 우리는 이동을 해야 산다. 소비를 유혹하는 자본주의가 싫지만, '뭐든 사지 마' 하는 '청빈'을 삶의 모델로 삼을 수는 없다. 이윤에 대한 탐욕이 저변에 있음을 알아도 음식이나 옷을 사지 않긴 어렵고, 많은 탄소 배출을 동반했고 많은 자원이 투여되었음을 알아도 유튜브나 영화를 보지 않고 살긴 어렵다. 상품이나 자본주의가 아무리 싫다 해도 우리는 그들이 만든 것을 살 수밖에 없고 그들에게 노동력을 팔 수밖에 없다. 그들이 만들어 내는 것을 보고 듣지 않을 수 없다. 그게 자본주의고 그게 자본주의에서 우리의 삶이다. 그렇게 우리는 우리가 선택하지 않은 세계 속에서 선택하고 싶지 않은 것을 선택하며 살아야 한다. 비록 그 세계가 종말을 향해 간다 해도 우리는 그 안에서 살아야 한다. 내가 선택하지 않은 지반 위에서 살 수밖에 없다. '그게 삶인 것이다'(C'est la vie). 그렇게 우리는 우리가 만들지 않는 세계 속을 주파하면서 우리의 삶을 만들어야 한다.

탄소 배출을 저지하려는 활동 자체가 탄소 배출을 통해서만 가능하다는 이 역설은 우리가 지금 사는 이 세계에서는 결코 벗어날 수 없는 전제다. 사유의 출발점으로 삼아야 하는 외부성이다. 유물론자라면 도덕주의와 반대 방향으로 이 역설을 뒤집어야 한다. **모든 것이 탄소 배출을 동반하는 세계라면, 위기의 여파를 축소하고 종말 이후의 덜 나쁜 세계를 설득하기 위해 탄소를 사용하는 것이야말로 탄소를 사용하는 가장 가치 있는 방법 아닌가.**

어떤 행동이 얼마나 많은 탄소 배출을 했는가를 따지는 원리주의자라면 할 수 있는 게 아무것도 없다. 저항도, 대결도, 운동도, 글을 쓰고 사유하는 것도, 사람을 만나는 것도 불가능하다. 그것이야말로 탄소 배출의 주역들을 자유롭게 해 주는 것이고, 적들에게 지구를 곱게 내주는 것이다. 무얼 하든 탄소 배출을 면할 수 없는 세계 속에서 그런 도덕주의자에게 남는 것은, 아무것도 하지 않는 것을 '무위'(無爲)라고 착각하는 근엄한 무지밖에 없다. 중대한 문제가 갖는 진지함을 자신의 언행 하나하나에서 견디어 내야 할 무거움으로 착각할 때, 우리는 그 무게에 눌려 '난쟁이'가 된다. 거인의 걸음조차 충분치 않은 시절에 좁은 보폭으로 종종걸음을 치게 된다. 그래도 자신의 예민한 도덕적 감수성을 지울 수 없다면 차라리 차분하게 계산을 하는 게 낫다. 내가 활동을 위해 배출한 탄소량과 그 활동에 의해 줄어들 배출량의 비를 최대화할 길을 찾는 게 낫다. 순배출량 최소화의 경로를 찾는 게 낫다. 고결한 도덕적 지조와 양심의 가책보다는 그나마 조금은 더 나은 출구를 찾는 계산적 계교가 차라리 더 낫다—하지만 이 얼마나 왜소한 일인가.

도덕이나 투쟁으로 삶 전체를 채색하게 될 때, 삶은 종말 이전에 이미 종말의 무거움으로 짓눌리게 된다. 그러나 피치 못할 절망 속의 세계라면, 바로 그렇기에 최대한 즐겁게 사는 길을 찾아야 한다. 종말 앞의 생을 즐겁게, 기쁘게 살아야 한다. '청빈'과 '금욕'도 좋지만 그것을 모두에게 권할 수는 없다. 그건 그게 좋은 분들만 그렇게 살면 된다. 그럴 때조차 사실 그 또한 삶의 기쁨을 위한 것이다. 그래서 나는 그런 삶을 사는 분들을 지지한다. 그러나 그런 기쁨이 아무리 소중해도, **모두가** 그 기쁨만을 위해 살아야 한다고 할 수는 없다. 탄소 배출을 동반하더라도 각자가 나름의 기쁨을 위해 사는 걸 비난해서는 안 된다. 이는 결코 '어쩔 수 없어'라며 그저 충실한 소비자가 되고 그저 충실한 포식자가 됨을 뜻하지 않는다. 우리는 도덕적 원리주의의 극과 소모적 소비주의의 극 사이에서 산다. 두 극 사이에서 우리는 언제나 최선이 아닌 차선, 차차선, 아니 최악 아닌 차악, 차차악밖에는 할 수 없다. 탄소 배출 감소가 아무리 중요해도 그것을 유일한 가치, 유일한 올바름으로 삼아서는 안 된다.

그렇기에 '최선을 다하라!'라는 일반적 금언조차 도덕주의의 미끼로 넘겨주지 않도록 주의해야 한다. 자신이 실제 행하는 바를 매번 '최선'이란 기준으로 재려 할 때, 도덕주의에 포획되기 십상이고, '최선'의 채찍으로 스스로를 가책할 때 금욕주의의 함정에 빠지기 마련이다. '나는 지금 최선을 다하고 있는가'를 너무 자주 묻지 말아야 한다. 그것은 물론 좀 더 나은 삶을 위한 지침일 수 있지만, '최선'이란 말이 반성적 이성의 거울에 새겨지게 되면 그렇게 하지 못한 자신을 가책할 때 금욕주의의 함정에 빠지기 마련이다. 멸종이나 기후위기 같은 것이 무거운 그림자로 드리운 조건에서 그것은 더욱더 그리되기 쉽다. 최선을 다해도 소용없는 경우도 있고, 최선을 다하려 해도 안 되는 경우가 있는 법이다. 아마도 지금이, 그리고 이후의 세계가 그러할 것이다. 할 수 있는 만큼만 해야 한다.

　'최선'의 도덕주의 뒤에는 또 하나의 마구니가 기다리고 있다. 원한의 귀신이. 최선을 다했을 때, 최선을 다했다는 이유로 인해 우리는 그 결과에 대한 기대를 떨치기 어렵다. 따라서 기대에 못 미치거나 '결국 헛수고'가 되면, 분노와 원한의 감정에 사로잡히게 된다. '그토록 애써 최선을 다했건만, 왜 이것밖에….' 최선을 다하지 않는 이들에 대한 원한의 감정이 일어난다. '나는 이렇게 애쓰고 있는데, 저들은 대체 뭐지?' 미움과 앙심, 분노와 원한, 그것은 반동적 힘에 우리의 삶을 바치게 한다. 거기에 아무리 정당한 이유가 있어도, 이는 '좋은 삶'과는 반대편에 있는 삶이다.

　우리에게 필요한 것은 '최선'을 이유로 세상에 대해 분노하고, '최선'을 이유로 자신을 정당화하는 '최선의 도덕'이 아니라 스피노자적 의미에서 '적절성(adequacy)의 윤리'다. 이 적절성의 윤리는 '언제나 최선을 다하라'는 도덕적 정언명령을 다음과 같은 윤리적 권고로 대체한다. **"너무 잘하려고 하지 마세요"**(정화, 『너무 잘하려고 하지 마세요』). 애를 써도 뜻대로 되는 일은 그리 많지 않으니, 열심히 하는 건 좋지만 너무 잘하려 하지 말라는 것이다. 멸종이나 종말의 무게로 자신을 몰아세우지 말고, 그때그때 기후에게도 좋고 자신에게도 좋은 '중도'의 길을 찾으라는 것이다.

죽음 앞에서 무거워질 때 우리는 비장해진다. 그렇게 비장해질 때, 정작 중요한 것을 잊고 죽음을 향해 돌진하게 된다. 죽음의 긍정은 죽음을 향해 돌진하는 게 아니다. 비장하게 목숨을 거는 게 아니다. 종말 앞에서 비장해질 때 구원의 유혹에 넘어가기 쉽다. 자신의 죽음으로 남들을 구원하고 그로써 자신 또한 구원되리라는 고전적 비극의 영웅주의 서사에 포획되기 십상이다. '비록 실패했지만 최선을 다했어'라는 '고귀한 패배'의 감동, 그것을 예찬하는 숭고의 미학은, 결코 도달할 수 없는 초월자에 대한 지고한 충실성을 설파하는 비극적 관념론의 감성적 분신이다.

죽음의 긍정은 죽음 앞에서 가벼워지게 한다. 죽음을 긍정한다 함은 죽음에 삶을 바치는 것이 아니며, 목숨을 걸고 무언가를 향해 달려가는 것이 아니다. 죽음의 긍정이란 죽음에 이를 때까지 평온하게 삶을 밀고 가는 것이다. 도래할 죽음을 향해 천천히 웃으며 다가가는 것이다. 가벼움의 감응으로 웃으면서, 신체에서 어쩔 수 없이 일어나는 공포마저 그 웃음에 실어 흩어 버리고, 그 웃음으로 상황을 쿨하게 지켜보는 것이다. 웃으면서 어떻게 '죽을 것이며' 무엇을 남길 것인지, 무엇이 되어 남을 것인지 사유하는 것이다.

유물론자에게 종말을 긍정한다 함은 **도래할 종말을 그렇게 웃으며 수긍하는 것**이다. 종말 앞의 삶, 얼마 안 되는 삶이지만, 그리고 종말은 끝내 도래하겠지만, 그래도 좋은 삶을 만들기를 죽음에 이를 때까지 끝내 포기하지 않는 것이다. 침몰의 운명을 잊은 채 눈앞의 이익에 매몰된 순진한 영혼이나, 그 운명에 사로잡혀 출구를 찾는 데 매몰된 고지식한 영혼과 달리, 우리를 포위한 종말의 비극적 감각에서 몸을 빼내어, 보지 않던 것을 보고 생각해야 했던 것을 생각하는 것이다.

'자연'을 길들이고 정복하려는 이들의 명령을 그대로 충실히 따라 줌으로써, 당혹스러운 종말의 심연 속으로 그 정복자들을 끌고 들어간 사태에서, 우리는 과도한 복종으로 명령 자체를 웃음거리로 만드는 유머의 정치학을 본다. 그 유머의 정치학이 그리는 궤적을 따라 도달한 종말 앞에서, 우리에게 필요한 것은 도취의 선율로 구원을 기도하는 고전적 비극의 장엄한 레퀴엠이 아니라 뜻밖의 소리로 예상을 깨면서도 뒤뚱대는 리듬으로 춤추는 반음계주의적 '유머레스크'다. 예컨대 멀리 유럽 동쪽 저편 구석에서 대지와 동맹해 살던 '아무것도 아닌 자'들의 리듬과 선율을 유럽의 정연한 리듬과 음계 자체 속에 밀어 넣고, 불온하지만 결코 불길하지는 않은 불협화음을 뜻밖의 유쾌한 파동으로 흔들며, 지구적 '민중'들의 음향적 동맹을 실험했던 벨러 버르토크의 시도를, 함께 멸종의 운명 속으로 끌려갈 인간 너머의 대중으로까지 더 멀리 밀고 나가는 것은 어떨까? 타악기가 되어 버린 피아노의 '물리적' 소리와 놀이하는 아이들의 가벼운 분자적 소리를 신체에서 새어 나오는 그 다채로운 파동들로 직조되는 '일반화된' 스케르초로 변조시키는 것. 채찍 같은 피치카토와 섬세하게 파고드는 미묘한 현의 마찰을, 불화(disharmony)를 개의치 않으며 웅성대는 곤충이나 두꺼비, 바람 소리와 밤의 소리를 난무(亂舞)하는 리듬과 불협화음으로 가득 채워, 낯선 '자연'의 힘을 표현하는 미시적 우주(microcosmos)의 유머로 변주하는 것. 이로써 인간과 대결하는 지구적 '야만성'과 새로이 공모하는 길로 밀고 나가는 것. 전쟁으로 '고향'을 등져야 했던 망명자의 고독을 버티어 준 것은, 신체를 좀먹는 치명적 병까지 겹쳐 모든 위로의 말마저 손가락 사이로 흘러내렸을 그 절망적 상황을 버티어 준 것은, 지구적 전쟁의 참혹도 끝내 지울 수 없었던 이런 유머 감각 아니었을까? 모면할 길 없는 지구적 스케일의 종말 앞에서 우리에게 필요한 것은 종말마저 웃음으로 긍정하는 이런 유머 감각 아닐까?

참고문헌

게오르그 짐멜,『돈의 철학』, 안준섭 외 옮김, 한길사, 1983.

게오르크 루카치,『소설의 이론』, 김경식 옮김, 문예출판사, 2007.

게일 루빈,『일탈』, 신혜수·임옥희·조혜영·허윤 옮김, 현실문화, 2015.

고든 차일드,『인류사의 사건들』, 고일홍 옮김, 한길사, 2011.

_____,『신석기혁명과 도시혁명』, 김성태·이경미 옮김, 주류성, 2013.

기욤 피트롱,『프로메테우스의 금속』, 양영란 옮김, 갈라파고스, 2021.

김도희,『정상동물』, 은행나무, 2023.

김복래,『권력과 철학을 뒤흔든 매춘부 헤타이라』, 새문사, 2013.

나폴리언 섀그넌,『고결한 야만인』, 강주헌 옮김, 생각의힘, 2014.

데이브 굴슨,『침묵의 지구』, 이한음 옮김, 까치, 2022.

데이비드 그레이버,『가치이론에 대한 인류학적 접근』, 서정은 옮김, 그린비, 2009.

도나 해러웨이,『해러웨이 선언문』, 황희선 옮김, 책세상, 2019.

_____,『트러블과 함께하기』, 최유미 옮김, 마농지, 2021.

_____,『종과 종이 만날 때』, 최유미 옮김, 갈무리, 2022.

_____,『영장류, 사이보그, 그리고 여자』, 황희선·임옥희 옮김, arte(아르테), 2023.

도널드 워스터,『생태학, 그 열림과 닫힘의 역사』, 강헌·문순홍 옮김, 아카넷, 2002.

디미트리 구타스,『그리스 사상과 아랍 문명』, 정영목 옮김, 글항아리, 2013.

라즈 파텔·제이슨 무어,『저렴한 것들의 세계사』, 백우진·이경숙 옮김, 북돋움, 2020.

레이 커즈와일,『특이점이 온다』, 김명남·장시형 옮김, 김영사, 2007.

로널드 라이트,『빼앗긴 대륙, 아메리카』, 안병국 옮김, 이론과실천, 2012.

로렐 켄달,『무당, 여성, 신령들』, 김성례·김동규 옮김, 일조각, 2020.

로리 앤드루스·도로시 넬킨,『인체 시장』, 김명진 외 옮김, 궁리출판, 2006.

루이 알튀세르,『마르크스를 위하여』, 서관모 옮김, 후마니타스, 2017.

리처드 도킨스,『이기적 유전자』, 홍영남·이상임 옮김, 을유문화사, 2002.

린 마굴리스,『공생자 행성』, 이한음 옮김, 사이언스북스, 2007.

린 마굴리스·도리언 세이건,『마이크로코스모스』, 홍욱희 옮김, 김영사, 2011.

마르셀 모스,『증여론』, 이상률 옮김, 한길사, 2002.

마르틴 하이데거,『형이상학의 근본개념들』, 이기상·강태성 옮김, 까치, 2001.

마리아 미즈, 『가부장제와 자본주의』, 최재인 옮김, 갈무리, 2019.

마리아 미즈·반다나 시바, 『에코페미니즘』, 손덕수·이난아 옮김, 창비, 2020.

마셜 살린스, 『석기시대 경제학』, 박충환 옮김, 한울아카데미, 2014.

마이클 셸런버거, 『지구를 위한다는 착각』, 노정태 옮김, 부키, 2021.

마크 라이너스, 『최종 경고: 6도의 멸종』, 김아림 옮김, 세종서적, 2022.

마틴 버널, 『블랙 아테나』, 오흥식 옮김, 소나무, 2006.

막스 베버, 『사회경제사』, 조기준 옮김, 삼성출판사, 1988.

＿＿＿, 『프로테스탄트 윤리와 자본주의 정신』, 박성수 옮김, 문예출판사, 2021.

메릴린 스트래선, 『부분적인 연결들』, 차은정 옮김, 오월의봄, 2019.

모리스 블랑쇼, 『문학의 공간』, 박혜영 옮김, 책세상, 1990.

모리시마 쓰네오, 『마녀사냥』, 김진희 옮김, AK커뮤니케이션즈, 2020.

미셸 아글리에타, 『자본주의 조절이론』, 성낙선 옮김, 한길사, 1995.

미셸 푸코, 『성의 역사』 2, 문경자·신은영 옮김, 나남, 1990.

＿＿＿, 『말과 사물』, 이규현 옮김, 민음사, 2012.

발 플럼우드, 『악어의 눈』, 김지은 옮김, 연두(yeondoo), 2023.

발터 벤야민, 『역사의 개념에 대하여/폭력비판을 위하여/초현실주의 외』(발터 벤야민 선집 5), 최성만 옮김, 길, 2008.

버지니아 헤이슨·테리 오어, 『포유류의 번식—암컷 관점』, 김미선 옮김, 뿌리와이파리, 2021.

베너니 유스, 『아네네의 번명』, 강경이 옮김, 옥당, 2012.

브뤼노 라투르, 『젊은 과학의 전선』, 황희숙 옮김, 아카넷, 2016.

비외른 롬보르, 『회의적 환경주의자』, 김승욱·홍욱희 옮김, 에코리브르, 2003.

빌 게이츠, 『빌 게이츠, 기후재앙을 피하는 법』, 김민주·이엽 옮김, 김영사, 2021.

사이토 고헤이, 『지속 불가능 자본주의』, 김영현 옮김, 다다서재, 2021.

세르주 라투슈, 『탈성장 사회』, 양상모 옮김, 오래된생각, 2014.

수나우라 테일러, 『짐을 끄는 짐승들』, 이마즈 유리 옮김, 오월의봄, 2020.

시노하라 마사타케, 『인류세의 철학』, 조성환 외 옮김, 모시는사람들, 2022.

시드니 민츠, 『설탕과 권력』, 김문호 옮김, 지호, 1998.

실비아 페데리치, 『캘리번과 마녀』, 황성원·김민철 옮김, 갈무리, 2011.

＿＿＿, 『우리는 당신들이 불태우지 못한 마녀의 후손들이다』, 신지영·김정연·김예나·

문헌 옮김, 갈무리, 2023.

아론 바스타니, 『완전히 자동화된 화려한 공산주의』, 김민수 외 옮김, 황소걸음, 2020.

아리스토텔레스, 『수사학/시학』, 천병희 옮김, 도서출판 숲, 2017.

안나 브람웰, 『생태학의 역사』, 김지영 옮김, 살림, 2013.

안드레아스 말름, 『코로나, 기후, 오래된 비상사태』, 우석영·장석준 옮김, 마농지, 2021.

_____, 『화석 자본』, 위대현 옮김, 두 번째테제, 2023.

알랭 코르벵, 『창부』, 동문선, 1995.

애나 로웬하웁트 칭, 『세계 끝의 버섯』, 노고운 옮김, 현실문화, 2023.

야마모토 요시다카, 『과학의 탄생』, 이영기 옮김, 동아시아, 2005.

야콥 슈프랭거·하인리히 크라머, 『마녀를 심판하는 망치』, 이재필 옮김, 우물이있는집, 2016.

얼 C. 엘리스, 『인류세』, 김용진·박범순 옮김, 교유서가, 2021.

에두아르도 콘, 『숲은 생각한다』, 차은정 옮김, 사월의책, 2018.

에두아르두 비베이루스 지 까스뜨루, 『식인의 형이상학』, 박이대승·박수경 옮김, 후마니타스, 2018.

에르빈 슈뢰딩거, 『생명이란 무엇인가』, 서인석·황상익 옮김, 한울, 2011.

에티엔 발리바르, 『스피노자와 정치』, 진태원 옮김, 그린비, 2014.

엘리자베스 콜버트, 『여섯 번째 대멸종』, 김보영 옮김, 쌤앤파커스, 2022.

요한 록스트룀·마티아스 클룸, 『지구 한계의 경계에서』, 김홍옥 옮김, 에코리브르, 2017.

움베르또 마뚜라나·프란시스코 바렐라, 『앎의 나무』, 최호영 옮김, 갈무리, 2007.

윌리엄 퍼브즈, 『생명, 생물의 과학』, 이광웅 외 옮김, 교보문고, 2003.

유재원, 『데모크라티아』, 한겨레출판, 2017.

이진경, 『자본을 넘어선 자본』, 그린비, 2004.

_____, 『미-래의 맑스주의』, 그린비, 2006.

_____, 『근대적 주거공간의 탄생』, 그린비, 2007.

_____, 『코뮨주의』, 그린비, 2010.

_____, 「생명의 잉여가치와 정치경제학 비판」, 『문학동네』 65호, 2010.

_____, 『불온한 것들의 존재론』, 휴머니스트, 2011.

_____, 「리듬적 종합으로서의 시간」, 『마르크스주의 연구』 13권 3호, 2016.

_____, 「유물론 선언」, 『마르크스주의 연구』, 18권 2호, 2021.

자넷 빌 · 피터 스타우든마이어, 『에코파시즘』, 김상영 옮김, 책으로만나는세상, 2003.

자크 랑시에르, 『정치적인 것의 가장자리에서』, 양창렬 옮김, 길, 2013.

_____, 『불화』, 진태원 옮김, 길, 2016.

장 피에르 베르낭, 『그리스 사유의 기원』, 김재홍 옮김, 길, 2006.

재레드 다이아몬드, 『총, 균, 쇠』, 김진준, 문학사상, 2005.

장 루이 플랑드렝, 『성의 역사』, 동문선, 1994.

장 보드리야르, 『소비의 사회』, 이상률 옮김, 문예출판사, 2015.

정화, 『너무 잘하려고 하지 마세요』, 북드라망, 2017.

제러미 리프킨, 『한계비용 제로 사회』, 안진환 옮김, 민음사, 2014.

_____, 『글로벌 그린 뉴딜』, 안진환 옮김, 민음사, 2020.

제마 워덤, 『빙하여 안녕』, 박아람 옮김, 문학수첩, 2022.

제인 베넷, 『생동하는 물질』, 문성재 옮김, 현실문화, 2020.

제임스 스콧, 『조미아, 지배받지 않는 사람들』, 이상국 옮김, 삼천리, 2015.

_____, 『농경의 배신』, 전경훈 옮김, 책과함께, 2019.

제임스 글릭, 『카오스』, 박래선 옮김, 동아시아, 2013.

제임스 러브록, 『가이아』, 홍욱희 옮김, 갈라파고스, 2004.

젬 벤델 · 루퍼트 리드, 『심층적응』, 김현우 외 옮김, 착한책가게, 2022.

조르조 아감벤, 『호모 사케르』, 박진우 옮김, 새물결, 2008.

_____, 『얼굴 없는 인간』, 박문정 옮김, 효형출판, 2021.

조르주 뒤비, 『사생활의 역사』 1, 주명철 · 전수연 옮심, 새물결, 2002.

조천호, 『파란 하늘, 빨간 지구』, 동아시아, 2019.

주경철, 『주경철의 유럽인 이야기2』, 휴머니스트, 2017.

_____, 『마녀』, 생각의힘, 2020.

주디스 헤린, 『비잔티움』, 이순호 옮김, 글항아리, 2010.

질 들뢰즈, 『차이와 반복』, 김상환 옮김, 민음사, 2004.

질 들뢰즈 · 클레르 파르네, 『디알로그』, 허희정 옮김, 동문선, 2021

질 들뢰즈 · 펠릭스 가타리, 『천의 고원』 1~2, 이진경 외 옮김, 연구공간 파랑 자료실, 2000.

최유미, 『해러웨이, 공-산의 사유』, b(도서출판비), 2020.

최한수, 『아테네 민주주의와 전쟁』, 명인문화사, 2023.

최혜영, 『코랄블루』, 강정친구들, 2021.

카를 마르크스,『자본론』1~3, 김수행 옮김, 비봉출판사, 2015.

카를로 긴즈부르그,『치즈와 구더기』, 김정하·유재분 옮김, 문학과지성사, 2001.

_____,『마녀와 베난단티의 밤의 전투』, 조한욱 옮김, 역사도서관, 2004.

칼 슈미트,『대지의 노모스』, 최재훈 옮김, 민음사, 1995.

칼 폴라니,『거대한 전환』, 홍기빈 옮김, 길, 2009.

캐서린 헤일스,『나의 어머니는 컴퓨터였다』, 이경란 옮김, 아카넷, 2016.

케네스 포머런츠,『대분기』, 김규태 외 옮김, 에코리브르, 2016.

클라이브 해밀턴,『인류세』, 정서진 옮김, 이상북스, 2018.

클로드 레비스트로스,『슬픈 열대』, 박옥줄 옮김, 한길사, 1998.

티머시 모턴,『인류: 비인간적 존재자들과의 연대』, 김용규 옮김, 부산대출판문화원, 2021.

_____,『하이퍼객체』, 김지연 옮김, 현실문화, 2024.

팀 잭슨,『성장 없는 번영』, 전광철 옮김, 착한책가게, 2013.

프란츠 카프카,「선고」;「학술원에 드리는 보고」,『단편선집』, 그린비, 2024.

파블로 세르비뉴·라파엘 스테방스,『붕괴의 사회정치학』, 강현주 옮김, 에코리브르, 2022.

패트릭 무어,『종말론적 환경주의』, 박석순 옮김, 어문학사, 2021.

페르낭 브로델,『물질문명과 자본주의』3, 주경철 옮김, 까치, 1997.

폴 카틀리지,『고대 그리스』, 이상덕 옮김, 교유서가, 2019.

피에르 클라스트르,『폭력의 고고학』, 변지현·이종영 옮김, 울력, 2002.

_____,『국가에 대항하는 사회』, 홍성흡 옮김, 이학사, 2005.

피터 브래넌,『대멸종 연대기』, 김미선 옮김, 흐름출판, 2019.

필립 아리에스,『아동의 탄생』, 문지영 옮김, 새물결, 2003.

한나 아렌트,『혁명론』, 홍영표 옮김, 한길사, 2004.

_____,『예루살렘의 아이히만』, 김선욱 역, 한길사, 2006.

_____,『인간의 조건』, 이진우 옮김, 한길사, 2021.

후지하라 다쓰시,『분해의 철학』, 박성관 옮김, 사월의책, 2022.

Aristotle, *Oeconomica*, E. S. Forster (tr.), Clarendon Press, 1920.

Barad, Karen, *Meeting the Universe Halfway*, Duke University Press, 2007.

Bostrom, Nick · Cirkovic, Milan, *Global Catastrophic Risks*, Oxford University Press, 2011.

Bubandt, Nils, "Haunted Geologies: Spirits, Stones, and The Necropolitics of the Anthropocene" Tsing,

Anna Lowenhaupt et al. ed. *Arts of Living on a Damaged Planet*, University of Minnesota Press, 2017, pp. G121~G142.

Deleuze, Gilles, *Logique du sens*, Minuit, 1969.

_____, *Presentation de Sacher-Masoch*, Minuit, 1967.

Deleuze, Gilles · Guattari, Félix, *L'Anti-Oedipe*, Minuit, 1972.

Deleuze, Gilles · Parnet, Claire, *Dialogue*, Flamarion, 1977.

Ellis, Erle C., "Using the Planet", Global Change 81(October 2013), 2013.

Funch, Peter, "Synchronies at Risk: The Interwinded Lives of Horseshoe Crabs and Red Knot Birds" Tsing, Anna Lowenhaupt et al. ed. *Arts of Living on a Damaged Planet*, University of Minnesota Press, 2017, pp. M143~M154.

Graeber, David · Wengrow, David, *The Dawn of Everything*, Allen Lane, 2021.

Latour, Bruno, *The Pasteurization of France*, tr. by Alan Sheridan & John Law, Harvard University Press, 1988.

Mbembe, Achille, "Necropolitics," Public Culture 15, no.1,2003, pp. 11~40.

Rose, Debora Bird, "Shimmer, When All You Love Is Being Trashed" Anna Tsing et al. ed. *Arts of Living on a Damaged Planet*, University of Minnesota Press, 2017, pp. G51~G63.

Silver, Morris, *Slave-Wives, Single Women and "Bastards" in the Ancient Greek World*, Oxbow Books, 2018.

Steffen, Will et al., "The Trajectory of the Anthropocene: The Great Acceleration", Anthropocene Review(2), 2015.

Stengers, Isabelle, "Gaia, the Urgency to Think (and Feel)", osmilnomesdegaia, 2014e.

_____, *In Catastrophic Times: Resisiting the Coming Barbarism*, Translated by Andrew Goffey, Open Humanities Press & Mason Press, 2015; Freely available online at http://dx.medra.org/10.14619/016

Tsing, Anna Lowenhaupt, "A Threat to Holocene Resurgence Is a Threat to Livability", *The Anthropology of Sustainability*, Palgrave Studies in Anthropology of Sustainability, 2017.

_____, "Unruly Edges: Mushrooms as Companion Species: For Donna Haraway", Environmental Humanities 1, 2012.

Xenophon, *Oeconomicus*, a social and historical commentary. Sarah Pomeroy (tr.), Clarendon Press; Oxford University Press, 1994.